Comunidade Terapêutica
Psicanalítica de Estrutura
Multifamiliar

Dados Internacionais de Catalogação na Publicação (CIP)
(Câmara Brasileira do Livro, SP, Brasil)

García Badaracco, Jorge E.
  Comunidade terapêutica psicanalítica de estrutura multifamiliar / Jorge E. García Badaracco; | tradução Giselle Groeninga de Almeida, Marizilda Paulino, Richard Carasso |. — São Paulo : Casa do Psicólogo : Clínica de Psicanálise Roberto Azevedo, 1994.

  Bibliografia.
  ISBN 85-85141-46-8 (Casa do Psicólogo)

  1. Comunidade terapêutica 2. Doentes mentais - Cuidados e tratamento 3. Doentes mentais - Relações familiares 4. Hospitais psiquiátricos 5. Psicanálise 6. Psicoterapia de família I. Título.

94-3708

CDD-616.8914
NLM-WM 420

Índices para catálogo sistemático:

1. Comunidades terapêuticas : Psicoterapia
   616.8914

Supervisão Editorial: Anna Elisa de Villemor Amaral Güntert

Capa: Sergio Poato

Composição Gráfica: Editora Paumape S.A. - Unidade de Pré-Impressão
  fone: (011) 258-3162

Comunidade Terapêutica Psicanalítica de Estrutura Multifamiliar

Jorge E. García Badaracco

Coordenação da tradução e revisão técnica:
Giselle Groeninga de Almeida
Marizilda de O. Paulino
Richard Chemtob Carasso

Tradutores:
Giselle Groeninga de Almeida
Marizilda de O. Paulino
Richard Chemtob Carasso
Rogério N. Coelho de Souza

Casa do Psicólogo®

Clínica Roberto Azevedo

Do original:
Comunidad Terapéutica Psicoanalítica de Estructura Multifamiliar

© 1990 Tecnipublicaciones, S.A.

© 1994 Clínica de Psicanálise Roberto Azevedo

Reservados todos os direitos em língua portuguesa à
Casa do Psicólogo Livraria e Editora Ltda.
Rua Alves Guimarães, 436 — CEP 05410-000 — São Paulo — SP
Fone: (011) 852- 4633 — Fax: (011) 64-5392

Clínica de Psicanálise Roberto Azevedo
Rua General Mena Barreto, 247 — CEP 01433-010 — São Paulo — SP
Fone: (011) 887-8508 — Fax: (011) 887-2974

É proibida a reprodução total ou parcial desta publicação para qualquer finalidade, sem autorização por escrito dos editores.

Impresso no Brasil / *Printed in Brazil*

Sumário

Agradecimentos XI

Prefácio à edição brasileira XV

Prefácio XVII

Introdução

    Antecedentes 1
    A psicoterapia psicanalítica nas instituições 6
    A psicoterapia institucional na Europa 8
    Comunidades terapêuticas nas últimas décadas 11
    Reflexões sobre o conceito de comunidade terapêutica à luz
    de nossa experiência 12

1. História da comunidade terapêutica psicanalística de estrutura multifamiliar

    O caminho percorrido 23
    Resistência à mudança e oposição ao crescimeto e à cura 28

Dos sintomas patológicos às condutas infantis 29
Inclusão da família 30
Quem se encarrega do paciente na Instituição ? 31
Revisão do pesimismo em psiquiatria 33
O conceito de Comunidade Terapêutica ou Instituição Psicanalítica
propriamente dita 34
Resistências à mudança a nível institucional em geral 36
A clínica privada 38

2. Problemática epistemológica

Seleção dos fatos significativos 42
Atividades terapêuticas formalmente estabelecidas e a convivência
como matriz terapêutica 43
Processo terapêutico como re-desenvolvimento em um contexto
de estrutura familiar 44
Natureza da patologia nas neuroses graves e nas psicoses 47
Presença enlouquecedora 47
Condição carencial da organização egóica 48
Conceito de instituição terapêutica 49
A dimensão terapêutica nas instituições 50
Inclusão da dimensão familiar 51
Diversidade de recursos e unidade do processo terapêutico 53

3. A função terapêutica

A clínica psiquiátrica. Atividades sistematicamente estabelecidas 56
Convicção de que se pode curar a doença mental 57
Resistência à mudança 59
Ver para crer 61
Instrumentação da função terapêutica 63
Identificações positivas estruturantes de recursos egóicos são 64
Necessidade do trabalho compartilhado 65
Avaliação dos progressos no processo terapêutico 67

Sumário

Necessidade da simbiose funcional estruturante 68
O clima emocional 69
A afetividade dos pacientes na comunidade terapêutica 71
Dependência sadia dos pacientes na comunidade 72

4. Funcionamento da comunidade terapêutica psicanalítica de estrutura multifamiliar

A vida na Comunidade 75
Integração de recursos 78
A Comunidade Terapêutica como continente e como história 82
Elaboração da agressividade. Estabelecimento de limites 83
Participação e o problema da distância psicológica 86
Homogeneidade e heterogeneidade na Comunidade Terapêutica ... 89
O grupo comunitário 92
A dimensão familiar na comunidade terapêutica 93
A comunidade terapêutica e o regime assistencial 96
A comunidade e o processo terapêutico 98

5. Psicopatologia na comunidade terapêutica psicanalítica

O problema do diagnóstico 102
Psicopatologia dinâmica 103
O Ego do paciente na Comunidade 105
A dependência e a simbiose. A vulnerabilidade do Ego 106
A transferência na Comunidade 107
A situação traumática 110
Noção de objeto interno - identificação projetiva e introjetiva 113
Relação de objeto esquizóide 114
O componente narcisista. Tendência à simbiotização 116
Atualização das perturbações mais primitivas do Ego 118
Presença e manifestaçãso dos objetos internos 121
Revisão da teoria do conflito psíquico em relação ao
desenvolvimento de recursos egóicos 123

As identificações normogênicas e patogênicas 124
O objeto enlouquecedor 127
Falta de uma identidade consistente 129
Falta de autenticidade do si mesmo 130
Lucro ou benefício secundário da doença 131
Reflexões entre sonho e psicose 132
A compulsividade do funcionamento mental como
característica geral das doenças mentais 134

6. Dimensão familiar da patologia na comunidade terapêutica psicanalítica.

Introdução 137
A família: os primeiros estudos 140
A família como uma totalidade 141
Trabalhos influenciados pela teoria da comunicação
e pela hipótese do duplo vínculo 143
Algumas de nossas idéias sobre a terapia de família
em pacientes mentais graves 145
Patologia do narcisismo familiar 147
O Édipo na patologia mental, em particular na psicose 149
A interdependência patológica e patógena 154
Cumplicidades patológicas 158
Reação terapêutica negativa 159
Integração de conhecimentos à luz da Comunidade Terapêutica 166

7. O processo terapêutico

O que é o processo terapêutico 175
Os primeiros contatos 177
A desconfiança do doente mental e a colocação à prova do terapeuta 178
Clima emocional, segurança psicológica 182
Reativação de reprovações e queixas 183
Tendência à estruturação de um vínculo perverso 185

Elaboração da condição delirante 187
Condutas psicopáticas 189
Necessidade de ser reconhecido e querido 191
A realidade exterior 193
Os perigos da *folie a deux* 194
Perda da onipotência e desimbiotizaão 196
Recuperação dos aspectos infantis sãos 197
Surgimento e descoberta da espontaneidade 200
Período de desidentificação das identificações patológicas
e começo da verdadeira individuação 203
Dificuldades do crescimento e da individuação 206

8. Alguns casos clínicos

Frederico e a derrocada familiar 211
Felipe ou a pseudo-mutualidade 213
Jim ou a solidão 215
Mário ou o tirano 221
Alíce ou o sinitro das identificações 227
Ana ou a louca da casa 233
Marcela ou o objeto enlouquecedor 237
Carlos ou o grande mentiroso 243
Madalena ou a outra dimensão 247

9. Problemas institucionais

Sobre a participação do pessoal 253
Vicissitudes do pessoal na Instituição 256
Dificuldades gerais dos terapeutas 257
O psicanalista no trabalho institucional 261
A psicanálise na Instituição 263

Bibliografia 267

Agradecimentos

Tradução: Giselle Groeninga de Almeida

    Este livro condensa, de forma bastante sistemática, um conhecimento clínico acumulado durante muitos anos. Tratando-se de experiências terapêuticas realizadas em um contexto institucional, estas foram compartilhadas com outros colegas, médicos, psicólogos e outros profissionais, e pessoal de diversas disciplinas, enfermeiros, terapeutas ocupacionais, músico-terapeutas, etc. que nos acompanharam ao longo de todos estes anos, em diversos momentos. De todos eles, pacientes, familiares, colegas e o pessoal técnico, fui aprendendo sempre algo e é sumamente difícil agora prestar homenagem a cada um naquilo que puderam contribuir especificamente em cada momento.
    Desejo que meu profundo agradecimento chegue a todos em geral e a cada um em particular, ainda que não seja possível referir-me a todos de forma personalizada. Tanto os que tiveram uma participação muito ativa, com quem pudemos compartilhar momentos terapêuticos difíceis, dúvidas diagnósticas e prognósticos muito variados, situações de incerteza quanto à tomada de decisões de muita responsabilidade, como outros com participação menos direta ou menos aparente, mas que formaram parte de um pano de fundo indispensável, sem se fazerem notar de modo tão manifesto, todos têm uma presença no espírito deste livro. Sou bastante consciente de que se há alguma riqueza contida nestas páginas, esta é o produto de decantação de uma permanente troca de idéias em torno de uma tarefa.
    Na tentativa de mencionar alguns nomes e sendo que esta experiência conta com mais de vinte e cinco anos, faz-se necessário fazer referência a diferentes etapas ao longo

do transcurso do tempo. O primeiro período de trabalho no hospital caracterizou-se por algumas revelações e algumas descobertas apaixonantes, ao mesmo tempo que por uma dura luta para neutralizar a resistência do meio hospitalar às nossas contribuições originais e às mudanças institucionais que iam se produzindo. Nesta etapa, não posso deixar de mencionar Norberto Proverbio, Eduardo Mandelbaum, Adolfo Dornbuch, Óscar Czertock e Jaime Cukier, entre outros.

Quando nos decidimos a fundar uma clínica privada, a tarefa de organização e esforço clínico para gestar do nada uma comunidade terapêutica com estas características recaiu principalmente em Norberto Proverbio, Alfredo Canevaro e em quem escreve estas páginas. Mas, estivemos acompanhados, nestes anos produtivos, por um número incalculável de colaboradores que foram se agregando pouco a pouco à nossa modalidade de trabalho. Cada um deles trouxe em seu momento aspectos particulares, que seriam difíceis de demarcar. Todos sabemos que a circulação das idéias nos grupos passa por caminhos às vezes aparentemente divergentes, mas que finalmente se entrecruzam e integram de forma enriquecedora. Desta segunda etapa, não posso deixar de fazer constar meus agradecimentos, além dos anteriormente mencionados, aos seguintes colaboradores: Beatriz Alazarraquis, Luis Albornoz, Jorge R. Alonso, Gabriel Dobner, Adolfo Dornbuch, Rosalinda Gusberti, Antonio Guzzo, Lydia Kornblihtt de Ravaschino, David Libedinski, Roberto Marcer, Norberto Mascaró, María Elisa Mitre, Alfredo Nemiroski, Eduardo Padilla, Silvia Pipkin, Alberto Rosales, Rafael Schiadaresis, Alejandro Sicardi, Zulema Verbitski, Alejandro Wagner, Jorge N. Weil, Enrique Zamborain e Samuel Zukerfel. Desejo fazer uma menção especial para os médicos residentes que uniram seus esforços, ao longo dos anos, na tarefa comum e cumpriram um papel de valor inestimável na organização das 24 horas de tratamento dos pacientes, desde aqueles primeiros residentes que nos acompanharam nos momentos mais difíceis, como os Drs. Carlos Chiriaco e Miguel Saún, até aos Drs. Gabriel Barna, Rafael Groisman e Edith Schwartzapel, entre outros, que cresceram profissionalmente na Comunidade e ainda nos acompanham. Seria injusto não mencionar os terapeutas ocupacionais María Celia Wernicke, Susana Salafranca e Anahí Siri e a músico-terapeuta Carmem Cáceres, assim como Cristina Perretta da área administrativa, que nos acompanharam durante anos com fidelidade e carinho e que souberam sempre cativar o afeto dos pacientes. Também quero lembrar aqui as enfermeiras do hospital e o enfermeiro Héctor Trillo que colabora há muitos anos com seu trabalho responsável.

Ao citar em ordem alfabética não tenho outra opção do que correr o risco de injustamente esquecer alguém, não dar crédito suficiente ao esforço pessoal de cada um, ferir involuntariamente alguma sensibilidade pessoal. Mas não quiz deixar de mencionar expressamente as pessoas que, certamente, além da colaboração na tarefa clínica e na reflexão teórica e técnica, me acompanharam com seu apoio sistemático e seu afeto permanente. E tudo isso apesar dos períodos conflitivos por que passam freqüentemente os grupos profissionais que trabalham em instituições. A convivência estreita na tarefa terapêutica com seres humanos que sofrem e vivem graves dificuldades faz com que as relações interpessoais aprofundem-se e adquiram, em alguns momentos, níveis emocionais intensos. As expectativas que estas trocas podem gerar, inevitavelmente transformam-se, às vezes, em profundas frustrações, que incrementam reclamações afetivas e ressentimentos de todo tipo vêm necessariamente carregados de componentes transferenciais e contratransferenciais. Pensando bem, não poderia ser de outra maneira. Mas se bem que estes aspectos não tenham sido fáceis de coordenar e liderar, a auto-regulação apurada do grupo ajudou-me sempre a realizar minha função. E isto pode visualizar-se melhor quando, depois de um tempo, foi possível tomar distância suficiente. Este livro devia ter saído há bastante tempo. Talvez isto não tenha podido se dar porque, em muitas coisas, a distância necessária não havia sido alcançada ainda.

Depois de muitos anos de trabalho compartilhado, ficou-me claro que, em um grupo grande de colaboradores, cada um desempenha um papel particular. E ainda que alguns se destaquem como especialmente significativos não quer dizer que muitos outros não tenham cumprido igualmente uma função importante em distintos momentos. Optei por ordenar a menção destes papéis em função das áreas dentro das quais se desempenharam e, ao não poder mencionar cada um em particular, referir-me-ei só a alguns que como protótipos tiveram um papel especial no sentido de ser porta-vozes, catalisadores e às vezes depositários e fiadores de alguns aspectos do grupo.

Em relação à dimensão organizacional, podemos dizer que esta foi sempre um aspecto fundamental para a sobrevivência da Comunidade. Devemos reconhecer que, em distintos momentos, muitos colaboradores ajudaram eficazmente. Mas o desgaste parece ser um dos fenômenos que caracteriza o efeito do nosso trabalho sobre as pessoas. Neste sentido, quero deixar constar uma especial gratidão para o Dr. Norberto Proverbio que me acompanhou desde o começo do meu trabalho hospitalar, nas primeiras tentativas feitas no Hospital Borda para mudar a estrutura e funcionamento da Ala, a criação do primeiro Hospital Dia da Argentina e finalmente compartilhando comigo desde o primeiro momento e durante vinte e um anos a direção da Clínica Psiquiátrica. Sem sua capacidade, perseverança, constância e responsabilidade, creio que teria sido muito difícil levar a bom termo a tarefa realizada.

Outro aspecto importante foi o trabalho permanente de reflexão sobre a experiência e de elaboração conceitual da mesma. Aqui são muitos os colaboradores que trouxeram aspectos valiosos nesta tarefa, seja como interlocutores para redigir um texto, discutir uma idéia, dinamizar um ateneu, etc. E não seria justo deixar de mencionar aqui, muito especialmente, as pessoas que, além de sua contribuição científica, nos momentos difíceis da instituição ou do processo grupal, estiveram sempre ao nosso lado com sua palavra sábia e com seu apoio incondicional e que se constituíram mais de uma vez como sólidos pilares para que toda a nossa experiência pudesse continuar vigente. Refiro-me aqui, em particular, entre outros, aos Drs. Luis Albornoz, Jorge R. Alonso, Antonio Guzzo, Norberto Mascaró, Rafael Schiadaresis, Aljandro Wagner, Jorge Weil e Enrique Zamborain.

Outra menção especial refere-se ao bacharel Eduardo Mandelbaum, psicólogo brilhante que desde jovem compartilhou comigo que a aproximação à psicose e às famílias poderia enriquecer o campo de nossa experiência clínica. Pudemos ter, assim, durante muito tempo, ricas discussões sobre teoria e técnica que contribuíram para agudizar nossa percepção e captação dos fenômenos clínicos e para poder precisar a formalização teórica.

Em outra dimensão complementar, desejo me referir à bacharel María Elisa Mitre de Larreta. Dotada de uma sensibilidade particular, encontrou na Comunidade Terapêutica o campo propício para instrumentalizar e desenvolver sua capacidade intuitiva para detectar a conflitiva profunda dos demais. Nestes últimos anos, seus permanentes assinalamentos, suas constantes tentativas de nos fazer tomar consciência das negações em que todos caímos e das distorções que se produzem em alguns vínculos terapêuticos, foram de grande utilidade para não perder este alerta necessário para trabalhar com pacientes que sofrem muito. Tudo isto permitiu-lhe abordar doentes com patologia mental grave. Pode assim trazer-me observações clínicas que ilustram vários dos casos que apresento neste livro.

Dedico um parágrafo à parte a minha esposa, a bacharel Elena Rozas, que tendo me acompanhado durante tantos anos e compartilhado comigo todas as vicissitudes profissionais, desde o primeiro tempo do hospital, forma parte de minha vida de tal maneira que é difícil precisar todos os papéis que desempenhou a meu lado. A solidez de seu afeto constante contribuiu poderosamente para a manutenção do meu interesse pelo trabalho. Suas reflexões sempre positivas me ajudaram a manter um bom contato com a realidade quando a luta permanente em uma tarefa difícil como a nossa nos leva a perdê-lo. No que diz respeito a este livro, o apoio permanente e a dedicação constante de minha mulher foram fatores inestimáveis que me ajudaram a superar as vicissitudes inerentes à sua concretização. Devo finalmente agradecer à Dra. Elena Ianotti por sua colaboração na redação e composição do material que integra este livro. Sua capacidade organizadora, sua responsabilidade no trabalho e sua dedicação incondicional foram componentes indispensáveis para dar-lhe forma final.

Prefácio à edição brasileira

Comunidade Terapêutica Psicanalítica de Estrutura Multifamiliar constitui mais uma importante obra que Maiêutica, biblioteca de psicanálise, oferece aos profissionais da área. Nele, o prof. Jorge Garcia E. Badaracco, renomado psicanalista e psiquiatra argentino, nos introduz no fascinante universo da aplicação e difusão da teoria e técnica psicanalítica dos fenômenos institucionais familiares, individuais e grupais.

O autor cria um sistema terapêutico que inclui a participação das famílias dos pacientes no processo de tratamento e, ao mesmo tempo, desenvolve a integração de recursos terapêuticos, tais como a psicanálise individual, a terapia grupal, familiar e multifamiliar, articulando coerentemente todos esses esforços em relação a um referencial que denomina "processo terapêutico".

Seu livro constitui um modelo teórico e prático para o reexame de muitos fenômenos institucionais, familiares, individuais e grupais que nos permite a utilização do mesmo em variadas situações, tais como a dimensão familiar da patologia psicossomática, da assistência às famílias de pacientes hospitalizados e, particularmente, em situações de ansiedade que requer terapia intensiva. A contribuição pluridimensional e multidisciplinar promove ajuda aos pacientes e aos seus familiares, bem como aos profissionais dos hospitais, onde se organizam comunidades terapêuticas, que trabalham com o objetivo comum de promover a resolução dos conflitos dos pacientes e dos demais componentes que interagem no processo terapêutico.

Psiquiatras, psicanalistas, assistentes sociais e pessoal de enfermagem podem absorver na leitura deste livro a experiência do autor que, durante mais de 35 anos, vem-se dedicando a solucionar problemas que surgem nas relações familiares normogênicas e patogênicas. Os nove capítulos que constituem o livro nos dão, em uma linguagem clara e precisa, uma visão esquemática de problemas que despertam no leitor uma viva curiosidade e interesse de dar continuidade às reflexões e pesquisas que o Prof. Badaracco tanto estimula. O autor do livro — psicanalista com muitos artigos, livros, trabalhos e conferências sobre psicanálise — como um dos mais sérios e profundos pesquisadores e terapêutas dentro do esforço pioneiro de também desenvolver a compreensão e o tratamento das psicoses. Constitui mérito importante a se destacar o esforço do Prof. Badaracco de retirar a psicanálise do confinamento dos consultórios individuais, sem desnaturalizá-la. Do contrário, além de enriquecê-la, enriquece outras áreas em que ela poderá contribuir para o trabalho dos profissionais de saúde mental. É nosso desejo que o Prof. Badaracco possa num futuro breve, reunir em um novo livro as suas contribuições ao tratamento psacanalítico das psicoses.

Finalizando, deixo aqui os meus agradecimentos à Dra. Giselle Groeninga de Almeida, pela coordenação, aos Drs. Marizilda de O. Paulino, Rogério N. Coelho de Souza e Richard Chemtob Carasso, pelas traduções realizadas.

Roberto Azevedo
Novembro de 1994

Prefácio

Tradução: Giselle Groeninga de Almeida

O tema que vamos abordar corresponde a uma experiência sumamente complexa, multifacetada e pluridimensional. O seu objetivo é transmitir tal exercício em sua forma clínica.

Trata-se de uma experiência realizada e compartilhada com uma quantidade de colegas. No princípio só poucos nos acompanharam, em seguida outros foram participando. Assim foi se constituindo um grupo ou equipe de trabalho que foi adquirindo experiência clínica e coerência ideológica, à medida que a tarefa foi se desenvolvendo: depois de muitos anos, constituímos um grupo grande de pessoas com inquietações semelhantes, que consolidamos com fortes laços de amizade e aumentamos nossa bagagem científica em uma troca enriquecedora e permanente. Desde já, queremos deixar claramente expresso que a experiência que descreveremos, nas páginas que se seguem, não teria sido possível sem a colaboração e participação ativa e comprometida deste conjunto de amigos aos quais quero agradecer a adesão com que sempre me brindaram e o apoio afetivo que recebi, sem o que teria sido muito mais difícil superar as dificuldades que tivemos que enfrentar no caminho percorrido.

A experiência clínica é pessoal e procede de duas fontes diferentes: em primeiro lugar, a tarefa realizada no hospital psiquiátrico tradicional. Nesta, um aspecto enriquecedor, entre outros, constitui-se na problemática da mudança em uma instituição psiquiátrica, ou seja, o problema da transformação institucional de um hospital psiquiátrico tradicional para uma comunidade terapêutica, aspecto que só vai ser tangencialmente abordado neste trabalho. Em segundo lugar, a criação de uma instituição psicoterapêutica privada.

Ao longo destas duas empreitadas que abrangem os últimos vinte e cinco anos, recolhi uma vasta experiência clínica no tratamento de pacientes mentais graves. Minha maneira de trabalhar neste campo foi adquirindo características próprias, de modo que considerei adequado em determinado momento chamar provisoriamente "Comunidade Terapêutica Psicanalítica de Estrutura Multifamiliar".

Sendo um tema tão complexo como este, devemos esclarecer desde o começo que se trata de uma introdução ao mesmo. Abarcá-lo em toda a sua profundidade clínica, técnica e teórica, conjuntamente com a riqueza dos casos clínicos, teria requerido uma série de volumes.

No que tange à abundante literatura existente sobre os temas tratados, tive que fazer necessariamente uma seleção, considerando aquilo que poderia ajudar a tornar mais compreensível meu próprio pensamento e sacrificando obras que, apesar de sua grande importância, podiam levar o leitor a perder a unidade conceitual que eu quis dar.

Para expor meu pensamento, vi-me levado necessariamente a abarcar temas complexos e com o objetivo de evitar um texto demasiadamente extenso e de difícil leitura, tive de tratar cada tema de uma maneira um tanto superficial, sem poder aprofundá-lo. Considerei assim que em um desenvolvimento do conjunto é importante abarcar uma totalidade, ainda que fosse necessário sacrificar a profundidade das partes, no intuito de transmitir a própria essência da experiência.

Para poder compreender o funcionamento de um organismo terapêutico desta natureza é necessário ter participado vivencialmente do mesmo. É levando isto em conta que incluímos material descritivo que permite ao leitor participar da evolução cotidiana dos casos clínicos, que constituem a riqueza fenomênica da experiência. Mas, por outro lado, é difícil descrever a vida de uma instituição desta natureza tendo necessariamente que selecionar, condensar e resumir, em linhas gerais, o acontecer multifacetado dentro da mesma. Por outro lado, conceitualizar uma experiência deste tipo sem fazer o leitor participar em alguma medida da descrição dos casos clínicos, não permitiria introduzi-lo no processo de elaboração conceitual.

Dentre os distintos ângulos, a partir dos quais teria sido possível apresentar esta experiência, tomei como mais significativo o que constitui sem dúvida o objetivo central de nossa tarefa, ou seja o *processo terapêutico*. Este, que se dá em cada indivíduo, tem lugar contudo necessariamente em um contexto, de tal maneira que toda formulação dos fenômenos supõe uma referência ao processo terapêutico e ao contexto no qual se dá (ou as condições do contexto necessárias para que se dê).

Neste trabalho tento assim transmitir meu modelo conceitual do tratamento dos assim chamados pacientes mentais graves, ao mesmo tempo que a experiência clínica da qual foi surgindo o modelo conceitual. Dentro desta problemática ampla, o exposto desenvolve em maior profundidade o tema do que se passa dentro da instituição psiquiátrica, tratando de abordar o problema da sua natureza e organização como recurso terapêutico e tentando precisar a justificação de sua existência para o processo terapêutico.

O plano expositivo abarca uma série de capítulos. Na Introdução, ocupo-me das instituições terapêuticas e faço uma rápida resenha histórica sobre as características das diversas instituições existentes no mundo. Isto me permite entrar nos primeiros delineamentos do que é, em nossa experiência, uma instituição verdadeiramente terapêutica.

No primeiro capítulo, é relatada a história da nossa Comunidade Terapêutica Psicanalítica a partir da experiência de trabalho em hospital, do qual surgiram as idéias básicas a serem desenvolvidas na clínica privada.

No segundo capítulo, são abordados problemas metodológicos relevantes, tais como a seleção dos fatos significativos a partir do acúmulo de acontecimentos de todo tipo e se desenvolvem algumas idéias básicas importantes que servirão de fio condutor para a compreensão da experiência que se deseja transmitir.

No terceiro capítulo, é abordado o tema da função terapêutica. No enfoque habitual, a função terapêutica vem indissoluvelmente ligada à técnica psicoterápica empregada. De tal maneira que cada escola tem sua idéia sobre como se curam os doentes. Assim, o psicanalista trabalha para fazer consciente o inconsciente, o terapeuta de família trata de conseguir mudanças nos sistemas familiares, o psicodramaticista privilegia o jogo de papéis. Na Comunidade Terapêutica se trata de permitir que cada pessoa possa vivenciar a experiência. Mas nossa experiência levou-nos a perguntar quais são os fatores terapêuticos comuns a toda forma válida de psicoterapia, vale dizer, o que poderíamos chamar a essência da função terapêutica. Ou seja, trata-se de saber quais são os recursos terapêuticos que promovem o processo de cura e as condições necessárias para que o mesmo tenha lugar.

No quarto capítulo, descreve-se o funcionamento da Comunidade Terapêutica. Desenvolvem-se generalidades sobre a comunidade como instituição caracterizada por um conjunto organizado e integrado de recursos, cuja estrutura está articulada em relação com a própria natureza da enfermidade mental. Dentro deste capítulo, tenta-se dar uma compreensão psicanalítica válida da vida dos pacientes, de suas relações interpessoais, entre eles e com a equipe, da instrumentação de todos estes elementos como recursos fundamentais para tornar possível o verdadeiro processo terapêutico. Em resumo, analisa-se o funcionamento geral da instituição, a integração de recursos, a Comunidade como continente, os pacientes significativos que jogam um papel na memória da história da Comunidade, etc.

No quinto capítulo, descreve-se uma psicopatologia dinâmica à luz da Comunidade Terapêutica Psicanalítica. Partindo de Freud, desenvolvem-se idéias pessoais sobre a vulnerabilidade do Ego dos pacientes mentais graves em termos de déficit do desenvolvimento de recursos egóicos genuínos, sobre o poder patogênico das situações traumáticas, sobre as características da transferência psicótica e sobre a natureza e função dos vínculos com os objetos internos. Descrevem-se as identificações em termos de normogênicas e patogênicas e se introduz a noção de objeto enlouquecedor para dar conta do funcionamento mental patológico e patogênico e se enfatiza o déficit de desenvolvimento de recursos egóicos genuínos, como condição da patologia mental, que permite revisar a teoria do conflito psíquico e compreender a compulsividade do funcionamento mental como uma característica geral da enfermidade.

No sexto capítulo, esta tarefa prossegue, já não restrita à patologia individual, e sim introduzindo a família. Aborda-se o problema da inclusão das famílias no tratamento dos pacientes como um dos elementos básicos para tornar possível o processo terapêutico dos mesmos. Desenvolve-se então a forma em que a família está incluída necessariamente na Comunidade e o esclarecimento que surge de visualizar e conceitualizar a Comunidade Terapêutica como uma estrutura multifamiliar. Aborda-se, assim, a relação estrutural e estruturante entre paciente e família e se revisa a literatura sobre terapia familiar à luz da experiência com famílias na Comunidade Terapêutica. Neste capítulo, trago alguns aspectos originais de meu trabalho no que tange à maneira de integrar a dimensão psicanalítica na terapia com a família, no que toca à extensão do conceito de patologia narcisista para compreender a patologia familiar e, quanto a descobrir que uma das dificuldades mais importantes do tratamento destes pacientes está muitas vezes mais na família do que no próprio paciente, fato este que pode ser articulado diretamente com o conceito psicanalítico de reação terapêutica negativa.

O sétimo capítulo está dedicado ao processo terapêutico individual e familiar, abarcando e integrando todos os elementos antes considerados. Retomam-se assim de forma coerente e mais sistemática muitos dos aspectos tratados em capítulos anteriores.

Dedicamos o oitavo capítulo para apresentar alguns exemplos clínicos de pacientes que, entre muitos outros, formam parte da história da Comunidade Terapêutica. O nosso conhecimento enriqueceu-se através do processo destes pacientes e eles nos permitiram a compreensão de alguns dos fatores patogênicos que intervêm na gênese da enfermidade mental. Neste capítulo, trazemos nossos enfoques através da descrição do processo terapêutico de algumas patologias, apresentando um material clínico que permita compreender melhor o exposto nos capítulos precedentes. Mais que a apresentação de casos clínicos são, em si mesmos, exemplos para compreender melhor o exposto. Não se pretende mostrar casuística, mas somente material que torne mais acessível a compreensão do que se desenvolve neste livro.

Finalmente, o nono capítulo intitula-se Problemas Institucionais e desenvolve o tema da equipe terapêutica, de sua constituição e das dificuldades de seu funcionamento.

Fornecemos ainda uma extensa bibliografia que o leitor poderá consultar quando tiver interesse especial em se aprofundar em alguns dos temas.

Muito do exposto neste livro foi abordado por outros autores, desde enfoques às vezes semelhantes, outras vezes diferentes. Para não entrar em repetições que fariam desta obra um texto demasiado extenso, assumimos que o leitor conhece aspectos básicos da Comunidade Terapêutica, da psicanálise e da terapia familiar. Nossa intenção é transmitir uma maneira de trabalhar e de pensar que, se bem que tenha semelhanças com o trabalho de outros autores, tem também diferenças importantes, o que faz com que se constitua em um enfoque original em muitos aspectos.

É necessário precisar que o conhecimento ou a lembrança de muitos dos trabalhos da literatura é posterior ao essencial de nossa reflexão.

Trataremos então de sublinhar, ao longo do texto, os aspectos diferenciais para que o leitor possa visualizá-los com mais facilidade. No que tange às semelhanças, desejamos dizer desde já que as levaremos em conta, especialmente, no capítulo introdutório e em cada caso que se faça necessário. Em outros momentos, pedimos ao leitor que releve certas omissões com o objetivo de encurtar a exposição e dê por subentendidos certos aspectos comuns de nosso trabalho com alguns outros da literatura. É fácil compreender que trabalhando em um tema semelhante chegue-se na forma de trabalho e concepções teóricas também comuns. Mas no que se refere aos aspectos originais, desejamos enfatizar que trataremos, neste livro, como assinalamos antes, só de uma introdução ao tema. Desejando abarcar uma visão totalizadora e querendo nos manter em um nível fundamentalmente descritivo-vivencial, tivemos que reduzir voluntariamente a extensão da abordagem teórica e técnica.

Introdução

Tradução: Giselle Groeninga de Almeida

Antecedentes

Os esforços para fazer do hospital psiquiátrico uma instituição realmente terapêutica têm uma origem difícil de rastrear. Durante muito tempo o caráter custodial do centro psiquiátrico refletiu claramente a concepção subjacente da enfermidade mental como uma condição patológica incurável e perigosa para a sociedade.

Podemos dizer que nosso século XX foi para a psiquiatria uma época de mudanças extraordinariamente produtivas. Já em seu começo nos deparamos com as descobertas iniciais de Freud, que originariam o movimento da psiquiatria dinâmica. Nos centros psiquiátricos, desenvolve-se a laborterapia como uma tentativa de devolver ao doente mental o sentimento de ser útil à sociedade. Na década de trinta aparecem os primeiros tratamentos especificamente psiquiátricos: a insulinoterapia e o eletrochoque, e começam os estudos sobre a família e sua interação com a psicopatologia manifesta de um de seus membros. As décadas de quarenta e cinquenta trazem as contribuições da neurocirurgia e simultaneamente o desenvolvimento da terapia de grupo e da terapia familiar, que demonstram o peso das relações objetais parentais na gênese e na manutenção das estruturas patológicas do comportamento. A descoberta da clorpromazina, que começa a ser utilizada ao redor de 1950, inaugura a era da psicofarmacologia que estará destinada a revolucionar toda a assistência psiquiátrica. Também o conceito de comunidade terapêutica toma forma definida e se populariza na década de cinquenta, com os trabalhos de Maxwell Jones [220].

Todo este grande aporte de descobertas e inovações foi produzindo mudanças importantes nas instituições. Observaram-se duas tendências: tratamentos psicoterapêuticos longos em pacientes internados ou ainda tratamentos, o mais breve possíveis, para evitar o hospitalismo.

As novas tendências assistenciais refletiram uma modificação profunda na concepção de enfermidade mental. A aplicação em grande escala das distintas formas de psicoterapia aos pacientes psiquiátricos hospitalizados foi fruto do entusiasmo e do otimismo que se desenvolveu na psiquiatria das décadas de cincoenta e sessenta. Fazer com que o paciente mental passe a um regime ambulatorial, o mais rápido possível, surgiu do reconhecimento crescente dos fatores iatrogênicos dos hospitais psiquiátricos e da idéia de que é melhor para o paciente estar fora do hospital, junto com a sua família, na comunidade. A instalação de serviços psiquiátricos nos hospitais gerais e o desenvolvimento de hospitais-dia e hospitais-noite refletiu igualmente as novas concepções sobre a enfermidade mental, cuidando de evitar, na medida do possível, o isolamento e a segregação do paciente da sociedade. Os estudos dos fatores que levam à enfermidade existentes nos hospitais psiquiátricos e as investigações tendentes a fazer do hospital psiquiátrico uma instituição realmente terapêutica, inscrevem-se dentro deste enorme movimento, refletem os caminhos de nossas concepções sobre a doença e saúde mental e influem, por sua vez, sobre as mesmas.

Parece ter sido Esquirol 95 o primeiro a reconhecer claramente as possibilidades terapêuticas de uma instituição. Em 1822 afirmou: "Uma casa de alienados é um instrumento de cura. Nas mãos de um médico hábil, é o agente terapêutico mais poderoso contra as enfermidades mentais". Todavia estas palavras seriam somente uma expressão de desejos. A noção de isolamento iria prevalecer ainda durante muito tempo.

Georget (1820) 168 tenta organizar o tratamento moral, preconizado no final do século anterior por Pinel, mudando a atitude médica e da sociedade para com os doentes mentais no sentido de um tratamento mais humanitário e compreensivo, fazendo menção do isolamento, combinado com uma[1] verdadeira educação médica. Falret (1864) 100, considera que as tendências para adoecer desenvolvem-se lentamente pela influência incessante do meio ambiente, das coisas e das pessoas que rodeiam os doentes. Somente a colocação dos pacientes em estabelecimentos especializados permite substituir as tendências para adoecer e as disposições mentais de seu espírito e de seu corpo, por outras disposições inversas. Simultaneamente ao tratamento moral desenvolvem-se o magnetismo e o hipnotismo. Deles vão derivar as diversas formas de psicoterapia, de compreensão e de persuasão (Déjerine, 1911, 84). Dubois de Berne (1904) 89 preconiza, na mesma época, o valor terapêutico do trabalho.

Nos Estados Unidos é possível que tenha sido Harry Stack Sullivan 382-383 o primeiro a vislumbrar que uma instituição, funcionando como um organismo social, podia modificar terapeuticamente o indivíduo se este forma parte ativa do mesmo. Em 1929, Sullivan funda uma ala experimental no Hospital Sheppard e Enoch Pratt para o tratamento de casos agudos de esquizofrenia em adolescentes. Com uma visão da psiquiatria baseada no conceito de "relações interpessoais", Sullivan orienta sua ação terapêutica para o

Introdução

ambiente e organiza sua ala com o propósito de converter toda a instituição em um ambiente terapêutico. Para isso, eliminou as enfermeiras regulares do pavilhão, substituindo-as por assistentes orientadas por ele e conseguiu obter algumas recuperações notáveis com pacientes hebefrênicos.

Nessa mesma época, Simmel (1929) 368 na Alemanha tinha se ocupado do significado que o contexto do hospital psiquiátrico tinha para os pacientes e para o pessoal e apontou que a situação familiar reproduzia-se dentro da estrutura hospitalar.

Rowland em 1938 346 fez um estudo sistemático da estrutura social de um hospital psiquiátrico e descreveu uma "organização informal" dentro da instituição, formada pelos próprios pacientes, que constitui um conjunto de pautas altamente significativas, mas muito pouco conhecidas pela equipe profissional. Trata-se de uma estrutura social doente.

Em 1950 Caudhill 64, usando uma técnica sociológica e antropológica, fez um estudo de um hospital psiquiátrico vivendo como mais um paciente dentro do mesmo. Em seu trabalho, analisa sobretudo as "pressões sociais" que o grupo exerce sobre o paciente novo e demonstra até que ponto o papel do paciente é imposto pelo grupo e como o seu sistema de valores modifica o indivíduo nas instituições fechadas.

Na mesma época, Stanton e Schwartz (1954) 376, o primeiro psiquiatra e o segundo sociólogo, observam os fenômenos de agitação e condutas dissociadas em pacientes mentais como sendo a resultante de conflitos que se dão entre os membros da equipe responsável. Os autores propõem a hipótese de que a dissociação do doente é a repercussão no paciente de um campo social gravemente dividido e ao mesmo tempo é seu modo de participação nele. Neste sentido, as dissociações não seriam fenômenos exclusivamente determinados desde dentro pela história psicopatológica do paciente, mas sim estariam fortemente influenciadas desde fora pela estrutura do grupo. Desta maneira, há alguns anos vem se reconhecendo cada vez mais que existe uma interação entre os pacientes e a equipe terapêutica e que a pressão social resultante molda o caráter do internado.

A partir destas descobertas, procurou-se instrumentar novos recursos para o tratamento de psicóticos. Hyde e Solomon 207 nos EUA e Thomas Maine 276 na Inglaterra começam a fazer os pacientes psicóticos participarem dos aspectos administrativos da condução do hospital, institucionalizando um co-governo constituído por pacientes e pessoal. Maine em 1946 assinala que para que um hospital se transforme em uma comunidade terapêutica deve criar as condições de máxima participação de todos os seus membros na vida da instituição. Sua idéia era a de que "não devem existir barreiras entre o hospital e a cidade". Via "na socialização dos impulsos neuróticos o maior efeito terapêutico de um ambiente em que as exigências sociais contribuem fortemente para adaptar o indivíduo à realidade", enfatizando o papel do grupo como instrumento para dita socialização. Com esta idéia, Maine desenvolveu o conceito de "Comunidade Terapêutica".

Maxwell Jones 221, trabalhando na Inglaterra, traz contribuições importantes à idéia de Comunidade Terapêutica (1952). Seu livro *Social Psychiatry* foi aquele que popularizou o termo. "Pareceria", diz este autor, "que em algumas, se não em todas as condições psiquiátricas, podemos aprender muito observando o paciente em um meio social relativamente comum e familiar, de tal maneira que podemos depreender suas formas usuais de relacionar-se com outras pessoas. Se, ao mesmo tempo, pode-se fazê-lo tomar consciência do efeito de seu comportamento sobre outras pessoas e compreender algumas das motivações que determinam seus atos, a situação é potencialmente terapêutica". Maxwell Jones destaca especialmente a importância dos papéis sociais múltiplos que uma instituição pode prover aos pacientes. Diz o autor: "Convém que o paciente possa fazer uso de papéis sociais e vocacionais enquanto esteja no hospital... estes papéis aproximar-se-ão, na medida do possível, daqueles que o paciente encontra na comunidade exterior".

Como se vê, Maxwell Jones desenvolve uma comunidade terapêutica em um marco de referência conceitual sociológico ou sociopsiquiátrico, com o objetivo de conseguir uma adaptação à vida social e às condições de trabalho fora da própria comunidade. A ênfase aqui é posta nos efeitos socializantes da cultura grupal e a responsabilidade do tratamento é compartilhada pela equipe profissional e pelos pacientes. O essencial é a comunicação livre entre todos os membros da comunidade e os recursos terapêuticos instrumentados na proposta de Jones são fundamentalmente a confrontação e a interpretação das motivações. Sobre esta base, expõe também uma série de requisitos que se referem ao papel do psiquiatra neste tipo de instituição, já que não só deve ser capaz de fazer diagnósticos e terapias como também tem que aprender a reconhecer e modificar a organização social e a cultura de sua secção e manejar as complexidades do tratamento de grupo.

Maxwell Jones leva em conta a existência de disposições latentes à cura que podem desenvolver-se com a colaboração dos profissionais. Trata-se, pois, de aproveitar ao máximo as contribuições que os pacientes possam fazer para seu próprio benefício. Através da interação nas reuniões comunitárias vai se conseguindo uma cultura terapêutica que tem um lugar especial na terapia intitucional. As atitudes e crenças de cada participante são submetidas a exame e isto leva a perguntar sobre as motivações de cada conduta. Toda esta gama de situações "onde tudo o que acontece e como acontece forma parte do tratamento", possibilita uma aprendizagem vital, baseada no confronto entre todos os participantes, através de uma constante retroalimentação e retificação.

Em síntese, as tentativas de transformar o conceito de hospital psiquiátrico em uma comunidade terapêutica, surgem em parte dos estudos que mostram os efeitos nocivos da estrutura social do hospital mental tradicional sobre o estado psíquico dos pacientes. Os fatores mais importantes que, em última instância conduzem à enfermidade institucional em pacientes crônicos e que atentam contra a efetividade terapêutica nos pacientes mais recentes são: a estrutura administrativa autoritária estrita dos médicos e enfermeiras, a hierarquia rígida com sua supervalorização da hierarquia e o *status*, a estrita divisão dos grupos profissionais entre si e a ênfase colocada exclusivamente na contenção dos pacientes. Estes fatores levam, por sua vez, ao desenvolvimento de relações dentro da equipe sobre a base de autoridade e submissão e a um enfoque diretivo autoritário do tratamento e da organização da instituição. Todos estes aspectos da estrutura social e da organização se vêem refletidos nas relações equipe paciente que acentuam a submissão, a perda da iniciativa e o respeito por si mesmo, e conduzem a uma sintomatologia artificial e a um dano maior à personalidade dos últimos.

Introdução

Faz-se um tentativa, com a comunidade terapêutica, de criar um meio social que impeça ou diminua os efeitos negativos deste sistema antigo. Independentemente dos múltiplos fatores em jogo, a experiência sugere que o princípio básico mais importante, subjacente ao conceito de comunidade terapêutica, é o de comunicação livre. Levando em conta que as relações equipe-paciente, tão importantes em qualquer programa terapêutico, refletem em grande medida as relações entre os membros da equipe, deduz-se que uma boa relação é um fator fundamental para conseguir uma atmosfera terapêutica. Boas relações dentro da equipe implicam na possibilidade de consulta em todos os níveis, respeito a cada membro como pessoa, independentemente do *status*, profissão ou ocupação, liberdade para a iniciativa pessoal, responsabilidade e colaboração, e a resolução dos conflitos que nascem em relação ao trabalho, nos quais todos estão comprometidos. Para conseguir estes objetivos, a comunicação livre é fundamental e isto se consegue somente por meio das reuniões de equipe.

Os conceitos da psiquiatria social influíram profundamente na prática no hospital psiquiátrico nas últimas décadas. Tem havido uma ampla aceitação da idéia da comunidade terapêutica, ou seja, a idéia de que uma instituição psiquiátrica é uma comunidade, um lugar em que há gente que vive e trabalha, que em sua estrutura social total e no modo de vida deve ser terapêutica, e que deve ajudar aos que são admitidos para poderem se recuperar. Têm-se obtido grandes benefícios aumentando a liberdade dos pacientes, mantendo-se portas abertas, organizando-se um dia cheio e ativo com programas de terapia ocupacional e trabalho industrial, incluindo-se facilidades de dia e de noite, e melhorando e normalizando a forma de viver dos pacientes, aumentando as visitas, a privacidade, uma maior relação entre os sexos, etc., e uma maior participação dos pacientes em atividades sociais, tais como o clube terapêutico social e em atividades de autogoverno. Como se vê, o conceito geral de comunidade terapêutica inclui uma ideologia democrática e de respeito para com os indivíduos doentes que podem aprender a desempenhar uma série de papéis sociais de forma intercambiável. Desde o ponto de vista terapêutico, trata-se de reforçar as partes saudáveis do paciente ajudando a reprimir as partes doentes.

Posteriormente, a comunidade terapêutica desenvolve-se como uma instituição na qual o tratamento básico dos pacientes centra-se na terapia psicanalítica e aparece a tentativa de organizar a vida social dentro da mesma. Rodrigué 340 em 1965, em seu livro *Biografia de uma Comunidade Terapêutica*, descreve a gênese e desenvolvimento da comunidade terapêutica de Austen Riggs, analisando os processos sociais que transformam uma clínica psiquiátrica tradicional em uma comunidade terapêutica, entendida como uma organização complexa governada em conjunto por pacientes e pessoal profissional; ao tratamento fundamentado basicamente na psicanálise individual logo foram agregando-se novos enfoques. Os pacientes eram predominantemente neuróticos graves e personalidades psicopáticas graves.

A psicoterapia psicanalítica nas instituições

Como é sabido, nos EUA, a aplicação da psicoterapia para os pacientes mentais graves hospitalizados data das primeiras épocas em que se desenvolveu a psicanálise, ou melhor dizendo, a assim chamada psiquiatria dinâmica ou psicoterapia psicanalítica. A psicoterapia, muito influenciada pela psicanálise, sofreu todavia algumas mudanças e adaptações, na técnica em particular. Assim, entendeu-se na década de quarenta e de cincoenta que a psicoterapia individual era a forma adequada de abordagem para os doentes mentais, ou seja, um processo que tem lugar entre o terapeuta e o paciente, através da comunicação verbal com o propósito de prover o paciente de *insights* que possam ajudá-lo a superar seus conflitos. Esta concepção se basearia nas seguintes premissas: 1) na gênese da enfermidade mental as experiências traumáticas tiveram um papel principal; 2) o paciente não tem consciência das motivações de suas condutas patológicas; 3) a natureza das relações interpessoais tem muita importância na enfermidade mental e as pressões sociais podem causar perturbações mentais. A psicoterapia estaria então dirigida para descobrir a gênese da enfermidade e a superar as experiências traumáticas, a tornar conscientes as motivações das condutas patológicas e a superar as resistências ao *insight* e a utilizar as forças dinâmicas que entram na relação psicoterápica.

O hospital dedicado à psicoterapia deveria, então, organizar-se para criar as melhores condições para o trabalho psicoterápico individual entre o paciente e o psicoterapeuta. Ou seja, criar a atmosfera para que o psicoterapeuta possa trabalhar bem, evitar que os tratamentos se interrompam e facilitar situações que permitam a expressão das condutas patológicas para que possam ser analisadas. A instituição deverá ter suas regras de funcionamento, deve ser protetora e não indevidamente restritiva, flexível, mas ao mesmo tempo segura. Não obstante, há momentos em que o terapeuta se conduz às cegas com seu paciente e nos quais deve assumir riscos calculados, sem chegar a pôr em perigo o equilíbrio necessário para o manejo da situação. Quando se atua de forma excessivamente permissiva com determinados pacientes, não se deve perder de vista o efeito que isto pode ter nos demais.

Assinala-se que em tais instituições o pessoal, tanto médico como auxiliar, deve atuar com autoridade, mas sem autoritarismo. Não se trata de ganhar ou perder enfrentando-se com o paciente; trata-se de utilizar qualquer ocasião para aumentar o *insight* do paciente e para que o pessoal obtenha o benefício de um maior conhecimento. Experiências deste tipo foram realizadas em diferentes partes do mundo, em particular nos EUA onde alcançaram maior transcendência os tratamentos na clínica Meninger e os realizados em Chestnut Lodge. Em todos eles, a ênfase foi colocada, no tratamento psicoterápico individual de orientação psicanalítica, instrumentalizando-se outros recursos para tornar possível o tratamento individual. Frida Fromm Reichmann [131-135] desenvolveu em Chestnut Lodge o conceito de médico administrador que encarregava-se das vinte e três horas restantes do paciente em terapia psicanalítica. No que tange à relação com os demais, tratava-se de regular a dinâmica grupal onde atuam as exigências individuais na busca de satisfações pessoais que se chocam contra as necessidades grupais. Se bem que o grupo

Introdução

deva poder tolerar o comportamento egoísta do paciente individual, se nos deixarmos levar além do razoável, nem o paciente nem seus companheiros se beneficiarão.

A idéia geral era então que, com uma atmosfera e organização como a descrita acima, tornava-se possível tratar psicoterapeuticamente pacientes variados, tais como esquizofrênicos crônicos, depressivos, suicidas, determinados casos de alcoolismo ou drogadição, todos casos que seriam muito dificilmente tratados de forma ambulatorial, por estarem muito doentes. Tratava-se de pacientes que estando somente em psicoterapia individual podiam piorar após haverem começado o tratamento por não poderem examinar seus próprios processos patológicos. Quando eles "falam livremente", vão ficando envolvidos em estados patológicos sem esperança e se desorganizam cada vez mais.

O hospital torna-se útil porque o terapeuta não depende só do paciente para saber o que acontece. O paciente muito doente fala muito pouco do que lhe acontece, está muito na defensiva e não tem consciência do que é importante. Estando no hospital, o terapeuta, tanto por si mesmo como pela informação dos enfermeiros e outros colegas, pode saber o que o paciente faz durante as vinte e três horas restantes das horas psicoterapêuticas. Pode então utilizar este material durante a sessão.

Quando o paciente não pode ser responsável por seus atos e, em especial, quando há perigo de que possa se tornar agressivo agressivo ou machucar a si mesmo, se está no hospital pode ser supervisionado. No hospital que implementa técnicas analíticas podem-se analisar estas condutas. Uma das mais conflitivas é a que diz respeito à autoridade. E estas condutas podem ser facilmente analisadas em relação às figuras transferenciais.

Em todas estas situações trata-se de orientar o paciente. Estes aspectos são controlados e supervisionados pelo que se chamou, depois de Frida Fromm Reichmann, o médico administrador. A descrição que se faz desta intervenção parece corresponder a uma forma de dar ao paciente contenção e tempo para que possa realizar seu tratamento psicoterápico bipessoal. Trata-se, então, na sociedade do hospital, de ajudar o paciente a desenvolver sua sanidade mental tornando-o um membro participante mais racional. Poderíamos continuar mencionando uma série de situações nas quais o hospital psicoterapêutico tem vantagens importantes em benefício dos pacientes. Seu propósito específico é trazer *insight* de natureza curativa em uma atmosfera controlada, que possa por sua vez tolerar o comportamento doente do paciente e fortificá-lo gradualmente, até que ele desenvolva comportamentos mais saudáveis.

Em algumas experiências se faz a família participar de alguma maneira. Nos EUA continua sendo habitual que a família seja vista pelo assistente social para que tenha o suporte necessário para tolerar o esforço em gastos, tempo e sofrimento afetivo que significa ter um doente mental. São poucas as instituições que incluíram mais diretamente a família no processo terapêutico do paciente e, ainda mais, pensaram na possibilidade de que a família também faça mudanças que possam ser englobadas genericamente no conceito de processo terapêutico familiar.

A psicoterapia institucional na Europa

Na Europa, o desenvolvimento da assistência psiquiátrica aos pacientes mentais graves toma caminhos um tanto diferentes. A psicanálise fica mais limitada aos pacientes neuróticos, considerados analisáveis, e são poucas as experiências ou tentativas de aplicá-la ao tratamento da psicose.

O movimento francês de psicoterapia institucional organiza-se depois da Segunda Guerra Mundial, na época da liberação, nas Jornadas Psiquiátricas de 1945. Já em 1944, L. Bonnafé e P. Fouquet [41] colocam o princípio da solidariedade dos problemas doutrinais e dos problemas de assistência em psiquiatria, princípio nem sempre levado em conta em sua real vigência. Nas jornadas de 27 e 28 de março de 1945, no Hospital Saint-Anne, afirma-se a unidade e a individualidade da prevenção, da profilaxia, da cura e da pós-cura. Em 1947-48, P. Bernard, abordando o problema das psicoterapias de grupo, funda a organização terapêutica da vida social do hospital psiquiátrico sobre um programa de diversas atividades, seguindo os princípios da psicoterapia de grupo. Este autor enfatiza a necessidade de uma adaptação de todo o pessoal a estas terapêuticas ativas. Nessa época, se fala em recriar no hospital as condições de uma vida familiar ou de uma vida social semelhante à vida normal: ergoterapia, clubes, cooperativas, etc.

Tosquelles [394], em Saint-Alban, dirigindo o teatro, utiliza as ténicas de Moreno [294] e no Hospittal Saint-Anne são confrontadas as experiências de psicodrama inspiradas neste autor com as que derivam de uma concepção psicanalítica. Daumenzon [81] em 1948, estudando a ação psicoterapêutica do hospital diz que esta passa necessariamente pela pessoa do psiquiatra e pela forma de assumir a vida do serviço psiquiátrico que está sob sua responsabilidade. Considera que deve-se curar o hospital para curar o doente, que a psicoterapia coletiva não pode ser concebida senão como participação na vida do estabelecimento e que esta coincide com a do chefe do serviço. Definitivamente o problema gira em torno de uma ética do psiquiatra. Tosquelles e Daumezon organizam grupos que constituem uma rede complexa onde se entrelaçam e se resolvem os conflitos individuais. Baruk expõe uma conduta sistemática ("La Chitamnie") do psiquiatra que aponta à instauração de uma justiça no serviço psiquiátrico.

Em 1952, G. Daumezon e P. Koechlin propõem o termo "psicoterapia institucional". Tosquelles e seus colaboradores fundam em 1960 o grupo de trabalho de psicoterapia e socioterapia institucionais, que se transforma em 1965 na Sociedade de Psicoterapia Institucional. Para estes autores a tarefa psicoterapêutica do médico desenvolve-se sobre a atividade real e concreta do paciente e não no mundo da fantasia (*phantasme*) como é o trabalho psicanalítico. Sublinham os inconvenientes da interpretação individual, indicando que tudo deve ocorrer, em princípio, no contexto dos grupos sociais. A relação individual demasiado próxima deve ser evitada pelas dificuldades de resolução da transferência, que podem chegar a ser dramáticas. Devem-se canalizar as relações individuais no contexto dos objetivos comuns.

Sivadon [370], na Ville-Eward, pensa que "oferecendo ao paciente condições adaptativas que apelem aos níveis funcionais subsistentes pode-se reestruturar a personalidade".

Introdução

Tosquelles, em Saint-Alban, considera que nas instituições os pacientes e suas inter-relações com o pessoal constituem um conjunto onde se vivem "dramas", a maior parte inconscientes, onde cada um joga seu papel. Então, neste meio ambiente, o paciente não pode ser dono de si mesmo de outro modo que tomando consciência de sua realidade. O autor dedica-se à formação de enfermeiros, do clube, do jornal para fazer funcionar as estruturas sob a forma de autogestão. Em uma tentativa de formulação teórica refere-se ao Ego, à imagem especular do outro, à coisificação e à dialética do Outro. Sublinha a importância dos processos inconscientes de identificação que ocorrem no grupo social e que podem ser, até um certo ponto, trabalhados pelo psiquiatra. Também se refere à noção de troca que relaciona com o problema dos irmãos.

L. Le Guillant [261], por seu lado, opõe-se à idéia de considerar terapêuticas as atividades que se realizam em uma instituição psiquiátrica. Considera errônea a concepção de P. Bernard do grupo do hospital como uma pequena sociedade ou como substituto de um grupo familiar. Parece-lhe ilusório pensar em transformar o hospital em uma espécie de oficina de trabalhos manuais ou aldeia. Trata-se, para ele, de falsas comunidades, impostas e efêmeras. Considera que o paciente deve participar nos grupos humanos reais a que pertence, tais como sua família e seus amigos, sua cidade, seu sindicato ou seu partido político. Toda nossa ação deve estar dirigida a reintegrar o paciente a esta realidade.

Em 1958, o nº 5 de *L'Information Psychiatrique* publica uma série de vários trabalhos do grupo de Sèvres, muito diferentes e até opostos, sobre a participação do pessoal de enfermaria na psiquiatria. Alguns autores referem-se à dificuldade para introduzir o tratamento psicanalítico em um serviço onde o pessoal não tem formação adequada. Mme. Aulagnier fala do comportamento transferencial dos enfermeiros e da série de dificuldades que se produzem e que conduzem à ruptura dos tratamentos. Descrevem-se então vários conflitos entre o psicanalista, os enfermeiros e os pacientes. Daumezon considera que a dicotomia entre a realidade do serviço hospitalar e o acento colocado na vida fantasmática pelo psicoterapeuta é recusada pelo próprio paciente. J. Kestemberg (1958) [230], descreve uma experiência no serviço de Le Guillant e constata também dificuldades muito importantes. Afirma que se deve integrar os pacientes em um grupo conjunto que compreenda o pessoal como condição *sine qua non* para poder trabalhar. Bailley-Salins (1958) refere-se à importância do papel terapêutico do enfermeiro. Levando em conta a natureza da relação psicoterapêutica, propriamente dita, pensa que uma formação adequada do pessoal poderia dar-lhe uma certa qualidade psicoterapêutica. J. Oury (1958)[305], questionando-se sobre o problema essencial da desalienação, tanto do paciente como da instituição, desenvolve uma teorização baseada em parte nas teorias de Lacan.

L'Information Psychiatrique publica, no nº 10 de dezembro de 1958, As Segundas Jornadas do Grupo de Sèvres. Diatkine [88] fala do perigo de introduzir o pessoal em uma compreensão dos mecanismos inconscientes, porque vivendo quarenta horas por semana com os pacientes, um conhecimento desta natureza tornaria rapidamente a situação insuportável. J. Oury se opõe a tal idéia e insiste sobre a utilidade de uma comunicação entre médico e enfermeiro para compreender o sentido profundo dos sintomas. Follin [111], nesta ocasião, coloca que para ele a psicoterapia institucional não seria uma psicoterapia em sentido estrito, seria simplesmente higiene mental adaptada às condições particulares do hospital psiquiátrico. Racamier considera que as diversas posições sustentadas nestas jornadas refletem bastante bem a maneira de pensar, na França, muitos destes problemas.

Aymé, Rappart e Torrubia dizem que é a própria terapia institucional, o meio concreto de vida, que é investido pelos pacientes e não um só terapeuta, como na psicanálise. Trata-se de fazer o paciente aceder ao *status* de sujeito, levando em conta que muitos aspectos do paciente tendem a ser objeto do médico, que é o único que pode ser sujeito. Também dizem que ser alienado é haver perdido o lugar da palavra por meio da qual o sujeito se manifesta (Tosquelles 394-395, em A.R.T.).

Paumelle (1967) 313, fala da presença da equipe de tratamento na comunidade social, sua disponibilidade, sua continuidade, sua mobilidade e quase sua ubiqüidade. Sua consistente presença, indestrutível e durável, são condições essenciais do trabalho institucional. Na relação terapêutica institucional, dá-se à presença do psiquiatra uma importância decisiva, ao caráter de modelo de identificação e de adaptação ativa que é oferecido aos pacientes pelo comportamento do psiquiatra, de cada um dos elementos do pessoal e da própria instituição como conjunto.

Woodbury (1966) 416, publicou um trabalho cujas perspectivas técnicas constituem uma síntese dos trabalhos sobre psicopatologia dinâmica, elaborados em Chesnut Lodge, e das técnicas comunitárias de Maxwell Jones. O autor insiste muito sobre as cisões e explica sua convicção de que o paciente para curar-se tem que exteriorizar sua patologia. Desde esta perspectiva, as cisões formam parte integral e indispensável do tratamento; não são perturbações que devem ser evitadas, têm que manifestar-se para poder ser resolvidas pela equipe. Sustenta o autor que tais perturbações no Ego do paciente devem ser apreendidas e resolvidas no seio da equipe antes que o paciente possa fazê-lo: "Fazem falta pelo menos duas pessoas em estreita colaboração para para formar uma equipe que possa curar o Ego cindido, que é a patologia central dos psicóticos, pois o tratamento destes pacientes se produz em uma relação transferencial triangular e não a dois como para o neurótico".

Woodbury considera que no trabalho institucional deve-se respeitar e fazer surgir as qualidades terapêuticas inatas e as técnicas próprias dos membros da equipe *des soins* (de cuidados), cada um em sua disciplina, seu estilo pessoal e suas inclinações caracteriológicas próprias. Devem ser levados em conta não somente as características do pessoal como também as dos pacientes e as de seus familiares. É necessário desenvolver e instituir trocas de diferentes tipos, que incluam sempre o maior número possível de pessoas e organizá-los de tal maneira que favoreçam a difusão das informações e o compartilhar da responsabilidade para dividir o poder de decisão. Não duvidar em devolver ao paciente o *feed-back* polivalente de suas atitudes; não esquecer nunca o aspecto psicocorporal dos pacientes. Segundo Woodbury, o lugar de maior trabalho institucional está constituído pelas reuniões com os doentes, com o pessoal, com as famílias e, enfim com representantes significativos da sociedade quando se opera em um campo setorizado. Racamier observa, todavia, que, com referência a estas reuniões, os trabalhos publicados não nos informam claramente sobre seus objetivos, sua economia, sua dinâmica e o nível e a técnica própria. Daniels e col. (1968) fazem uma distinção útil entre dois tipos de reunião, uma para mais regredidos, sobre aspectos mais concretos e estruturados, e outra para mais organizados, que seriam reuniões menos estruturadas, ou seja, mais livres como nos grupos terapêuticos.

Finalmente, é útil recordar o trabalho de Ullman, de 1968, onde este autor assinala certos fenômenos inconscientes de distorção que se produzem no pessoal: desatenção seletiva em relação a certas manifestações graves dos pacientes, deslocamentos dos afetos, hiperpsiquiatrização como formação reativa, idealização do psiquiatra, supervalorização mágica da técnica psicanalítica. O autor diz, além disso, que o psicanalista aprende muitas coisas sobre si mesmo, participando de um programa de psiquiatria comunitária.

Comunidades terapêuticas nas últimas décadas

A partir da década de sessenta são escassas as comunicações e publicações sobre comunidades terapêuticas. Sobretudo nos países ocidentais, existe um movimento importante de desenvolvimento de comunidades que se dedicam ao tratamento de "residentes" drogaditos, enfatizando-se a importância da pessoa que dirige ou administra a comunidade, assim como o aspecto espiritual da mesma. Algumas delas estão intimamente ligadas a distintas religiões, tratando de resgatar e revalorizar nos dependentes de drogas a importância da dimensão do ser humano no problema da droga. Outros autores, com critério médico e psicológico, entre eles Marthe Ottenberg, trabalham com psicoterapia individual e grupal, considerando que a drogadicção em si não seria o problema mais difícil e sim os aspectos psicopatológicos ligados ao abandono, à falta da família, à destruição do casal, etc., dando importância a que o pessoal encarregado das comunidades sirva de modelo de identificação para os residentes. Segundo a experiência reconhecida por quem dirige este tipo de atividade, pareceria que a passagem pelas diferentes comunidades, qualquer que seja o modelo, é em última instância útil e terapêutica.

Um movimento importante de comunidades terapêuticas desenvolveu-se em países do leste da Europa a partir da experiência de F. Knobloch [239-248] que, inspirado no conceito de Maxwell Jones sobre o tema, organizou na Checoslováquia a primeira comunidade terapêutica para pacientes neuróticos em 1952. Nos anos sessenta e setenta surgiram outras comunidades semelhantes, tanto na prática como na orientação. Desde então, a comunidade terapêutica para pacientes neuróticos emergiu como a forma mais proeminente de terapia de grupo na Checoslováquia, Polônia e Alemanha Oriental, aumentando cada vez mais o número de comunidades. Cada uma delas trata de 150 a 200 pacientes por ano. Centradas na convivência de um grupo homogêneo de pacientes, a forma principal de trabalho é a de estabelecer uma psicoterapia intensiva de grupo, estimulando diversos tipos de interações da vida real e analisando conflitos e situações de *stress* durante períodos entre seis e doze semanas. Isso permite a seus membros transferir suas atitudes pessoais e seus modelos de conduta para modelos mais apropriados dentro de sua vida real. Este tipo de comunidade, se bem que com enfoques atuais quanto à técnicas de abordagem dos pacientes neuróticos, tem pontos parciais de contato com o trabalho que nós realizamos em nossa Comunidade, que inclui a dimensão familiar e se centra sobretudo no processo terapêutico de cada paciente e no desenvolvimento de novos recursos genuínos que lhe permitam integrar seu próprio eu. H. Wilmer 403-404, que dirige uma comunidade terapêutica em um Hospital de Veteranos, no Texas, EUA, define este tipo de instituição partindo de suas raízes históricas nos hospitais militares britânicos que funcionaram durante a Segunda Guerra Mundial, considerando o conceito terapêutico como uma ideologia. Assinala seu papel significativo na humanização do papel de custódia, às vezes brutal, que tem o hospital mental tradicional. Wilmer opina que as comunidades podem ser catalogadas, segundo seja sua orientação, como de direita, de esquerda ou de centro, considerando a esta últimas como as menos dogmáticas e as mais flexíveis, sendo assim terapeuticamente mais afetivas, dando maior ênfase na capacidade individual de cada paciente de analisar por si mesmo suas próprias condutas e atitudes pelo que acredita que este é o melhor método a ser desenvolvido pelos psicoterapeutas. Por último, assinala que qualquer análise sobre as comunidades terapêuticas e sua utilidade deveria centrar-se no estudo e na discussão de quatro áreas que entram em seu funcionamento: a psicopatologia de grupo, o controle institucional do comportamento da equipe terapêutica, o conhecimento que o pessoal envolvido demonstra e a análise da estrutura social do grupo de pacientes. Como veremos, o enfoque de Wilmer difere naquilo que nós consideramos como uma instituição verdadeiramente terapêutica, especialmente para pacientes graves que requerem um cuidado mais total por parte da instituição.

No Canadá, A. Islam e D. Turner 208 questionam a utilidade das comunidades terapêuticas à luz do contexto sociopolítico no qual se inserem. Vêem este tipo de instituição basicamente como um movimento de protesto em relação à organização dos hospitais psiquiátricos, que ainda persiste neste século e que coloca os pacientes em condições desumanizadas. Todavia, consideram que deveria ser feita uma reavaliação de sua utilidade à luz da mudança nas condições sociais, buscando-se um enfoque mais pragmático na organização dos hospitais para doentes mentais.

Reflexões sobre o conceito de comunidade terapêutica à luz de nossa experiência

O conhecimento de que as pessoas mudam, aprendem e amadurecem como resultado de suas relações e experiências interpessoais e sociais, não é novo, está incluído em todas as teorias do desenvolvimento da personalidade. Todavia, a aplicação deste conhecimento no tratamento do doente mental é bem mais recente.

Se bem que a relação terapêutica bipessoal inclui um processo de aprendizagem, que pode ser referido em termos da relações interpessoal, não se havia utilizado suficientemente a extensão lógica deste conceito no emprego do meio ambiente total como uma tentativa deliberada de incluir todas as relações que um paciente tem para seu benefício. Poderíamos visualizar a Comunidade Terapêutica como uma forma muito especial de terapia por "meio" da qual a estrutura social total da instituição está incluída no processo

Introdução

terapêutico. Estaria organizada e desenvolver-se-ia no sentido de tornar utilizáveis, como terapêuticas, todas as relações e todas as atividades na vida do paciente.

Nestes últimos anos, as experiências de comunidades terapêuticas desenvolveram-se de forma muito variada nas diferentes partes do mundo. Há algumas baseadas na idéia de que cada um tem o direito a realizar seus desejos sem restrições. Aceitar esta situação seria pretender que a sociedade fosse uma espécie de mãe idealizada que permite e favorece todas as fantasias. Pensar dessa maneira nos leva a uma forma de alienação. Geralmente as pessoas que não toleram a contradição entre indivíduo e sociedade pensam assim. Já D. Cooper 72, em sua Villa 21, tinha desenvolvido uma comunidade que dava a cada paciente a possibilidade de fazer qualquer tipo de regressão. Sua nova concepção da psiquiatria denominou-se "antipsiquiatria". Como veremos adiante, nosso enfoque e nosso trabalho apresentam algumas semelhanças e também marcadas diferenças com relação ao enfoque antipsiquiátrico.

Por seu lado, a concepção culturalista da enfermidade mental dá ênfase à rejeição do doente por parte da sociedade e conduz a um enfoque terapêutico que é visto como uma readaptação. Há comunidades terapêuticas ou instituições que têm como centro de gravidade da terapia a readaptação do paciente à sociedade. Seguem a idéia de que se a instituição tem um ambiente social sadio, o paciente vai incorporar pautas sociais também mais sadias.

Consideramos que somente a realização de desejos conduz necessariamente a uma intolerância à frustração o que impedirá, justamente que o indivíduo entre em contato com a realidade. Neste sentido, nem somente a realização de desejos nem a readaptação social conduzem a um "verdadeiro crescimento" do ser humano. A experiência psicanalítica mostrou que o sintoma, tanto nos pacientes neuróticos como psicóticos, é em parte uma realização de desejos, ainda que imperfeita, e o que geralmente acontece é que o recalcamento da pulsão domina o compromisso realizado e secundariamente investido. De tal maneira, o paciente fica sempre com o sofrimento derivado de que nunca alcançou realmente uma verdadeira satisfação. Por seu lado, a readaptação social pos si só constitui uma espécie de ortopedia. As partes doentes permanecem intactas. Quando são aspectos importantes, impedem sensivelmente a readaptação e condicionam a cronicidade.

A Comunidade Terapêutica baseia-se na premissa de que um pavilhão psiquiátrico ou hospital é um sistema social. Trata-se de utilizar ao máximo este sistema assim como os seus componentes — o pessoal e a comunidade total do hospital — para modificar o comportamento do paciente, de tal modo que ele seja capaz de organizar sua vida e suas relações pessoais de um modo construtivo. A diversidade de formação e orientação que caracteriza a atividade psiquiátrica e seus vários enfoques reflete-se também nas diversas orientações com que se organizam as comunidades terapêuticas, com evidente predominância das psicodinâmicas ou comportamentais. Os diversos sistemas teóricos enfocam a conduta humana de diferentes maneiras e operam também com diferentes esquemas e atitudes. Até certo ponto, diferentes sistemas teóricos são incluídos na comunidade terapêutica. Todavia, se não se instrumentalizam formas adequadas de transição e integração perde-se a coerência necessária do conjunto.

O enfoque psicodinâmico centra as relações indivíduo-meio no funcionamento do Ego. O meio pode modificar ou modelar certos equilíbrios psicodinâmicos que são intrapsíquicos. Sendo as relações interpessoais mais apropriadas e realistas, reafirma-se a auto-estima do paciente e se reduzem seus sentimentos de culpa e sua maldade. Também o enfoque comportamental tem sua aplicabilidade. Muitas situações da comunidade proporcionam aparentemente oportunidades para incluir e modelar a conduta por meio de recompensas e castigos, encobertos ou manifestos. Neste sentido, podemos dizer que quase todas as comunidades terapêuticas utilizam alguns elementos do pensamento psicanalítico e alguns elementos do pensamento comportamental. Nós, por nosso lado, pensamos que é extremamente necessário levar em conta que todas estas contribuições devem estar subordinadas ao conceito de processo terapêutico, para que se possa dar coerência e sentido à integração dos vários recursos terapêuticos. Assim, viemos desenvolvendo um tipo de comunidade terapêutica diferente, que temos denominado de forma provisória desde 1965 de Comunidade Terapêutica Psicanalítica de Estrutura Multifamiliar e na qual se faz possível o tratamento de pacientes gravemente perturbados, tais como esquizofrênicos em diferentes períodos evolutivos, neuroses graves, depressivos, personalidades psicopáticas, dependentes de drogas, etc. Nossa concepção retoma os ensinamentos da comunidade terapêutica de Maxwell Jones, com quem compartilhamos muitos dos enfoques que desenvolveu. Acreditamos que existem nos pacientes disposições latentes para a cura e propiciamos que compartilhem, na medida do possível, a responsabilidade de seu tratamento com a equipe. Estimulamos a comunicação livre entre os membros da Comunidade e como psiquiatras ampliamos nosso campo de ação, intervindo ativamente na organização social e cultural da mesma, assumindo a complexidade da condução dos grupos. Também utilizamos recursos terapêuticos tais como a confrontação e a interpretação de motivações.

Temos observado sistematicamente que muitos fenômenos de agitação e condutas dissociadas dos pacientes estão relacionadas, como diziam Stanton e Schwartz, com conflitos existentes entre os membros da equipe terapêutica. Também temos estudado fenômenos de indução de conflitos na equipe provocados pela conflitiva do paciente 280-281. Muitas vezes, trata-se da reativação de situações familiares conflitivas, agora atuadas transferencialmente em relação com a equipe de tratamento, que responde e interatua com os pacientes em função de estruturações psicopatológicas complexas. Pouco a pouco, fomos descobrindo que esta fenomenologia comunitária traz a oportunidade, como veremos adiante, para uma abordagem psicoterapêutica sumamente valiosa que permite articular o processo psicoterapêutico do paciente e de sua família no campo intermediário e podemos dizer transicional da Comunidade Terapêutica Psicanalítica propriamente dita. Também comprovamos, como diz Caudhill, que em muitos casos o papel do paciente é imposto pelo grupo, ainda que também muitos pacientes imponham ao grupo suas próprias características. De uma ou de outra maneira, neste interjogo encontramos material para trabalhar os fenômenos de dependência patológica, narcisismo patológico e manipulação psicopática de uns e outros, e poderemos reconstruir a história destas características para elaborar os conflitos inerentes ao processo terapêutico. Veremos assim que o paciente pode aferrar-se a seu papel de doente como um mecanismo de defesa e de refúgio no papel para evitar a responsabilidade. Por outro lado, a imposição do grupo aparece, em muitas oportunidades, como uma rivalidade invejosa nos momentos de recuperação.

Obviamente, fazemos de tal forma que os pacientes participem ativamente dentro da instituição. Este tema levanta alguns problemas que serão abordados em seu momento, mas podemos adiantar que, se bem que o co-governo seja um objetivo interessante, esbarra em resistências múltiplas e variadas, tanto da parte dos pacientes como do pessoal. Os pacientes psicóticos, em particular, devido à tendência para recriar vínculos de dependência patológica, resistem em assumir formas ativas de participação que impliquem em um compromisso emocional importante e em uma responsabilidade. O pessoal também põe em evidência dificuldades para mover-se em um campo conflitivo como é, por exemplo, encarregar-se do paciente e estimular ao mesmo tempo o desenvolvimento de sua autonomia. Isto se torna ainda mais complexo pelas condutas e atitudes regressivas patológicas de todo tipo que caracterizam estes seres humanos. Como veremos adiante, estes aspectos deveriam ser considerados à luz do processo terapêutico de cada paciente, tal como nós o entendemos, e a situação de cada paciente na Comunidade terá que ser levada em conta em cada momento e ser motivo de consideração especial. Em certo sentido, assim como o é a situação de cada ser humano no grupo familiar. Com relação às regressões, veremos que embora não consideremos de utilidade favorecê-las como estratégia terapêutica, teremos que levar em conta as necessidades primitivas que se evidenciam e aproveitá-las para reestruturar recursos egóicos novos nos pacientes.

A participação destes tende a centrar-se nas terapias de grupo e nas várias atividades terapêuticas de apoio que se instrumentalizam e das quais falaremos em seguida. Como assinalaram os autores franceses, vemos através desta participação o drama pessoal que vive cada ser humano onde "cada um joga seu papel". Mas novamente aqui esta fenomenologia comunitária deverá servir para que cada paciente vá realizando seu próprio processo terapêutico de crescimento e amadurecimento.

Na resenha anterior pudemos ver como o conceito de terapia institucional inclui a participação ativa do pessoal da instituição e a importância do papel terapêutico do paciente e do pessoal auxiliar em geral. Disto surge a necessidade de uma capacitação e formação adequadas para poder abordar estes níveis de participação. Para nós, na Comunidade Terapêutica Psicanalítica, o pessoal se vê confrontado com a necessidade de realizar, além de uma capacitação permanente, um processo de desenvolvimento psicoemocional. Terá de ser ajudado, neste sentido, pelos membros que tenham mais experiência. Se não for assim, acabará ficando preso nos conflitos, ou ainda sabotará os tratamentos de forma inconsciente e, frustrado, acabará por abandonar a comunidade. Também deve saber que a aprendizagem se produz por co-participação e que neste sentido todos aprendemos uns com os outros.

Muitos dos trabalhos anteriores põem em evidência as diferenças entre o trabalho psicanalítico bipessoal e o trabalho da terapia institucional. Ao longo das páginas que se seguem, teremos múltiplas oportunidades para abordar esta temática tão apaixonante. Em primeiro lugar, pensamos, como dizia Woodbury, que as cisões não são perturbações que devam ser evitadas mas sim que o paciente, para curar-se, deve poder exteriorizar sua patologia, que está organizada em núcleos cindidos do ego. O acento posto nestes aspectos remete-nos à importância das primeiras observações de Rowland sobre a "organização informal" da instituição. Esta, considerada uma estrutura social doente e dissociada de um hospital psiquiátrico tradicional, tem, segundo nossas observações, uma força emocional muito grande onde ocorrem as verdadeiras paixões, cumplicidades de todo tipo, rivalidades e ressentimentos pessoais. No hospital psiquiátrico tradicional, com uma ideologia autoritária e repressiva, a equipe encarregada do tratamento fica identificada e materializa, para os pacientes, uma estrutura superegóica que vê no "informal" dissociado o mau que deve ser recalcado. Assim, então, na medida em que a equipe terapêutica é vivida com desconfiança e como intrusa deve ser mantida à margem e na ignorância. A organização informal está então a serviço da defesa do paciente e a dissociação no grupo apresenta a mesma necessidade e tem a mesma significação que a dissociação que constatamos em qualquer relação psicoterapêutica. Da mesma maneira que é necessário resgatar o dissociado no trabalho psicanalítico, também será necessário penetrar na organização hospitalar informal para resgatar a partir dali o dissociado. Além do que, nem todo dissociado é doente e muitas vezes os aspectos sãos mais valiosos da personalidade também ficaram dissociados, mantidos em segredo e portanto não-desenvolvidos. Será então indispensável, como nós temos experimentado, incluir estes aspectos no processo terapêutico dos pacientes. E isto só será possível quando ocorre o desenvolvimento de vínculos positivos confiáveis com a equipe terapêutica para que o paciente possa animar-se a exteriorizar seus sentimentos, emoções e afetos, tanto sadios como doentes. Para tal, a quipe deverá ter uma presença consistente, disponibilidade e continuidade, como dizia Paumelle, e é sobre a base desta presença com tais característica que nós temos trabalhado com a noção de "encarregar-se do paciente" e com a de "vínculo estruturante dos recursos egóicos sadios". Além disso, a equipe permitirá a composição de um campo psicológico de estrutura familiar, na qual se fará possível a estruturação de uma situação triangular edípica transicional indispensável para o desenvolvimento do processo terapêutico do paciente mental grave.

Na psicoterapia individual fomos descobrindo que a única maneira de um paciente começar a curar-se é quando começa a poder trazer o dissociado à análise. De forma semelhante, uma comunidade passa a funcionar curativamente quando começa a tomar consciência da necessidade de descobrir para o trabalho psicoterapêutico o mundo secreto da organização informal, porque ali, se bem que esteja o aparentemente mais doente, também estão aspectos valiosos do ser humano que devem ser resgatados. À medida que os pacientes deixam de se sentir perseguidos pela equipe, como se sentiram por suas figuras parentais, e podem exteriorizar os aspectos mais psicóticos da personalidade, deixam de se produzir os deslocamentos secretos e começa a poder elaborar-se a doença.

Além de algumas coincidências apontadas antes com diversos autores, encontramos outras tais como a inclusão do maior número possível de pessoas nos grupos terapêuticos e sua organização, de tal forma que favoreçam a difusão da informação. Assim, a recomendação de reuniões com os pacientes, o pessoal e os familiares, tornou-se precisamente

Introdução 17

a marca que, como veremos logo, tornou-se o ponto de partida de nossa Comunidade Terapêutica Psicanalítica de Estrutura Multifamiliar 141-142.

Já com um enfoque mais influenciado pela intenção terapêutica, Stanton e Schwartz (1954), como já mencionamos, descobrem uma relação mais dinâmica entre os pacientes e a equipe, observando como alguns fenômenos patológicos aparecem nos pacientes como resultado de conflitos que têm lugar entre os membros da equipe terapêutica. Estes fatos têm muita vigência e nós temos visto a repercussão que os conflitos na equipe podem chegar a ter entre os pacientes, um pouco como os que se produzem entre os pais repercutem necessariamente nos filhos. Mas também temos comprovado que os conflitos dos pacientes, e entre eles, podem influir e penetrar na equipe criando conflitos em seu seio e, em que medida os pacientes põem à prova a coerência do pessoal, que aparece assim como uma prova da segurança e estabilidade de que eles tanto necessitam. Desejamos nos adiantar em assinalar que, no que diz respeito a Stanton e Schwartz, compartilhamos muitas das suas experiências descritas e em particular a hipótese de que as dissociações do paciente não seriam fenômenos exclusivamente determinados pela história psicopatológica do doente, mas sim que estariam fortemente influenciados de fora pela estrutura do grupo. Como logo analisaremos, não só comprovamos que estes fenômenos se reproduzem e se repetem em níveis diferentes no grupo comunitário (com relação à equipe e a outros pacientes), no grupo familiar nuclear e no grupo familiar múltiplo, mas que a análise e a elaboração sistemática e contínua destas situações, que se canalizam particularmente no nível da conduta atuada, permitem um trabalho psicoterapêutico de grande valor e eficácia. Vemos assim todo tipo de formas em que os pacientes tentam atuar sobre a equipe ou sobre a família, a família sobre o paciente e a equipe, e a equipe deve poder regular e elaborar todas estas situações.

A intenção terapêutica nos trabalhos sobre comunidade terapêutica foi se orientando decididamente para a utilização dos fatores de intercâmbio social para a reabilitação psicológica. O estímulo terapêutico que uma participação ativa na vida institucional pode ter para o paciente, assinalado por Thomas Maine 276 na Inglaterra e, mais particularmente, os benefícios de compartilhar a responsabilidade sob forma de co-governo, praticados por Hyde e Solomon nos EUA, são aspectos de interesse a serem levados em conta na condução de uma comunidade terapêutica. Mas estes trabalhos, como temos assinalado, inscrevem-se mais na linha de reforçar as partes sãs e reprimir as partes doentes e tendem a um trabalho de ressocialização, mais do que a um trabalho terapêutico tal como nós o entendemos. A utilização e instrumentação destes enfoques nos trouxeram benefícios sempre quando se agregam como complemento de outra estrutura assistencial verdadeiramente terapêutica, sem pretender substituir o trabalho impostergável de elaboração dos níveis mais psicóticos da personalidade.

Por estes motivos, as tentativas de cura de psicóticos através da socialização por aprendizagem de papéis, em um funcionamento democrático com livre comunicação, levam em seu seio paradoxalmente uma ideologia pessimista e antiterapêutica, na medida em que deixam de lado, por incuráveis, os aspectos mais doentes da pessoa. Neste sentido, coincidimos com certos autores que questionam a idéia de um tratamento que consistiria na adaptação social do paciente a um tipo de vida que representa, em última instância, a sociedade doente. Como se verá adiante, nossa concepção da cura não é a de uma tal adaptação que constituiria mais uma submissão. Para nós, curar-se significa desenvolver as capacidades de realização pessoal seja adaptando-se à sociedade enquanto isto implique uma forma de aceitação da realidade, podendo questionar esta realidade ou instrumentar de modo são recursos para modificá-la. Sempre, de alguma maneira, será a conseqüência de um processo terapêutico exitoso onde houve crescimento psicoemocional e o desenvolvimento de novos recursos egóicos mais genuínos.

Uma linha muito mais operativa aparece no trabalho de Maxwell Jones. Este autor começa apontando que podemos aprender muito observando o paciente mental em um meio social, em vez de estudá-lo isoladamente como o faz a psiquiatria tradicional. Esta forma de trabalho nos parece sumamente enriquecedora e neste sentido pensamos que seria muito útil contar com uma semiologia dinâmica na Comunidade Terapêutica, que seria muito mais operante e coerente com o trabalho psicoterapêutico do que a semiologia psiquiátrica clássica dissociada em grande medida da dinâmica interpessoal. Maxwell Jones desenvolve uma série de técnicas (entre as quais poderíamos citar o que ele chama de confrontação), através das quais é possível fazer o paciente tomar consciência do efeito de seu comportamento sobre outras pessoas e compreender algumas motivações que determinam sua conduta; desta maneira, se trabalham as situações potencialmente terapêuticas. Coincidimos com o conceito de situação potencialmente terapêutica e consideramos fundamental o fato de que o trabalho na comunidade terapêutica enriquece enormemente, quantitativa e qualitativamente, as situações potencialmente terapêuticas, que se apresentam assim a cada momento e de todo tipo. Diferentemente de qualquer classe de psicoterapia em que o paciente deve "trazer material" para a sessão, aqui o material produz-se espontaneamente e em qualquer momento, e é necessário estar disponível para aproveitá-lo. Este conceito de disponibilidade da instituição nos parece sumamente enriquecedor, como veremos adiante. Ainda no trabalho de Maxwell Jones se fala da tomada de consciência por parte do paciente das motivações que determinam sua conduta, onde o acento terapêutico parece estar mais colocado nas possibilidades que o paciente tem de exercitar papéis sociais e vocacionais. Nós sabemos, pela grande e profunda experiência pessoal, que a aprendizagem do papel social é verdadeiramente terapêutica quando o indivíduo pode vivenciá-la como uma realização de seu verdadeiro ego e não como uma conduta relativamente artificial, na medida em que está esvaziada de aspectos dissociados que constituem necessariamente um empobrecimento egóico. As confrontações, por exemplo, poderão ser enriquecedoras somente depois que o paciente tiver podido desenvolver recursos egóicos verdadeiros para poder enfrentá-las.

Nossa experiência da verdadeira cura, a que garante a estabilidade e que constitui uma plataforma para ganhos futuros, requer um crescimento e um amadurecimento da pessoa, o que pode se conseguir somente através de um processo terapêutico. Pensamos que na obra de Maxwell Jones não se visualiza suficientemente este processo, ou seja, o caminho que cada paciente trilha dentro da comunidade, nem as mudanças internas que configuram o processo terapêutico propriamente dito. Com o objetivo de visualizar estas

Introdução

mudanças, consideramos necessário recorrer, em alguma medida, ao modelo de processo terapêutico psicanalítico que até agora aparece como a única forma de psicoterapia que provê um modelo satisfatório. Desta forma, integrando a idéia de que cada paciente deve percorrer um verdadeiro processo para que uma comunidade seja verdadeiramente curativa, chegamos à noção que de alguma maneira norteia o desenvolvimento deste livro, ou seja, à noção de Comunidade Terapêutica Psicanalítica.

Integrar na teoria e na prática os esquemas sociológicos e os modelos da teoria psicanalítica não é fácil, mas tem-se revelado neste últimos anos cada vez mais impostergável. Também consideramos que apesar de o trabalho de Sullivan não ter sido realmente psicanalítico, pode-se considerá-lo como psicodinâmico e talvez uma ponte interessante para compreender os efeitos psicoterapêuticos do chamado ambiente em função das relações interpessoais. Além do que, é útil recordar que Sullivan foi o inspirador da corrente psicanalítica de Frida Fromm Reichmann. Também o trabalho de Marshall Edelson [90], tem um enfoque psicanalítico, orientado nos termos da Psicologia do Ego. Rodrigué [340], por seu lado, mostra a evolução de uma instituição assistencial até organizar-se como comunidade terapêutica. O objetivo da exposição de Rodrigué não é desenvolver conceitos sobre a teoria e a técnica da Comunidade, mas sim especialmente escrever um histórico que analisa a série de processos sociais que transformaram uma clínica psiquiátrica tradicional em uma comunidade terapêutica". Seguramente, através dele ficaram claramente explicitados problemas tais como a teoria da cura (técnicas e metas), por exemplo, e só se esboçam as colocações sobre a articulação da terapia psicanalítica (a que Rodrigué inclui no nível bipessoal) com a dos pequenos grupos (nível grupal, segundo o autor) e as assembléias gerais (nível institucional).

Finalmente, acredito que também é importante recordar como um antecedente significativo, o trabalho de Anna Freud e de Dorothy Burlingham [126] sobre "famílias artificiais" com crianças. Pareceria que aos psiquiatras nos custou muito esforço descobrir que os doentes mentais também sofrem os efeitos destrutivos da carência de afeto que os autores anteriores evidenciaram nas crianças que tinham sido separadas de suas mães durante a guerra. Em nossa experiência, a comunidade se comporta como uma família substituta que deve prover o alimento afetivo, modelos de identificação e a estabilidade necessária para que o doente mental possa trilhar e realizar seu processo terapêutico. Não só temos comprovado até que ponto a comunidade pode atuar como uma família substituta mais adequada que a própria, como também temos visto a importância de incorporar e integrar a família verdadeira no processo terapêutico. A comunidade foi tomando desta maneira uma estrutura virtual de grande família "múltipla" e esta trama, que aparece como a estrutura básica da mesma, se vê materializada, como vimos, em uma modalidade prática de trabalho que constitui uma técnica original que chamamos grupo familiar múltiplo.

Resumindo, a concepção geral de nosso trabalho, que poderíamos chamar a filosofia de nossa comunidade terapêutica, poderia formular-se da seguinte maneira:

1) A comunidade, como matriz terapêutica através de seus recursos humanos, deve comportar-se como um "continente" adequado no sentido de poder encarregar-se dos com-

ponentes mais psicóticos dos pacientes ou de seus momentos mais regressivos. Os pacientes devem encontrar a possibilidade de expressar os conteúdos mais doentes de sua personalidade para poder integrá-los às partes mais sadias da mesma.

2) O paciente percorre dentro da comunidade um processo terapêutico "psicanalítico", compartilhado com os outros pacientes e com a equipe; de tal maneira que sua identificação e situação em um momento dado não estão condicionadas só por um diagnóstico psiquiátrico, mas também pelas características do processo terapêutico que presumivelmente terá que percorrer segundo nossa experiência clínica. Neste sentido, a equipe deve elaborar o projeto terapêutico.

3) Os recursos terapêuticos da comunidade estão instrumentalizados no sentido da realização do processo terapêutico que se comporta como um eixo condutor ao longo do qual vão se integrando as experiências que por sua vez correspondem a distintos níveis da personalidade.

4) Os diversos recursos terapêuticos não são uma soma ou agregado de diferentes tratamentos, mas sim um conjunto de experiências terapêuticas possíveis que vão se destacando e se diferenciando a partir de uma matriz comum e que voltam para a dita matriz em um movimento dialético de crescimento e integração pemanentes.

5) Os pacientes e a equipe realizam, em grande parte, experiências terapêuticas compartilhadas que permitem conservar a continuidade do processo como memória grupal (além da memória individual) e que vão desenvolvendo, através de sua historicidade, a comunidade terapêutica como continente. Enfatiza-se a co-terapia e o trabalho em equipe, com o objetivo de ter sempre presentes a dimensão familiar e a triangulação edípica.

6) A terapia individual está integrada dentro da comunidade (matriz terapêutica) constituindo o nível de máxima integração do ponto de vista do *insight*. A análise individual vai se desprendendo da comunidade e finalmente continua como única terapia, quando o paciente já alcançou níveis de integração egóica suficientes para tornar possível uma convivência social construtiva.

Deste modo, em nossa concepção, a ênfase está colocada na idéia de que cada paciente pode realizar seu processo terapêutico e a comunidade há de funcionar como o contexto real dessa experiência. Entendendo o processo terapêutico como um crescimento e desenvolvimento da personalidade, a comunidade, através de seus recursos humanos, deverá comportar-se como um continente adequado nas diversas etapas de seu percurso e nas distintas vicissitudes do mesmo e por conseguinte deverá encarregar-se dos componentes mais psicóticos ou mais imaturos dos pacientes e/ou de seus momentos mais regressivos. Para que isto possa realizar-se, a instituição, que indefectivelmente adquirirá uma estrutura multifamiliar, desenvolver-se-á sobre um tripé de funcionamento que inclui: a) *a integração de recursos terapêuticos* (terapias grupais, familiares, individuais, farmacoterapia, laborterapia, musicoterapia, expressão corporal, atividades recreativas, etc.), em função do momento evolutivo do paciente, das vicissitudes ou dificuldades que se apresentem e do projeto terapêutico que a equipe tenha previsto para cada paciente em particular; b) *o trabalho em equipe* que é indispensável pela própria natureza da doença

Introdução 21

mental que inclui dissociações, projeções maciças, múltiplas transferências e que em algum lugar do trabalho institucional devem ser elaboradas e integradas possibilitando um conhecimento do paciente e uma coerência que ele mesmo, no entanto, não pode ter; e c) *a co-terapia* cujo valor foi se impondo ao longo de nossa experiência com pacientes psicóticos. Sua conceituação foi se enriquecendo, paulatinamente, desde a idéia de um recurso mais para processos especialmente difíceis, até uma implementação estruturante, quando em determinado momento de um processo terapêutico, com as características que descrevemos, a inclusão de um terceiro gera a possibilidade de estabelecer uma situação triangular (ou seja, uma estrutura triádica), que permita a saída do paciente e seu terapeuta da clausura, às vezes inevitável, das relações diádicas sustentadas narcisicamente.

A Comunidade Terapêutica Psicanalítica deverá funcionar como uma família substitutiva ou transicional durante o processo terapêutico, capaz de gerar um ambiente emocional de segurança, onde as múltiplas interações permitam a realização de experiências enriquecedoras da personalidade e, por conseguinte, o desenvolvimento de recursos egóicos, cuja carência ou déficit é uma das características da doença mental. A família real do paciente terá de incluir-se na comunidade para que possa acompanhar o processo, fazer as mudanças necessárias e realizar por sua vez seu próprio processo terapêutico familiar, na medida em que a observação mostra que a carência de recursos egóicos dos filhos, geradora de sua vulnerabilidade diante dos conflitos e demandas vitais, é a conseqüência das próprias carências dos pais, condicionadas pelas respectivas histórias familiares.

A comunidade terapêutica será psicanalítica na medida em que tenha incorporado em sua ideologia os conceitos básicos psicanalíticos que se referem especialmente à enfermidade mental, entendida, de acordo com tudo o que foi dito, como detenção, distorção ou desvio do processo normal de desenvolvimento psicoemocional. A psicanálise, diz Racamier, nos dá a chave para compreender melhor os dados ou fatos, mas não nos mostra diretamente a maneira de resolvê-los. Temos enfrentado esta dificuldade, que poderíamos chamar de criadora, durante nosso trabalho na comunidade terapêutica com pacientes psicóticos. Dela surgiram os pontos de nossa experiência, consignados em múltiplos trabalhos, a convicção sobre o valor insubstituível deste enfoque para o tratamento das doenças mentais e o nosso otimismo sobre seus resultados. Além do que, "é necessário frizar que o conhecimento ou lembrança de muitos dos trabalhos da literatura é posterior ao essencial de nossa reflexão". A literatura veio freqüentemente confirmar nossos achados.

História da Comunidade Terapêutica Psicanalítica de Estrutura Multifamiliar 1

Tradução: Giselle Groeninga de Almeida

O caminho percorrido

Depois de trabalhar vários anos com pacientes psicóticos internados em um hospital psiquiátrico tradicional, tive a oportunidade de encarregar-me de uma ala de internação para trinta e cinco pacientes. Ao mesmo tempo, iniciamos o Serviço de Hospital-dia, de modo que ambos constituíram uma unidade funcional 137. Durante estes primeiros anos, a assistência psiquiátrica sob minha responsabilidade estava orientada psicanaliticamente, no sentido da chamada psiquiatria dinâmica. O paciente psicótico era tratado com psicoterapia individual associada a outros recursos terapêuticos: psicofármacos, terapia ocupacional de diferentes formas, algumas vezes grupos terapêuticos e entrevistas com familiares. Também havíamos incorporado a idéia de Frida Fromm Reichmann do médico administrador e do trabalho em equipe.

Dado o hábito de tabalhar em Hospital somente durante a manhã, tínhamos a preocupação de organizar as atividades terapêuticas durante as chamadas vinte e três horas restantes, além da hora terapêutica "específica" da psicoterapia individual. Havíamos observado, como tantos outros investigadores, que muitos pacientes psicóticos necessitam que se lhes dedique o maior tempo possível. De três sessões por semana pode-se passar facilmente a cinco ou seis e o terapeuta ainda sente que isto é insuficiente. Por vezes pensávamos que estendendo o tempo de cada sessão poderíamos obter melhores resultados.

Todavia, isto não se dava sempre assim. A "satisfação" da necessidade do paciente de que o terapeuta se ocupe mais dele, não significa um melhor aproveitamento do tempo terapêutico. A dedicação maior ao ser convertida em uma expectativa maior e portanto em uma exigência, pode gerar mais resistência. Observávamos então que, de forma paradoxal, o vínculo entre o paciente e o terapeuta podia se empobrecer e se corria o risco de estabelecer uma relação simbiótica muito excludente, um vínculo de encerramento mútuo, com uma interdependência patológica que se autopotencializava e diminuía as possibilidades de tratamento.

Já há algum tempo vínhamos questionando o esquema terapêutico baseado nas sessões individuais para pacientes esquizofrênicos graves. Estando o paciente em estado de confusão mental, o *setting* analítico ficava totalmente descartado pela incapacidade do paciente de poder pensar e, portanto, de poder aproveitar a experiência ou de não poder realizá-la diretamente. Em uma condição mental de cronicidade, o paciente desconectado e autista não pode também relacionar-se com o terapeuta dentro do enquadre ortodoxo da psicoterapia individual. Esta apresenta sérias dificuldades porque coloca o paciente em uma situação de muita exigência, no sentido de ter que responder, dentro do tempo limitado da sessão, às condições da troca bipessoal que o analista coloca, quando precisamente por sua condição patológica isto é o que é mais difícil ou, na maioria das vezes, impossível.

Não poderíamos deixar de levar em conta que, no que diz respeito à relação paciente-terapeuta, Freud havia descoberto a transferência como uma das características primordiais e como o motor do próprio processo terapêutico, e que as dificuldades que tinha encontrado na abordagem dos pacientes psicóticos o haviam levado, por vezes, a considerar que este tipo de paciente era incapaz de estabelecer uma transferência e em conseqüência era inanalisável. Era evidente que colocar o paciente no divã e pedir-lhe que associasse livremente aparecia como que deslocado, levando-se em conta em particular que o próprio Freud havia sido claro que para que um paciente pudesse beneficiar-se da psicanálise era necessário que tivesse um ego suficientemente são para poder submeter-se ao que a técnica psicanalítica ortodoxa exige.

Faziam-se então compreensíveis as indicações de Frida Fromm Reichmann, ao sugerir a conveniência de manter durante prolongados períodos uma atitude constante, a fim de estabelecer com o paciente uma transferência positiva, evitando-lhe na medida do possível toda classe de frustrações, com o objetivo de ajudá-lo a superar as intensas resistências narcísicas. Conhecíamos também as controvérsias que se deram entre a escola kleiniana e a escola americana de Frida Fromm Reichmann no que tange à técnica que devia ser empregada na psicoterapia do paciente psicótico. Estas discussões, apesar de terem um alto interesse teórico e técnico, não refletiam suficientemente a realidade, pois pareciam aplicar-se a diferentes tipos de pacientes. Enquanto Fromm Reichmann ocupava-se de pacientes graves, esquizofrênicos clinicamente internados em Chestnut Lodge, H. Segal e outros referiam-se mais a pacientes ambulatoriais com uma maior capacidade para trabalhar psicanaliticamente.

Fomos descobrindo pouco a pouco aspectos francamente contraditórios no vínculo que se estabelece com muitos destes pacientes. Por um lado, necessitam e reclamam uma atenção permanente que parece satisfazer certas necessidades básicas, mas por outro lado isto aumenta consideravelmente seus sentimentos de culpa e seu medo de causar dano ao terapeuta pela ambivalência com que vivem em seu mundo interno e pelo que sentem que lhe fazem. Nessa época, era habitual a crença de que a relação terapêutica individual podia favorecer a regressão e acentuar enormemente a dependência, deixando o paciente, fora da sessão, em uma condição de "órfão", "indefeso" ou "abandonado", muito difícil de tolerar.

Outro dos problemas sérios, que detectamos no serviço hospitalar, era o que representava a rotatividade dos residentes. Ainda que estes fossem em sua maioria médicos jovens com pouca experiência em psiquiatria e psicoterapia, a dedicação entusiasta com que se ocupavam dos pacientes produzia, às vezes, melhorias extremamente importantes. Por causa de um vínculo de transferência positiva, o esquizofrênico saía de seu autismo, começava a participar de atividades ocupacionais e recreativas, podia iniciar um contato com seus familiares e a ter permissões de saída. Mas, por alguma razão que desconhecíamos, este progresso se detinha em pouco tempo, e quando o residente completava sua formação e deixava o trabalho, muitos pacientes faziam depressões reativas tão catastróficas que condicionavam recaídas graves. Os doentes viviam esta separação como um abandono intolerável, que lhes produzia uma ferida narcísica de tal profundidade que caíam em uma condição de isolamento e de rejeição muito maior do que haviam tido antes e da qual era sumamente difícil ou quase impossível resgatá-los. Paralelamente, observávamos que ainda quando se conservava a continuidade da relação terapêutica, o progresso do paciente se detinha ao fim de certo tempo.

Colocavam-se para nós problemas tais como: de que modo tornar acessível a terapia psicanalítica aos pacientes que não toleram o enquadre ortodoxo; como fazer para que o paciente que recusa totalmente o contato terapêutico, fundamentalmente por temor e desconfiança, possa realizar experiências terapêuticas e como fazer para que as experiências terapêuticas de uns possam servir aos outros.

Refletindo sobre estas dificuldades, e em parte intuitivamente, comecei a trabalhar em um enquadre com características totalmente diferentes das habituais. Comecei a ir à ala todos os dias na mesma hora, sentando-me em um lugar da grande "sala de estar" para os pacientes, colocando *um enquadre "espontâneo" onde eu estava "disponível para todos"* na medida em que quisessem aproximar-se para falar comigo. Pouco depois, comecei a convidar todos os enfermeiros. É útil dizer que esta mudança institucional produziu-se em 1964.

Quanto mais espontâneo era o enquadre, mais podiam se ver as dificuldades dos pacientes no sentido de não poderem se expressar. Era como se não somente não soubessem se expressar como não soubessem também o que expressar. Começamos assim a pensar até que ponto as manifestações espontâneas deste seres humanos haviam sido sistematicamente cortadas em um clima familiar de características particulares.

Passou-se algum tempo sem que os pacientes se aproximassem espontaneamente. Pouco a pouco, alguns se animaram e logo outros os seguiram. Pôde-se ver então muito claramente vários aspectos da desconfiança. Para que iam se aproximar? De que íamos falar? E que resultado ia ter tal conversa? Para que podia servir? Certamente, era outro ensaio que queriam fazer com eles, mas estavam cansados de provas.

Era bastante evidente que quanto mais natural era o enquadre, quanto mais se parecia com uma reunião onde cada um podia falar livremente, mais desconfiança inicial despertava. Poderíamos dizer que paradoxalmente os pacientes aceitavam melhor a entrevista individual, porque constituía uma situação mais conhecida, onde podiam exercer um controle maior dos fatores em jogo, sobretudo dos fatores emocionais, "para que nada acontecesse". O argumento de que "não se pode falar de coisas íntimas em público" foi rápida e facilmente desbaratado, ainda que sempre se reiterasse, sobretudo com cada paciente novo que chegava na sala.

Em primeiro lugar, tornou-se muito claro que não era verdade que cara a cara com o terapeuta fosse mais fácil falar. Talvez para alguns é mais fácil falar para não dizer nada. Outros, pelo contrário, mantêm um silêncio pertinaz muito difícil de se modificar, que condiciona um clima árduo de manejar tanto para o terapeuta como para o paciente e que amiúde leva à ruptura da relação. Pelo contrário, na situação grupal alguns podiam ficar calados o tempo que lhes fosse necessário, por razões internas próprias. Se bem que podiam participar indiretamente, através dos outros, compartilhando as experiências terapêuticas na medida de suas possibilidades, ou seja, podendo realizar uma aprendizagem através dos outros, em um enquadre em que as próprias partes, disseminadas nos demais, pudessem ir se juntando, integrando-se pouco a pouco em um processo paulatino de reintrojeção.

Depois de um tempo, foi se criando um clima de maior confiança, fundamentalmente porque continuei comparecendo todos os dias, apesar de um sem número de dificuldades que se apresentaram. Então foi se produzindo uma maior proximidade e, assim que chegava na ala, a maioria dos pacientes aproximava-se e sentava-se espontaneamente ao meu redor.

Começamos então a ver surgir, no contexto grupal, a avidez, o ciúme e a inveja (isto é, o que víamos na época). Algum paciente se apressava em se aproximar ou quando chegava pretendia monopolizar a atenção, como se o que se desse ali fosse uma quantidade limitada; começou-se a ver a competição ou rivalidade. Quando alguém estava falando e era substituído por outro e se sentia deslocado, podia levantar-se iradamente e retirar-se zangado. O trabalho terapêutico, ou seja, a ajuda que eu tentava dar através de esclarecimentos, interpretações ou toda outra forma de ajuda para pensar, podia ser sistematicamente sabotada e atacada pela inveja.

Foi assim tomando vida uma situação grupal do tipo da comunidade terapêutica. Os pacientes começaram a mostrar algumas mudanças, geralmente limitadas, enquanto tendiam a esconder como aspectos secretos as mudanças positivas que se davam em seu interior, como se estas tivessem que ser cuidadosamente escondidas durante longo tempo, provavelmente até poder ter maior segurança na realidade e estabilidade das mesmas. A tônica geral dos pacientes era a de negar a existência de melhoras. Parecia necessário pôr à prova a capacidade do terapeuta para tolerar a angústia em suas diversas e variadas manifestações. Uma regulagem grupal apurada dos temas que surgiam parecia corresponder a uma regulagem inconsciente do grupo do montante de angústia tolerável. Quando alguém se atrevia a abordar a fundo algum tema doloroso ou angustiante, sobre vivências de morte, de partes mortas ou de aspectos desoladores, destruídos ou destrutivos da personalidade, outros se encarregavam automaticamente de introduzir um tom maníaco na reunião falando de coisas para preencher ou "fazendo ruído" com uma briga, com o objetivo de aliviar a angústia e descarregar a tensão. Em geral, poderíamos dizer que se exercia uma espécie de proteção por parte do conjunto dos pacientes com relação aos terapeutas.

Às vezes, as tensões que traziam eram formas de pôr à prova a capacidade do terapeuta para lidar com a situação procurando encontrar um continente adequado para realizar uma aprendizagem através de minha pessoa. Para esclarecer melhor um modelo deste tipo de situação, podemos dizer que o fato de poder enfrentar e lidar com uma situação psicótica, uma conduta sádica destrutiva ou uma agressão violenta de um determinado paciente diante do grupo, pode constituir uma experiência compartilhada muito enriquecedora para outros pacientes, que podem assim descobrir aspectos destrutivos semelhantes em si próprios por identificação com o companheiro, ao mesmo tempo que aspectos egóicos capazes de lidar com estas situações por identificação com o terapeuta.

As reuniões de grupo não somente tinham um valor terapêutico em si, como também promoviam uma mobilização emocional nos pacientes e uma comunicação interpessoal ativa entre eles fora das horas de reunião. Diferentemente de uma ala comum de hospital psiquiátrico, caracterizada pelo isolamento e autismo em que vive cada ser humano doente, minha ala converteu-se na mais barulhenta do hospital. A relação interpessoal de uns com outros na convivência e a descoberta e mobilização adequada destes recursos foi se revelando cada vez mais útil como fator terapêutico, ou seja, foi se revelando como "clima psicológico" ou "campo psicológico" que é o "continente" onde se dão os elementos mais adequados para o desenvolvimento da personalidade no sentido do enriquecimento e maturação.

Em um primeiro momento, o pessoal auxiliar não queria colaborar com estas mudanças. Apesar de todos os esclarecimentos e explicações e apesar da boa vontade aparente, suas atitudes eram manifestamente de oposição e recusa. Era evidente que não estavam preparados para a mudança. Tal trabalho lhes era, por vezes, muito angustiante porque punha em evidência seus próprios aspectos doentes e os fazia enfrentarem-se com estes. Se os pacientes eram seres imaturos que tinham que crescer, também a equipe tinha que crescer ao mesmo tempo; pois do contrário detinha-se o processo e se produziam permanentemente situações que tendiam a fazer voltar a um estado anterior. Só a participação do pessoal nas reuniões comunitárias e meu trabalho intensivo de elaboração das situações foram trazendo a aprendizagem necessária para iniciar a mudar atitudes e tornar possível uma integração adequada à tarefa. Se o doente mental era um ser que não sabia viver nem comunicar-se consigo mesmo nem com seus semelhantes, a comunidade terapêutica se converteu em um conjunto de paciente e equipe em que toda a oportunidade devia ser utilizada para que seus componentes realizassem experiências úteis e enriquecedoras para seu crescimento e amadurecimento. Com esta ideologia e finalidade fundamental, as mudanças para a cura, entre as quais está o desaparecimento dos sintomas, são mudanças que vão se produzindo paulatinamente, na medida em que os pacientes já não sentem a necessidade de empregar condutas defensivo-sintomáticas para enfrentar a relação intra e interpessoal.

Resistência à mudança e oposição ao crescimento e à cura

Talvez um dos aspectos mais significativos que podemos destacar é o de ter tido que trabalhar sempre com a sensação de enfrentar uma série de forças contrárias que atuavam negativamente, opondo-se a todos os nossos esforços e destruindo aparentemente tudo o que pretendíamos fazer. Estas resistências pareciam partir fundamentalmente dos pacientes que apareciam como obstinados em fazer-nos perder toda a esperança. Alguns fizeram o possível para demonstrar-nos que era inútil o que tentávamos fazer por eles. Se bem que nem todos atuassem da mesma maneira e com a mesma intensidade, distintas modalidades ou técnicas se revelaram destinadas a nos desencorajar e, durante muito tempo, um paciente se fez o porta-voz deste sentimento através do qual se colocava manifesto um profundo ceticismo neles mesmos e uma enorme desconfiança para conosco. A mesma desconfiança que neste paciente se explicitava claramente, ainda que de uma forma um tanto cínica e depreciativa, manifestava-se em outros de formas variadas, que tinham que ir se descobrindo em cada caso particular, mascarada sob distintas expressões sintomáticas ou formas francas ou veladas de oposição sistemática.

Por algum tempo, começamos a nos referir a estes aspectos em termos de pulsão de vida e pulsão de morte. Tentávamos assim correlacionar estas tendências negativas do comportamento patológico, que se costuma descobrir como disposições tanáticas, com a hipótese de Freud sobre o princípio do nirvana, consistente em uma disposição individual de voltar ao inanimado, até a desestruturação dos organismos vivos, como oposto à construção de configurações cada vez mais complexas. Se tudo o que fazíamos com o objetivo de conseguir mudanças favoráveis nos pacientes no sentido do desenvolvimento de uma atitude cooperativa e construtiva chamávamos de "vida", encontrávamos muitas resistências da parte dos mesmos opondo-se às mudanças (tanto 'pessoais' como das atitudes grupais), com uma tendência marcada a que as coisas ficassem com estavam, ou seja, uma inércia estereotipada que podíamos chamar de "morte".

Ainda que soubéssemos que certas resistências à mudança podiam ser interpretadas psicanaliticamente como temor à perda da identidade que a enfermidade traz, começamos a ver que em muitos aspectos o fenômeno clínico que observávamos enquadrava-se melhor no que Freud chamou de compulsão à repetição, que para ele era movida precisamente pela assim chamada pulsão de morte. Pouco a pouco, fomos descobrindo que estas atitudes negativas, que formavam parte do que poderíamos denominar compulsões destrutivas e autodestrutivas, tinham que ser incluídas dentro do que começamos a perceber claramente como uma "transferência psicótica". Na impossibilidade de nos ver simplesmente como seres humanos autenticamente interessados em ajudá-los, atuavam neles fortes tendências a nos deificar e nos tornar diabólicos, ou seja, a ver em nós personagens por vezes idealizados e em seguida muito denegridos. Esta insistência, em seu caráter resistencial como transferência psicótica, apresentava a qualidade repetitiva e compulsiva que aparecia como uma forma de pôr à prova nossos próprios recursos egóicos no sentido de saber se éramos verdadeiramente capazes de nos encarregar deles e podermos agüentar os ataques incluídos na transferência delirante. E começamos também a compreender que eram, em muitas ocasiões, maneiras de se vingarem em nós de graves frustrações e intensos sofrimentos vividos na relação com os pais, reclamando ao mesmo tempo de nós, indiretamente, reparação pelos danos sofridos. As transferências psicóticas correspondiam mais a identificações com aspectos patológicos dos pais, que tomavam a forma de um acionar psicopático sobre os terapeutas. Portanto, ali começamos a vislumbrar que além do que podíamos interpretar como aspectos da dinâmica interacional, na compulsão havia também uma reclamação fundamental implícita; e que a mesma era a expressão de uma necessidade básica de encontrar em nós figuras parentais, com capacidade de função estruturante, que não haviam tido em sua própria família.

Dos sintomas patológicos às condutas infantis

O fenômeno clínico que nos permitiu compreender o significado profundo da dinâmica descrita anteriormente, foi a transformação dos sintomas patológicos em formas de comportamento infantil em favor de uma regressão operativa. Se a doença mental é, como diz Henri Ey [98], uma condição regressiva do ser humano, é necessário ter em conta que se trata de um estado regressivo patológico, que não permite precisamente o livre jogo dos mecanismos de regressão próprios do ser humano normal. Ou seja, aqueles mecanismos mediante os quais podemos dormir e sonhar todas as noites, experimentar o valor da ilusão na vigília, deixar-nos levar por nossas tendências infantis latentes, descobrindo a criança que todos conservamos dentro de nós por mais adultos que sejamos, e que expressam nas tendências lúdicas que nos levam a desfrutar o jogo e que também podem canalizar-se de forma sadia em capacidades criativas de todo tipo. Todos estes aspectos estão sumamente empobrecidos ou praticamente anulados nos estados psicóticos e teremos que trabalhar ativamente para poder resgatar estas potencialidades não desenvolvidas que, como diria Winnicott, constituem aspectos do *self* primitivo verdadeiro, detidos em seu desenvolvimento pelo falso *self* asfixiante.

Assim, à medida que foi se criando um clima de confiança básica e de segurança emocional na ala e que a comunidade se convertia em um continente psicológico adequado para que os pacientes fossem cedendo nas atitudes defensivas, renunciando à onipotência patológica e entregando-se em alguma medida a fazer experiências novas, começaram a aparecer situações típicas da infância. Ia se tornando cada vez mais evidente que se tratava do aparecimento de situações gravemente conflitivas, que haviam ficado gravadas como experiências traumáticas e que haviam deixado núcleos doentes dentro da personalidade, como partes imaturas da pessoa, não desenvolvidas, que requeriam elaboração psicoterapêutica profunda para modificar-se e mudar favoravelmente.

À medida que aprendíamos a ser interlocutores adequados, ou seja, à medida que podíamos nos encarregar destas situações intensamente conflitivas, como figuras parentais substitutivas mais sadias, começava a ser possível a mobilização das estruturas estereotipadas, gerando um verdadeiro processo terapêutico de crescimento. O repetitivo, se bem que aparecesse como a conseqüência das tendências tanáticas destrutivas, se fosse bem observado, deixava um lugar para o aparecimento incipiente dos aspectos infantis sãos, a partir dos quais o crescimento podia ser retomado. Isto levava a que a situação fosse vista de uma nova perspectiva, onde o mecanismo de repetição aparecia mais como uma tentativa de sair do estancamento, uma nova prova em condições também novas para encontrar uma solução para o conflito.

Inclusão da família

Quanto mais íamos nos sensibilizando, melhor detectávamos a queixa emocional incluída na conduta sintomática dos pacientes. E à medida que íamos vivendo na própria carne, por assim dizer, as situações intensamente traumáticas que os pacientes reviviam conosco, foi se tornando cada vez mais evidente a presença das figuras parentais patológicas, incluídas nas identificações projetivas sucessivas e nas transferências psicóticas. Ou seja, reativavam-se nos doentes as identificações primárias patogênicas. Nestas condições, foi-se tornando cada vez mais necessária a presença real da família do paciente. Os trabalhos sobre terapia familiar que haviam começado na década de cincoenta traziam agora, neste novo contexto, elementos complementares para a compreensão dos fenômenos que estávamos descobrindo. Começamos então a incluir os familiares, fazendo-os participar nos grupos terapêuticos. A comunidade enriqueceu-se subitamente com uma problemática nova que trazia elementos muito valiosos para poder entender melhor muitos dos fenômenos clínicos que vínhamos observando e que descrevemos anteriormente.

Em primeiro lugar, começamos a descobrir que os familiares dos pacientes, ainda que com capacidades adaptativas parciais, que os faziam aparecer como pessoas idôneas para se colocarem na vida de relação, eram seres imaturos que apresentavam dificuldades psicológicas muito importantes no terreno emocional e em particular na relação interpessoal, evidenciáveis sobretudo nas situações grupais. Em relação ao familiar doente sentiam-se deslocados. Suas atitudes resultavam-lhes incompreensíveis e angustiantes, e acabavam por fazer uma construção mental em que a pessoa do paciente desaparecia sob o rótulo de doente. Assim, de algum modo podiam justificar a dificuldade de se comunicarem com ele. Os mal-entendidos de todo tipo, os rancores e ressentimentos acumulados, as reprovações mudas e as reclamações indiretas incompreendidas, tinham desaparecido sob a forma de uma doença mental que servia agora de pretexto para pôr a conflitiva interpessoal de longa data em um mesmo saco. A história de toda uma vida de sérios desencontros emocionais com as figuras parentais mais significativas havia se condensado em sintomas psicóticos cada vez mais herméticos e incompreensíveis. Neste contexto comunitário foi-se tornando mais evidente que sendo os pais, na maioria dos casos, incapazes de se encarregarem das profundas angústias deste doentes, que lítica apresentam como seres imaturos e necessitados de figuras parentais capazes de preencher a função de objetos estruturantes de recursos egóicos sãos, a enfermidade mental neste sentido não podia ser considerada como um acidente fortuito, que aparece de forma inesperada e casual, mas sim revelava-se como o fracasso declarado e manifesto de todo um desenvolvimento frustrado e interrompido.

Quem se encarrega do paciente na instituição?

O problema era então: quem se encarrega deste ser que necessita crescer e percorrer um caminho que não fez em seu momento e que está carregado de frustrações, inseguranças, desconfianças profundas e agressões intensas? Quem se encarrega deste ser que por sua experiência pessoal chegou a uma profunda convicção de que nada e ninguém podem tirá-lo de seu fracasso e que além do que não está disposto a iludir-se novamente sem garantias adequadas? Além disso, um ser que se sente cheio de culpa e que provoca rejeição em seus semelhantes ou que se isola por sentir-se mau e monstruoso, depreciável ou tão destrutivo que "decide" finalmente pelo sacrifício da doença ou da própria vida.

Começamos a pensar que talvez o problema central da assistência psiquiátrica poderia ser assim formulado: "Quem se encarrega deste doente?" Uma resposta parecia simples: em cada serviço hospitalar há um médico encarregado de determinados pacientes. Sem dúvida, a pergunta formulada acima foi adquirindo para nós um alcance diferente.

Encarregar-se de um doente psiquiátrico é uma forma particular de relacionar-se com ele, o que supõe de algum modo estar capacitado para assumir, se for necessário, todas as suas dificuldades através de um compromisso pessoal extremamente amplo. Ser capaz de se encarregar do outro implica em muitas coisas e depende do momento evolutivo do processo terapêutico. Se tomamos a imagem da relação terapêutica, como diz Bion 35, através da fantasia de ser um bom continente das angústias e dos conflitos do paciente, notamos que em um dado momento era necessário poder encarregar-se da incapacidade de pensar do doente e poder pensar por ele; em outro momento poderia ser necessário encarregar-se de sua incapacidade de agir e atuar por ele e também, em outros momentos, encarregar-se de sua incapacidade de sentir e até poder sentir por ele.

O conceito aqui desenvolvido é complementar com o poder ser um bom depositário de aspectos do paciente. Ao encarregar-me, por exemplo, dos desejos de cura do paciente, que não pode expressá-los e algumas vezes nem senti-los, tenho que poder sentir por ele. A relação terapêutica transforma-se assim em dinâmica e compreende a necessidade de ir devolvendo de forma elaborada os aspectos que os pacientes depositaram em nós à medida que, em seu processo de recuperação, vai se tornando cada vez mais capaz de desenvolver-se por si mesmo.

Esta forma de pensar e sentir nossa relação com o doente mental, que implicava em um compromisso afetivo muito maior do que habitualmente o psiquiatra ou psicoterapeuta estão acostumados a assumir, provocava em muitos de nossos colegas a sensação de que pedíamos um sacrifício excessivo, indiscriminado e sem medida. Este ponto, que deu lugar às discussões entre nós por vezes aparentemente intermináveis, continua ainda hoje sendo motivo de preocupação e continua aparecendo, mais de uma vez, entre os temas fundamentais da comunidade, na medida em que pode ser detectado como reclamação por parte do paciente e/ou da família em muitas situações clínicas. Trata-se de um tema que será amplamente retomado mais adiante. Digamos que agora não se trata de ter que realizar um sacrifício pessoal desmedido, mas sim, trata-se de certa disponibilidade no momento oportuno, de determinados aspectos pessoais, para poder fazer o paciente sentir um interesse autêntico. Por outro lado, é igualmente importante ter a capacidade e a medida para colocar limites adequados que permitam aos pacientes exteriorizar seus impulsos, suas exigências e suas necessidades, sem que o temor que sofrem de machucar possa confirmar-se na realidade.

Na medida em que podíamos ir nos encarregando dos pacientes de uma maneira mais comprometida emocionalmente, começamos a comprovar que a oposição à mudança e ao crescimento, que no primeiro momento foi uma das características mais chamativas dos pacientes, começou a ser extremamente evidente e, por momentos, muito forte e virulenta também nos familiares. Através de cumplicidades de todo tipo, agora a família, como um todo, ou distintas coalizões dentro dela, em forma alternada, atacavam destrutivamente nosso trabalho e nossas melhores intenções, anulavam secretamente nossos esforços e nos expulsavam violentamente como um corpo estranho, na medida em que queríamos passar a fazer parte ativa e comprometida da dinâmica familiar e das trocas emocionais que se davam dentro da mesma. Por outro lado e por um mecanismo de deslocamento, terminávamos sendo objeto de ataques que correspondiam claramente a agressões ou rancores entre eles, agora radicados em nós. Em alguns momentos, podíamos chegar a sentir o que seguramente o paciente sentira muitas vezes ao longo da vida familiar, e que podia chegar a ter a característica que Brodey [58] descreve ser o campo de batalha no qual se jogam situações sumamente violentas.

Sendo as situações conflitivas que se atualizam no processo terapêutico de um paciente psicótico e sua família tão dolorosas e tão explosivas, compreende-se melhor o que, pouco a pouco e ao longo dos anos, fomos descobrindo e comprovando sistematicamente: a existência de uma cumplicidade inconsciente entre o doente, os familiares, os médicos e as instituições, no sentido de dar como definitivamente estabelecida a incurabilidade da enfermidade mental.

Assim, então, se bem que a resistência à mudança e a oposição ao processo terapêutico fossem característica dos pacientes e da família — em particular dos esquizofrênicos que constituíam a maior parte da população da Comunidade — também foi se revelando a existência em todos os níveis da instituição e talvez, paradoxalmente, mais forte às vezes nos médicos e enfermeiros, sem uma adequada consciência do fenômeno.

Assim, fomos descobrindo, pouco a pouco, cada vez mais claramente, a dissociação em que todos caímos. Refiro-me a como os distintos membros da equipe, ao nos ocuparmos do tratamento de doentes mentais, tendemos a transformar nossa participação em uma tarefa rotineira, uma mera ocupação profissional, que encobre e disfarça muitas vezes a oposição inconsciente em assumir uma participação mais comprometida com a tarefa terapêutica. Em muitos casos, a defesa de um profissionalismo sistemático pode ser a forma de atuação que sabota sem querer o próprio processo terapêutico. Estabelecendo cumplicidades secretas inconscientes, que se expressam em diferentes formas de resistência, os familiares e os membros da instituição se "engancham", sem se dar conta, em vínculos simbióticos que complementam as necessidades patológicas de que nos fala Boszormenyi-Nagi [51].

Com os anos, fomos descobrindo que para que não ocorresse isso e nosso trabalho psiquiátrico não caísse em uma rotina profissional, tínhamos que levar muito em conta a necessidade de desenvolver permanentemente na equipe terapêutica a capacidade de trabalhar com um compromisso pessoal, maior do que aquele que acreditava necessário no começo e que inconscientemente se esteve disposto a dar.

Revisão do pessimismo em psiquiatria

Retornando, então, alguns conceitos anteriores, agora enriquecidos, podemos dizer que os conhecimentos que adquirimos classicamente em psiquiatria (onde ficou praticamente estabelecida a incurabilidade de muitos doentes mentais e em particular dos chamados esquizofrênicos) surgiram evidentemente em grande parte dos próprios fatos, mas em maior medida de uma espécie de cumplicidade entre os psiquiatras, os doentes e suas famílias. As sucessivas recaídas foram consideradas como uma tendência própria da doença, no sentido de um curso irremediável e deteriorante da personalidade. Este esquema da doença que conduziu ao conceito de processo irreversível e de "demência precoce" consolidou-se posteriormente com a aplicação quase sistemática dos tratamentos biológicos. Isso conduziu a dois caminhos igualmente sem saída: ou o doente melhorava rapidamente sem uma mudança profunda, o que predeterminava uma recaída, ou o tratamento fracassava e o doente percorria desde o começo um caminho deteriorante. Se o tratamento biológico tinha êxito em uma primeira oportunidade, fracassava amiúde em uma segunda ou em uma terceira. De uma ou de outra maneira, o fracasso terapêutico selava um destino irreversível.

Talvez o fato de que os tratamentos biológicos puderam melhorar alguns doentes, constituiu um fator seriamente perturbador em toda psiquiatria, pois parecia ter desconsertado os terapeutas. Se em um primeiro momento "curava", o fato de que posteriormente fracassava era interpretado como a irreversibilidade do processo patológico; sem ter-se podido perguntar se talvez a natureza da doença era tão outra que os fatos pudessem ter outra explicação. Ainda hoje existe esta contradição em muitos psiquiatras: por um lado assinalam a necessidade urgente e imperiosa de administrar insulina ou eletrochoque em um paciente com um primeiro surto esquizofrênico, e por outro lado consideram que provavelmente tudo será inútil e o paciente não terá cura.

Parece evidente que, nestes casos, dá-se a necessidade de encobrir uma possível "responsabilidade" pelo fracasso terapêutico, recorrendo aos tratamentos biológicos ainda que se saiba que não darão resultado. Parece evitar-se, de uma maneira ou de outra, um compromisso pessoal de tal natureza que o fracasso terapêutico possa ser nosso próprio fracasso, ou que o fracasso do esquizofrênico como ser humano pudesse revelar-nos profundamente angústias que não estamos capacitados para enfrentar. Poderíamos dizer que a atitude da psiquiatria clássica neste sentido seria, com relação ao esquizofrênico, que se cure logo com esta oportunidade que se lhe dá, ou se não, que não perturbe mais: se o declara incurável e se encerra um expediente que nos queima entre as mãos.

Estendi-me aqui com o objetivo de transmitir o que, em nossa experiência terapêutica, revelou-se como uma chave ou como um índice a ser levado seriamente em conta como fundamental. Os pacientes em geral, e em especial os chamados esquizofrênicos, são seres imaturos que não puderam crescer adequadamente e que, na maioria dos casos, não encontraram as condições adequadas para seu crescimento. Todo tratamento deve consistir fundamentalmente em dar-lhes as condições que não tiveram. Mas os temores do paciente são muito grandes. A desconfiança de entregar-se afetivamente está baseada em uma repetida experiência pessoal de frustrações ininterruptas, daquelas em que ficava cada vez mais autista e mais defendido, mas ao mesmo tempo mais fechado em uma estrutura defensiva que ia se convertendo em uma armadilha e da qual ficou cada vez mais difícil de sair.

Neste sentido, a atitude terapêutica, tanto individual como grupal, deve prover uma constância e uma continuidade que permita corrigir as experiências patógenas. O paciente, em uma espécie de compulsão a repetir, trata de provocar inconscientemente no outro as mesmas atitudes frustrantes que teme. Depois veremos que estas atitudes têm origem na relação com os pais, o que põe em evidência de uma maneira extremamente clara na Comunidade Terapêutica que pode ser muito útil, e às vezes indispensável, a participação dos próprios pais no processo terapêutico para poder conseguir mudanças. Como se as mudanças dos pais, com o que se estruturaram certas condutas, fossem condição *sine qua non* para que o paciente possa mudar.

O conceito de comunidade ou instituição terapêutica psicanalítica propriamente dita

Neste momento, podemos abordar mais adequadamente o conceito de comunidade terapêutica que desejamos desenvolver.

O esquema terapêutico clássico de psicanálise individual trouxe uma revolução para a psiquiatria e para a psicologia de seu tempo por muitos motivos. Entre outros, podemos dizer que a técnica da associação livre do paciente e a atenção flutuante no analista descobriram uma dimensão totalmente nova na relação, onde o terapeuta podia encarregar-se dos conflitos e das angústias profundas do paciente na hora da sessão. Muito esquematicamente, poderíamos considerar que Freud pedia a seus pacientes que se psicotizassem na hora da análise e em seguida se recompusessem ao terminar a sessão.

No outro pólo da situação, o paciente psicótico muito doente não tolera este enquadre. Necessita ter um continente adequado nas vinte e quatro horas do dia, e então as horas da sessão podem transcorrer dentro do grande continente (clínica ou hospital) como um momento de trabalho particular de elaboração interna. O mesmo pode acontecer de várias maneiras como veremos mais adiante. Nas horas de elaboração terapêutica (sessão individual, grupal, de comunidade terapêutica, etc.) ele ou os médicos trabalham psicoterapeuticamente dentro da clínica ou hospital como continente total. A chegada ou partida do terapeuta não se superpõe, então, com uma situação de encontro e abandono sumamente traumática para o paciente grave em outro contexto, mas sim se reduz em sua significação específica a seus limites adequados.

O processo terapêutico deixa assim de estar totalmente balizado pelas sessões. Evita-se que estas representem uma continuidade e descontinuidade intoleráveis para o psicótico; adquirem o valor de um elemento a mais, entre outros, do processo terapêutico (ainda o de maior nível de elaboração em alguns aspectos). Desta maneira, a continuidade (que em nossa experiência com psicóticos revelou-se como um elemento terapêutico fundamental para permitir ao paciente construir a constância da relação objetal) se consegue através da permanência da instituição como Comunidade Terapêutica.

Há outro tipo de descontinuidade muito diferente, não menos importante que a primeira: a mudança de terapeuta, muito comum, por diversos motivos, nos tratamentos de pacientes psicóticos. Às vezes um terapeuta individual, muito compenetrado com seu paciente, é abandonado por este porque não tolera mais o enquadre a partir de um determinado momento de sua evolução, onde se reativaram angústias muito profundas que despertam agressividades muito intensas. Em tal situação, quando se fez mais necessário o terapeuta, mais intolerável se torna a relação terapêutica. Diante desta problemática, por outro lado muito comum, é necessário que o enquadre provenha condições adequadas para que o processo possa ter continuidade. Esta pode dar-se estando o paciente em uma comunidade terapêutica (a co-terapia é muitas vezes um recurso apropriado nesta circunstâncias).

A Comunidade Terapêutica, tal como a desenvolvemos, provê um enquadre tal que cada membro da equipe pode contribuir com o que permitem seus conhecimentos, sua capacidade, seu tempo, sua situação pessoal, etc. Dentro de limites razoáveis e adequadamente contemplados, os diversos membros de uma equipe podem integrar-se harmonicamente. Nas condições deficientes de nossos hospitais psiquiátricos da América Latina, onde não é comum o trabalho *full time,* torna-se possível a participação parcial dos distintos membros da equipe em uma tarefa conjunta dentro da Comunidade. Desta maneira, garante-se a continuidade necessária.

Também é preciso que o paciente possa ter dentro da Comunidade o tempo necessário para sua cura, assim como também contar com a possibilidade de reingresso em caso de recaídas (aliás muito freqüentes em pacientes psicóticos esquizofrênicos), até conseguir estabilidade.

Se uma Comunidade Terapêutica aspira a ser um continente adequado para o processo terapêutico de um paciente, deve ter as condições para poder encarregar-se de toda a "loucura" do paciente nos distintos momentos de sua enfermidade e do tempo que cada um possa necessitar, e com as vicissitudes que cada processo terapêutico possa representar. As razões administrativas não deveriam interferir com os princípios do funcionamento terapêutico para o qual estas instituições estão destinadas.

Resistências à mudança em nível institucional em geral

Como dissemos antes, o trabalho terapêutico que estivemos descrevendo foi realizado sob o signo de resistências dos pacientes. Falamos das resistências dos familiares e dos membros da equipe, também assinalamos a existência de uma cumplicidade secreta entre pacientes, família e equipe profissional que certamente jogou um papel no pessimismo psiquiátrico em geral. Estas considerações ficariam incompletas se não nos referíssemos, ainda que brevemente, mas de forma direta, ao que poderíamos chamar de resistências à mudança no nível das instituições psiquiátricas em geral.

Minha experiência pessoal demonstrou que os esforços para introduzir a psicanálise no hospital psiquiátrico foram em geral muito rejeitados, mas sempre sob a forma de controvérsias e discussões teóricas que se bem fossem esterilizantes não tinham conseqüências marcantes. Quando comecei a trabalhar com técnicas de comunidade terapêutica psicanalítica a mobilização que se produziu, tanto nos pacientes como na equipe, foi de natureza completamente diferente. A ela me referi extensamente nas páginas anteriores e também descrevi alguns exemplos para ilustrar como estas resistências podem tomar formas concretas de sabotar o tratamento e obstaculizar a melhoria. Finalmente, quando o próprio trabalho terapêutico incluiu decididamente a família, de maneira que nosso esforço concentrou-se nela como "unidade" ou núcleo doente, mais que o paciente isolado, começaram a dinamizar-se de tal maneira as estruturas hospitalares tradicionais que se produziram mudanças, desconhecidas até esse momento, no resto do hospital. Era evidente que com a mudança da modalidade assistencial pudemos obter uma mobilização nos pacientes e nos familiares que se incrementou e se potencializou pelo aumento da participação dos mesmos.

A difusão e generalização destas novas formas de poder curar-se, em lugar de despertar a curiosidade e estimular a investigação, produziam uma série de reações contra a mudança, que poderíamos agrupar em três tipos:

1) Em primeiro lugar, começou a se dizer que constituíamos um serviço enquistado, isolado, dentro do hospital; um grupo autista, alienado da totalidade, que pretendia exercer uma psiquiatria para um conjunto reduzido de pacientes, sem contato com o resto do hospital. A verdade da situação era bem outra; havíamos chegado a um ponto de relativo isolamento depois de experimentar a impossibilidade de nos comunicarmos verdadeiramente com o resto dos médicos e enfermeiros do hospital e, em particular, de sermos reconhecidos pela direção do estabelecimento, e isto depois de termos sido criticados e submetidos a uma série de ataques de distintas naturezas em diferentes níveis de nosso funcionamento.

2) O segundo tipo de reação configurou-se ao redor da idéia de que o nosso era um serviço que trazia problemas. Quando os pacientes da ala começaram a se mobilizar psicologicamente, a sair da situação autista característica da enfermidade mental e do padecimento psicótico em particular e iniciaram relações com seus outros companheiros, com seus familiares e com o resto do hospital, produziram-se reações próprias dessa interação com participação emocional que podiam adquirir, por vezes, grande intensidade e inclusi-

ve certa violência. Se bem que estes aspectos signifiquem dificuldades de manejo, são absolutamente imprescindíveis dentro do que chamamos de processo terapêutico.

Nosso serviço foi, então, de certo modo, assinalado como um serviço mal organizado. Em vez de compreender os verdadeiros motivos pelos quais o paciente havia tido dificuldades e de entender isso como uma vicissitude inerente ao tratamento, se utilizava como pretexto para criticar o serviço.

Era evidente que nossa nova maneira de operar começou a dar mais trabalho e a criar situações novas. Assim, por exemplo, os enfermeiros que estavam habituados a cuidar de pacientes excessivamente sedados por altas doses de medicação, confusos, autistas e fechados em si mesmos, encontraram-se de repente com pacientes que começaram a se comunicar e a tomar contato com os demais como pessoas. Ou seja, doentes que saíam dos limites estritamente demarcados pelo hospital para a organização da loucura.

A primeira reação do pessoal da ala foi, como já assinalamos, a rejeição defensiva. Os enfermeiros e enfermeiras estavam atuando inconscientemente de alguma maneira como estes pacientes autistas. Ou seja, de uma maneira rotineira e mecânica administravam medicação sem conseguir uma verdadeira comunicação nem satisfação na tarefa. Estavam incomunicáveis e atuavam desta forma, sem se dar conta da satisfação que lhes daria, como aconteceu depois, trabalhar com os pacientes de modo diferente. Esta situação levou-nos a ter que nos ocupar intensivamente também dos enfermeiros, elaborando grupalmente com eles as dificuldades que se apresentavam. À medida que foram superando a angústia e o desconcerto inicial, foram compreendendo as mudanças e adaptando-se às novas situações, encontrando outro tipo de participação e satisfação no trabalho psiquiátrico. Mas os enfermeiros de outros serviços, quando vinham fazer plantões no nosso, ou quando um paciente nosso ia à ala de outro serviço, geralmente provocava uma reação desagradável. Em um hospital tradicional, quando um paciente vai de um serviço para outro, costuma-se considerar que ele está escapando do lugar onde "deve" estar e que vai perturbar um outro lugar. Por outro lado, os pacientes de nosso serviço começavam a sair com o objetivo de tomar contato com outras pessoas e muitas vezes de levar inquietações e a nova modalidade de trabalho e de participação terapêutica aos outros serviços.

3) Um terceiro ponto que foi utilizado como argumento para atacar nossa modalidade de trabalho foi o de que não rendia, do ponto de vista do número de altas produzidas. Argumentou-se que era cada vez mais importante na política sanitária e assistencial fazer a cama render, ou seja, o dia-cama, com o objetivo de baratear a assistência médica em geral e em particular a assistência psiquiátrica. É evidente que durante anos a assistência psiquiátrica foi uma assistência de pacientes praticamente crônicos, por muitos anos ou por toda a vida, e que a característica dos hospitais psiquiátricos foi a de ter uma mobilidade extremamente baixa. Desta situação pretendeu-se passar, bruscamente, à luz de uma psiquiatria que começava a utilizar psicofármacos que produzem modificações bastante rápidas em certos quadros mentais, para uma assistência com rendimentos imediatos em termos de números de altas dados por unidade de tempo.

À medida que nós passamos a trabalhar com a experiência do processo terapêutico total dos pacientes psiquiátricos e suas famílias, começamos a ver que o problema do rendimento não podia ser cifrado em um número de altas dadas, mas sim devia considerar-se a qualidade da alta dada. Em um serviço psiquiátrico onde não ocorrem realmente processos terapêuticos, o paciente, assim que melhora através de psicofármacos, pode ter alta até que apresente uma recaída e tenha que necessariamente voltar ao hospital. Em um serviço dinâmico como o nosso, que leva em conta um processo terapêutico, o importante é que a idéia de alta seja dada em função da condição psiquiátrica, no sentido do grau de crescimento ou desenvolvimento da personalidade alcançado pelo paciente.

A clínica privada

Vários anos após iniciar a experiência da Comunidade Terapêutica Hospitalar, tivemos a possibilidade de montar uma clínica privada. Se bem que a ideologia tivesse sido fundamentalmente a mesma, a riqueza dos recursos terapêuticos que temos podido utilizar tem sido muito maior e também não tendo resistências institucionais, temos conseguido muitas e melhores condições na recuperação dos pacientes. Em primeiro lugar, pela possibilidade de incluir sistematicamente a capacitação intensiva da equipe. Em segundo lugar, pela utilização modulada e integrada no processo terapêutico da terapia ocupacional, da expressão corporal, do relaxamento muscular, do psicodrama, da musicoterapia, etc. Em terceiro lugar, pelo emprego sistemático e intensivo da terapia psicanalítica grupal (com técnicas pessoais para pacientes psicóticos: grupos múltiplos, grupos terapêuticos reduzidos em momentos de crise, etc.) e pela possibilidade de que cada paciente tenha uma psicoterapia psicanalítica individual no momento adequado de seu processo terapêutico.

Finalmente, em quarto lugar, outro fator relevante é o trabalho intensivo com a família do psicótico, tanto no grupo familiar individual como em grupos familiares múltiplos, incluindo ou não os pacientes. Também tem importância o caráter de disponibilidade que a Comunidade Terapêutica possui para enfrentar inclusive os momentos agudos de determinada situação de crise.

A forma de integração destes múltiplos recursos terapêuticos é seguramente um dos fatores mais importantes da possibilidade de êxito do processo terapêutico e neste sentido os aspectos técnicos serão desenvolvidos mais extensamente a seguir. Neste primeiro capítulo, queremos assinalar somente que a instrumentalização de uma Comunidade Terapêutica para benefício dos pacientes e seus familiares depende então de uma série de aspectos que levaremos em conta para organizar nosso projeto terapêutico e nossa estratégia. E destes aspectos dependerão também os resultados e sucessos terapêuticos que poderemos alcançar. Podemos recuperar o paciente superficialmente com o desaparecimento da sintomatologia secundária aguda e a recuperação de sua capacidade de trabalho, para que volte o mais rapidamente possível para a sociedade. Se bem que este critério tenha grandes vantagens aparentes, especialmente do ponto de vista econômico, estas não são tão grandes como pareceriam, porque as recaídas são muito freqüentes.

É certo que diferente da recuperação rápida que se consegue pelos tratamentos biológicos sem a co-participação do paciente como indivíduo, a recuperação na Comunidade Terapêutica implica em uma melhora baseada nas próprias possibilidades do paciente em um meio adequado e portanto uma aprendizagem nova com um reforço das partes sãs de sua personalidade (concepção comum). Mas uma melhora mais estável requer, na maioria das vezes, um processo terapêutico muito mais profundo do que requereria a utilização de outros recursos e um tempo geralmente mais prolongado, na medida em que inclui um trabalho com os aspectos mais doentes da personalidade. O tempo de tratamento dos pacientes aparece como a conseqüência das dificuldades individuais dos pacientes e seus familiares, e dos recursos terapêuticos que a comunidade possui a seu alcance.

Se se pretende uma rápida volta do paciente à sociedade, assim que encontremos uma melhora facilitaremos sua alta. Mas em um trabalho de maior profundidade, como o que nós pretendemos, as resistências mais marcadas com relação ao tratamento apresentam-se muitas vezes quando o paciente está melhor. Por exemplo, o alcoolista é um paciente que se recupera rapidamente com a reestruturação de suas defesas psicopáticas; e se pretendemos alguma melhora mais estável, teremos que reter o paciente — em alguma medida — contra sua vontade aparente, com o objetivo de que possa então realizar um processo terapêutico de mudança profunda, baseado na modificação da estrutura psicopática de sua personalidade (que, por outro lado, sabemos que na patologia é uma das estruturas mais difíceis de modificar).

Em outros casos, o paciente pode chegar a uma situação de estancamento que faz pensar em um fracasso do tratamento. Nos esquizofrênicos, por exemplo, é freqüente uma espécie de paralisação do processo terapêutico em uma etapa de resistência maciça, que põe em dúvida nossas convicções mais sólidas sobre os resultados possíveis. Parece que o paciente põe à prova fundamentalmente nossa segurança sobre suas possibilidades de mudança e nossa confiança sobre a existência nele de recursos próprios para se curar. Sua desconfiança fundamental em si mesmo e sua total falta de segurança acerca dos recursos próprios, conjuntamente com a frustração maciça que se produz quando o paciente começa a perceber o fracasso de suas idealizações, podem levá-lo a sérias idéias de suicídio, que põem à prova os terapeutas e toda a equipe.

Somente uma atitude sustentadora e segura, por parte da própria equipe, conjuntamente com um trabalho sistemático sobre o paciente e sua família, podem modificar em profundidade os aspectos patológicos fundamentais da personalidade dos pacientes e conseguir melhoras estáveis.

Problemática Epistemológica 2

Tradução: Marizilda Paulino

Seleção de fatos significativos

O título do livro, Comunidade Terapêutica Psicanalítica de Estrutura Multifamiliar, é tomado e utilizado como um conceito provisório que pensamos possa ser operativo para enquadrar e abarcar nossa maneira de trabalhar no tratamento de pacientes psiquiátricos graves, a maioria deles francamente psicóticos.

Pensamos que para poder compreender o funcionamento de um organismo terapêutico como o que tentamos descrever, é necessário e, de certo modo indispensável, haver participado vivencialmente do mesmo. Não sendo este o caso para a maior parte dos leitores potenciais destas linhas, achamos importante fazer uma descrição o mais vivencial possível da vida em uma instituição desta natureza, para que possam recriar dentro de si as situações de todo tipo que configuram o acontecer cotidiano e participar do mesmo através da leitura.

Tratando-se de uma experiência sumamente complexa, polifacetada e pluridimensional, toda descrição dos fatos é muito difícil e além disso apresenta-se necessariamente e por natureza como uma visão parcial. A parcialização não se produz somente por uma necessidade inerente à descrição. O que chamamos realidade do acontecer tampouco é um fato absoluto. Cada membro da Comunidade participa a partir de seu papel e de sua capacidade individual de captar a complicada dinâmica dos intercâmbios.

Dentro da Comunidade, todos temos pois uma visão muito influenciada por nossa própria subjetividade e uma tarefa fundamental é a de tratar de conseguir, através do permanente intercâmbio interpessoal e grupal, uma visão mais objetiva e objetivável possível dos acontecimentos, de maneira que se possam estabelecer pautas de referência partilhadas com as quais cada um possa confrontar sua visão subjetiva e possa também corrigir as distorções que sua subjetividade o leva a fazer permanentemente dos acontecimentos.

Neste sentido, todos nós, membros da Comunidade, nos encontramos em situação de ter que aceitar esta realidade e de aceitar a necessidade de um processo pessoal de aprendizagem para lidarmos melhor com ela. Para o indivíduo que está na Comunidade na qualidade de paciente, esse processo de aprendizagem, que tende a colocá-lo em melhores condições para lidar com a realidade, está incluído e faz parte do processo terapêutico. Para o pessoal, quer dizer, para todos os que de uma maneira ou de outra trabalham em funções terapêuticas, este processo de aprendizagem é sumamente importante embora, em geral, esteja menos articulado que o processo terapêutico dos pacientes.

Quando tentamos descrever os fatos, fazemos necessariamente uma seleção dos que são significativos para nós, quer dizer, do acúmulo de acontecimentos de todo tipo que se sucedem diariamente selecionamos os que para nossa percepção revelam-se significativos. Mas o problema é mais profundo, porque em realidade o próprio funcionamento da Comunidade Terapêutica depende em grande medida da seleção permanente que fazemos dos fatos, de como os enfrentamos, do significado que lhes damos, do manejo terapêutico que temos deles. Quer dizer que uma comunidade vai se transformando em terapêutica na medida em que a seleção que se vai fazendo e as respostas que vão sendo dadas pelo pessoal tornam-se verdadeiramente terapêuticas para os pacientes. E isto põe em destaque aspectos fundamentais tais como a ideologia com que se conduz a Comunidade, o conceito que se tem de saúde e doença, a concepção do processo terapêutico, os recursos de que se dispõe e a própria maneira de instrumentá-los.

Todos esses aspectos dependem de um delicado interjogo de fatores de natureza diversa que iremos desenvolvendo nos diferentes capítulos deste livro; mas é necessário assinalar aqui que a seleção de fatos significativos e seu manejo terapêutico estão determinados pelo modo de pensar da pessoa (ou das pessoas) que, em última instância, exerce a liderança da Comunidade. É neste contexto de seleção orientada que vamos desenvolver nossa descrição fenomênica da vida na Comunidade.

Consideraremos diretamente o "material" com que trabalhamos, quer dizer, vamos levar em conta os acontecimentos significativos e o modo como se manifestam, segundo nossa experiência e nosso modo de pensar. Trata-se de dois aspectos complementares de toda espiral dialética de conhecimento e de descobrimento (322). Uma observação leva à formulação de uma hipótese. Esta materializa-se em uma atitude e em uma conduta, que entre outras coisas, implica em levar em consideração certos aspectos da realidade em detrimento de outros. Esta seleção do acontecimento significativo conduz a uma dinâmica particular dentro da Comunidade, que condiciona determinados efeitos e promove algumas mudanças. Todo este acontecimento realimenta, por sua vez, a observação participante dos responsáveis, gera novas hipóteses e tende a dar continuidade e coerência aos processos que vão ocorrendo. Depois de muitos anos de trabalho, temos de reconhecer que todos os dias continuamos aprendendo. Mas também pensamos que aprendemos muito e que podemos transmitir esta experiência acumulada sob a forma de descrições que tratem de realçar, dentro do conjunto fenomênico, os aspectos que têm mais relevância para o nosso trabalho específico.

Atividades terapêuticas formalmente reguladas e a convivência como matriz terapêutica

Digamos logo que durante os primeiros anos da formação da Comunidade, tínhamos a idéia (clássica, por um lado) de que as atividades terapêuticas eram as que estavam programadas especificamente como tais, quer dizer, por exemplo, psicoterapia de grupo, terapia ocupacional, musicoterapia, terapia familiar, etc. Esta concepção certamente permanece vigente para nós em seus aspectos óbvios. Mas o trabalho cotidiano e permanente nos mostrou que a gama de situações potencialmente terapêuticas é muito maior que as que estão especificamente reguladas por um enquadre formal prefixado ou por uma técnica ajustada a certos aspectos formais. As atividades terapêuticas enquadradas em técnicas formalmente reguladas, embora dêem as oportunidades para a elaboração mais reflexiva dos aspectos significativos dos pacientes, tendem às vezes a se estereotipar e a perder assim parte de sua capacidade de promover mudanças significativas. Estas técnicas reguladas, além disso, passam a fazer parte rapidamente dos sistemas institucionalizados e, como todas as instituições, a tornar-se depositárias dos aspectos mais psicóticos, de modo que toda formalização excessiva tende a favorecer a dissociação dos aspectos mais doentes, ficando excluídos da abordagem terapêutica que pretendia abarcá-los.

Estes aspectos doentes dissociados aparecem então muito mais abertamente nas condutas cotidianas dos pacientes, na convivência mais espontânea. E este mundo de intercâmbios de todo tipo (entre pacientes entre si, entre pacientes e familiares, entre pacientes e pessoal, e entre pacientes e terapeutas e familiares, etc., abrangendo também o intercâmbio entre terapeutas promovido ou interferido pelos pacientes, este mundo de intercâmbios de todo tipo, repito) que acontece nos espaços, momentos e condições que não estão arranjados para uma atividade terapêutica específica, pode ser potencialmente muito mais terapêutico se a Comunidade, através de seus membros e seu funcionamento, tiver uma disponibilidade potencial para isto.

A experiência da Comunidade Terapêutica nos mostra que os aspectos mais "psicóticos" da personalidade dos pacientes têm tendência a ficar dissimulados aos olhos dos terapeutas e aparecer de modo escondido ou secreto, muitas vezes como as travessuras das crianças. Vemos também que a manifestação da "psicose" de um paciente na Comunidade se realiza quando este é "deixado" livremente com "toda a sua loucura"; em parte porque se está permitindo fazer uma regressão maior e está buscando de alguma maneira um continente mais adequado para suas necessidades primitivas não integradas. Um dos aspectos mais importantes das transformações terapêuticas é o resgate das partes mais sadias do paciente, precisamente a partir dos seus aspectos mais psicóticos. Nossa intenção não é então aqui estimular a catarse, porque na patologia mental grave a catarse pode favorecer a compulsão à repetição.

Desta maneira, a aparição desses aspectos dissociados são momentos privilegiados que devem ser utilizados terapeuticamente e além disso, fornecem material muito valioso para ser trabalhado no contexto das atividades terapêuticas mais reguladas tecnicamente. Isto implica a necessidade de que a Comunidade tenha uma estrutura conveniente para recolher, selecionar, transmitir e manejar adequadamente toda a informação significativa utilizável. Estes aspectos da estrutura da Comunidade são fundamentais, mas não podem ser abordados aqui. Serão tratados em outras partes deste livro.

Processo terapêutico como redesenvolvimento em um contexto de estrutura familiar

Sendo assim, juntamente com outros autores e há muitos anos, vimos assinalando que o processo terapêutico pode ser concebido como um processo de crescimento e de desenvolvimento — ou redesenvolvimento — do indivíduo; e que em casos de patologia psicótica faz-se necessária uma regressão operativa a níveis primitivos da pessoa, a partir dos quais o redesenvolvimento pode realizar-se sobre bases mais sadias da personalidade. Nestes casos, então, o processo terapêutico necessita para realizar-se, segundo nossa concepção, de um contexto adequado para esse redesenvolvimento, como se revela o contexto de estrutura familiar. Quer dizer que o homem muito doente necessita, para poder curar-se, de um continente psicoafetivo de estrutura familiar que lhe permita, a partir das distorções do desenvolvimento psicoemocional que configuram sua doença, resgatar e desenvolver os aspectos imaturos que nunca puderam evoluir no contexto familiar verdadeiro onde cresceu.

Se olhamos a Comunidade à luz desta visão simples, mas verdadeira, abre-se-nos uma nova perspectiva que nos permite realizar uma leitura diferente de todo o acontecer da mesma, incluindo certamente a dimensão psicopatológica que nos leva a reestabelecer toda uma nova semiologia através das variadas expressões da conduta humana. Se consideramos a Comunidade como um contexto de crescimento e redesenvolvimento dos indivíduos, toda conduta individual (ou grupal) aparece já incluída neste contexto que começa a dar-lhe sua significação e em relação à qual adquire muitas vezes uma nova significação. O conceito freudiano de transferência ganha assim uma nova dimensão.

Neste contexto de redesenvolvimento os acontecimentos que ocorrem começam a expor os aspectos transferenciais da conduta humana, através dos quais cada indivíduo reproduz, repete e desdobra no aqui e agora da realidade exterior os aspectos mais significativos das relações mais primitivas com os objetos reais de sua história de vida. A inclusão da família atualiza de uma maneira muito viva e direta aspectos que, de outro

Problemática epistemológica 45

modo, costumam permanecer dissociados e incluídos somente em um mundo interno difícil de abordar. Desta maneira, a Comunidade Terapêutica adquire para quem está capacitado e disposto a ver, a estrutura de um campo psicológico multifamiliar; quer dizer, a constituição de uma grande família substitutiva, onde finalmente poderá realizar-se, promovido pelos terapeutas, o desenvolvimento adequado que não pôde ocorrer em seu devido momento.

Deste modo, podemos então fazer uma espécie de quadro comparativo entre o processo de desenvolvimento que se produz por meio da psicanálise e o processo de "crescimento" que se produz em uma Comunidade Terapêutica Psicanalítica.

Em uma situação psicanalítica de divã temos um processo psicanalítico promovido por uma técnica centrada fundamentalmente na associação livre por parte do paciente e por parte do terapeuta na interpretação psicanalítica. O crescimento e o desenvolvimento da personalidade vão ser provocados pelas mudanças que esse paciente irá realizar em sua vida dentro das sessões e além das mesmas em sua vida cotidiana.

Na Comunidade Terapêutica Psicanalítica o enquadre é muito mais amplo. Já não é a sessão somente, mas a Comunidade em seu conjunto, quer dizer, o conjunto de pessoas que participam e a integração dos recursos terapêuticos que são utilizados.

Dentro da Comunidade Terapêutica o equivalente da associação livre é a convivência entre os pacientes e a equipe terapêutica, a participação "livre" ou a realização de experiências compartilhadas.

A técnica interpretativa que se utiliza é complementada com atitudes terapêuticas que incluem um trabalho de elaboração de um fazer pensar psicanaliticamente sobre as experiências vividas e compartilhadas, com o objetivo de promover uma elaboração mental dessas experiências.

Dentro da Comunidade Terapêutica cada indivíduo realiza seu processo terapêutico e entre outros recursos pode-se integrar a psicanálise individual. O processo terapêutico que se realiza, dado que se produz sobre a base de uma elaboração psicanalítica, é um processo psicanalítico. O que é diferente é a técnica, porque a psicanálise individual aparece como uma parte de um todo onde os outros recursos terapêuticos aparecem como um verdadeiro marco de experiências vivenciais para tornar possível a análise individual, em particular dos aspectos mais psicóticos.

O que em um primeiro momento fez do conhecimento psicanalítico fundamentalmente uma técnica de divã, dentro da Comunidade Terapêutica Psicanalítica transforma-se em uma atitude psicanalítica, em uma ideologia compartilhada que seria a de realizar experiências a serviço de um resgate do si mesmo verdadeiro a partir da descoberta da espontaneidade, de um crescimento e de uma maturação da personalidade.

O psicanalítico aparece assim como algo "essencial" no modo de funcionamento de toda a Comunidade e não está somente em uma técnica interpretativa, como está na técnica chamada ortodoxa.

Esta essência psicanalítica está em toda a instituição e não é somente a equipe terapêutica que tem e promove esta atitude psicanalítica. É também incorporada pelos próprios pacientes e seus familiares em uma atitude que implica ir descobrindo uma disponibilidade para uma aprendizagem vivencial para um desenvolvimento dos indivíduos.

Neste sentido, nossa experiência nos mostrou que a Comunidade em sua totalidade também sofre um processo de mudança, de desenvolvimento e de maturação. Depois de vários anos na sala de hospital e vários anos de clínica particular, vimos que as possibilidades terapêuticas da Comunidade foram aumentando.

Neste contexto a psicanálise de divã recoloca-se dentro da totalidade como um momento particular e deixa de ser então uma situação centrípeta e única em relação com as outras possibilidades do psicanalítico. Nestas condições, os critérios de analisabilidade mudam totalmente. Se antes havia pacientes analisáveis e pacientes não-analisáveis, e isto dependia fundamentalmente de que o paciente pudesse ou não tolerar a terapia nesse contexto, neste caso o psicanalista descobre que o conhecimento que ele tem pode ir além de uma técnica e configura-se em uma espécie de "núcleo essencial" que lhe permite um funcionamento mais amplo em distintos contextos. Na Comunidade Terapêutica Psicanalítica existe uma maior possibilidade de inclusão da realidade exterior, com uma maior possibilidade de confrontação da realidade interior com a realidade exterior. Pode-se ver mais claramente que o processo de elaboração psicanalítica não está ligado somente à interpretação como é a visão que tem quem trabalha exclusivamente com o divã, mas que acontece mais nas experiências compartilhadas entre os distintos componentes.

Finalmente, a analisabilidade não depende então totalmente da condição psicopatológica do paciente nem das limitações da psicanálise, mas depende fundamentalmente do contexto e das condições. Entre estas podemos assinalar:

1) Marco de segurança emocional (instituição).
2) Participação familiar.
3) Capacidade e experiência do psicanalista.
4) Condições do paciente.
5) Articulação de recursos que potencializem os
   efeitos das técnicas psicoterapêuticas.

Vendo dessa forma, realizamos uma inversão da perspectiva inicial com que abordamos a Comunidade. As atividades terapêuticas tecnicamente reguladas continuam sendo terapêuticas em um sentido específico, mas ficam incluídas dentro de um conjunto abarcativo mais amplo, dentro de um clima total, dentro de uma forma compartilhada de pensar a doença e a cura, que fazem do trabalho terapêutico de cada indivíduo uma tarefa em comum, como é em uma família o crescimento harmônico de cada um dos filhos.

A idéia de que a Comunidade é uma grande família não é somente uma abstração ou enfoque teórico. É a vivência cotidiana que temos todos os que participamos ativamente em diferentes papéis, quando aceitamos o que espontaneamente acontece como forma de intercâmbio e comunicação, como linguagem metafórica ou como forma de convivência cotidiana. Dentro da Comunidade existe todo um acontecer que tem semelhanças muito marcadas com o que se dá em uma família. Destacam-se entre os médicos figuras parentais e, entre os pacientes, relações similares às que ocorrem entre irmãos, com rivalidades de todo tipo, ciúmes e invejas marcantes, busca de carinho e de maior atenção por parte das figuras parentais, etc. E a maior parte das vezes se não podem ser suficientemente reconhecidos e legitimados estes sentimentos e estes conflitos ficam totalmente dissimulados através de condutas defensivas que os mascaram totalmente. A possibilidade de expressar os sentimentos em jogo, de viver e reviver conflitos básicos e de elaborá-los em um clima de intercâmbios cada vez mais reflexivo, condiciona e favorece um crescimento psicológico em cada um dos indivíduos que não pôde ocorrer a seu tempo no meio familiar de origem. Estas características da Comunidade Terapêutica fazem com que esta constitua o ambiente mais adequado para que possa se realizar um processo de redesenvolvimento.

Natureza da patologia das neuroses graves e das psicoses

A patologia das neuroses graves e das psicoses não é abordável apenas com a teoria freudiana do conflito. É necessário penetrar na chamada patologia do narcisismo, das identificações patológicas e da patologia da relação primitiva de objeto. Nestes níveis da estrutura mental não existe todavia discriminação suficiente entre o sujeito e o objeto. Quer dizer, persiste contudo uma forte tendência a simbiotizar com o objeto e a repetir com ele uma simbiose patológica, na qual tende a atualizar-se uma forma de relação sado-masoquista de tipo patrão-escravo com interdependência patológica. Repete-se assim uma relação doente e adoecedora que teve sua origem nas primeiras relações objetais, com figuras parentais que não tiveram a capacidade de comportar-se como objetos estruturantes de recursos egóicos sadios do ser em crescimento psicológico. Estas modalidades das relações objetais incorporam-se sob a forma de relações objetais internas, que daí para a frente caracterizarão as novas relações. Condicionou-se desta maneira uma detenção e/ou distorção do desenvolvimento, com a persistência de formas de relação objetal interna que impediram o crescimento ulterior e de identificações com aspectos patológicos dos objetos parentais que se estruturaram sob a forma de falsos *self* e que detiveram igualmente o crescimento do *self* verdadeiro.

Presença enlouquecedora

Não é vantajoso pensar o objeto bom somente como gratificante e o objeto mau somente como frustrante. Pensamos que o objeto bom traria, com sua função estruturante, as condições para que uma experiência frustrante seja tolerável e uma experiência de satisfação possa ter seu limite. O objeto mau seria aquele que por sua condição carencial própria não pôde trazer esses elementos indispensáveis e comporta-se, ao contrário, como amplificador das frustrações, invejas e ódios primitivos. Se a patologia dos objetos parentais é grave e, por exemplo, a mãe não pode perceber as necessidades de seu bebê ou sua angústia é tão intensa que é vivida por ele como intolerável, a situação ficará cada vez mais traumática. Não poderão então realizar-se as experiências formativas e estruturantes do Ego para um crescimento sadio. Vão-se criando cada vez mais sucessivas reincorporações de vínculos frustrantes que canalizarão o sadismo primitivo em forma de relações sadomasoquistas com objetos internalizados que, seguindo outros autores, podem considerar-se objetos internos maus.

Este tipo de vivência sendo cada vez mais insustentável, a criança terá que tomar dos objetos parentais as formas de manejo egóico dos conflitos que eles próprios têm, identificando-se com os aspectos patológicos dos pais. E a resposta destes objetos externos continuará contribuindo para cristalizar cada vez mais o mesmo tipo de vínculo. Conseqüentemente, entenderíamos o conceito de "fixação" não tanto como conseqüência de uma excessiva frustração nem de uma excessiva gratificação, mas como a persistência de um vínculo com um objeto que tem as características de uma "presença enlouquecedora" dentro do psiquismo. Tal presença é alimentada a partir de fora pelo objeto parental real externo, que impôs em sua origem a condição de ser imprescindível para a vida do sujeito e que em seu impulsionar interno pareceria ter o poder de determinar o funcionamento do paciente.

Configuram-se assim variadas formas de imaturidade da personalidade que se manifestam em diferentes estruturas psicopatológicas, mas que têm em comum uma condição carencial da organização egóica. Este modo de pensar e a formulação que se apresenta aqui vai necessitar, no momento certo,de um esclarecimento detalhado. Aceita alguns conceitos conhecidos de autores da literatura científica e apresenta alguns conceitos novos do autor, talvez não tão conhecidos.

Condição carencial da organização egóica

Na doença mental grave, isto é, em todas aquelas pessoas que necessitam de algum tipo de internação em um estabelecimento psiquiátrico, vamos encontrar uma relativa carência de desenvolvimento de recursos egóicos que faz com que não se encontrem em condições de enfrentar e resolver a conflitiva inerente à vida psíquica. Não se trata então somente (como na teoria das neuroses) da existência inconsciente de conflitos recalcados e da necessidade de um trabalho de *insight* e de elaboração para superar o conflito — como descreveu Freud em seus primeiros trabalhos — mas de uma condição psicopatológica mais ligada ao que ele chamou de deformações do Ego, da viscosidade da libido e do predomínio da pulsão de morte, onde nos encontramos com graves dificuldades para abordar e resolver o conflito psicológico como tal. São pacientes que não podem pensar no que se passa com eles. Sentem-se movidos por forças irracionais superiores à sua vontade consciente, surpreendem-se transbordados por estados emocionais intensos onde geralmente domina o sofrimento; e estas situações vivenciais patológicas não são a conseqüência de conflitos não resolvidos, mas muito mais a persistência de estados primitivos patológicos da mente.

Estas características evidenciam-se durante a convivência. Expressam-se particularmente nas atuações psicóticas e psicopáticas, que se exteriorizam mais na relação com os demais que em forma de conflitos intrapsíquicos inconscientes que se revelam

Problemática epistemológica 49

nos sonhos, nos lapsos e nos atos falhos. Sendo pacientes que - como disse Bion (35) - têm em sua mente elementos não metabolizados, são pessoas que não podem sonhar. Nessas condições, a patologia que se expressa pelas atuações tem mais a estrutura de pesadelos e relaciona-se com a patologia das situações traumáticas. Sua tendência compulsiva à repetição evoca a teoria freudiana da pulsão de morte. A experiência clínica na Comunidade mostra contudo que uma parte importante da tendência a repetir-se aparece como que motivada por uma busca de reparação ao dano produzido. De tal maneira, a tendência à repetição faz-se presente também como transferência psicótica com a característica da identificação projetiva maciça sobre o objeto catetizado. Esta repetição será também simultaneamente a busca do objeto necessitado, a colocação a toda prova do mesmo na necessidade de um novo objeto capaz de funcionar como verdadeiramente estruturante dos recursos próprios que o Ego do sujeito necessita para poder crescer e individuar-se. Desta maneira poderá assim fazer as experiências corretivas necessárias como que para sair da simbiose patológica em benefício de uma relação nova com um terceiro, em função paterna terapêutica, com o qual irá estruturar talvez pela primeira vez na vida uma situação triangular edípica, que possa ser elaborada e estruturante do aparelho psíquico de forma definitiva.

Conceito de instituição terapêutica

É difícil falar de uma instituição terapêutica. É necessário reconhecer que existiram e existem muitas no mundo com pretensões similares. Quando cada autor descreve o que faz e como funcionam as coisas, isto corresponde em parte à realidade, mas em parte pode corresponder também a uma expressão de desejos. Conviria poder avaliar em cada caso em função de parâmetros aceitáveis universalmente. Mas padrões deste tipo não têm sido apresentados contudo a uma consideração séria nos meios científicos. Nós vamos tentar apresentar nossa instituição que chamamos Comunidade Terapêutica Psicanalítica. Faremos um desenvolvimento que permita compreender as grandes linhas de nosso trabalho e de nossa concepção para podermos então nos concentrar de forma sistemática.

"Instituição" tem uma conotação social e política; "terapêutica" corresponde a uma ação médica. Ambos os conceitos não são integráveis diretamente; necessita-se de uma elaboração. Se levarmos em conta principalmente a organização social da instituição, entramos no terreno do que se tem chamado de socioterapia. Sem pretender discriminar aqui em que medida nosso trabalho se incluiria dentro da socioterapia, digamos, no momento, que consideramos melhor não centrá-lo nessa dimensão, embora muitos elementos possam ser enquadrados nesse sentido. Tratando-se de um lugar onde convive um conjunto de pessoas — doentes, pessoal e médicos — acontece ali uma série de condições e circunstâncias, cujo estudo é motivo da sociologia. Temos, entre outros, o problema dos papéis: o papel do paciente, do enfermeiro, do terapeuta ocupacional, por exemplo, podem ser estudados sob este ângulo. Apresentam-se também problemas de hierarquias, de grupos e subgrupos, tensões e rivalidades. Trata-se de fenômenos sociais e psicossociais. A participação das famílias também traz uma dimensão social. Diferentes raças ou religiões podem fazer surgir incompatibilidades ou dificuldades na convivência. A relação com o pessoal e com os médicos apresenta problemas de desconfiança, ligados à inclusão de distintas classes sociais ou grupos de pertinência.

A instituição, por outro lado, faz parte da Comunidade em geral. Apresenta-se como um hospital ou clínica psiquiátrica, como um Hospital-Dia, como um serviço de psicopatologia em um hospital geral ou em uma instituição de outro tipo. Sob diferentes formas cumpre uma função médico-assistencial, mantém relações variadas com outras instituições, com familiares, médicos, psicólogos e outras classes de profissionais; e está obrigada a enfrentar vários problemas legais e até policiais quando, por exemplo, a atenção de um drogadicto ou a internação forçada de um paciente obriga a intervenção de um juiz ou da polícia e, conseqüentemente, comprometem legalmente a instituição. Esta tem então uma imagem dentro da sociedade e é uma realidade social que não pode ficar fora de consideração. Essa dimensão social da instituição, se bem que inerente à sua natureza ou estrutura, não é todavia o centro de nossa preocupação. Por outro lado, o é a função terapêutica que deve cumprir; e esta última dificilmente surge em forma direta da estrutura ou organização social da instituição. Será somente na medida em que possamos imprimir-lhe esta orientação; e é sobre isso que se trata precisamente neste livro.

As instituições psiquiátricas vêm carregadas com uma imagem negativa devido a terem servido tradicionalmente para isolar o doente mental quando este não era capaz de viver em sociedade. A função social da instituição psiquiátrica foi então, em sua origem, a de preservar o paciente de sua periculosidade para si e para a sociedade, e preservar a sociedade de um ser que havia perdido sua capacidade de ser responsável em relação aos demais. O centro psiquiátrico não era então uma instituição terapêutica. Os pacientes que chegavam a ela tinham mais *chance* de ficar ali por toda a vida do que sair melhorados ou recuperados. Pelas condições da vida lá, muito mais deteriorantes, estas internações contribuíam para a cronificação dos doentes. Grande parte da psiquiatria clássica, que se desenvolveu a partir da observação dos pacientes submetidos a essas condições, leva o carimbo de uma época em que não se tinha consciência da influência adoecedora iatrogência que se pode chegar a exercer sobre um paciente mental.

A dimensão terapêutica nas instituições

Historicamente há todo um caminho percorrido que ilustra as diferentes formas em que se foi introduzindo a dimensão terapêutica nas instituições e nas transformações pelas quais estas tiveram que passar nos processos de mudanças necessárias para levar a cabo este objetivo. A psicoterapia individual, a laborterapia, a terapia de grupo e da família, os psicofármacos e outras formas de tratamentos psiquiátricos, tudo isso tem contribuído durante muitos anos para nos fazer ver a possibilidade de uma recuperação do doente mental. Mas esta possibilidade, por motivos diferentes, fica frustrada em muitos casos, e por outro lado não chega a alcançar uma recuperação satisfatória na maioria

Problemática epistemológica 51

deles. E não conhecemos todavia suficientemente a natureza das causas ou dos processos que condicionam estas limitações.

No campo da psicopatologia, a dimensão terapêutica recebe de Freud em seu tempo, uma contribuição revolucionária. A psicanálise desenvolveu-se simultaneamente como uma nova técnica de investigação da mente, uma nova técnica psicoterápica e uma nova ciência ou abordagem da psicologia e da psicopatologia. Como investigação e como ciência abarca toda a psicopatologia. Como novo método psicoterápico, aplica-se fundamentalmente às neuroses e não é utilizável como tal nas psicoses. Sua introdução nas instituições psiquiátricas foi, por um lado, muito rejeitada e, por outro lado, sua aplicação aos pacientes que ali eram atendidos levou em geral a vários fracassos, que serviram para sancionar sua exclusão como método terapêutico válido para este tipo de patologia. Apresentava-se um paradoxo, porque a psicanálise parecia haver-nos dado a chave para a compreensão em profundidade dos fenômenos da mente normal e patológica, mas revelava-se todavia inoperante para todos aqueles casos de seres humanos profundamente transtornados que pareciam assim inacessíveis ao novo método e incapazes de se servirem dele com fins curativos.

A história da psiquiatria destes últimos anos mostra contudo que a psicanálise, apesar destas dificuldades, continuou penetrando nas instituições psiquiátricas, direta ou indiretamente. Em algumas instituições, tais como a Chesnut Lodge (131-135), realizaram-se tratamentos psicanalíticos em pacientes psiquiátricos, tratando de ajudar o doente para que pudesse estar em condições de realizá-lo. Em outras instituições, tentou-se realizar um estudo psicanalítico do próprio funcionamento da instituição como tal. O tema de como a psicanálise se introduz na instituição terapêutica e a fecunda de diversas formas, foi abordado e desenvolvido com maior detalhe por Racamier em seu livro: *A psicanálise sem divã* (331). De uma ou de outra forma, a psicanálise não surge trazendo a solução terapêutica para os graves casos de melancolia ou esquizofrenia, nem tampouco para os pacientes com estruturas psicopáticas graves.

Inclusão da dimensão familiar

Uma nova possibilidade pareceu surgir com o desenvolvimento das terapias de família. Lembremos que estas técnicas estão iniciando para a abordagem de pacientes psicóticos. Ainda que a psicanálise seja uma psicologia individual, é ao mesmo tempo (como disse Freud desde o princípio) uma psicologia social também, e mesmo que traga em sua essência a dimensão familiar propriamente dita, com a descoberta do complexo de Édipo e a consideração das identificações na estruturação do desenvolvimento do aparelho psíquico, temos que reconhecer que a psicanálise por si mesma não desenvolveu particularmente a dimensão familiar da psicopatologia nem do processo terapêutico. A contribuição das investigações em terapia familiar durante as décadas de cinqüenta e sessenta, nesse campo, mostrou-se cada vez mais fundamental no desenvolvimento de nossos conhecimentos. Sendo sobretudo nos Estados Unidos que a terapia familiar teve seu auge, esta aparece, todavia, competindo com a psicanálise na busca de melhores resultados, sem reconhecer que grande parte de seus enfoques e desenvolvimentos não podem negar sua tradição psicanalítica. Na Argentina, nessa mesma época, desenvolvia-se uma terapia familiar orientada psicanaliticamente. Devemos reconhecer como pioneiro Enrique Pichon Riviere (320-322). De nossa parte, acreditamos haver contribuído ao longo destes últimos anos para demonstrar a possibilidade de integrar a psicanálise individual e a terapia familiar com benefício para ambos os enfoques e para o resultado terapêutico (153).

Assim, a psicose pôde ser melhor abordada no contexto familiar. Fui descobrindo isto no trabalho em um Hospital Psiquiátrico, como disse antes, na mesma época em que apareceram os trabalhos pioneiros sobre o tema nos Estados Unidos; mas, ao mesmo tempo, como também disse, comecei a trabalhar em um hospital com grupos multifamiliares e desenvolvi uma Comunidade Terapêutica para pacientes psicóticos, baseada num trabalho terapêutico no contexto multifamiliar. Durante minha experiência nesse hospital, ficou cada vez mais evidente para mim que a patologia das psicoses — e em particular a psicopatologia dos quadros esquizofrênicos — podia ser melhor estudada e abordada terapeuticamente dentro do marco da família; e esta, por sua vez, podia abordar melhor algumas de suas dificuldades no contexto de outras famílias, quer dizer, em um contexto multifamiliar. A psicanálise individual conseguia integrar-se melhor nestas condições, porque tanto o paciente como o analista da relação terapêutica individual encontravam-se muito mais respaldados na difícil tarefa implicada na realização de um processo terapêutico desta natureza. A Comunidade Terapêutica Psicanalítica de Estrutura Multifamiliar foi assim tomando forma quanto à sua organização, sua estrutura e seu funcionamento.

Por termos podido abordar e enfocar então as dificuldades do paciente psicótico e de sua família em um contexto terapêutico de maior segurança, temos podido realizar, através dos anos, uma série de observações e constatações que nos tem permitido desenvolver certa concepção geral, da qual daremos uma visão panorâmica, com o objetivo de que o leitor possa ter uma idéia de conjunto antes de passar ao desenvolvimento sistemático e pormenorizado.

Quando se pensa na doença mental como uma detenção ou distorção do desenvolvimento no núcleo familiar e a possibilidade de cura através de um processo de redesenvolvimento, a Comunidade Terapêutica Psicanalítica revela-se como o "continente" mais adequado para os pacientes e também para as famílias. A família terá que aprender, em particular, a tolerar as regressões e a favorecer as progressões. A maioria dos pacientes, depois do período de tratamento institucional, vai necessitar bastante tempo de seus familiares reais para continuar sua melhora. Neste sentido, a mudança da estrutura familiar, através da participação dos familiares dentro da Comunidade Terapêutica para acompanhar o processo de mudança do paciente, revela-se um fator sumamente importante para que este possa capitalizar os benefícios adquiridos, mas não suficientemente consolidados.

Todo este enfoque inclui conceber a Comunidade Terapêutica Psicanalítica como um campo psicológico de estrutura multifamiliar e o processo terapêutico como um conjunto de mudanças que se dão no indivíduo, em seus familiares e no grupo familiar como uma totalidade, no sentido de uma maior maturação da personalidade de cada um deles, uma maior individuação e personalização de seus membros dentro do grupo e, como conseqüência, um ganho de relações interpessoais mais maduras entre os mesmos.

Nosso enfoque da terapia familiar e o conhecimento da dinâmica familiar necessariamente incluído tem um fio condutor e um eixo ao redor do qual articulam-se todos os conhecimentos. Este eixo é o que provê o processo terapêutico e, neste sentido, todos os conhecimentos articulam-se e integram-se ao redor das mudanças que configuram este processo e em função do mesmo. Nossa própria experiência em Comunidade Terapêutica Psicanalítica, que implica a inclusão da terapia da família em um campo fenomênico muito mais rico e pluridimensional, por sua vez enriquece a terapia familiar e enriquece-se dela em um movimento dialético permanente.

Diversidade de recursos e unidade do processo terapêutico

A Comunidade Terapêutica de orientação psicanalítica e estrutura multifamiliar é, para nós, a organização institucional mais adequada para a instrumentação articulada de um conjunto de recursos terapêuticos que se integram ao redor de um eixo condutor que é o processo terapêutico de cada paciente dentro do contexto institucional. Pode existir diversidade de técnicas, quer dizer, de recursos terapêuticos, mas devemos entender o processo como uma unidade.

A idéia de integração pode-se aplicar em distintos aspectos: 1) integração de técnicas; 2) integração de pessoas na equipe (co-terapia); 3) integração de serviços (de diferentes modalidades assistenciais: Hospital-Dia, Hospital-Noite, internação total, etc.) para conservar a unidade do processo terapêutico; 4) integração de fracassos terapêuticos (os fracassos podem transformar-se em êxitos através do resgate dos erros).

Quando a instituição está constituída por diferentes setores, que representam diferentes modalidades assistenciais, será importante organizar seu funcionamento de tal maneira que fique assegurada a unidade do processo terapêutico. Quando uma instituição permite a hospitalização total ou parcial e esta última por sua vez pode ser o Hospital-Dia ou Hospital-Noite, ou ser a concorrência de algumas atividades terapêuticas somente, estas diferentes modalidades podem realizar-se no mesmo estabelecimento que funciona como uma totalidade ou em distintos setores. Neste último caso, será necessário que exista unidade de critério terapêutico nos distintos setores e, além disso, que o paciente possa manter um vínculo estável e coerente com uma mesma equipe. Isto assegura a continuidade do tratamento e a estabilidade e coerência do contexto de redesenvolvimento.

A função terapêutica 3

Tradução: Marizilda Paulino

Comunidade Terapêutica é um conceito funcional. Refere-se basicamente à possibilidade de instrumentar recursos através da convivência com um sentido terapêutico. Este conceito, aparentemente simples, requer contudo um desenvolvimento. O que significa "terapêutico?" Com uma idéia muito abrangente, a gama das situações potencialmente terapêuticas amplia-se enormemente. Uma vida ordenada segundo princípios higiênicos sadios é terapêutica se se parte de uma condição na qual estes elementos não estão presentes. Uma alimentação adequada e equilibrada e uma atividade física que inclua exercícios e esportes são elementos que tendem à manutenção de um estado físico saudável, promovem uma melhoria do estado de saúde quando há certa deterioração e condicionam as bases para uma funcionamento mental mais satisfatório. Qualquer instituição médica que ao ocupar-se de tratamentos inclua a dimensão da promoção da saúde, terá que levar em conta estes recursos terapêuticos. De igual modo, um lugar onde aconteça uma convivência em um ambiente psicologicamente sadio, onde se estimulem as relações interpessoais construtivas, o trabalho compartilhado e atividades recreativas, é também uma comunidade potencialmente terapêutica. Existem muitas instituições onde se entende a terapêutica fundamentalmente baseada nas características assinaladas. Mas quando se trata de doentes mentais graves, estes elementos não são suficientes; e então o terapêutico requer uma especificidade muito maior.

Dizemos que a doença mental é, por um lado, uma doença e, por outro, a detenção de um desenvolvimento. O especificamente terapêutico referir-se-ia ao que atua sobre a doença. A detenção do desenvolvimento modificar-se-ia como conseqüência da terapia, que põe em marcha novamente o processo de desenvolvimento. Por isso temos avançado na idéia de que podemos definir a Comunidade Terapêutica Psicanalítica de Estrutura Multifamiliar como um contexto adequado para o processo terapêutico de pacientes muito doentes. Mas isto não significa que somente eles possam se beneficiar. Os pacientes menos graves podem encontrar ótimas possibilidades de abreviar algumas etapas de seu processo terapêutico e as pessoas mais sadias podem também fazer experiências enriquecedoras. Para as pessoas mais jovens a participação na Comunidade pode ter o valor de prevenção e profilaxia.

Sendo assim, a Comunidade Terapêutica não é uma instituição determinada como tal. Diversas instituições podem funcionar como comunidade terapêutica. Um hospital psiquiátrico, uma clínica particular, um lugar protegido, podem estruturar-se funcionalmente como uma comunidade terapêutica. Um colégio ou um clube podem desenvolver em sua organização funcional elementos ou aspectos de uma comunidade terapêutica. Uma empresa qualquer, na medida em que se organizem instâncias que se ocupem das relações entre pessoas e dos conflitos interpessoais, tende a desenvolver capacidades potenciais de uma comunidade terapêutica. Este conceito é, portanto, um pouco difuso, talvez muito extenso. Serve, contudo, para abranger um conjunto de fenômenos cuja riqueza potencial é muito grande.

As duas experiências a que nos referimos neste livro e que ocasionaram o conjunto fenomênico que constitui o material de nossas observações, foram uma unidade assistencial de um hospital neuropsiquiátrico tradicional e uma clínica particular para o tratamento de doenças mentais, quer dizer, uma Clínica Psiquiátrica. Trata-se, portanto, de duas instituições bem caracterizadas.

A clínica psiquiátrica.
Atividades sistematicamente reguladas

Em nossa descrição vamos nos referir muito mais à Clínica Psiquiátrica. Ela tem uma infraestrutura hoteleira com capacidade para 38 camas ocupadas com pacientes internados e pode atender além disso de dez a quinze pacientes em regime de Clínica Dia. Quando existem menos pacientes em hospitalização completa, a Clínica pode atender um número maior de pacientes em hospitalização parcial.

O pessoal é constituído por médicos, psicólogos, assistentes sociais, acompanhantes terapêuticos e pessoas para atividades recreativas. Existem enfermeiros, especialistas em terapia ocupacional, musicoterapia, expressão corporal, etc., e o restante de pessoas necessárias para atender sua infraestrutura. A Clínica, além disso, está atendida por um elevado número de médicos e psicólogos que cumprem a função de psicoterapeutas nas distintas modalidades que se realizam na Instituição: psicanálise ou psicoterapia individual, psicoterapia de grupo, de família, condução de grupos multifamiliares e grupos comunitários, administração de pacientes, etc.

Os pacientes estão agrupados em quatro microcomunidades, cada uma a cargo de

A função terapêutica 57

uma equipe terapêutica, constituída por um coordenador e três médicos internos. Cada microcomunidade reúne-se três vezes por semana com sua equipe terapêutica e a uma delas comparecem os familiares. Todos os pacientes reúnem-se todos os dias em um grupo grande que chamamos de macrocomunidade. Uma vez por semana realiza-se uma reunião de tal macrocomunidade à qual estão convidados os familiares e esta é, portanto, a reunião mais numerosa da Clínica, que chamamos de grupo multifamiliar. Em alguns momentos pode haver nessa reunião cerca de cem pessoas, entre pacientes, familiares, terapeutas e outros membros da Comunidade. Também comparecem ex-pacientes. As outras atividades têm, em geral, seus horários regulamentados. Os pacientes têm terapia ocupacional, musicoterapia ou expressão corporal, em grupos ou individualmente, segundo suas possibilidades e segundo convenha ao seu processo terapêutico. Em algumas atividades, quando o paciente está melhor, pode trabalhar por sua conta em horas livres. A maioria dos pacientes tem psicoterapia individual e a maior parte das famílias tem terapia familiar nuclear.

Nesta descrição temos nos referido a atividades terapêuticas sistematicamente reguladas e temos descrito o pessoal em termos de papéis definidos, por exemplo, médicos, psicólogos, enfermeiros, empregados. O paciente tem assim também um papel definido, o papel de doente. Esta visão da Clínica configura o que ela é como Instituição. É também como pode se apresentar para alguém que deseja saber como é e como funciona a Instituição como tal. Mas a Comunidade Terapêutica não estaria definida nem visualizada suficientemente nesta forma. Trata-se, como dissemos antes, não somente de quais profissionais intervêm e quais atividades se realizam; o importante será a maneira pela qual se conduzem essas atividades, a forma como se selecionam os fatos significativos e o manejo terapêutico dos mesmos.

A Comunidade Terapêutica vai-se estruturando como tal à medida que se vai criando um modo de pensar compartilhado sobre a saúde e a doença mental, sobre o processo terapêutico e sobre a maneira de implementar os recursos que sejam realmente terapêuticos para os pacientes. Ao abordar a descrição da vida da Comunidade Terapêutica Psicanalítica nos referimos fundamentalmente a acontecimentos, situações e fatos significativos que fomos confiando ao longo dos anos e que configuram algo assim como uma bagagem experiencial, uma memória grupal e compartilhada, uma espécie de história da Comunidade que se mantém viva através dos pacientes e do pessoal, e que é a que nos orienta permanentemente na seleção dos fatos significativos e na interpretação dos mesmos.

Convicção de que a doença mental pode ser curada

Quando se entende a doença mental como a conseqüência de uma perturbação no crescimento psicológico, uma detenção ou uma distorção no desenvolvimento da personalidade (como vimos assinalando desde há muitos anos em diversas publicações), qualquer tratamento verdadeiramente curativo pode ser compreendido somente como um crescimento ou redesenvolvimento psicoemocional do indivíduo, isto é, uma individuação e maturação do ser humano como pessoa em um contexto sociocultural. Nestas condições todo processo terapêutico (que deve dar-se necessariamente em um contexto de relações interpessoais, quer dizer, em um vínculo) depara-se com uma série de dificuldades que tem a ver com o que podemos chamar de "resistência à mudança" e que a partir de uma conceitualização psicanalítica do processo terapêutico centra-se nos níveis psicóticos da personalidade, na patologia do narcisismo.

A cura da psicose continua sendo evidentemente o problema mais sério da psiquiatria, porque ainda que a psicofarmacologia tenha trazido elementos muito valiosos para o tratamento da doença mental, o efeito dos psicofármacos pode ser entendido como inibindo ou controlando certos sintomas patológicos ou permitindo que o paciente possa manejar melhor suas ansiedades ou conflitos, mas não promovem um processo de crescimento e maturação psicológicos verdadeiros.

A vertente da psicoterapia, no que se refere à psicose, acha-se, todavia, em uma etapa de investigação. Freud foi pessimista em relação ao enfoque psicanalítico das "neuroses narcísicas". Sentia que as pessoas que delas padecem não têm capacidade para a transferência, ou se a têm é insuficiente. Descreveu a resistência destes pacientes como uma parede de pedra que não pode ser atravessada e disse que se afastavam do médico não com hostilidade, mas com indiferença. Afirmou também logo ao introduzir sua hipótese de um princípio que está além do princípio de prazer, que o limite que detém a análise das neuroses narcísicas é o ponto em que o Ego investido de libido seria vítima das pulsões de morte que haviam sido dissociadas. Hierarquiza também a importância da culpa inconsciente e assinala, além disso, que estes pacientes têm deficiências ou deformações do Ego que tornam impossível a sua cooperação no tratamento.

Embora posteriormente muitos autores tenham referido casos de psicóticos analisados e curados pelo método psicanalítico, é bem conhecido que muitas destas tentativas fracassaram, seja porque o paciente não aceita o tratamento desde o começo, seja porque o interrompe em um determinado momento de seu curso. Além disso, temos que ter presente a grande quantidade de pacientes psicóticos que, devido ao seu estado psicopatológico, nem se pensa em psicanálise e somente se cuida do caso com os chamados "tratamentos psiquiátricos".

A experiência nos tem demonstrado sistematicamente que o paciente pode curar-se por meio de um processo terapêutico sempre que aconteçam as condições necessárias para o mesmo. A organicidade da condição patológica é a única limitação insuperável. Muitos outros fatores podem condicionar um fracasso, e é assim que se produzem lamentavelmente muitos, apesar das melhores intenções e dos maiores esforços. Mas o fracaso dos tratamentos não deve selar nunca a impossibilidade de um êxito. Neste terreno devemos inverter a perspectiva habitual. Muito freqüentemente o fracasso dos tratamentos conduz a pensar na irreversibilidade da condição mental patológica. Mas devemos avaliar que talvez nesse caso particular não tenham acontecido as condições básicas para que o processo terapêutico se realizasse.

A *função* terapêutica

Resistência à mudança

Dissemos anteriormente, quando descrevemos nosso trabalho no Hospital, que os pacientes e os familiares faziam muitas vezes todo o possível para que pensássemos que nossos esforços eram inúteis. O trabalho na Clínica Particular, onde podíamos contar com recursos terapêuticos muito mais sofisticados, nos pôs frente a frente igualmente com resistências à mudança e com uma oposição onipotente que colocava em evidência uma força irracional muito grande. Desde a primeira entrevista percebemos contratransferencialmente que se movem sentimentos e crenças com uma carga emocional muito forte. Isto se encontra em igual ou ainda maior intensidade e onipotência nos familiares dos pacientes.

Seria mais compreensível que pacientes e familiares que chegavam à Clínica depois de fracassos terapêuticos de vários anos tivessem um pessimismo muito marcado. Mas não parecia tão fácil aceitar racionalmente que um episódio psicótico agudo criasse um sentimento tão catastrófico de algo irreversível e definitivo. Certamente, levamos em conta os prejuízos ancestrais sobre a doença mental, mas pensávamos que isto, mais que nos explicar o problema era uma referência obrigatória que necessita, contudo, uma explicação científica. Educados na escola em que o psicanalista sério não promete resultados terapêuticos, tratávamos de sustentar essa mesma atitude. Mas logo nos demos conta de que esta reticência, fruto de uma atitude prudente e séria, dava lugar à interpretação de que nós não víamos possibilidades de cura e que oferecíamos, todavia, tratamento porque não podíamos nos comportar de outro modo. Como iríamos dizer-lhes que não havia nada a ser feito? Seria desumano! Às vezes, essa atitude era vivida como nitidamente contraditória; se não podíamos oferecer resultados, como podíamos propor um tratamento custoso, sem a segurança de que seria um gasto justificado. Mais de uma vez a família pensava que estávamos movidos apenas por interesses lucrativos.

Começamos a compreender que seria necessário abandonar essa postura tão neutra. Ao ter a segurança de que no pior dos casos iríamos poder fazer alguma coisa pelo paciente e pela família, e movidos pelo desejo de ajudá-los, começamos a transmitir nossa autêntica convicção de que o doente poderia melhorar notadamente. Ainda que não pudéssemos prometer resultados, porque estes se alcançam somente se existe uma série de condições que não podíamos prever em cada caso, tentávamos dar desde o princípio os elementos necessários para compreender os rudimentos fundamentais da doença mental e do nosso modo de trabalhar. A experiência nos tem mostrado que este é o enfoque adequado. Devemos esclarecer de antemão, o mais exaustivamente possível, as vicissitudes e as dificuldades de todo o tipo que podem aparecer, e as que vamos encontrar necessariamente em um tratamento desta natureza.

Mas esta maneira de apresentar as coisas tampouco resolve o problema. Se somos muito honestos e tratamos de apresentar a realidade, tal qual a conhecemos, muitas vezes provocamos angústia intensa e temores irracionais, de tal natureza que o paciente insiste em querer ir embora, os familiares também se angustiam sem saber o que fazer com os pedidos do paciente e a situação pode acabar mal no sentido de que, por medo, os familiares podem fugir assustados. É necessário, então, desde o começo de nosso encontro com o paciente e a família, apresentar um delicado equilíbrio que leve em conta a situação total em que as pessoas se encontram involucradas, o que necessitam como apoio e reasseguramento, o que podem tolerar de esclarecimento e avaliar a força e a perseverança que vão poder ter para manter a continuidade necessária para que o tratamento possa atingir algum resultado.

Um dos temas que requer o maior esclarecimento possível é o do tempo que possa ser necessário para alcançar os resultados, e a relação que isto tem com o custo necessário. Sabemos de antemão que o tempo que o paciente e seus familiares vão necessitar para superar as dificuldades que configuram a doença pode ser relativamente longo e que, em algum momento, podem chegar a distorcer esta realidade de maneira a nos fazer responsáveis e de nos acusar de querer manter o paciente internado somente para lucrarmos com ele. Em relação a este tema retornaremos em outras partes desta obra. Digamos, contudo, desde já que, ainda que o gasto necessário (porque no caso da Clínica trata-se de uma instituição particular que funciona com a entrada dos pacientes) signifique muitas vezes um "sacrifício" para a família do paciente, isto requer uma elaboração maior. Do treino hospitalar, onde o paciente é hospitalizado e tratado gratuitamente, tínhamos extraído a experiência de que o "gasto" que o tratamento obrigava a realizar era fundamentalmente um gasto emocional. Muitas vezes, os familiares punham o pretexto do custo da viagem até o hospital para justificar não comparecer às reuniões compartilhadas que realizávamos com os pacientes. Aqui o gasto mínimo da viagem tornava-se muito oneroso pela carga emocional com que era vivida a participação do familiar no tratamento do paciente. À medida que fomos aprofundando nossa compreensão, fomos comprovando a necessidade de revisar sistematicamente este aspecto do tratamento. Na maioria dos casos não é necessário um sacrifício. Mais ainda, quando se faz necessário um verdadeiro sacrifício econômico é melhor esclarecer este aspecto da realidade e aconselhar a família como realizar o tratamento dentro de suas possibilidades econômicas.

A convicção de que o doente mental pode ser curado preside todo o trabalho da Comunidade. Não se trata de um princípio teórico, de uma expressão de desejos ou de um lema propagandístico. É uma convicção que foi tomando corpo à medida que os pacientes que passavam pela Instituição, ao longo dos anos, iam fazendo mudanças positivas e alcançando níveis de integração da personalidade que mantinham em seguida de forma estável e definitiva. O processo terapêutico não é um processo linear. Como veremos em diferentes partes deste livro, apresenta vicissitudes variadas, dá-se através de progressões e regressões, melhoras e recaídas. Mas a diferença do conceito clássico da tendência à deterioração nos pacientes esquizofrênicos e da restituição com defeito, em nossos pacientes descobríamos e comprovávamos que a partir de um determinado momento havia sistematicamente uma clara tendência para um progresso no sentido de uma maior individuação e maturação da personalidade.

A *função terapêutica*

Ver para crer

A convicção da possibilidade de curar-se apóia-se, então, em um fato clínico comprovado de forma renovada e constante. Mas nem todos os membros da Comunidade compartilham dela igualmente. Os fracassos do tratamento em muitos casos atentam contra as convicções de alguns dos membros da equipe. Outros são pessoas jovens que estão fazendo suas primeiras ofensivas. Quase todos funcionam sob a necessidade de ver para crer; e tem que ser mais de uma vez para que o fato deixe de ser um acontecimento que possa ser fortuito. Na medida em que um membro da equipe o tenha comprovado várias vezes, a idéia começa a tomar corpo. Existe, contudo, um fato clínico muito significativo. O médico que tenha se encarregado de um paciente e que tenha conseguido realizar um processo terapêutico, adquire geralmente um tipo de convicção muito maior do que aquele que o tenha visto como observador. (Winnicott [407] fala de algo semelhante quando diz que há sempre um paciente que ensina tudo a seu analista.)

A necessidade, neste terreno, de ver para crer, é algo muito comum nos familiares dos pacientes. Neles, todavia, isto se dá juntamente com atitudes e formas de comportamento em relação ao doente, que tendem a obstacularizar inconscientemente o processo terapêutico (mais adiante veremos em detalhe como é isso). O paciente necessita sempre que possamos acreditar nele como ser humano e em sua possibilidade de mudança. Muito freqüentemente perdeu a esperança e sentindo-se preso em dificuldades muito importantes, das quais desconhece totalmente o mecanismo, sente-se completamente desarmado e necessita que quem se encarrega dele saiba sobre a natureza das dificuldades que o afligem e o anulam e sobre a forma em que essas dificuldades poderão ir sendo superadas. O paciente, como veremos mais de uma vez, terá que ser "resgatado" por assim dizer, de modos de funcionamento em círculo vicioso, com tendência à compulsão à repetição, que o fazem sentir-se preso sem esperança. Pela natureza das dificuldades, não se trata de algo que possa ser modificado com raciocínios; em geral, trata-se de mecanismos profundos na estrutura da personalidade que, nesse nível, o impedem de pensar. Tampouco são acessíveis ou abordáveis através de interpretações, como estamos habituados a trabalhar com os conflitos neuróticos. Trata-se de estruturas psicóticas, aspectos primitivos da mente que funcionam de forma dissociada do curso associativo e tendem a se expressar em forma de condutas atuadas ou atuações psicóticas, que são vividas como algo interno, desconhecido, mais forte que o Ego. Como veremos em seguida, estes aspectos têm algo em comum com algum familiar, significativo e respondem a um vínculo particular com ele. Quando surgem, engatilham algo correlativo no familiar que atua como que para anular a causa do efeito. Quanto ao tema que estamos tratando, podemos dizer que é comum que tanto o paciente como o familiar compartilhem disso com uma espécie de cumplicidade, algo assim como um pacto secreto entre ambos, que também pode estar generalizado a toda a família e que se expressa como a idéia de que a loucura é algo irreversível, que é melhor deixar como está sem pretender mudar nada, porque seguramente trata-se de algo muito perigoso.

Nesse ver para crer dos familiares inclui-se o próprio paciente, que necessita várias e reiteradas "provas" por parte dos médicos, que lhe permitam ir reconhecendo abertamente as mudanças que se vão produzindo.

Uma paciente de personalidade imatura, com condutas psicopáticas, passava a maior parte do dia esperando a chamada de qualquer médico que pudesse ter um tratamento diferenciado para com ela. Especialmente, aguardava a chegada de uma colega com a qual havia estabelecido um vínculo muito importante. Se esta não perguntava por ela quando chegava, iniciava um processo asmatiforme, a paciente afogava-se e acreditava que ia morrer. Repetia desta maneira condutas que havia utilizado inconscientemente em seu meio familiar, para chamar a atenção de seus pais. A mãe, uma mulher muito imatura e ansiosa, não havia conseguido nunca acalmar sua filha destes "ataques", êxito que a terapeuta havia conseguido. Na medida em que ela tomou consciência da importância de sua inclusão para o desenvolvimento do processo terapêutico da paciente, pôde ir se adiantando aos fatos antes que acontecessem; procurava-a e durante um tempo permanecia com ela, à noite, até que conseguisse conciliar o sono. A doente necessitou, durante um período, de uma presença, materna real estruturante, que nunca havia tido. Os ataques foram se espaçando cada vez mais até que pôde ir incorporando essa presença sem a necessidade de uma permanência estável. Depois a paciente pôde falar disso e compreender seu significado.

Muitas vezes, como as reclamações são exigências de cumprimento imediato como nas crianças, vêm carregados, sobretudo se o cumprimento não é suficientemente rápido, de reprovações e ressentimento acumulados durante muitos anos. Poderíamos dizer que a experiência vai acontecendo como se estivéssemos regando uma planta que mostrará seus frutos posteriormente. Por esta razão, tem-se que levar em conta que o paciente não agradecerá nem reconhecerá os fatos, imediatamente, o que é difícil de compreender inicialmente pelos médicos jovens que sentem que fizeram ou estão realizando algo muito importante para o desenvolvimento do processo terapêutico de um determinado paciente e este "parece nunca estar satisfeito".

Assim, o paciente necessita que sua família acredite nele e a família exige ver mudanças antes de acreditar em possibilidades, fecha-se um círculo vicioso de que voltaremos a falar novamente, mas que queremos dizer agora que constitui um dos fenômenos clínicos de maior significação. A convicção de que o paciente mental pode realmente curar-se, a qual, como dissemos antes, preside nosso trabalho na Comunidade Terapêutica Psicanalítica de Estrutura Multifamiliar, é uma atitude que estando generalizada como ideologia, vai funcionar como uma idéia-força fundamental da Clínica. À medida que os pacientes vão melhorando e as famílias vão começando a compreender a maneira como podem ajudar o paciente, estas pessoas vão se convertendo em elementos positivos que vão explicar aos novos ou mais descrentes, vão apoiar nos momentos mais difíceis e vão ser os melhores colaboradores dos médicos nesta difícil tarefa.

Instrumentação da função terapêutica

Trata-se de um dos temas mais importantes, mas, por sua vez, controvertidos. Na maioria dos trabalhos, a função terapêutica desenvolve-se dentro do tema das técnicas institucionais. Nós também o faremos assim a seu tempo. Aqui desejamos nos ocupar dos aspectos gerais e conceituais. Quando falamos da história de nossa Comunidade Terapêutica Psicanalítica desenvolvemos o conceito da necessidade de "tornar-se encarregado do doente" como um dos fatores fundamentais do ponto de vista terapêutico. Além das técnicas psicoterapêuticas ou da psicoterapia como técnica, os doentes graves têm necessidade de que alguém se encarregue deles de uma maneira mais global. Racamier diz que a *"prise en charge"* (encarregar-se) compreende condições de vida do paciente, o funcionamento de seu corpo, a prescrição dos tratamentos paliativos ou resolutivos e, de uma maneira mais geral, o plano terapêutico. Considera que o fundamento da ação institucional consiste em *"prendre soin du malade"* (tomar o doente a seu cuidado), e este simples termo torna possível distinguir os cuidados (*"soins"*) do tratamento propriamente dito.

Racamier (331) considera que não é fácil dizer em que consiste a função *"soignante"*. Trata de aprofundar o conceito dizendo que é útil começar por dizer o que não é e o que não queremos que seja. Não tem que ser uma guarda, ainda que convenha assegurar a proteção do doente. Não teria que se dar tampouco como formas disfarçadas de um jardim de infância, onde se estimula a superproteção e o infantilismo agradável aos doentes. Nem convém que seja um hotel de luxo. Tampouco é aconselhável uma tecnificação exagerada dos cuidados, tanto no sentido de esvaziar-se do conteúdo psicológico dinâmico como no de assimilá-los a uma função psicanalítica. O autor resume dizendo que a função *"soignante"* exerce-se "no nível do ego dos doentes, em particular nos aspectos de ego que não são habitualmente atendidos pelo psicanalista no exercício psicanalítico". As funções principais do cuidado institucional seriam então uma função básica de presença e de uma ajuda ao Ego dos pacientes.

Nosso autor se refere ao conceito de presença desenvolvido por Natch (299) e diz que muitas manifestações e sintomas dos pacientes psicóticos têm por função principal lembrar-nos sua presença e invocar a nossa. Para o paciente psicótico a presença do outro é o mais importante, mas é também muito conflitivo. A dependência o assusta porque vive o objeto como destrutivo e devorador e a ausência do objeto transforma-se em perda e destruição. A presença *"soignante"* terá então que ser estável, disponível e não asfixiante. A necessidade deste tipo de presença tem a ver e é consubstancial com a necessidade deste tipo de instituições para os doentes mentais. Estes foram incapazes de interiorizar uma presença, de tal maneira que o Ego não pode ficar sem a presença real externa porque não a pode conceber sem tê-la. A instituição pode estar disponível de forma permanente, mas requer uma qualidade particular. Muitas mãos anônimas não coordenadas são uma multidão, mas não uma presença. Pelo contrário, uma verdadeira equipe, melhor ainda, uma Comunidade Terapêutica, oferece uma qualidade de presença "por sua vez difusa e personalisável, diversa e coordenada, constitui um fundo permanente e estável sobre o qual poderão desenhar-se presenças mais específicas e mais individualizadas". Este tipo de presença, diz o autor, faz com que os doentes não tenham que reclamá-la ou justificar sua reclamação com a apresentação de sintomas. Além disso, cada doente poderá regular suas necessidades por si mesmo, porque o contexto coletivo oferece uma maior margem de manobra, sendo, por outro lado, estruturante.

Racamier ocupa-se, em seguida, da recepção do doente novo na instituição como um aspecto da função de presença; e diz que o mais nocivo para os doentes é não se interessar por eles. Relembra que o esquizofrênico tem uma capacidade especial para chegar a uma negação mútua da existência do outro e de si mesmo. Pode chegar a sentir que os demais não existem e chegar a ser como se ele não existisse para os demais. Finalmente, a instituição cumpre uma função importante ao existir ainda depois que o doente já tiver saído da mesma, como também que existam o terapeuta e a equipe quando o paciente já tiver tido alta.

Identificações positivas estruturantes de recursos egóicos sadios

Consideramos que Racamier é um dos autores que tem mais coincidências com a nossa maneira de pensar e é por isso que fizemos uma longa citação de suas idéias. Mas desejamos desenvolver nosso pensamento para especificar alguns aspectos de nossa experiência clínica que têm o valor de uma contribuição original sobre este tema e que se articulam com outros expostos neste livro.

Coincidimos com Racamier em que o doente não se identifica a não ser com aqueles que saibam identificar-se com ele, e que identificando-se com algum membro da equipe, que o leva em consideração, o paciente começará a levar-se a si mesmo em consideração. Portanto, o interesse pelo tratamento é despertado por identificações com o interesse que nós colocamos. Catetizando pessoas que se interessam em sua atividade de doentes, catetizam essa atividade, que, por sua vez, os leva a catetizar-se a si próprios como sujeitos cuidados. Amparando-nos enquanto sujeitos que cuidam, amparamos os doentes enquanto sujeitos.

A confiança em si mesmos que os terapeutas e o pessoal tenham em relação ao trabalho que se realiza é um instrumento importante para acalmar as dúvidas que os pacientes têm em relação a eles e também as que têm sobre si mesmos e sua possibilidade de cura. Sendo importante o uso que o paciente faz do terapeuta como modelo, o pessoal que não tem confiança em si mesmo e que duvida do que faz traz dificuldades ao paciente que também desconfia e duvida de si mesmo (Shultz [359]).

Mas, se bem que encarregar-se de um doente significa poder identificar-se com ele e levá-lo em consideração com um interesse e uma participação maior que a comum, significa também que conhecendo, por experiência clínica, a natureza das dificuldades desses pacientes, encarregar-se requer estar disposto a assumir a responsabilidade de: 1) resgatá-lo de um tipo de funcionamento mental e emocional no qual se encontra preso; 2) poder estabelecer com ele um vínculo de tal natureza que lhe permita utilizar a relação interpessoal como contexto de um processo de redesenvolvimento, que consistirá, entre outros, no desenvolvimento de novos recursos egóicos sadios; 3) saber acompanhá-lo nas vicissitudes do processo terapêutico que compreende progressões e regressões, o que implicará saber adiantar-se, na medida do possível, em suas necessidades, sabendo que muitos pacientes têm tendência a deslizar sigilosamente pela comunidade como fantasmas, passando desapercebidos os aspectos de sua vida secreta, onde se encontram tanto o mais patológico dissociado como o mais próprio, primitivo e sadio não desenvolvido e, portanto, estancando-se em seu processo terapêutico; 4) saber que somente a partir deste vínculo estruturante como eixo condutor poderão funcionar as identificações como tais com os recursos egóicos sadios dos médicos e do pessoal. E será também somente a favor do desenvolvimento dos recursos sadios próprios que os pacientes se atreverão a abandonar as identificações com os aspectos patológicos de suas figuras parentais.

Necessidade do trabalho compartilhado

O encarregar-se do paciente da maneira que descrevemos, convém que esteja representado por, pelo menos, duas pessoas simultaneamente, que se encarregarão, a partir de pólos diferentes, de resgatar o paciente de múltiplos momentos de estancamento e dos diferentes fatores de retrocesso. Trata-se de configurar um campo psicológico de estrutura familiar transicional para uma estruturação e elaboração "edípica". O psicoterapeuta, além de assumir uma postura psicanalítica, terá que saber encarregar-se também em outras dimensões, tais como a que vimos descrevendo. Na equipe terapêutica será importante que tenha outra pessoa também capaz de encarregar-se. De tal modo, um e outro, em função de duas figuras parentais que configuram um par, poderão ir cumprindo esta função simultânea e alternativamente. Consideramos que esse trabalho conjunto deve ser uma forma de trabalho sistemático.

Na forma que desenvolvemos nosso enfoque, não fazemos a mesma diferenciação que Racamier faz entre cuidados (*"soins"*) e o tratamento propriamente dito. Em nossa Comunidade, o tratamento está constituído por diferentes atividades que promovem um processo terapêutico que se realiza em contexto multifamiliar. De tal maneira que, para nós, a função de encarregar-se não equivale à função *"soignante"* apenas, mas se constitui em um eixo condutor e núcleo estruturante dos tratamentos e, em particular, do próprio processo terapêutico. A psicanálise individual, dentro deste conjunto, é um recurso que, embora tenha características de um certo privilégio, necessita ser complementada adequadamente para poder ser operativa.

Falando da função de presença, desejamos fazer algumas pontuações. Com o conceito de encarregar-se, queremos significar uma presença personalizada que, adiantando-se, por assim dizer, às necessidades dos pacientes, assegure uma presença estável, quer dizer, a continuidade de uma relação objetal que tende a romper-se ou a perder-se, precisamente pela dificuldade destes pacientes em mantê-la, já que têm tendência a vivenciar a presença como ameaça e a ausência como perda. Estes pacientes, por não terem podido estabelecer uma dependência sadia com um objeto estruturante de recursos egóicos próprios e haver estruturado uma dependência patológica com um objeto interno doente ou enlouquecedor (mau, segundo Fairbairn [103]) têm tendência a entrar em situações de funcionamento mental compulsivo que configura um círculo vicioso de agressão-culpa e castigo, da qual será necessário resgatá-lo. A "operação resgate" consistirá em transformar, dentro do vínculo que chamaremos estruturante, o funcionamento mental antes assinalado em um funcionamento em círculo virtuoso construtivo de antecipação-participação-confiança e crescimento.

A função terapêutica seria, então, poder antecipar-nos às suas necessidades já que muitos pacientes deixaram de "pedir" por sua desconfiança no mundo externo e a necessidade de negar a dependência com este pelo temor de serem novamente despojados. Por exemplo, um paciente pode participar de todas as tarefas formais na Comunidade e, contudo, estar tão isolado quanto sempre. Fora das atividades sistematicamente reguladas, permanecer meditando apenas no quarto, evitando qualquer possibilidade de intercâmbio. É necessário estar permanentemente alerta e ir se introduzindo pouco a pouco em sua vida secreta. Fatos simples como bater numa porta e perguntar ao paciente como está, demonstrar-lhe que estivemos pensando nele e ir buscá-lo, mostrando assim um interesse genuíno por sua pessoa, são experiências que talvez nunca tenha tido antes. Quer dizer, fazer-lhe saber que ele conta para nós, no sentido de que existe dentro de nós como preocupação. O paciente psicótico, desvalorizado e desarmado, necessita, além dos grupos tecnicamente regulados, uma presença real que o "resgate" de uma maneira sistemática e atenta.

Estas funções que são compartilhadas por toda a Comunidade em geral e, em particular, como família transicional, terão que ficar asseguradas por alguém que se encarregue de forma personalizada. Porque, como veremos adiante, a Comunidade tem a tendência de escotomizar. Esta pessoa terá que poder fazer um vínculo estruturante que, levando em conta cuidadosamente as reclamações do paciente, dando-lhe sempre alguma devolutiva e resgatando e valorizando sistematicamente os aspectos sadios e valiosos de sua personalidade, o ajude a ir desgastando o círculo vicioso de agressão, culpa e castigo, que é o que o conduz à situação de negação mútua de existência. Se levamos em conta o que já dissemos, várias vezes, que é a partir do que os outros nos fazem sentir, por nossa contratransferência, que podemos captar mais claramente o que eles sofreram de suas figuras parentais, isto nos permitirá desenvolver a sensibilidade necessária para acompanhar as vicissitudes deste processo. Resgatar o paciente, então, será resgatá-lo de suas identificações com os aspectos patológicos de suas figuras parentais. E aqui a família terá que se incluir no processo terapêutico.

A *função terapêutica* 67

Avaliação dos progressos no processo terapêutico

É necessário também ir detectando os distintos momentos do processo terapêutico. Por exemplo, um paciente que já incorporou uma presença permanente e tranqüilizadora dentro da mente, não necessitará que nos adiantemos às suas necessidades, pois seguramente poderá pedir ajuda por si mesmo. É somente um pré-requisito para que possa começar a sentir a necessidade que esteve tanto tempo negando por falta de confiança no mundo externo. Adiantarmo-nos sempre às suas necessidades seria realimentar sua dependência. Quando surge a necessidade estamos diante de um dos momentos mais difíceis do processo terapêutico, porque o paciente revive situações traumáticas que aconteceram por desconhecimento dessa necessidade por parte do meio, e as demandas carregadas de muita hostilidade parecem não ter nunca fim. As infinitas reclamações pouco têm a ver com a reclamação verdadeira. A demanda autêntica e profunda é que nós, por meio de nosso trabalho terapêutico, sejamos os "pais" que nunca estiveram funcionando como objetos estruturantes de seu ego imaturo, pondo-lhes limites, se for necessário, e ir resgatando-lhes sua parte mais sadia para que possam desenvolvê-la. Um paciente não é o mesmo no começo de seu processo terapêutico reclamando por gritos que o tirem da Clínica, que um paciente que alcançou uma maior autonomia e reclama por coisas reais: desatenção, mau funcionamento de alguma atividade, inadequação no comportamento de algum membro do pessoal, etc. Tudo isso nos leva a ter que trabalhar na maior harmonia com a equipe terapêutica, trocando opiniões para uma avaliação sistemática e compartilhada dos pacientes. Não é o mesmo um doente silencioso no começo de seu processo terapêutico que ainda não saiu de sua couraça narcísica e permanece ali instalado, criando mundos secretos onde pode viver, que um paciente silencioso que, depois de um longo percurso, mais que silencioso está reflexivo. Não é o mesmo a melancolia de um paciente que perdeu seus laços positivos com o mundo circundante e que acredita que a única salvação é a morte, que a depressão de um paciente em um segundo momento de seu processo terapêutico, no qual está abandonando suas defesas narcisistas e que confunde a depressão com esse sentimento de vazio-morte que o levou a adoecer. Teremos que detectar quando, nestes casos, trata-se de momentos de desidentificação. O paciente que vai desarmando sua couraça está iniciando um novo caminho que é o incipiente nascimento de seu ego como sujeito de si mesmo há tanto tempo detido. E esse novo ser, com toda a incerteza do novo, pode chegar a sentir que lhe despojaram de tudo e que não tem mais armas com que lutar. O seguinte relato (ver Caso Jim) servirá para exemplificar o que vimos dizendo:

> Um paciente esquizofrênico, que vivia em um mundo delirante "orgulhoso" do conteúdo de seus delírios, recriminava constantemente o terapeuta e a Comunidade que haviam conseguido "roubar-lhe". Depois de um longo processo terapêutico, não podia mais recorrer aos delírios como mecanismo de defesa diante das frustrações que a realidade lhe submetia. O refúgio precário de seus delírios havia sido superado por um sentimento de "mediocridade" que ele nos atribuía haver-lhe

imposto. Ao lado da "riqueza" de seu mundo delirante, há muito tempo esta nova sensação parecia "chataaborrecida" e inclusive "estava levando-o à morte". Havia tido um paitirano, exigente e arbitrário que o foi achatando sobre si mesmo sistematicamente desde que nasceu, negando-lhe todas as suas manifestações espontâneas e também os seus dotes artísticos, que eram muitos. Todavia, o paciente nos confundia com essa máquina demolidora que seu pai havia sido e acreditava que nós igualmente desejávamos achatá-lo e submetê-lo às nossas exigências, impedindo-o de ser ele mesmo (por isso o roubodos delírios). Em outros momentos, identificado com esse pai, transformava-se nessa máquina demolidora, denegrindo-nos e desqualificando tudo o que pudéssemos fazer por ele, sem reconhecer nossos aspectos sadios, da mesma maneira que seu pai havia atuado com ele.

Necessidade da simbiose fusional estruturante

Nos pacientes mentais graves existe uma tendência ao abandono das funções do ego, que contribui para dar a impressão de uma deterioração progressiva. Pensamos que se trata de uma forma patológica de funcionamento, que reedita formas de relação objetal sadomasoquista, onde se produz uma submissão masoquista do objeto, que, por sua patologia narcisista, não foi capaz de funcionar como objeto estruturante de recursos egóicos sadios. Em tal situação, existe algo como uma "entrega", gravemente mutiladora, à existência do outro, que se converte em uma submissão suicida ou uma submissão total mutiladora a uma figura superegóica aterradora para evitar ou negar os impulsos criminosos. A tendência natural a simbiotizar-se que o paciente tem como uma criança, ainda que o leve a buscar complementar seu ego, o conduz inexoravelmente à repetição, quer dizer, a ficar preso em um vínculo simbiótico patológico do qual terá de ser resgatado pelo objeto em função terapêutica, capacitado para transformar o círculo vicioso em círculo virtuoso. Dentro da relação terapêutica serão reativadas necessariamente as censuras vingativas e as reclamações compulsivas que estavam destinadas ao objeto primitivo. Será, então, necessário que o objeto tenha recursos próprios capazes de ser continente deste tipo de relação, para logo poder ir constituindo paulatinamente uma simbiose sadia, a partir da qual possa fazer o processo terapêutico de redesenvolvimento. As vicissitudes da relação de objeto no processo terapêutico se dão em uma alternância entre simbiose patológica e simbiose sadia. É necessário, então, saber diferenciar adequadamente simbiose patológica (a que o paciente estabelece quando por sua doença tem tendência a repetir um vínculo patológico no qual o abandono das funções egóicas próprias no outro se realiza pela compulsão à repetição) de uma simbiose sadia na qual o paciente, por regressão a um nível mais primitivo de seu funcionamento mental, busca e se entrega a um estado fusional com um objeto sadio, que possa dar-lhe a possibilidade de ser ele mesmo. Não é que o paciente peça ao objeto somente o que sente que este lhe proíbe, senão que necessita do objeto aquilo que os pais não puderam dar-lhe.

Portanto, quando podemos estabelecer um vínculo fusional sadio, não devemos

A função terapêutica

temer desempossar o paciente cada vez mais de suas funções egóicas e de seu si mesmo. Ao poder compartilhar com ele, a partir de uma simbiose sadia, uma variedade de situações transferenciais, como diria Searles (364), o paciente pode começar a ser "si mesmo", muitas vezes pela primeira vez em sua vida.

O destino do processo terapêutico está nestes momentos, em grande medida, em mãos do terapeuta individual e da equipe terapêutica. Mas não temos que temer as regressões, sempre que não se trate de uma regressão fortemente patológica que possa levar ao suicídio. Em um contexto de segurança, a regressão profunda a uma dependência sadia nunca pode gerar patologia. Será sempre estruturante e permitirá ter um ponto de partida sólido para um desenvolvimento apropriado. A partir dali as etapas do processo terapêutico produzir-se-ão naturalmente e será mais fácil acompanhar este processo.

O clima emocional

Em outro momento já nos referimos ao cuidado que devemos ter para não ficar fazendo tudo pelos doentes onde, mais que substituí-los, seremos responsáveis e estimulantes de seu si mesmo, para não correr o risco de desempossá-los. Por esta razão, nas primeiras etapas do processo terapêutico, quando o paciente recebe mais o não-verbal que o verbal, é mais importante como se diz do que o próprio conteúdo: o tom de voz, o sentimento colocado no que se expressa verbalmente, etc., pois os pacientes psicóticos são muito sensíveis a qualquer atitude que possa soar como imposição e uma interpretação fora de lugar ou de *timing* poderia provocar uma rejeição profunda. Alguém pode se sentir tentado a dar uma interpretação porque é certa, mas nem sempre por ser certa será a que mais ajuda o paciente. Nesse sentido é que colocamos tanta ênfase no chamado clima emocional, pois é somente em um clima de segurança psicológica que o paciente poderá ir traçando seu si mesmo. Em um ambiente de ansiedade, violência, exigência, arbitrariedade, ninguém poderá manifestar-se espontaneamente; o máximo que poderá fazer é identificar-se internalizando esse clima enlouquecedor e atuá-lo, até que nós, a partir de nossa função terapêutica, possamos dar a ele, como objetos estruturantes, um meio diferente do adoecedor. Se um paciente sente paz, poderá começar a confiar, a contar mais conosco e com ele mesmo. Pouco a pouco, o clima adoecedor irá transformando-se em tranquilizante e irá incorporando-se no aparelho psíquico como experiência enriquecedora e fundamental. Trazemos um exemplo (ver Caso Marcela):

> Uma paciente neurótica obsessiva recriava permanentemente na Clínica conosco o clima de ansiedade que sempre havia reinado em sua casa. Durante os primeiros meses de vida, os pais recordam seu choro incessante e a impossibilidade de acalmá-la. A mãe, mulher imatura e tremendamente ansiosa, respondia à ansiedade da paciente com a mesma ou maior intensidade e o pai intervinha neste choque de ansiedades, desqualificando e denegrindo sua filha. Em síntese, não havia saída para ela. O seguinte diálogo que pudemos reconstruir por meio da terapia indivi-

dual e grupal é demonstrativo desta relação:
Paciente: Mamãe, tenho medo.
Mãe: Anda, lava as mãos que estão sujas e termina de arrumar seu quarto que está uma imundície.
Paciente: Mas mamãe, tenho medo (chorando).
Pai: É uma mentirosa e uma chorona, não lhe dê atenção; não amole mais.
Mãe: Sim, é mentirosa e enfadonha, aqui não tem que ter medo, termina com isso e vai se lavar que está toda suja.

Este diálogo condensa o clima familiar que a paciente incorporou em seu aparelho psíquico. Ela funcionava gerando ansiedade nos terapeutas com suas incessantes perguntas sobre a limpeza das cadeiras, asseio pessoal, etc., da mesma maneira que quando criança, diante de suas necessidades, a mãe lhe devolvia com maior ansiedade suas reclamações. Oscilava alternando netre identificações entrecruzadas. Estas presenças enlouquecedoras dentro de sua mente fizeram com que durante muito tempo ela atuasse como fantoche, que por momentos trazia a ansiedade de sua mãe e, em outros, desqualificava os grupos e os terapeutas, como seu pai.

A função terapêutica começou quando percebemos que quando ela atuava, toda a Comunidade era a paciente e que inconscientemente ela nos enlouquecia por meio desse clima, fazendo-nos viver o que ela havia sofrido durante tanto tempo. Simultaneamente com este testemunho, a função terapêutica foi resgatando as partes da paciente que, em princípio, não podiam aparecer. No clima de menor ansiedade, diferente do que a adoeceu, a paciente foi se permitindo mostrar cada vez mais as próprias coisas. Pôde chorar e em seguida rir conosco e, posteriormente, viver sua parte lúdica há tanto tempo proibida. Assim, começou a aparecer cada vez mais ela mesma. Em outro momento já mais avançado de seu processo terapêutico, pôde começar a pensar e a reconstruir na Comunidade e em sua terapia individual os aspectos mais traumáticos de sua vida que haviam dado origem à doença.

Os pacientes psicóticos, como referimos em outras partes deste livro, inicialmente e além das palavras, buscam o afeto bem primário, um contato pessoal através de um clima diferente e estruturante de recursos egóicos, um acompanhamento a esse Ego débil, com características de presença real, que está longe da concepção tradicional do psicanalista somente como tela de projeção de conteúdos inconscientes. Nesses momentos, ao colocar em palavras o significado emocional ou vivencial do que acontece em seu mundo interno, o paciente pode sentir uma rejeição de suas necessidades mais primárias por parte do terapeuta.

Estes pacientes, além disso, podem produzir rejeição em alguns médicos ou outros membros do pessoal que inconscientemente entram em cumplicidade com a família e os desqualificam contra-atuando constratransferencialmente. Nossa função terapêutica é a de ir resgatando e nos resgatando sistematicamente deste tipo de conflito que detém o processo terapêutico.

A afetividade dos pacientes na comunidade terapêutica

Muitos pacientes parecem impermeáveis ao afeto, por momentos eles se conectam e logo voltam às suas defesas habituais. Na realidade, nunca são totalmente impermeáveis e as mudanças vão acontecendo com lentidão. O desenvolvimento de recursos egóicos genuínos é longo e penoso, porque implica em abandonar uma forma de funcionamento que, ainda que não seja autêntico, é vivido como tal (identificação patógena). Os pacientes necessitam que os aceitem como são e, em seguida, poderão confiar e contar mais conosco. Muitas vezes um paciente briga, porque é somente através dessa "briga" que se sente forte. Recriar e manter um clima persecutório o faz sentir-se vivo. Querer fazê-lo entender que está equivocado é inútil, porque ele vai experimentar isso novamente como uma submissão a seus pais que não lhe permitiram a discrepância, impedindo-o de ser ele mesmo. Na realidade, por meio da discussão, entre outras coisas, estão buscando um reconhecimento, que se os aceite como são, embora não saibam como são. Escutar com cuidado o que dizem, mesmo que busquem a briga, e fazer-lhes sentir o respeito que se tem por eles, será uma nova experiência para eles e estaremos funcionando como objetos estruturantes diante desse Ego débil e imaturo, provendo-o de recursos para serviram de continente às ansiedades transbordantes e angustiantes. Vejamos um exemplo:

Uma paciente com características fóbicoobsessivas entrou certa vez num grupo gritando impropérios a um e outro, alegando que a comida era um lixo e que os médicos eram todos uns inúteis. O coordenador do grupo respondia paciente-mente a cada uma das acusações, tratando de fazê-la entender que as coisas não eram como ela as trazia. Isso ia enervando cada vez mais a paciente, até que chegou a um ponto que o grupo se transformou em uma verdadeira batalha campal. De repente, um terapeuta perguntou-lhe muito serenamente por que estava tão triste. Diante da surpresa de todos, o clima mudou totalmente de rumo, ela começou a balbuciar e logo irrompeu em um pranto desesperado. Acontece que era o aniversário da morte de seu pai, que, além disso, coincidia com a doença da mãe. Ela havia se defendido por toda a sua vida dos sentimentos de tristeza ou de insegurança como seu pai: com violência e denegrindo aos demais, incorporando esse modelo e identificando-se patologicamente com ele. Ao assinalar-lhe seu sentimento de tristeza pudemos resgatá-la de suas defesas narcisistas e onipotentes, cristalizadas em sua personalidade e ela pôde, pela primeira vez, compartilhar conosco esse sentimento mais genuíno, ficando assim como experiência inédita. Ela nos havia feito sentir na própria carne a batalha campal que viveu passivamente ao longo de sua vida com seus pais e irmãos. O sentimento de tristeza e invalidez foi defendido com unhas e dentes, através de sua onipotência, durante muito tempo e foi o mais genuíno e sadio que pudemos ir resgatando a partir deste momento. Todavia, durante muito tempo ela continuo brigando quando surgia uma frustração ou qualquer outra dificuldade.

Funcionar em equipe nos permiteambém nos resgatar de situações complexas como esta relatada. Algumas vezes, uma intervenção certa no momento exato pode dar uma reviravolta positiva a toda uma situação que parece não ter saída, que pode ser a própria sensação de encruzilhada, onde se sentiram imersos os pacientes e que desencadeou a doença.

Dependência sadia dos pacientes na comunidade

O paciente psicótico necessita viver uma dependência total com seu analista. Existe uma tendência na literatura psicanalítica de considerar toda dependência como patológica. Na psicanálise clássica pensa-se que favorecer uma simbiose na transferência pode criar dependência e fazer do paciente um "adicto" à análise. Nós pensamos que quando a necessidade de uma dependência infantil sadia foi frustrada pelas carências do objeto parental, a criança se viu obrigada, para poder controlar onipotentemente a posse do objeto, a estabelecer com ele um vínculo de natureza perversa. Neste sentido, buscar pessoas que propiciem as funções egóicas de que se carece, não é necessariamente patológico, mas, muito pelo contrário, expressa as necessidades reais inerentes à imaturidade, que poderá modificar-se por meio do processo terapêutico; a dependência patológica instala-se muito mais diante do fracasso na compreensão das necessidades mais básicas:

> Uma paciente com personalidade imatura e condutas psicopáticas denegria, de modo sistemático, a Instituição e os seus pais; para ela a atitude dos médicos era sempre incorreta, os terapeutas faziam interpretações ridículas, etc. Durante toda a sua vida, sempre havia se colocado em situações difíceis, unindo-se com pacientes drogadictos, consumindo drogas e negando a necessidade sadia do outro. Depois de um determinado tempo na Clínica e através de um vínculo muito intenso em sua terapia individual, ela pôde deslocar sua dependência às drogas e às pessoas que a haviam colocado em situações de vida ou de morte, para uma dependência sadia com a Comunidade, onde a paciente, exigente e muito necessitada, pôde expressar suas necessidades infantis sadias: temores, dúvidas, terrores noturnos, etc.

Acompanhar um paciente propiciando funções egóicas, não é substituí-lo, pensar por ele, nem agir por ele; é indispensável e necessário passar por uma fase de dependência sadia, dentro do processo terapêutico, tanto como no desenvolvimento normal de um indivíduo em crescimento, pois é o que vai permitir que em um segundo momento possamos funcionar na vida com autonomia, depois de haver internalizado um vínculo com as características de presença protetora na mente. Será, contudo, sempre importante poder detectar quando um paciente e um terapeuta ficaram presos em um círculo de dependência patológica. Trabalhar em equipe nos permite com freqüência abordar esta problemática em melhores condições.

A *função terapêutica*

Com relação aos chamados benefícios secundários, quando um doente reclama atenção, exerce tirania e transfere sua responsabilidade é, em geral, porque existem todavia aspectos de seu funcionamento mental psicótico que não mudaram suficientemente. Pretender que possa mudar sua conduta antes de poder modificar em profundidade estas estruturas, é entrar sem querer em uma exigência mais ortopédica do que em um verdadeiro processo curativo. Será fundamental reconhecer ganhos e a melhora, e será muito importante hierarquizar que um paciente passivo possa expressar a cólera, ainda que esteja mal dirigida, ou que um catatônico crônico, impedido de pensar, comece a delirar como uma nova forma de mentalizar suas emoções.

Funcionamento da Comunidade Terapêutica Psicanalítica de Estrutura Multifamiliar

4

Tradução: Marizilda Paulino

A vida da comunidade

Se se tratasse de fazer somente uma enumeração das atividades terapeuticamente reguladas que se instrumentam na Instituição ou se tratássemos de descrever a vida cotidiana em seus detalhes práticos, provavelmente deixaríamos o leitor ignorando a própria essência da vida na Comunidade. Entretanto, por razões de ordem conceitual é necessário dar normas de como instrumentamos os recursos ao nosso alcance para organizar a vida de pacientes, cuja sintomatologia, em diferentes níveis de gravidade, condicionaram a necessidade de sua internação e que devem conviver com outros que, por sua vez, apresentam quadros psicopatológicos complexos.

A primeira consideração é que não é aconselhável que estes pacientes vivam isolados. Em todos os casos e ainda que o paciente ou seus familiares exijam outra conduta, o recém-chegado deverá compartilhar seu habitat com outros pacientes, em dormitórios de duas ou de três camas, com um banheiro comum, respeitando, no que é possível, idade e psicopatologia. Isso não é estritamente absoluto, já que algumas vezes será conveniente que uma paciente jovem coabite com alguma de idade maior, que possa servir-lhe eventualmente de imagem materna. O mesmo é válido para os pacientes homens. Tratamos de evitar, dentro do possível, as mudanças para um ou outro aposento, o que muitas vezes é uma demanda por motivos infantis ou serve de pretexto para encobrir problemáticas mais profundas, que deverão ser analisadas em toda a sua dimensão em reuniões de equipe. Se o processo terapêutico pretende devolver o paciente a seu meio ambiente, onde irá encontrar as dificuldades próprias das relações interpessoais, a Comunidade deve lhe fornecer o primeiro passo para que inicie essa aprendizagem.

A circulação dentro do local da Instituição é praticamente livre, inclusive entre ambos os sexos, com as limitações que impõem a segurança e a convivência dos internos. Fora dos horários das atividades reguladas, o deslocamento pode ser feito entre os aposentos, os corredores, os pátios, o refeitório e os salões de recreação e de atividades. Falamos de segurança dos pacientes e não de segurança da equipe, de modo que as limitações que impomos estão de acordo com o quadro clínico de cada paciente. Se depois de avaliarmos seu estado consideramos que se pode permitir-lhe uma maior liberalidade na supervisão de sua conduta, autorizamos saídas com seus familiares, com grupos controlados por um acompanhante terapêutico ou com um médico da equipe e, finalmente, autorizamos saídas individuais, às vezes como um passo prévio à externalização do paciente, porém mais freqüentemente para que vá fazendo experiências novas e assegurando-se no momento adequado de seu processo terapêutico. Se a saída tiver êxito, no sentido de que o paciente possa desfrutar de sua independência e agir com espontaneidade e responsabilidade, liberado paulatinamente de suas próprias inclinações e desejos, será um passo a mais em seu processo. Se em seu retorno descobrimos dificuldades e o paciente, confiantemente, pode participar-nos das mesmas e compartilhar conosco suas ansiedades íntimas, seus medos, suas dúvidas, etc., facilita-nos uma porta de entrada em seu mundo interno e através de suas vivências interpessoais podemos ter acesso à sua realidade intrapsíquica.

O refeitório tem seus horários regulares, mas em alguns casos não forçamos o comparecimento, já que respeitamos o tempo para a adaptação de cada paciente. Não existem lugares fixos, as mesas individuais completam-se, por afinidades ou por necessidades de espaço, conforme os pacientes vão chegando. O horário das refeições, em termos gerais, é animado, cordial. Quando surgem dificuldades, as empregadas, enfermeiras ou médicos que estão comendo no mesmo lugar, as controlam, tomando as medidas apropriadas. Se um paciente não se sente capaz de sentar-se à mesa com seus companheiros, se recusa alimentar-se, é induzido a fazê-lo por toda a Comunidade. Não é raro ver algum paciente ou algum familiar — já que tem a possibilidade de incluir-se — atender às necessidades de alguém que, como as crianças, nega-se a comer ou necessita ser atendido em suas necessidades mais primárias, como se fosse um bebê. Entende-se que não se trata de superproteger ou de ceder diante dos manejos inadequados de algum paciente, mas sim de "proteger" um ser que possivelmente sente-se desamparado, invadido por angústias ou atemorizado em um contexto ao qual ainda não se integrou.

O dia divide-se em atividades matinais e vespertinas. Diariamente reunimos no grupo comunitário, do que falaremos *in extenso* mais adiante, todos os integrantes da Comunidade, os pacientes e a equipe terapêutica. Também coordenamos grupos menores, ao redor de dez pacientes, nos quais em alguns dias incluímos os familiares para que compartilhem as vivências que acontecem e tragam sua contribuição para ajudar a compreensão dos problemas de cada paciente em sua família. Estes grupos são conduzidos por um coordenador com a colaboração de outros membros da equipe. A participação é livre. Costuma começar com um silêncio expectante que se interrompe quando qualquer um dos presentes irrompe com seu problema, sua dificuldade, seu temor. Nem sempre sua apresentação é verbal, às vezes o faz através de comportamentos. Todos podem colaborar e se expressar, sob a supervisão do coordenador que trata de tirar o maior proveito possível da situação para obter um benefício terapêutico. Algumas vezes a participação dos outros pacientes é verbal, outras, com silêncio ou dramatizando as diferentes tensões que são suscitadas. Tudo pode ser compartilhado. Talvez seja esta a palavra que defina melhor os momentos de intensa emoção que se podem viver durante a hora e meia de duração do grupo, mesmo que o horário seja suficientemente flexível para adequar-se à situação.

Os pacientes incluem-se por grupos em reuniões de terapia ocupacional onde, respeitando as inclinações naturais, são guiados em diferentes ocupações. Esta é outra oportunidade para detectar problemas ou dificuldades. Qualquer trabalho manual que o paciente realize ou se negue a realizar, mostrará a si mesmo. Esta atividade complementa-se com reuniões de musicoterapia e/ou expressão corporal, que costumam ter as mesmas características.

As atividades institucionalmente reguladas terminam às cinco da tarde. Existe tempo para as sessões de terapia individual, para a visita dos familiares — ainda que possam comparecer a qualquer hora que não perturbe o regime de tarefas — e para os momentos de espairecimento em que espontaneamente os pacientes se reúnem em grupos para se manifestar de diferentes maneiras. Algumas vezes é a música que os chama, outras, simplesmente a conversação. Mais precisamente, a companhia. Não queremos dar uma idéia equivocada de clube social. Os pacientes são pessoas que sofrem e que têm grandes dificuldades em sua vida de relação, mas, como todo ser humano, têm partes sadias e resgatáveis que necessitam manifestar-se e, assim, vão fazendo alianças entre eles, buscando analogias ou complementação que os ajude a superar as angústias intensas que podem estar em jogo.

Uma vez por semana e a partir das seis da tarde, a Comunidade Terapêutica se abre em uma grande reunião que chamamos Grupo Familiar Múltiplo que, sem obrigatoriedade de comparecer, convoca pacientes, familiares, equipe e analistas individuais. Durante duas horas ou o que for necessário, compartilhamos uma experiência que mobiliza profundamente e cuja descrição serviria por si só para justificar um capítulo deste livro. Terminada a reunião de toda a Comunidade, a equipe terapêutica analisará privadamente o que aconteceu e a forma de instrumentalizar da maneira mais proveitosa a conduta terapêutica para cada caso.

O pessoal é selecionado rigorosamente. Empregadas, enfermeiras e enfermeiros, recepcionistas e todo o pessoal auxiliar devem estar em condições de tolerar a angústia dos pacientes e de acompanhar adequadamente as suas demandas, sem responder com condutas retaliadoras prejudiciais. Todos os problemas da convivência em um micromundo carregado de tensões e emoções, impregnado de tristeza e frustrações, pode e deve ser comentado para sua elaboração terapêutica. Durante as 24 horas de cada dia um médico residente permanecerá disponível (a chamada guarda médica) para atender qualquer demanda. Um terapeuta, que chamamos de médico administrador, terá a seu cargo o fio condutor de todo o processo e das atividades que cada paciente deverá seguir desde o seu ingresso. Um ou vários terapeutas coordenarão os grupos terapêuticos regulamentados. Acompanhantes terapêuticos habilitados para a tarefa estarão disponíveis para se dedicarem individualmente àquele que o necessite, dentro ou fora da Clínica. Um pequeno comitê formado pelos médicos coordenadores deliberará diariamente em reuniões de equipe, que incluem os médicos residentes e administradores, onde analisar-se-ão as dificuldades ou os progressos dos pacientes ao longo de seu processo terapêutico. Finalmente, no Diretor e no Subdiretor da Clínica recairá a responsabilidade de reunir as diferentes opiniões para a tomada final de decisões quanto às estratégias do tratamento.

Este esboço, aparentemente simples, de um mundo tão complexo como é a Comunidade Terapêutica Psicanalítica de Estrutura Multifamiliar não é suficiente para compreender seu funcionamento.

Integração de recursos

A Comunidade Terapêutica não é somente a soma das partes que a compõem, quer dizer, a soma das atividades terapêuticas que acontecem, mas uma dimensão nova que poderíamos conceber como uma totalidade que permite ter incluídos e integrados diferentes aspectos. Assim, por exemplo, a terapia ocupacional e a psicoterapia individual ou a reunião de comunidade não devem ser somente técnicas que possam beneficiar o paciente, mas sim diferentes formas de oferecer-lhe a oportunidade de fazer experiências terapêuticas enriquecedoras dentro de um contexto total integrador. Com suas resistências e suas carências, os pacientes exercem uma oposição inconsciente a mudanças e, como é sabido, não pode haver cura sem mudança profunda. Neste sentido, a Comunidade Terapêutica é o enquadre adequado para conter o paciente e impedir que evite a experiência terapêutica fundamental que o faça tomar consciência de seus aspectos doentes, o coloque frente a frente com a necessidade de mudança para a sua cura e lhe traga os elementos para atingir essa mudança.

Como foi dito, a maior parte das tarefas são grupais, o que favorece a existência de experiências terapêuticas compartilhadas com outros pacientes e com membros do pessoal. As reuniões de comunidade total, que fazemos diariamente com os pacientes e a equipe, permitem analisar as distintas experiências e revisar a vida cotidiana de cada paciente em relação com os demais e suas atitudes e vivências na Comunidade.

Podemos considerar que a Comunidade Terapêutica Psicanalítica funciona com a estrutura de um campo psicológico multifamiliar. Efetivamente, as características psicopatológicas dos pacientes, que implicam uma forte regressão patológica, um narcisismo exacerbado e freqüentes condutas de *acting out* destrutivo, fazem com que devamos levar em conta os contextos familiares e sua conexão com a doença a tratar. Para aumentar nossas possibilidades, recorremos à inclusão no tratamento da "família real", com a qual o paciente e os terapeutas mantêm reuniões conjuntas, com o fim de transformá-la em uma variável mais regulável segundo as necessidades do processo terapêutico. Deste modo, obtemos maiores opções de abordagem dos níveis mais regressivos do paciente, ao ter a possibilidade de reestruturar o vínculo patológico que ele mantém com sua família.

A integração de recursos na Comunidade Terapêutica lhe dá, a partir de diversos ângulos, a característica de uma grande disponibilidade para conter e ajudar a elaborar os aspectos mais resistenciais e/ou carenciais da patologia de um paciente. Não somente a análise do que diz, mas também como o diz e o que faz, nos permite penetrar nos aspectos mais ocultos e profundos de sua pessoa. A integração de como o paciente se comporta diante de tarefas concretas com objetos externos em terapia ocupacional, o grau de componente narcisista que se evidencia em sua convivência com os demais, etc., tudo nos leva ao conhecimento profundo de seus mecanismos egóicos, do tipo de relações objetais, da natureza de seus objetos internos, o significado de suas fantasias inconscientes e o grau de carência de desenvolvimento de recursos próprios com que ele tem manejado durante toda sua vida. Se as distintas tarefas da Comunidade não integram uma totalidade, perde-se um dos instrumentos terapêuticos mais valiosos, pois facilita-se a dissociação, que permite que o paciente possa continuar doente indefinidamente. O processo se detém porque, sem dar-se conta, o paciente encontra a maneira de evitar as situações potencialmente terapêuticas, consegue que os médicos o excluam de suas preocupações e consegue neutralizar os efeitos do intercâmbio. É útil recordar aqui por exemplo a capacidade especial do paciente esquizofrênico de negação mútua da existência do outro e de si mesmo, podendo chegar a sentir que os demais não existem e comportar-se como se ele não existisse para os demais.

> Uma paciente esquizofrênica, Maria (162), de 30 anos, apesar de 8 anos de psicanálise, continuava fazendo episódios catatônicos e sérias tentativas de suicídio. Por estes fatos, havia sido internada várias vezes com alucinações muito intensas que a aterroriza-vam, de uma máquina diabólica que estava sempre presente na parede de seu quarto e que era uma ameaça de morte permanente. A análise exaustiva destas vivências alucinatórias em sua terapia individual não tinha podido modificar a convicção da realidade destas visões e, mais ainda, o reconhecimento — muitas vezes — de que o que ela via era seguramente uma alucinação, era uma forma de gratificar seus médicos por tudo o que faziam por ela, mas sem acreditar realmente no que diziam. O ingresso na Comunidade Terapêutica, continuando sua análise individual, produziu uma série de mudanças importantes, já que deu à paciente uma segurança que não havia tido até esse momento. Na alucinação de uma máquina diabólica que a ameaçava de morte, Maria tinha dissociados e condensados os aspectos mais sádicos de sua personalidade. Colocar para fora estes aspectos em sua análise individual era para ela liberar forças diabólicas e perder o controle das mesmas, com o perigo de matar seu analista e de matá-la. A Comunidade Terapêutica deu-lhe a oportunidade de fazer uma série de novas experiências: primeiro, através de outros e logo por ela mesma. A dispersão de seu sadismo em distintos componentes do grupo já significava uma diluição do montante total, de tal modo que seus ataques sádicos iam se tornando mais toleráveis na realidade do que eram em suas fantasias. Sua participação em situações grupais, nas quais a agressão de outros era bem manejada

pelos terapeutas, foi-lhe fazendo ver que também seu sadismo poderia ser manejado e controlado (por identificação). Pouco a pouco, surgiram recordações de episódios sumamente sádicos de sua infância. A possibilidade de colocá-los para fora foi-lhe permitindo uma experiência totalmente nova, através da qual, isensivelmente, suas fantasias de tremendo sadismo, condensado em sua alucinação, iam integrando-se como conteúdos próprios muito mais adaptados à realidade. Lentamente foi-se tornando mais evidente o seu sadismo colocado na conduta cotidiana, suas intervenções perversas em grupo, seus ciúmes das parelhas, sua inveja intolerável dos terapeutas, etc. As reações catatônicas foram aparecendo no meio das reuniões, onde a paciente pôde tomar consciência do sentido do sintoma como defesa de conteúdos e impulsos intoleráveis. A Comunidade ajudou-a nesse sentido. Os outros pacientes e os distintos membros da equipe foram lhe devolvendo, por meio de elaborações parciais, partes dissociadas dela mesma colocadas nos demais.

A dissociação como defesa pode fazer com que um paciente continue doente indefinidamente, se não lhe damos a oportunidade para curar-se, "obrigando-o" de alguma maneira, sem deixar que "escape", a tomar consciência dos aspectos mais doentes dissociados. Naturalmente, não estou me referindo a forçar compulsivamente a cura do paciente, mas somente a oferecer-lhe a maior quantidade de possibilidades de recuperação, proporcionando ao terapeuta os instrumentos mais aptos para a abordagem de determinada patologia grave. Desta maneira, restringem-se as tendências a uma "cumplicidade" inconsciente com as partes do sujeito que atacam seu próprio desenvolvimento, cumplicidade que às vezes vê-se favorecida pelo terapeuta, devido ao desalento que lhe produzem os reiterados fracassos das técnicas habituais em psiquiatria.

Sabemos que esta cumplicidade inclui as pessoas que rodeiam o paciente e, ainda mais, que sua vigência entre os integrantes de uma família com os aspectos narcisistas do membro que se psicotiza está na base da patogênese. Na relação interpessoal esta cumplicidade expressa-se em um constante ataque às partes do paciente com capacidade de juízo e pensamento autônomos e, portanto, com maiores disposições à cura. O ataque pode externarlizar-se sobre a figura do terapeuta ou da Comunidade como fator de mudança, em especial quando se equipara com as partes do paciente com disposições para o desenvolvimento. Em tais casos, este costuma estabelecer uma "coalisão" com sua família, com o fim de atacar no terapeuta ou na Comunidade seus aspectos mais sadios, com que se dá um vínculo que é o negativo da verdadeira aliança terapêutica e que se relaciona com a chamada reação terapêutica negativa. Deste modo, põe-se à prova a capacidade do terapeuta de preservar-se e de preservar o paciente. Se o terapeuta repete as normas habituais na família do doente, regidas por uma base narcisista, ver-se-á impelido a desprezar esse paciente. Esta situação é superável se existe um acordo mínimo estabelecido com a família (com a parte mais sadia) para manter o tratamento na Comunidade ou, ainda que não exista, pode-se atingi-lo, elaborando com eles a oposição inconsciente ao desenvolvimento do membro que desejam ajudar.

Por isso podemos dizer que o tratamento analítico individual dos pacientes graves requer uma tolerância da angústia que muitos não são capazes de ter. A Comunidade Terapêutica oferece tanto ao paciente como ao analista um continente muito mais adequado e seguro. Mas não se deve entender Comunidade Terapêutica *versus* terapia individual, mas complementação de ambas. Em nossa experiência, um paciente em tratamento individual que está em uma Comunidade Terapêutica Psicanalítica, pode integrar com benefício ambas as situações. A Comunidade lhe dá um contexto de maior segurança e lhe propicia recursos. A análise individual aparece como um aspecto da terapia total, um momento onde o paciente tem maior oportunidade para elaborar em profundidade situações particulares, o que lhe dá também maior segurança para trazer suas experiências individuais na Comunidade. Por sua vez, compartilhar experiências terapêuticas lhe permite levar material imediato para sua análise individual.

Desta forma, ambas as situações podem se enriquecer. Talvez a maior dificuldade resida nas relações entre o terapeuta individual e a equipe da Comunidade Terapêutica. As rivalidades e conflitos não resolvidos neste nível podem impedir o paciente de integrar as duas experiências e podem facilitar dissociações patológicas que interrompem o progresso do processo terapêutico. Como as crianças que têm que crescer em um ambiente em que os pais têm sérios conflitos entre eles, os pacientes repetem estas situações negativas com seus terapeutas, tendo que manter dissociadas ambas as experiências, como se uma boa relação com um fosse algo que devesse ser mantido em segredo, porque é vivido como infidelidade em relação ao outro. De tal modo, a dissociação mantém-se favorecida pela própria situação terapêutica. Também pode-se observar que muitos pacientes tratam ativamente de provocar confrontos entre o terapeuta individual e a instituição ou entre a família e a equipe terapêutica ou ainda dissociações dentro da própria equipe. Isto pode ser compreendido como a repetição de uma tentativa infantil de separar os pais.

Mas esta situação é, na realidade, algo que faz parte da doença e que deve ser analisada como tal. Um fenômeno similar produz-se em qualquer situação terapêutica, em relação aos pais. Estes vivem com ciúmes de que o paciente possa ter um vínculo melhor com o terapeuta ou com a Comunidade do que com eles mesmos e, por sua parte, o paciente muitas vezes vive como uma grande infidelidade todo o processo terapêutico de cura, na medida em que sente que o afasta dos pais como objetos internos e que toda mudança-melhora significa, nesse sentido, algo como uma morte de seus pais internos dentro dele.

O temor de muitos psicanalistas individuais de que estes aspectos interfiram com a pureza da análise e contaminem a transferência, é um argumento importante que deve ser considerado seriamente, mas muitas vezes constitui uma dificuldade resistencial ou um aspecto narcisista do analista. Em nossa experiência, a explicitação destes conteúdos e a análise grupal destas situações permitem superar o conflito e abrem um panorama novo e promissor no processo terapêutico total.

A comunidade terapêutica
como continente e como história

Retomemos agora a concepção da Comunidade Terapêutica como "continente"[1]. Em primeiro lugar, esta tem uma história própria que vai acompanhada por uma cultura, quer dizer, um conjunto de valores adquiridos ao longo de uma experiência em comum e que dão sentido a uma realidade. Quanto maior e mais frutífera tenha sido a história prévia, tanto mais terá enriquecido o conjunto de valores e tanto maior será a plasticidade dos integrantes da Comunidade, ao não permanecerem fixados a uma interpretação única do significado dos acontecimentos que nela se desenvolvem.

Quando chega um paciente novo, entra, por assim dizer, em um organismo vivo ao qual tem de se adaptar. Os diversos membros que a compõem encontram-se em diferentes níveis de evolução de seu processo terapêutico. Alguns estão na Comunidade há meses, percorreram um caminho após muitas vicissitudes. As angústias e os sintomas com que chegaram à Clínica foram-se transformando lentamente. Maria (162) sabe, por experiência pessoal, por exemplo, que as visões alucinatórias de uma máquina diabólica que a ameaçava com a morte, transformaram-se e desapareceram à medida que foi tomando consciência de que nessas visões ela condensava impulsos e vivências sádicas próprias. Um paciente novo com alucinações apresenta-se como uma oportunidade a mais para o anterior, para onde pode inclinar sua experiência pessoal. Em alguma medida, este, de paciente, converteu-se em "terapeuta".

A forma pela qual os pacientes intervêm ou trazem suas experiências é então um aspecto importante para observar sua maturidade pessoal, sua atitude para tolerar a angústia dos demais, sua capacidade de dar. A qualidade de suas intervenções vai mudando. De muito intelectuais, com as quais rivalizam evidentemente com os terapeutas, e interrupções bruscas com as quais, saltando para outro tema, deixam de lado os demais e colocam-se no centro da atenção do grupo, vão passando de um modo suave e insensível para outro modo de participação muito diferente. Suas intervenções vão-se convertendo em verdadeiras interpretações, cada vez mais objetivas e centradas no aqui e agora, o que revela um grau maior de elaboração. Deixando de lado a rivalidade com os terapeutas, suas intervenções limitam-se e adequam-se de forma mais madura ao que se está tratando de dar de forma elaborada a um novo paciente. A medida da adequação emocional de sua participação põe em evidência o crescente ajuste de sua integração afetiva cotidiana. Talvez pela primeira vez descobrem o prazer de dar, a satisfação do intercâmbio positivo do dar e receber, não pela quantidade, movida pela fantasia de uma avidez insaciável, senão pela qualidade de uma capacidade nova de participar e compartilhar com outros uma emoção prazerosa de tom depressivo (no sentido kleiniano). Esta evolução dentro do processo terapêutico continua assim e é compartilhada por toda a Comunidade, constituindo desde então um ponto de referência útil para todos.

---

[1] Usamos a palavra continente no sentido de capacidade para conter e da dupla continente-contido.

Cada paciente, à sua maneira, em sua medida e ao seu tempo, pode trazer sua experiência própria como assinalamento, como episódio pessoal enriquecedor, como interpretação esclarecedora. Qualquer paciente, em qualquer momento, pode dizer algo útil para os demais, mas a evolução favorável para uma melhora estável está sempre acompanhada por uma maior capacidade de pensar, discriminar, vivenciar e compartilhar, que lhe permite, não apenas ver mais claro os demais e a si próprio, mas também sua participação mais ativa possibilita-lhe fazer a experiência de uma segurança interior crescente, no sentido de uma identidade mais consistente.

Todos os acontecimentos que ocorrem na Clínica podem ir-se transformando em história, apenas pelo fato de haver ocorrido. Ainda que devamos levar em conta que se trata de um âmbito onde, do conjunto de acontecimentos que têm lugar, vão-se extraindo permanentemente para sua elaboração terapêutica aqueles que se apresentam como mais significativos. Alguns momentos constituem a culminação de todo um processo de mudanças e convertem-se em marcos no desenvolvimento comunitário, como resultado da elaboração de sucessivas crises evolutivas. Este desenlace positivo constitui a base para o enriquecimento da cultura comunitária (através de sua história) e para o conseqüente aumento da flexibilidade terapêutica, tanto nos pacientes como na equipe que os assiste.

O trabalho iniciado pelos promotores da Comunidade Terapêutica converte-se, pouco a pouco, na "tarefa" de todos. A elaboração conjunta que uma vez colocada em movimento em alguma medida se potencializa por si mesma é a que, ao ir selecionando fatos pessoais e grupais de todo tipo e ao ir elaborando significações, formas e conteúdos, etc., vai fazendo a história da Comunidade. Pois é uma Comunidade Terapêutica à medida que vai tornando consciente seu acontecer como tal e é precisamente cada indivíduo tornar consciente suas próprias vivências, conflitos, temores, angústias, etc., dentro da elaboração total, o que lhe permite fazer seu processo terapêutico de crescimento e maturação, compartilhado com os demais.

Elaboração da agressividade
Colocação de limites

Acredito que agora estamos em melhores condições para entender como uma Comunidade Terapêutica com sua própria história é o "continente" mais adequado para o doente mental. A vivência da "loucura" é, na maioria dos pacientes, uma sensação de perda de limites, de perigo de explodir, de perder o controle dos impulsos, tanto sexuais como agressivos, mas especialmente estes últimos, com o medo de matar ou morrer. Se bem que seja certo que exista nestes pacientes agressividade e sadismo latentes, que freqüentemente não são conscientes, na maioria dos casos estes aspectos temidos estão sumamente recalcados ou projetados para fora, com o equivalente que aparece nas fantasias carregado de uma grande periculosidade para o paciente. A realidade interna é tal que o paciente se isola e se fecha em seu mundo, freqüentemente para preservar os demais e outras vezes para proteger-se da periculosidade colocada nos outros. O próprio paciente encarrega-se de assustar os demais, seja para afastá-los ou para que tomem medidas e, em última instância, buscando indiretamente uma ajuda. Nestas condições a internação torna-se imprescindível e muitas vezes é um pedido direto ou indireto por parte do paciente. Converte-se, então, tanto para ele como para a sociedade, em uma medida de proteção necessária e em uma confirmação de que o doente mental é perigoso para si mesmo e para os demais. Entra-se assim num círculo vicioso, "diabólico" para o paciente, porque se trata de uma situação da qual é cada vez mais difícil sair, como o foi seguramente em sua infância, quando se fecharam os caminhos para crescer.

Tomemos o caso do esquizofrênico que vive toda situação de rivalidade com tanto peso emocional e com tanta inveja, que se paralisa de forma catatônica, pelo medo da destruição que teme provocar se seus impulsos são mobilizados. Por não poder canalizar sua agressividade em seu comportamento real, tampouco pode fazer a experiência corretiva de que "mover-se não produz a destruição do mundo", como sua fantasia lhe sugere. Pelo contrário, o fato de ser levado a internar-se no hospital e às vezes ser contido pela força confirma-lhe suas vivências. A internação materializa a idéia de que ele é um louco perigoso que deve estar preso. Tudo isso o leva a uma verdadeira clausura que não é então dentro do hospital, mas sim dentro de sua doença, vivida como um cárcere e muitas vezes como um ataúde.

Sair desta situação interna é difícil e toda mudança é vivida como sumamente explosiva. Se a cada descarga agressiva responde-se com agressão ou com castigo, se a agressão é interpretada sempre como doença e determina, sistematicamente, aumento da medicação ou eletrochoques, a atuação médica não favorece aqui o processo terapêutico de integração das pulsões, mas sim interfere nele ou o detém. A Comunidade Terapêutica, constituída por um grupo de pessoas que procuram elaborar a agressividade, é o continente mais adequado para o novo paciente que apresenta esta problemática. A Comunidade já sabe, por experiência, que o novo integrante vem com atitudes agressivas porque está "morto de medo" e está pedindo limites; mas não necessita de castigo. A colocação de limites acalma a angústia e o grupo, com sua atitude tolerante, vai dando paulatinamente ao novo paciente a oportunidade para fazer as experiência corretivas, deixando-o descarregar sua agressividade dentro dos limites adequados, como teria sido necessário em sua infância por parte de sua família. Dentro deste contexto queremos recordar a possibilidade de utilização da camisa de força, que em casos excepcionais é um recurso extremamente valioso. Usada como colocação de limites, a contenção física dá uma segurança ao paciente agressivo ou autodestrutivo, difícil de conseguir por outro meios.

Devemos diferenciar entre colocação de limites como atividade agressiva e rígida e contenção, como aquela conduta que procura preservar a estabilidade de um vínculo ao cuidar direta ou indiretamente tanto do paciente como dos profissionais que intervêm. Este modo de conceber a colocação de limites como função terapêutica, constitui um modo de reforçar a capacidade de continência dos terapeutas e da Instituição. Desta maneira tende a fortalecer os mecanismos de controle adaptativo, a discriminação e um mínimo de organização nos vínculos intra e interpessoais. Um dos aspectos importantes da relação de cuidado é a identificação (331). O paciente identifica-se principalmente com

Funcionamento da comunidade terapêutica psicanalítica de estrutura multifamiliar

quem o leva em consideração e então começará a levar-se em consideração. Perceber como os médicos e o pessoal pensam, coordenam, toleram as frustrações e sabem colocar limites, permite ao paciente começar a fazer do mesmo modo. Protegendo-nos enquanto sujeitos que tratam, protegemos os pacientes enquanto sujeitos necessitados.

Um exemplo clínico pode ser útil para compreender a idéia da Comunidade Terapêutica como continente.

Pablo, de 21 anos, veio para a Clínica depois de ter tido vários episódios psicóticos diagnosticados como psicose maníaco-depressiva de origem endógena. Tinha estado internado em estabelecimentos psiquiátricos de primeiro nível no exterior. Não podia ficar quieto, movia-se continuamente, falava e gritava, em qualquer momento, coisas aparentemente incoerentes. Em seus conteúdos reconhecia-se uma identificação com personagens importantes de sua família, a quem imitava de modo um tanto caricatural, mas que evidenciavam atitudes delirantes sumamente onipotentes. Não tolerava as menores frustrações e qualquer colocação de limites desencadeava uma tormenta de agressividade verbal com palavras obscenas de todo o tipo e, rapidamente, agressividade de fato. Nenhuma medicação conseguia acalmá-lo a não ser em altas doses que se transformavam com muita facilidade em overdose. A Comunidade Terapêutica pôde tolerar este comportamento durante o tempo suficiente como para que Pablo caísse em uma depressão intensa. Não se movia da cama, não queria comer e esteve totalmente desligado até que a psicoterapia individual contribuiu para tirá-lo de sua depressão. Certamente, isto teria sido totalmente impensável durante o período anterior em que a Comunidade foi o único recurso possível.

Saiu da Clínica por razões extramédicas bastante melhorado e passou relativamente bem durante alguns meses até que fez outro quadro similar. Voltou à Clínica e, para surpresa de seus pais, que sempre haviam assistido a sintomas de excitação ou de depressão aparentemente sem motivações psicológicas, pôde-se detectar que Pablo tinha feito uma evolução bastante importante por meio de sua participação na Comunidade Terapêutica, durante a primeira internação, de tal modo que esta segunda vez já não era como a primeira e revelava-se como uma continuação da anterior. Havia menor intensidade em seus picos emocionais, maior *insight* e capacidade de elaboração de conflitos intra e interpessoais. De tal maneira começou a romper-se um circuito repetitivo que se potencializava no paciente e entre este e sua família. Mais adiante, favorecido por uma participação mais ativa de seus pais, no processo terapêutico, aparece um grande conflito com os mesmos, sobretudo com o pai. Em situações nitidamente trasferenciais, evidencia-se que Pablo torna-se "louco" por medo de seus desejos de matar o pai, que vive exigindo dele realizações que não está capacitado a fazer, sob a ameaça de desprezo e segregação na família.

O que foi diagnosticado e considerado em centros psiquiátricos de muito prestígio como excitações maníacas de origem endógena, revelava ter um conteúdo psicológico muito importante, que se colocou em evidência na Comunidade Terapêutica. Este enquadre converteu-se no continente adequado para que Pablo pudesse elaborar, à sua maneira, toda uma série de conflitos muito intensos, que não havia abordado antes por não ter podido tolerar a psicoterapia individual nem grupal que se havia tentado em várias oportunidades. A Comunidade Terapêutica havia tido uma tolerância muito grande com ele e tinha-lhe dado o carinho, o afeto e a segurança que sua própria família não pudera proporcionar-lhe. Ao atuar como família substitutiva transicional, havia sido oferecido a ele uma oportunidade excepcional para realizar um crescimento e uma maturação. Junto com o aspecto psicoterapêutico, este jovem havia encontrado o clima adequado para realizar uma aprendizagem educacional que a estrutura familiar rígida não lhe tinha proporcionado. Pablo tinha encontrado na Comunidade Terapêutica um continente com capacidade de *rêverie* (Bion [35]), que havia recebido suas identificações projetivas maciças, as tinha metabolizado e a seguir iam-lhe sendo devolvidas, para a reintrojeção, transformadas, de modo que o paciente pudesse assimilá-las e também integrar o recebido como próprio. Pouco a pouco, Pablo havia encontrado um local válido para expressar os conteúdos mais doentes de sua personalidade e através de uma regressão operativa poder desenvolver os aspectos infantis sadios, que não poderiam integrar-se dentro de seu núcleo familiar para a obtenção de uma identidade própria.

Participação e o problema da distância psicológica

A participação que se obtém na tarefa terapêutica é relativa em cada paciente e depende de seu estado patológico e do grau de sua evolução. Sabemos por experiência que a intervenção ativa de um paciente, de uma maneira ou de outra, é uma garantia de que essa pessoa vai obter um benefício. As pessoas que não cooperam ativamente podem estar fazendo-o de outra maneira mais passiva. Existem períodos em que podem fazer um aproveitamento importante deste modo silencioso, através das diversas identificações que estabelecem com os demais ou através do alimento que constitui o trabalho que se realiza na elaboração interpretativa das condutas e seus significados, com o que isto faz aprender a pensar. Mas esse alimento passivo, que pode ser enriquecedor durante um tempo, tem que traduzir-se necessariamente em uma mudança para uma participação mais ativa, a partir da própria espontaneidade, porque senão pode permanecer enquistado ou estancado em uma forma que não é proveitosa para o indivíduo.

Podemos dizer metaforicamente que existem pessoas que não comem com os demais, fazem um pacotinho e o levam para comer depois. Esta pode ser uma forma de melhora com participação passiva que pode dar resultado em alguns pacientes, de modo adiado. Entretanto, é difícil poder garantir estes resultados. Além disso, o paciente muitas vezes se engana pensando que vai poder fazer mais adiante o que não faz no momento. O resultado geralmente é negativo. O paciente deve dar indícios de sua melhora no contexto da Comunidade Terapêutica, pois este é o único dado que podemos verificar e avaliar para comprovar até onde nosso enfoque terapêutico deu resultado e quais são os aspectos sobre os quais ainda deveremos trabalhar.

De todo modo, a responsabilidade continua sendo dos médicos. Por mais que assinalemos a um paciente o resultado negativo de sua falta de intervenção ativa, é muito comum que isso não baste para modificar sua conduta e ainda poderia aumentar sua resistência. A responsabilidade pelo seu fracasso será, por outro lado, sempre atribuída aos terapeutas. É preciso, portanto, dar-se conta da necessidade de participação ativa por parte do paciente, como também de que não fazê-lo implica muitas vezes uma dificuldade que o paciente não pode superar por si mesmo. Sempre se deve estimular o paciente para intervir ativamente, porque muitos apresentam uma tendência à persistência de uma atitude passiva. Mas também convém saber que muitos pacientes necessitarão de uma reiteração sistemática, por parte dos terapeutas da Comunidade, da compreensão de que as dificuldades surgem de carências profundas de desenvolvimento de recursos egóicos que poderão ir superando com o tempo.

As variações são grandes entre uns pacientes e outros. Através da conduta manifesta nem sempre se pode saber o que está acontecendo com o paciente. Evidentemente, uma participação ativa permite detectar muito melhor sua conduta e entender seu significado. Uma atitude silenciosa pode resultar ambígua e é fundamental poder compreender seu significado em cada caso, para saber agir de acordo.

Existem pacientes que não toleram a relação terapêutica. Têm graves dificuldades em qualquer tipo de relação. Aparentemente colocam uma distância máxima. Nestas circunstâncias, qualquer tipo de tratamento torna-se sumamente difícil. Trata-se de pacientes com uma defesa intensa contra a dependência, que vivem como uma ferida narcísica intolerável, porque colocaria em evidência a condição básica de desamparo e de carência. O desamparo vai ficar mascarado durante muito tempo pela onipotência com que são mantidos os sintomas e estes vão persistir até que o paciente possa desenvolver capacidades egóicas suficientes para poder abandonar o sintoma sem sentir-se invadido pela angústia, de tal maneira que se torne urgente voltar ao mesmo como única forma de restabelecer o equilíbrio precário. São pacientes que projetam suas emoções nos terapeutas e então sentem-se atemorizados como se estivessem em perigo de serem vítimas de uma vingança. Isto os impulsiona a colocar distância, mas como simultaneamente necessitam deles, estabelece-se um conflito que os leva a buscar, como nos fóbicos, o estabelecimento e a regulação de uma distância ótima no vínculo.

A intolerância à psicoterapia em qualquer de suas formas pode se apresentar de maneira distinta. O paciente paranóide pode sentir-se tão atacado apenas pela presença do terapeuta, pode ter tanto medo de ser danificado por ele, que não aceitará nenhum tipo de encontro regular nem sistemático. Talvez consista em ir às suas sessões individuais, mas ao final de pouco tempo e por motivações internas pouco reconhecíveis, pode ver-se obrigado a abandonar os encontros. Provavelmente não apareça mais, dando-se qualquer justificativa racional. Alguns considerarão a psicoterapia como algo bobo, sem interesse, antes de ter podido sequer tomar conhecimento de qual é seu sentido e sua utilidade. Algum paciente talvez tampouco compareça às suas sessões ou não tolere que estas sejam a tais dias, tais horas. Poderá acontecer de chegar tarde, como que assinalando que ele impõe o horário, ou que vá embora também a qualquer momento, por não poder tolerar o enquadre do tempo, expressando desta maneira a partir de sua onipotência infantil que ele impõe condições. Nestas circunstâncias, torna-se às vezes muito difícil ao terapeuta ter tolerância suficiente para esperar, através de sua atitude perseverante, influir positivamente no paciente, transmitindo-lhe uma confiança suficiente para alcançar as condições que tornem factível o tratamento.

Em outros tipos de pacientes também se torna extremamente difícil a psicoterapia individual. Um paciente muito deprimido, que não fala, pode criar uma situação intolerável no fim de um certo tempo. Um esquizofrênico com tendências catatônicos e mutismo às vezes põe à prova a paciência e a tolerância do terapeuta, como forma de medir seus recursos egóicos e sua capacidade de tratá-lo, a autencidade e as motivações de seu interesse por ele; ou então toma o terapeuta como representante no mundo externo de um objeto interno ao qual necessita castigar de diferentes maneiras. Estes últimos pacientes tentam restringir o mais possível o material que fornecem, como uma forma de agredir o analista, que é vivido como um inimigo, a quem não deve fortalecer revelando-lhe os próprios segredos. Ao restringir a informação procuram "matar de inanição intelectual" o terapeuta, que então sucumbe disso, inundado por incertezas, que é na realidade a situação na qual se encontram eles mesmos, perseguidos por um enorme número de incógnitas, que nem sequer conseguem delinear-se abertamente. É também a situação de incerteza e de inanição intelectual em que se sentiram colocados por seus pais em sua infância, que é reativada na relação terapêutica. Agora, de modo retaliativo, é o paciente que coloca os terapeutas na mesma situação. Em um nível mais profundo, coloca-se em evidência a condição de carência de desenvolvimento de recursos genuínos para enfrentar a realidade tanto interna como externa para resolver os conflitos que lhe são inerentes.

O objetivo terapêutico fica um pouco diluído e pode manter-se mais oculto para os pacientes difíceis que não podem aceitar abertamente sua participação. Sendo as reuniões todos os dias, um paciente pode vir quando deseja e não vir se lhe é difícil tolerá-las. A equipe e seus companheiros poderão estimulá-lo a comparecer de uma maneira ou de outra. Em terapia individual poderão ser analisados os motivos e as dificuldades de seu comparecimento às reuniões da comunidade, com o objetivo de vencer as resistências específicas e tornar-lhe factível sua participação. Nessas reuniões grupais os pacientes podem aprender a suportar melhor a dor da dependência terapêutica, já que esta aprendizagem realiza-se também através de terceiros (outros pacientes do grupo) que, podendo transformar o sentimento de "humilhação" na aceitação de uma dependência sadia, podem pedir ajuda aos terapeutas e, por conseguinte, realizar progressos em seu desenvolvimento pessoal.

A participação de um paciente nas reuniões da comunidade pode ser tão particular que cabem diferentes modalidades, diferentes graus e diferente qualidade de compromisso pessoal. Isto faz com que, de algum modo, seu processo terapêutico possa continuar através de suas formas de participação, e esta, além disso, possa ser motivo também de análise exaustiva, tanto na Comunidade como em uma situação de terapia individual ou grupal. De alguma forma, então, cada paciente participará na medida de suas possibilidades.

Em um ambiente amplo como o do Hospital para as reuniões da Comunidade, um paciente (Elias) esteve muitos meses participando somente quando passava pelo salão, indo de seu dormitório para fora em busca de comida e, em seguida, na volta, quando regressava da cozinha do Hospital, trazendo a comida para os outros internos. Durante muitos meses todas as sugestões e convites para que participasse das reuniões não tiveram nenhuma aceitação, sem dar nenhuma explicação. Tempos depois começou a assistir às reuniões, para reprovar-me publicamente que eu não havia considerado seu trabalho e seu sacrifício. Ele não havia recebido um dinheiro adequado e, contudo, era ele que havia varrido a sala, tinha limpado os banheiros da sujeira dos demais, tinha trazido a comida diariamente. Que haviam feito os demais enquanto isso e que reconhecimento tinha recebido de mim? A análise de sua dificuldade de receber, sua necessidade de dar e de ser gratificado sem atrever-se a pedir nada, sua incapacidade de compartilhar com os demais as reuniões da Comunidade, por não tolerar não ser o centro das mesmas, permitiu que lentamente Elias começasse a comparecer. Todavia, tolerava apenas ficar sentado conosco por curtos momentos e muitas vezes se afastava. Quando voltava fazia intervenções intempestivas, sem levar em conta o que se estava tratando, convertendo-se automaticamente no centro da reunião. Era evidente que encontrava assim a única forma de participação que podia ter. Pouco a pouco e somente depois de muitos meses, sua tolerância aumentou. Pôde permanecer sentado todo o tempo, pôde escutar os demais nas reuniões e pôde intervir adequadamente, levando em conta o tema que se estava considerando.

Como se poderá perceber, estamos falando aqui de um paciente extremamente paranóico, crônico, com muitos anos de internação hospitalar, que em termos de psiquiatria tradicional teria sido candidato a eletrochoque, ao cárcere ou à lobotomia. Durante meses, no começo de sua internação, não tolerava que o médico lhe falasse. Gritava-lhe de longe que não tinha nada que falar com ele e em muitas oportunidades ameaçou-o de dar-lhe quatro tiros na cabeça. Sentia-se tão perseguido que dava medo e pena ao mesmo tempo. A estrutura da Comunidade Terapêutica da ala tolerou-o bem em uma atitude psicoterapêutica de conjunto e depois de um ano e meio este paciente estava integrado à Comunidade e podia beneficiar-se de suas atividades terapêuticas.

Homogeneidade e heterogeneidade na comunidade terapêutica

No início da constituição de nossas comunidades terapêuticas estávamos guiados pela idéia de organizar grupos que trabalhavam com um número limitado de pacientes e foram homogêneos quanto à idade, diagnóstico de doença, etc. Movidos por fatores práticos, como os que encontramos no hospital com as dificuldades de fazer uma seleção adequada de pacientes e, além disso, pela necessidade de nos ocuparmos de grupos grandes de pacientes, fomos nos arriscando, à medida que adquirimos experiência, a manejar simultaneamente grandes grupos constituídos por pacientes de diferentes tipos e suas famílias. Chegamos assim a fazer reuniões de até cem pessoas, onde não apenas se pôde trabalhar como em uma grande assembléia, mas pudemos elaborar problemáticas psiquiátricas profundas, vivências psicóticas francas, conflitos familiares patogênicos, em particular em famílias de esquizofrênicos, etc.

O heterogêneo dos quadros psicopatológicos não se apresenta assim como um obstáculo para um trabalho psicoterapêutico com certo nível de integração. Sem poder referir-me aqui detalhadamente à modalidade deste trabalho, diremos que se trata de mostrar justamente as semelhanças nas diferenças e as diferenças nas semelhanças, com o objetivo de promover um trabalho de elaboração interpretativa que se revela altamente terapêutico, em particular no que diz respeito aos níveis psicóticos da personalidade.

Tomemos alguns exemplos. A falta de apetite e um apetite voraz podem ser elaborados como dois aspectos de um mesmo conflito afetivo, onde o apetite voraz pode ser a expressão de um deslocamento de uma necessidade insaciável de afeto e a falta de apetite a expressão de um bloqueio como defesa para evitar a frustração. A falta de apetite será acompanhada além disso de uma indiferença aparente diante da Comunidade, como atitude vital de resguardar-se das frustrações e como desprezo por ressentimento. Será uma forma também de expressar desprezo a todos os esforços terapêuticos por ajudar esta pessoa. Mais profundamente isto pode ser entendido como se por meio de uma identificação patológica com um objeto primitivo muito doente, o paciente atuasse sobre o analista fazendo-o sentir agora, de forma ativa, o que ele sofrera nos anos de sua infância de seus objetos parentais em forma passiva. Este modo extremo de defesa contra a dependência, a ferida narcísica e a inveja conseqüentes, pode expressar-se também pelo pólo oposto: uma intensa voracidade para incorporar o objeto idealizado. O apetite voraz poderá expressar-se como uma necessidade de que toda a Comunidade lhe dê atenção especial, que todos se ocupem dele. A frustração neste sentido será acompanhada de um grande ressentimento. A ofensa, a separação e o distanciamento colocarão em evidência sua baixa tolerância à frustração.

Do mesmo modo, uma conduta intolerante em relação ao grupo, uma necessidade de monopolizar a atenção dos demais, ser o "centro", a exigência de ser ouvido, etc., poderão também ser elaboradas de modo semelhante a uma atitude aparentemente oposta de segregação sistemática ou de não participação no grupo. Atitudes ainda mais regressivas e, às vezes, francamente psicóticas, em suas expressões psicopáticas como condutas de ação, são formas de expressão sumamente claras e significativas para elaborar diante da Comunidade com grande utilidade para o paciente e os demais. Este contexto é, além disso, o mais favorável para poder elaborar tais conflitos, pois a maior parte das vezes torna-se extremamente difícil fazê-lo no contexto individual ou grupal habitual.

Os aspectos mais psicóticos da personalidade, ou seja, os núcleos psicóticos propriamente ditos, põem-se em evidência claramente através das condutas psicopáticas. Assim, foi importante e muito mais operante ter podido mostrar a Maria (162) o sadismo invejoso contido em suas intervenções na Comunidade — incorporado por meio de uma identificação patológica com a mãe — que ter querido convencê-la de que o sadismo projetado em suas alucinações era seu. Na Comunidade pode-se hierarquizar e objetivar muito mais facilmente uma série de indícios paraverbais, cujo registro deliberado e sistemático torna-se difícil fora dela. Este tipo de indícios pode ser veiculado através de atuações e uma das tarefas da equipe terapêutica consiste em oferecer ao paciente a possibilidade de detectar o sentido das mesmas e de comunicar-lhe, de modo que o que ele havia tentado expulsar possa ser reintrojetado e tolerado dentro do aparelho psíquico. Quando a equipe terapêutica conseguir reconhecer uma série de indícios paraverbais articulados por uma coerência interna, estará em melhores condições de ajudar o paciente e tanto mais se pode correlacionar estes indícios com dados sobre os efeitos da conduta psicopática (inoculatória) nos demais. Em uma paciente (Ângela) foi muito mais operante ter-lhe podido mostrar o narcisismo patológico existente em sua dificuldade de limpar o banheiro que compartilhava com outros paciente, percebendo sua dificuldade de levar o outro em consideração. Ângela comportava-se como se estivesse sozinha e disso surgiu que ela vivia como se estivesse "sozinha no mundo". Estes exemplos podem servir para ilustrar a possibilidade de detectar com rapidez e elaborar terapeuticamente os aspectos mais doentes de cada indivíduo na Comunidade. Mas não é apenas isso. Os aspectos mais doentes de alguém podem mobilizar aspectos semelhantes nos demais. A clareza com que se vêem os mecanismos de defesa utilizados por outros, permite começar a vê-los em si mesmo.

A tarefa na Comunidade é participar dela; a melhora e a cura vêm por acréscimo. Como na técnica psicanalítica não se pretende a cura, apenas pede-se ao paciente para associar livremente, aqui também a tarefa é que participe livremente. Quando chega um paciente novo, pode apresentar grandes dificuldades para entender o que se passa, para interessar-se pelo que dizem os demais, para sair de seus próprios pensamentos, que na realidade não são pensamentos, pois é muito mais uma ruminação defensiva que um pensar verdadeiro. Algumas dessas dificuldades devem-se a que o paciente ainda não entende o sentido de uma abordagem terapêutica tão diferente da habitual. Somente muito lentamente vai aprendendo, por meio da experiência e alguns *insights,* a conhecer em que consiste realmente efetuar um processo terapêutico em uma comunidade de caráter psicanalítico.

Algumas outras dificuldades iniciais devem-se a resistências. Podemos observar que quanto mais intensas elas são, mais graves são as dificuldades devidas às carências de recursos egóicos para abordar tais conflitos. As resistências manifestam-se aqui como uma dificuldade na participação, o mesmo que aparece na psicanálise na dificuldade de associar livremente. Mas aqui "a associação livre" não se limita à hora da sessão, é tudo o que acontece durante o dia. Se o paciente não traz material, os outros trazem por ele. O trabalho que está realizando em terapia ocupacional e as dificuldades que encontra, podem ser trazidas ao grupo pelo terapeuta ocupacional e isto é também material para a Comunidade. O que aconteceu no psicodrama com as distintas nuances, pode ser trazido para análise em diferentes níveis. A forma como uma pessoa se movimenta em expressão corporal, pode ser significativa de seu medo de mobilizar aspectos de seus objetos internos. E, finalmente, a convivência traz o material mais rico e espontâneo para elaborar aspectos fundamentais da personalidade de cada um. Se uma paciente que tem idéias delirantes sobre a existência de uma máquina que a obriga a pensar e a desejar que sua mãe morra, traz por meio destas alucinações um material precioso para a análise de sua relação com a mãe, poder integrar tal material com a forma de relação que esta paciente recria com uma senhora que na Comunidade aparece como uma substituta da mãe, converte-se em uma experiência extremamente enriquecedora, não apenas para a jovem paciente e a senhora, mas também para todos os demais participantes.

O grupo comunitário

O grupo geral que realizamos diariamente com a participação dos pacientes constitui uma tarefa de síntese, já que nele é possível elaborar as experiências cotidianas em comum. Aqui a heterogeneidade da Comunidade Terapêutica mostra, ao mesmo tempo que sua potencialidade enriquecedora, a possibilidade de encontrar semelhanças e correlações. Sua duração é em torno de duas horas, ainda que o limite para terminar seja mais frouxo que para começar, já que o número de participantes e de emergentes determina a necessidade de que o coordenador tenha possibilidades de manobra em relação a isso. A reunião realiza-se em um grande salão e os pacientes colocam-se em círculo. Se bem que durante os primeiros anos fui o único coordenador, posteriormente compreendi a utilidade tanto formativa (para meus colaboradores) como terapêutica (para os pacientes) de que houvesse alternância nesse papel. Começamos assim a trabalhar sistematicamente em coterapias. Os pacientes encontravam, então, junto a uma base comum de abordagem terapêutica (dado que os diferentes coordenadores temos o mesmo critério, estamos incluídos na mesma Instituição, etc.), algumas variações no estilo pessoal que podiam favorecer a diminuição das resistências, o aumento do *insight*, a elaboração e o grau de integração intrapessoal.

Não damos nenhuma instrução especial à pessoa que ingressa no grupo, já que muitas das que teríamos que comunicar-lhe são válidas para o restante da abordagem terapêutica. Nós o informamos, certamente, sobre a existência desse tipo de atividade. Diversamente dos grupos terapêuticos habituais, que têm um começo comum a todos ou a quase todos os seus integrantes, este grupo geral possui um começo que pode perder-se na "pré-história" dos integrantes atuais, já que pode acontecer que nenhum dos pacientes que participem no mesmo tenha sido um de seus "fundadores". A tradição, transmitida verbalmente com freqüência pelos pacientes mais antigos, desempenha um papel importante para determinar as normas e os objetivos mais específicos deste tipo de atividade, assim como sua colocação no contexto terapêutico geral. O material surge da "participação livre" dos pacientes, tanto verbal como não-verbal. O manejo técnico inclui diferentes recursos, centrados em modalidades interpretativas relacionadas à transferência, ao passado infantil pessoal e/ ou ao vínculo com outros pacientes no próprio grupo ou fora deste, em outras atividades comunitárias.

Porém, além disso, oferece-se ao paciente outro tipo de possibilidades, como a aprendizagem indireta, através das experiências certas ou erradas de outros pacientes e inclusive do coordenador; um alto grau de receptividade, que se potencializa à medida que o grupo atravessa com êxito situações difíceis; um tipo particular de apoio, não através do coordenador, mas por meio dos progressos obtidos por outros pacientes; a lembrança de experiências vividas fora do grupo, trazida pelo próprio paciente ou por outros que as presenciaram e, especialmente, a partir de tudo o que foi mencionado, a possibilidade de realizar uma regressão operativa semelhante à que se dá em um processo psicanalítico e cuja função é colocar em andamento uma evolução que ficou truncada em algum momento crítico. Ainda que não se promova ativamente esta regressão, ela surge quase como norma pela própria natureza da patologia dos pacientes, inerentemente regressiva, mas com uma regressão patológica, que é precisamente um dos maiores problemas terapêuticos.

Juntamente com os recursos já descritos, podemos incluir também os assinalamentos, as construções e algumas medidas técnicas relacionadas com o problema do controle da agressão física entre pacientes durante o grupo. Ainda que nem sempre procuremos evitar as brigas (não nos parece adequado o prurido de evitar todo contato agressivo corporal), procuramos levar em conta o caráter mais ou menos destrutivo das mesmas. Os pacientes em disputa ou mesmo outros pacientes costumam cuidar para que a agressão mútua não seja muito violenta. Quando existe um perigo real de dano (que acontece muito esporadicamente) contemos a agressão, para o que contamos geralmente com a ajuda dos outros pacientes. Em caso extremo, quando um paciente torna-se reiteradamente perigoso para os demais, a contenção pode ser mais firme, incluindo um certo isolamento. Em caso de que nem isso possa preservar de ataques os demais pacientes e as instalações da Clínica, chegamos a separar transitoriamente o paciente de nossa Instituição.

Enfatizarei, para terminar de esboçar as características do grupo geral, algo mencionado um pouco antes. O grupo comunitário não é estritamente um grupo terapêutico habitual, já que seus integrantes convivem no lugar onde se realiza a reunião. Este grupo é somente um momento das vinte e quatro horas da vida em comum. Por outro lado, é útil recordar que o grau de patologia dos pacientes a que nos referimos é maior que o dos pacientes que freqüentam a psicoterapia de grupo habitual.

A dimensão familiar na comunidade terapêutica

Que as famílias fazem parte da Comunidade Terapêutica é óbvio, na medida em que cada paciente chega com sua família dentro dele, quer dizer, que dentro da estrutura de sua personalidade existem objetos internos e/ou identificações representantes de seus familiares. No funcionamento da Comunidade estes objetos internos encontram rapidamente personagens reais externos onde podem materializar-se. A mim, como Diretor da Clínica ou Chefe de Serviço no Hospital, muitos pacientes têm me chamado de papai ou me tratado como tal de diferentes formas. Alguns seriamente, outros com tom irônico, outros em tom de gozação, outros amorosamente, etc. As enfermeiras são vividas como mães em muitas situações; os médicos e as enfermeiras podem constituir parelhas parentais. Dois ou três médicos, como grupo, podem também representar a parelha parental. Não apenas os membros da equipe são vividos como figuras substitutivas. Existem pacientes jovens que encontram pais ou mães em outros pacientes. Existem pessoas mais velhas que se sentem diretamente paternais ou maternais em relação às pessoas mais jovens. Seja como for, estas situações são amplamente utilizadas para mostrar e interpretar como muitos dos conflitos que se vivem na Comunidade representam a reprodução ou a repetição de conflitos internos, ou estão representando situações internas tais que proporcionam oportunidades e materiais valiosos para a elaboração de conflitos. Os pacientes psicóticos, em particular, fazem identificações projetivas com extrema rapidez e atuam psicopaticamente fora seus conflitos com objetos internos. E é trabalhando interpretativamente estas condutas externas que se pode elaborar estes conflitos com objetos internos.

A maioria das pessoas que necessitam de um tratamento de internação ou de clínica-dia em uma comunidade terapêutica são pacientes extremamente doentes que não vão poder fazer todo seu processo terapêutico na Comunidade e que vão necessitar contudo, de seus familiares reais durante bastante tempo para continuar sua melhora. Mais ainda, geralmente o paciente mantém com seus familiares relações doentias em papéis complementares, seja porque é de um modo ou de outro emergente de uma estrutura familiar doente, seja porque de alguma maneira escolheu um *partenaire* doente para depositar parte de sua própria doença nele. Qualquer mudança no paciente vai então trazer, cedo ou tarde, uma mudança na estrutura familiar, que por um mecanismo de regulação vai tender a voltar as coisas ao lugar onde estavam. Isso quer dizer que (inconscientemente) a família trata de adoecer novamente o paciente? Não exatamente. Poderíamos dizer melhor que a família quer que o paciente esteja completamente curado e então que trabalhe, que renda, que sirva de suporte para os demais, que se ajuste de uma vez por todas ou que fique doente como estava, internado em algum lugar e não incomode mais com sua angústia ou com suas loucuras.

O que a família (juntamente com médicos e pacientes) não tolera é que o paciente esteja na metade do caminho; que é o que acontece geralmente. Em parte não é capaz de encarregar-se de certos aspectos ainda não resolvidos, colaborando no tratamento com tolerância até que o paciente possa afirmar-se definitivamente. Cada recaída é considerada como um fracasso terapêutico, sem poder compreender que o tratamento não pode ocorrer sem recaídas. Comporta-se nisto como a psiquiatria dos tratamentos biológicos, que considerava que a insulina ou o eletrochoque aplicavam-se contra a doença no paciente. Se após uma melhora o paciente retornava aos seus sintomas, significava que o tratamento tinha fracassado e que a doença era incurável.

Este esquema está bastante arraigado no público, mas, corresponde a raízes mais profundas, porque as pessoas com cultura psicológica e psicanalítica ainda não podem utilizar seus conhecimentos racionais para ajudar a seus próprios familiares doentes. Diante destes agem irracionalmente. Acontece então que é muito difícil fazer compreender estes aspectos da dinâmica da doença e da família. Mais ainda, é muito difícil que os familiares possam ter respostas mais adequadas às circunstâncias. Para conseguir isso nossa experiência nos tem mostrado que é necessário fazer a família participar do processo terapêutico que o paciente está fazendo, o que, de certo modo, faz com que apareçam também nos familiares as partes doentes de cada um de seus membros e que estes tomem consciência de que eles também necessitam, de uma maneira ou de outra, de tratamento.

Talvez o mais importante em todo esse processo seja o desenvolvimento de um *insight* familiar e da capacidade de tolerar a angústia. Nestas condições, torna-se possível manter uma atitude melhor diante das diferentes vicissitudes do tratamento, inclusive das recaídas, sem vê-las necessariamente como fracasso, mas como formas e mudanças no progresso da cura, como ensaios e erros através dos quais o paciente adquire estabilidade e segurança interiores. Muito freqüentemente os familiares estão pondo à prova a futura possibilidade de tratamento e de cura para eles próprios por meio do tratamento do paciente. Secretamente medem a capacidade do médico para manejar situações difíceis e tolerar a angústia, sua confiança no êxito, etc. Nestas condições o médico tem que poder encarregar-se potencialmente de toda a família. Diante de uma franca melhora do paciente, os familiares observam-no como se o olhassem com um microscópio, pesquisam-no para descobrir nele as mínimas falhas, como se temessem, mas ao mesmo tempo necessitassem, encontrar o de antes, quer dizer, a doença. Um breve exemplo clínico pode servir para ilustrar o que estamos descrevendo:

No caso de um jovem de 19 anos, esquizofrênico, vimos na Comunidade com muita clareza aspectos muito importantes da relação pai-filho. Tito chegou ao hospital completamente delirante, desagregado, falando de fábricas de armamento, de milhões de dólares, etc. Não podia intervir a não ser por suas idéias de grandeza. Descobria-se facilmente nele um ser humano extremamente desamparado internamente, que recorria a um sistema delirante onipotente para acalmar sua angústia. Vários meses depois, quando já não tinha mais idéias delirantes, Tito era um menino sensível, muito necessitado de afeto e, sobretudo, de um pai que soubesse estar ao lado dele como tal. Nas reuniões da Comunidade, fazia-se muito evidente que Tito recorria a mim ou aos outros buscando um pai. Gostava de sentar-se ao meu lado para sentir-se protegido. A mãe comparecia sempre às reuniões, enquanto que o pai, por diferentes pretextos, veio apenas uma ou duas vezes em um ano.

A melhora de Tito era notável. Tinha permissão para sair e ir à sua casa e pedia ao pai que lhe ensinasse seu ofício. Este tinha tão pouca paciência com o filho, que quando errava alguma coisa no trabalho que lhe pedia, enfurecia-se e mandava-o de volta ao Hospital. Parecia que queria que seu filho fosse um homem capaz de trabalhar como ele e ajudá-lo em seu ofício ou senão que ficasse internado, louco para sempre, no Hospital. Pudemos comprovar até os mínimos detalhes a incapacidade do pai de encarregar-se do papel paterno e de ensinar o filho, de ter paciência e tolerância durante sua aprendizagem, de esperar que crescesse, de ter confiança em sua capacidade de crescimento. Neste caso, a negativa do pai em comparecer à Comunidade e de encarregar-se de seu papel constituiu um sério obstáculo que retardou o progresso.

A participação dos familiares na Comunidade Terapêutica pode se dar de diferentes maneiras. Temos feito experiências com reuniões dos familiares de cada paciente, separadamente sem a presença do mesmo e com o paciente incluído. Temos reunido todos os familiares dos pacientes da Comunidade em um grande grupo para a discussão e a elaboração de problemas comuns. Temos incluído famílias nas reuniões diárias e temos feito

grandes grupos de pacientes e familiares, formando uma grande reunião da Comunidade.
   Sem ter fórmulas definitivas a respeito, que talvez não existam, trata-se de fazer um trabalho sistemático e firme, seguro e constante, honesto e comprometido com a tarefa, capaz de criar um clima de tal natureza que forneça as condições necessárias para que um ser humano detido em seu crescimento psicológico e psicossocial possa desenvolver-se até alcançar níveis aceitáveis de saúde emocional.

A comunidade terapêutica e o regime assistencial

   Concebemos nossa Comunidade Terapêutica como um continente adequado para os aspectos mais psicóticos e as angústias mais profundas de qualquer paciente, ao mesmo tempo que um lugar onde podem descobrir o melhor de si mesmos, onde realizam-se permanentemente experiências terapêuticas enriquecedoras, onde seja possível para cada paciente ou grupo familiar encontrar o que necessite ou apreender o que é capaz de aceitar ou tolerar em cada momento.
   É certo que uma Comunidade Terapêutica deve ser mista e pode estar constituída por pacientes de diferentes idades e graus de doença. Somente devem se excluir as crianças e as pessoas de muita idade que, por razões óbvias, não podem integrar-se. Nestes casos é necessário contar com uma Comunidade Terapêutica para crianças e adolescentes e outra para velhos.
   O diagnóstico da doença não é seu fator determinante, desde que se trate de uma condição onde os fatores psicológicos e psicossociais sejam os preponderantes, ou que a organicidade da condição patológica não seja um fator decididamente excludente. Não se incluem, portanto, neste tipo de Comunidade os oligofrênicos e os dementes orgânicos ou os pacientes neurológicos incuráveis, ainda que estes possam constituir comunidades especiais.
   Fazendo estes esclarecimentos, pode-se incluir qualquer tipo de pacientes com a única exceção de que alguns, em distintos momentos de sua doença, podem ter comportamentos tão agressivos e destrutivos ou anti-sociais que devam ser excluídos ou devam tomar-se medidas especiais. Esta exclusão depende da capacidade da própria Comunidade para tolerar estas condutas, com o que se relativizam os critérios referentes ao grau de acessibilidade à terapia de um determinado paciente. No decorrer do tempo o acúmulo da experiência integrada na história de nossa Comunidade foi se tornando cada vez mais continente de situações difíceis. Por outro lado, existem comunidades terapêuticas especiais para pacientes anti-sociais, delinqüentes, pacientes extremamente agressivos, etc.
   A capacidade de uma Comunidade Terapêutica para tolerar a agressão e a angústia é um índice de sua capacidade de curar doentes em geral. O paciente agressivo pode ser tomado como o emergente e a materialização da agressão dos demais e da agressividade grupal. Aquele que se queixa mais das condutas agressivas do outro, do que diz palavras más, do que se permite dizer pensamentos obscenos, do que impressionam os demais pelo sadismo de seus pensamentos, esse paciente que diz que isto é intolerável, que ele não está

acostumado a estas coisas e que não veio para isto, geralmente é o que reprime tais conteúdos dentro de si, que tem muito medo da mobilização que tudo isso pode produzir nele.

Uma instrumentalização psicoterápica apropriada de todas estas situações é extremamente enriquecedora para a experiência comunitária e para cada indivíduo em particular. Por exemplo, o fato de que um neurótico obsessivo, muito fóbico diante das condutas agressivas próprias e dos demais, compartilhe a experiência do modo como a Comunidade Terapêutica e, em particular, a equipe manejam a explosão agressiva de um esquizofrênico catatônico, pode converter-se em uma situação privilegiada, do ponto de vista terapêutico. Quando esta filosofia for compreendida pela Comunidade e é compartilhada realmente por seus membros, tanto pacientes como familiares e equipe, a Comunidade transforma-se no instrumento mais valioso que alguém pode imaginar. Alguns pacientes que chegam ao Hospital sumamente agressivos e perseguidos, mudam em poucos dias, de tal maneira que é necessário admitir a influência da Comunidade com seus mecanismos próprios de regulação.

Podemos demonstrar a utilidade da consideração destes aspectos para transformar os serviços clássicos de admissão dos hospitais psiquiátricos. Efetivamente, é necessário considerar a patologia de cada caso para determinar claramente a que ala será enviado. Deste modo, a destinação deveria surgir não tanto de que tenha lugar disponível em determinada ala, mas de que determinado tipo de abordagem terapêutica seja mais pertinente, com o que os custos dedicados ao tratamento de pacientes em hospitais psiquiátricos poderiam reduzir-se na mesma proporção em que aumentam os resultados terapêuticos.

Como já dissemos, a Comunidade Terapêutica pode ser um contexto que promove experiências enriquecedoras para qualquer tipo de paciente. Sendo assim, existem pacientes que por sua condição necessitam estar internados. Outros que depois de haver tido um período de tratamento em regime de internação podem continuar na Comunidade, durante o dia, indo dormir à noite em sua casa. O paciente que já está melhor para começar a retomar seu trabalho e/ou seus estudos, pode comparecer a algumas atividades terapêuticas somente. Alguns pacientes podem realizar todo o seu tratamento em regime parcial (Clínica-Dia) ou necessitar de pequenos períodos de internação com o objetivo de poder elaborar os aspectos ou os momentos mais psicóticos de seu processo terapêutico. Outros podem arriscar-se muito mais a "jogar fora toda a sua doença". Podem fazer isso se contam com a segurança de poder recorrer ao regime de hospitalização total, se as circunstâncias o exigirem.

Neste sentido, a experiência nos tem mostrado que muitas vezes um paciente em regime diurno, que diz que não quer vir mais, está pedindo com isto, indiretamente, sua internação total. Temendo uma mobilização brusca e maciça de suas ansiedades psicóticas sente que necessita uma hospitalização total como continente mais seguro, mas não se atreve a pedi-la; ou não quer vir mais porque sente que, nestas condições, corre o perigo de uma descompensação sem contar com o apoio necessário. Outros pacientes, por exemplo os alcoólicos, que se sentem recuperados tendo voltado a seus mecanismos psicopáticos e que reclamam passar para um regime parcial de Clínica-Dia por sentirem-se em condições, devem ser retidos às vezes em internação total para poder "obrigá-los" a enfrentar suas partes mais doentes em circunstâncias adequadas e evitar desta forma que o paciente faça uma "fuga para a saúde".

A comunidade e o processo terapêutico

Quando falamos de processo terapêutico, queremos significar um conjunto de mudanças que implicam em uma transformação da personalidade, um crescimento e uma maturação. O modelo que podemos tomar é o do processo psicanalítico. Isso não significa que a psicanálise ortodoxa possa considerar-se exitosa em todos os casos, pois os fatores que impedem o processo terapêutico são muito variados. Mas os casos que constituem um êxito terapêutico sugerem que por meio da psicanálise podem-se conseguir mudanças profundas de personalidade, que asseguram uma estabilidade de cura que não se pode obter com outros métodos.

O trabalho em comunidade terapêutica que estamos desenvolvendo, está orientado psicanaliticamente em sua essência e no sentido da compreensão dos fenômenos e pretende conseguir resultados terapêuticos importantes, através de mudanças profundas da personalidade, semelhantes às que se podem obter nos casos exitosos de psicanálise. Requer percorrer um caminho, isto é, um processo terapêutico semelhante ao psicanalítico.

Nossa experiência pessoal nos tem mostrado que um tratamento psicanalítico longo e bem conduzido, mas detido em um momento de sua evolução por encontrarem-se núcleos psicóticos muito difíceis de elaborar, pode complementar-se de tal maneira na Comunidade Terapêutica que torna possível mobilizar e elaborar estes núcleos que em determinado momento pareciam incuráveis. Pensamos que a relação entre psicanálise e comunidade terapêutica com sentido psicanalítico não é de oposição ou de soma, mas sim de complementaridade.

Em outros casos, o paciente necessita entrar em condição de internado na Comunidade Terapêutica, porque não tolera outro enquadre a não ser este. É enviado a nós porque desprezou todas as demais tentativas de psicoterapia individual, psicofármacos, etc. A Comunidade Terapêutica é uma espécie de matriz onde podem começar a se produzir as primeiras mudanças, os primeiros *insights*, os primeiros choques violentos, para que, somente depois de um tempo, o paciente possa tolerar uma terapia individual que meses antes havia se revelado totalmente insuportável e havia sido completamente desprezada.

Neste esquema geral, a Comunidade Terapêutica pode satisfazer diferentes funções. Algumas vezes poderá cumprir um papel de complemento, outras, prepara o paciente para aceitar a psicoterapia, outras, torna possível a elaboração de certos núcleos inabordáveis de outra forma, outras vezes pode trazer uma experiência de funcionamento em grupo que a terapia individual não pode dar; outras, finalmente, pode trazer ao esquizofrênico a oportunidade de participar de uma série de experiências indispensáveis para o crescimento de sua personalidade, que não se promove em uma situação individual. A Comunidade inscreve-se assim no conjunto terapêutico de cada indivíduo no nível necessário, no momento oportuno, com uma elasticidade e uma plasticidade que outros enquadres não dão. Existem pacientes que, depois de um certo tempo de estada, melhoraram bastante em alguns aspectos, mas detiveram-se em outros. Nestes casos, os indícios de melhora podem ser destacados (se é que esta ocorre realmente) em diversos níveis. A conduta começa a deixar de ser o produto de uma distorção do sentido da realidade, torna-se mais adaptativa.

O paciente está mais tranqüilo, pode conviver com a família, pode comunicar-se. Não conseguiu sair do fechamento narcisista, mas obteve um equilíbrio mais eficaz, menos destrutivo. Não coloca verbalmente os aspectos narcisistas para tentar sua elaboração. Sua falta de participação transforma-se em abastecimento narcisista, em uma auto-alimentação que somente poderá ser realmente nutritiva quando o paciente estabelecer seus conflitos com a dependência.

Este tipo de paciente, como alguns em terapia individual, que não podem mostrar sua melhora ao terapeuta porque não toleram a ferida narcisista que isto significa, tampouco podem melhorar perante a Comunidade. Precisam tomar distância. Um isolamento é então possível à espera do tempo necessário para uma elaboração que está detida. Às vezes, uma psicoterapia individual facilita o processo. Outras vezes, somente o afastamento da Comunidade e o retorno à família determinam mudanças favoráveis. Os familiares, depois de um certo tempo, mostram que inesperadamente as coisas andam melhor. Poderíamos dizer que as experiências que se vivem não têm que dar resultados imediatos. São experiências que de uma maneira ou de outra permanecem no indivíduo e podem integrar-se, cedo ou tarde, quando as condições internas as tornarem possíveis. Neste sentido, a mudança da estrutura familiar, através da participação dos familiares dentro da Comunidade, para acompanhar o processo de mudança do paciente, revela-se um fator sumamente importante para que este possa capitalizar os benefícios adquiridos, mas não consolidados suficientemente.

Na tarefa em Comunidade Terapêutica cada atividade específica adquire significação por sua colocação na totalidade. Isto nos permite definir o processo terapêutico comunitário como o conjunto de transformações que pode atingir um paciente através das experiências terapêuticas. Podemos diferenciar a *terapia comunitária*, que pode descrever-se, relatar-se e registrar-se de diferentes maneiras, e o *processo em comunidade terapêutica*, que é uma mudança interna, que algumas vezes acontece silenciosamente e pode revelar-se de modo inesperado como uma transformação súbita em um determinado momento do tratamento ou ainda depois. A terapia comunitária começa e termina com o ingresso na Comunidade Terapêutica, mas o processo terapêutico interpessoal pode começar muito antes ou muito depois do início do tratamento e terminar depois de sua finalização ou não terminar nunca. Neste sentido o processo tem relação com as experiências de "revelação" ou "iluminação" que são transformações pessoais que não podem ser transmitidas nem ensinadas e que cada um deve fazer por si mesmo.

O tratamento em Comunidade Terapêutica está balizado por momentos sucessivos de tomada de consciência, que aparecem como emergentes ou realizações privilegiadas do processo terapêutico comunitário. São expressão vivencial de transformações que se realizam no paciente e nas quais tomam formas concretas processos de elaboração inconscientes, promovidos por uma abordagem terapêutica adequada.

Se quisermos assentar determinadas balizas que nos permitam detectar em que momento de um processo terapêutico o paciente está, podemos assinalar os seguintes passos:

1) Em um primeiro momento podem acontecer condutas estáticas, autistas, com as quais o paciente conecta-se com sua própria realidade mental onipotente. Estabelece uma

rígida distância com componentes fóbicos e/ou esquizóides. Também existe a possibilidade de condutas de *acting out* excessivo, que implicam uma confusão entre o mundo externo e o interno. Enquanto no primeiro caso a realidade externa é categorizada como "realidade mental", neste segundo caso, ao contrário, a realidade mental é deslocada para o exterior.

2) Posteriormente os pacientes saem do autismo e estabelecem algum tipo de comunicação que, certamente, vê-se seriamente perturbada pelas constantes frustrações que experimentam, potencializadas por sua ferida narcísica. O *acting out* diminui em intensidade e existem condutas que revelam uma maior quantidade de processo secundário operante.

3) A esta etapa segue-se outra, caracterizada por uma depressão intensa ao ter que elaborar a perda da doença, da onipotência, dos pais idealizados internos, das identificações patógenas. Acontece também uma maior aceitação da dependência terapêutica e da dependência emocional com outras pessoas.

4) Isto permite o surgimento de um período de (re)construção e crescimento egóicos. Alternam-se progressões e regressões. Estas últimas podem ser neuróticas ou psicóticas e surgem por medo ao progresso, ao novo, ao mesmo tempo que por culpa e inveja para com as pessoas que ajudam o paciente a crescer.

5) Neste último período acontece uma certa estabilização dos lucros obtidos e pode-se iniciar o período final de desprendimento.

Psicopatologia na Comunidade Terapêutica Psicanalítica 5

Tradução: Marizilda Paulino

Sabe-se que a patologia mental é abordada a partir de vários enfoques e diferentes escolas que dependem, em grande parte, da metodologia utilizada na observação dos fenômenos. O trabalho que realizamos com nossos pacientes que, além do estudo psiquiátrico tradicional e a abordagem psicoterápica individual e familiar inclui a convivência, permitiu-nos observar os fenômenos simultaneamente a partir de distintos ângulos e desenvolver uma visão multifocal e pluridimensional das perturbações psicopatológicas. Não sendo possível fazer nesta oportunidade um desenvolvimento profundo e pormenorizado deste tema porque sairia inexoravelmente do estilo que nos propusemos manter neste livro e do marco conceitual limitado com que se faz necessário abordar os distintos capítulos, vemo-nos obrigados todavia a desenvolver nossas idéias sobre a psicopatologia, elaboradas a partir da experiência clínica, com o objetivo de tornar mais acessível nossa maneira de pensar em seu conjunto.

Durante muitos anos temos compartilhado situações muito variadas, temos observado semelhanças e diferenças, temos visto repetirem-se determinadas configurações com variações sobre o mesmo tema. Temos refletido muito tratando de pensar de modo compartilhado, discutir tudo até chegar a algumas conclusões, na realidade sempre provisórias, e refletir tentando integrar os conhecimentos adquiridos por outros com as idéias que nos foram surgindo em contato com a realidade clínica.

Fomos desenvolvendo assim um conjunto de idéias sobre a patologia mental, em geral, e sobre as diferentes doenças mentais, em particular. Sendo necessário fazer uma apresentação esquemática, corremos o risco de forçar o leitor a aceitar nossas afirmações sem poder sempre demonstrá-las acabadamente. Mas por motivos expositivos nos vemos obrigados a fazê-lo assim. Pedimos então que sejam tomadas como hipóteses de trabalho até que adquiram sentido durante o desenvolvimento do tema.

O problema do diagnóstico

Um primeiro problema apresenta-se quanto ao diagnóstico psiquiátrico e à classificação das doenças mentais.

Todos os pacientes que entram na Instituição são estudados psiquiatricamente com todos os requisitos e todas as atualizações que a tecnologia moderna põe ao nosso alcance. Abarcamos assim todo o espectro, desde as investigações biológicas sobre indicadores bioquímicos e neurotransmissores até os *testes* psicológicos e o estudo clínico psiquiátrico e psicodinâmico da personalidade. Pensamos que todos os conhecimentos devem se integrar cada vez mais em conjuntos significativos. Mas o eixo ao redor do qual vamos tentar toda a integração é a noção de processo terapêutico.

Ao longo dos anos constatamos que o diagnóstico é um elemento importante que nos permite pensar em alguns aspectos de nosso trabalho diante do paciente e que nos torna possível o intercâmbio científico acadêmico da disciplina. Mas pensamos também que se não é utilizado com prudência, pode conduzir-nos ao enquadramento de um ser humano em um rótulo que poderia condicionar excessivamente nossa conduta em relação ao prognóstico e ao tratamento. Utilizamos os conceitos diagnósticos atualizados cientificamente como um guia para pensar sobre o paciente, mas tendo muito presente que se trata de uma generalização, que não examina as diferenças particulares individuais, não inclui referências a elementos que permitam diferenciar matizes relevantes para o prognóstico e nem sempre consegue dar conta das mudanças que podemos obter através dos tratamentos. Por outro lado, os critérios diagnósticos têm mudado através do tempo. Sabemos que neste sentido têm um papel importante os pontos de vista muitas vezes apriorísticos com que se tem tentado classificar as doenças mentais. Recentemente, diferentes enfoques classificatórios competem neste sentido na busca da verdade sem poder, todavia, inclinar-nos francamente num sentido ou conseguir uma concepção integradora mais satisfatória.

A nosologia psiquiátrica coloca problemas epistemológicos muito sérios. Se tentamos, por exemplo, definir o termo esquizofrenia encontramos as maiores dificuldades. Quando refletimos sobre a complexidade e variedade da conduta humana que se encerra neste termo, nos damo conta de que estamos tentando definir o indefinível. Se no transtorno esquizofrênico podem se incluir vários aspectos da personalidade, se vemos o fenômeno como o fracasso da pessoa em combater sua ansiedade junto com um êxito relativo de defender-se do pânico, damo-nos conta que o multifacético da sintomatologia é dado pelas fragmentações na organização do Ego, pelos fracassos na apreciação da realidade, pela falta de controle dos impulsos, pelas distorções do pensamento e pelas tentativas de restituição por meio de idéias delirantes que servem de explicações ou justificativas. E algo similar ocorre em muitos aspectos da patologia de pacientes mentais menos graves. Temos que aceitar que a contribuição nosológica classificatória para a compreensão da patologia mental é todavia imprecisa e relativa, porque as chamadas doenças mentais, por sua própria essência, não concordam em ser classificadas.

Considerando, então, que nosso trabalho na Comunidade Terapêutica Psicanalítica é utilizar todos os recursos no sentido de "resgatar" o paciente dos funcionamentos mentais patológicos, "liberando" ao mesmo tempo suas potencialidades sadias para que possam desenvolver-se, além da patologia que o aflige ou do tipo de doença que padece, o paciente que ingressa na Instituição é um ser humano que se encontra em um meio social dinâmico e vivo, que terá a oportunidade de reencontrar o sentido de sua própria história, modificar as modalidades patológicas e patógenas em que ficou preso durante sua vida e desenvolver uma autonomia maior que nunca antes havia alcançado.

O diagnóstico com que podemos classificá-lo no seu ingresso irá mudando à medida que se realiza o processo terapêutico. Se não conseguimos mudanças, a persistência do diagnóstico será a expressão de nossa impotência diante da "doença mental". E neste sentido, esta última manter-se-á com as características coisificadas como aparece na psiquiatria clássica. Quando conseguimos que se realize um processo terapêutico, o diagnóstico da doença com que o paciente chegou vai perdendo vigência através do tempo e finalmente pode chegar a diluir-se ou dissolver-se em favor da saúde mental que conseguimos que ele possa alcançar.

Psicopatologia dinâmica

Ao abordar a psicopatologia dinâmica queremos começar dizendo que para nós a teoria psicanalítica continua trazendo a compreensão mais global e profunda da conduta humana. Os conceitos freudianos básicos tais como o inconsciente, o complexo de Édipo, etc., continuam sendo fundamentais para a compreensão dos fenômenos psicopatológicos. Mas nossa abordagem multifocal e pluridimensional nos tem colocado diante da necessidade de fazer elaborações pessoais que nos propomos a expor aqui para dar certa coerência à concepção psicopatológica que subjaz a toda a nossa atividade terapêutica.

Freud desenvolveu a psicopatologia psicanalítica a partir da análise dos sonhos. Considerava que a investigação dos estados normais e estáveis pouco pode revelar à investigação psicanalítica. Pensava que: "Somente podem nos ser úteis os estados de conflito e rebelião quando o conteúdo do id inconsciente tem perspectivas de irromper-se ao ego e à consciência e quando o ego, por sua vez, volta a defender-se contra esta irrupção".(125) Durante o sono o ego não governa mais a motilidade e Freud então considera que se torna supérflua boa parte das inibições impostas ao Id inconsciente. De tal modo, a retirada ou a atenuação das "anticatexias" permite agora ao Id "uma liberdade"... "o sonho pode ser confuso, incompreensível e ainda absurdo; seus conteúdos podem contradizer todas as noções da realidade e nele nos conduzimos como dementes, ao aplicar, enquanto sonhamos, realidade objetiva aos conteúdos do sonho".

Freud diz que "o material inconsciente, ao irromper no ego, traz consigo suas próprias modalidades dinâmicas e ao nos inteirarmos das leis que regem os mecanismos inconscientes vemos que a elaboração onírica é essencialmente um caso de elaboração inconsciente de processos ideativos preconscientes". Descreve os mecanismos de condensação e deslocamento, e, ao comprovar estas duas tendências, chega à conclusão de que "no id inconsciente a energia encontra-se em estado livre de mobilidade e que ao id importa, mais que qualquer outra coisa, a possibilidade de descarregar suas magnitudes de excitação". Esta forma de funcionamento é, certamente, a que caracteriza o chamado processo primário.

Ao abordar o tema da técnica psicanalítica, Freud diz que o projeto terapêutico funda-se nas mesmas noções que presidem a compreensão da psicopatologia. Pensa que o Ego foi debilitado pelo conflito interno e que devemos ir em sua ajuda. Através da psicanálise pomos a seu serviço nossa experiência na interpretação do material estimulado pelo inconsciente. E diz que: "Nosso saber há de compensar sua ignorância e há de restituir a seu ego a hegemonia sobre as províncias perdidas da vida psíquica. Neste pacto consiste a situação analítica", e com este enfoque, imediatamente vê-se obrigado a estabelecer que para que o ego do paciente "seja um aliado útil em nosso trabalho comum será preciso que tenha conservado certa medida de coerência e certo resto de conhecimento das exigências que a realidade coloca". Ao não poder esperar tal coisa do ego psicótico, "que não poderá cumprir semelhante pacto e apenas poderá consertá-lo", Freud diz que "devemos renunciar à aplicação de nosso projeto terapêutico no psicótico... até que tenhamos encontrado outro projeto mais apropriado para este propósito".

A psicopatologia freudiana foi construída então fundamentalmente a partir da observação da atividade psíquica no cenário dos sonhos. Depois veremos que se amplia e se torna mais complexa quando aparece a transferência na relação analítica. Na Comunidade Terapêutica Psicanalítica de Estrutura Multifamiliar a observação da atividade psíquica dos pacientes se faz, além da psicanálise individual, por meio de nossa participação comprometida no acontecer cotidiano na vida da Instituição em seu conjunto, com o que temos um cenário privilegiado com a gama rica de fatos significativos e de situações de todo o tipo que se sucedem. A experiência clínica que transmitimos neste livro foi então realizada em um campo de observação ampliado em múltiplos aspectos e em variadas dimensões. A convivência comunitária constitui-se assim potencialmente no campo de observação privilegiado para o estudo e o tratamento dos pacientes psicóticos e, como veremos mais adiante, das neuroses graves.

Para o tratamento do paciente psicótico na Comunidade Terapêutica não é imprescindível que seu ego seja nosso aliado e tenha conservado certa dose de coerência. Sobretudo no começo do tratamento e talvez durante muito tempo, não podemos pedir isto ao paciente psicótico, já que pela natureza de suas dificuldades, não está em condições de responder à nossa expectativa. Mais ainda, insistir nisso tornar-se-ia uma exigência que desnaturalizaria de início o vínculo que é necessário estabelecer para que possa instrumentalizar-se um processo terapêutico; porque o paciente, ao sentir-se exigido em algo a que não pode corresponder, perceberá que seu interlocutor não conhece realmente a natureza de suas dificuldades e que não sabe colocar-se em seu lugar.

Uma atitude psicoterapêutica adequada que considere com convicção as capacidades potenciais para uma tal aliança conseguirá estabelecê-la no futuro. Nossa função, como já dissemos, consistirá em uma assistência sistemática ao Ego do paciente, não somente em seus aspectos debilitados devido à conflitiva descrita por Freud, mas sim aos aspectos do mesmo que não puderam se desenvolver, capturado em identificações patógenas. Será necessário resgatar primeiro seu si mesmo verdadeiro e em seguida apontá-lo firmemente para seu redesenvolvimento. Neste sentido, se se trata de "atender em auxílio do Ego debilitado", os recursos de que dispomos no contexto comunitário são múltiplos e permitem penetrar mais fundo na assistência específica de que o Ego necessite em cada momento para seu crescimento e para o desenvolvimento de recursos egóicos novos.

O material com que trabalhamos não é somente o que o paciente diz para que nós enquanto psicanalistas interpretemos seu significado. É tudo o que o paciente vive e, em particular, os vínculos que estabelece com os outros. E isto não apenas nas situações institucionalmente reguladas, tais como os grupos e as atividades terapêuticas em geral, mas também nas formas de relação e nos acontecimentos em todas as situações de convivência não reguladas. Estas podem se englobar em termos de aspectos da organização informal da Comunidade, onde costumam se evidenciar os aspectos patológicos e as partes sadias mais importantes de muitos pacientes, que levariam muito tempo para aparecer nas situações institucionalmente reguladas.

Além dos sintomas neuróticos ou psicóticos propriamente ditos, nos adiantamos em dizer que, depois de muitos anos de experiência, o que é mais doente nos pacientes aparece geralmente na recusa da ajuda que lhes propomos ou na impossibilidade de aproveitar esta ajuda; a negativa, às vezes tenaz, em reconhecer suas dificuldades; e o ódio, o rancor e a arrogância com que se defendem onipotentemente dos sintomas. Estes últimos, através do processo terapêutico, revelar-se-ão sempre como formas de funcionamento psíquico estruturado para não sofrer, ou melhor dizendo, para neutralizar o sofrimento psíquico emocional por meio de um sofrimento perverso com o qual o ser humano parece conseguir às vezes pseudo-soluções desumanizadas. Por outro lado, o que é mais sadio nos pacientes aparecerá em formas muito variadas de conduta e de verbalização que incluem secretamente reprovações vingativas e exigências compulsivas que, ao longo dos anos, aprendemos a detectar e a decifrar, e que contêm paradoxalmente as potencialidades sadias mais genuínas.

O ego do paciente na comunidade

Falando dos estados patológicos da mente, Freud disse que a condição básica dos mesmos é um enfraquecimento relativo ou absoluto do Ego que o impede de cumprir suas funções. Recordemos que ele havia estabelecido que o Ego tem a função de enfrentar suas três relações de dependência: "...da realidade, do id e do superego, sem afetar sua organização nem menosprezar sua autonomia". Freud pensava que "a exigência mais difícil que se propõe ao ego é provavelmente o domínio das exigências instintivas (pulsionais) do id, tarefa para a qual deve manter ativas grandes quantidades de anticatexia. Mas também as exigências do superego podem se tornar tão fortes e inexoráveis que o ego encontre-se como que paralisado em suas outras funções". "Suspeitamos — dizia Freud — que nos conflitos econômicos, assim originados, o id e o superego costumam unir-se contra o ego perseguido, que trata de aferrar-se à realidade para manter seu estado normal. Se os dois primeiros, contudo, tornam-se demasiadamente fortes, podem chegar a quebrar e modificar a organização do ego, de modo que sua relação adequada com a realidade fique perturbada ou ainda abolida. Já vimos isso no sonho: se o ego desprende-se da realidade do mundo exterior cai, por influência do mundo interior, na psicose".

Em relação à psicose, Freud sugeriu que podia ser entendida como uma forma de adaptação do paciente às suas necessidades emocionais e tensões ambientais que teria de enfrentar. Daí a natureza restitutiva de alguns dos sintomas. Sua idéia original era que os conflitos que provocam as adaptações psicóticas ocorrem entre a pessoa e seu meio ambiente. Dito de outro modo, o conflito psicótico, diferentemente do conflito neurótico, era entre o Ego e a realidade externa. Os elementos mais destacados do quadro clínico dos sujeitos psicóticos consistiam em fragmentos de personalidade intatos e fases incompletas de regressões psicóticas, unidos a esforços de restituição. Segundo Freud, as ilusões, alucinações e outras formas de conduta desorganizada são fenômenos secundários que representam esforços rudimentares do paciente para restaurar ou substituir as relações de objeto perdidas. Sabemos que a adaptação psicótica utiliza mecanismos de defesa mais primitivos e narcisistas, tais como a negação, a distorção e a projeção. A imitação e a introjeção desempenhariam também funções importantes no desenvolvimento de uma psicose.

Na Comunidade Terapêutica, se bem que observemos freqüentemente como se o ego do paciente paralisasse, perseguido pelas exigências pulsionais do id e pelas exigências do superego, perturbando-se assim sua organização e seu modo de relação com a realidade, o mais significativo para nós são as dificuldades do ego em sua relação com os outros. As formas pelas quais se expressam estas dificuldades são as que irão colocar em evidência o tipo de relação ou o vínculo que o ego tem com o id e com o superego. Então, é o estudo das relações interpessoais que nos permitiu aprofundar na natureza da dinâmica intrapsíquica. E isso é mais evidente nos pacientes psicóticos e nas neuroses graves, nos quais a atividade psíquica que tem pouca autonomia está, por assim dizer, sempre muito relacionada a um outro e estende-se no campo de relação com os demais. Veremos mais adiante que esse outro tem sempre algo a ver com um superego parental. É neste nível e nestas patologias que se torna mais necessária a articulação entre a análise individual e a terapia familiar e comunitária.

A dependência e a simbiose. A vulnerabilidade do ego

Na Comunidade Terapêutica observamos que o ego dos pacientes encontra-se perseguido por tendências imperiosas e contraditórias que aparecem como necessidades próprias do mesmo. É como se as submissões do ego fossem mais fortes que nunca. Por um lado, encontramos a retirada autista que representa uma forma de isolamento por meio do qual o paciente distancia-se dos demais protegendo-se de experiências traumáticas dolorosas cuja repetição trata de evitar. Por outro lado, observamos sempre que, de modo subjacente, o paciente necessita dos demais muito mais do que parece. Quando surge esta necessidade do outro manifesta-se basicamente como a urgência de estabelecer uma relação de dependência que, nos pacientes muito doentes, apresenta-se sob a forma de uma demanda do ego fusionar-se com um outro exterior real de um modo muito primitivo, buscando estabelecer uma simbiose que lhe permita utilizar os recursos egóicos do outro como se fossem próprios (como os de uma mãe com uma criança muita pequena). Esta tendência subjacente, que ao longo do processo terapêutico aparecerá como algo primitivo que persiste contudo na forma de funcionamento egóico do paciente, será obstaculizada e conduzida ao fracasso durante muito tempo pela reativação de intensas ansiedades persecutórias que serão controladas por meio de condutas particularmente patológicas, como as que fazem parte dos quadros psicóticos e psicopáticos propriamente ditos.

Os delírios ou alucinações, as atuações psicóticas e psicopáticas, assim como muitos sintomas compulsivos, obsessivos, fóbicos ou histéricos graves, incluem componentes sadomasoquistas e cumplicidades perversas. Por meio da análise descobrimos que estes sintomas incluem a atualização de experiências traumáticas dolorosas e vivências de perda, de abandono, de vazio e de morte. São estas vivências que levam compulsivamente o ego a recorrer a estas formas psicopatológicas para poder exercer um controle onipotente da relação objetal que acalme e neutralize a intensidade das angústias persecutórias e os sofrimentos psíquicos. Em todos os casos podemos constatar a existência de um ego hipersensível, que continua sentindo-se extremamente vulnerável, como se se tratasse de um ego de uma criança pequena, que revive todavia com muita intensidade a vivência de desamparo primitivo. Para nos referir a esta condição, já em trabalhos anteriores, temos investido na teoria de que se trata de um ego que não desenvolveu normalmente seus recursos egóicos, condicionando um quadro de falta ou carência relativa de recursos genuínos para enfrentar tanto a realidade interna como a externa e articular o processo primário com o processo secundário. Veremos que esta situação pode ir mudando sistematicamente ao longo do processo terapêutico, sempre que se dêem as condições adequadas para um desenvolvimento sadio.

A transferência na comunidade

Ao descrever a técnica psicanalítica, Freud estabelece o aparecimento da transferência. Faz isso dizendo: "O mais estranho é que o paciente não se conforma em ver o analista à luz da realidade, um auxiliar e um conselheiro...; pelo contrário, vê nele uma cópia — uma reencarnação — de alguma pessoa importante de sua infância, de seu passado, transferindo-lhe, pois, os sentimentos e as reações que seguramente corresponderam a este modelo passado...".

Freud diz que o perigo dos estados transferenciais é que o paciente confunde sua índole, tomando como vivências reais e atuais o que não é senão um reflexo do passado. Havia advertido sobre o caráter irracional que pode tomar a transferência, positiva ou negativa, e os perigos inerentes a estas situações. Atualmente todos sabemos a qualidade psicótica que, por momentos, pode tomar a transferência. Em particular nos pacientes mentais graves é necessário saber que se quisermos que o trabalho terapêutico seja realmente curativo, teremos sistematicamente que atravessar momentos difíceis, onde tanto o paciente como o psicanalista podem ficar presos em uma relação transferencial-contratransferencial difícil de conduzir em bons termos. Talvez nisto resida a maior dificuldade de tratar psicóticos analiticamente.

Na Comunidade Terapêutica os fenômenos psíquicos patológicos a que nos referimos antes, tais como as atuações psicóticas e psicopáticas assim como os sintomas obsessivos e fóbicos graves, através do processo terapêutico passam por momentos característicos, francamente transferenciais, por exemplo, ao dirigir-se a alguma pessoa da Comunidade com uma intensa força irracional. Descobrimos sempre que as pessoas às quais estão dirigidas tais atuações são substitutos ou representantes de figuras significativas de sua história pessoal. Em muitos casos, trata-se de deslocamentos através dos quais se consegue disfarçar a mensagem contida na transferência ao mesmo tempo que seu real destinatário. Algumas vezes, transferências múltiplas permitem diluir a própria. Neste sentido, a Comunidade Terapêutica Psicanalítica é o contexto de maior segurança para que o paciente possa esclarecer sua transferência psicótica. O contexto comunitário tem muito mais recursos terapêuticos para servir de continente às intensas emoções que podem ser despertadas. O analista individual poderá ficar assim muito mais preservado. Vemos, então, claramente que uma das causas pelas quais a técnica analítica, por si só, não é aplicável ao paciente psicótico, é precisamente pela intensidade dos fenômenos transferenciais que se põem em jogo.

Na transferência psicótica vemos, além disso, que a reencarnação de alguma pessoa da infância não é somente uma repetição da relação que o paciente teve com a mesma, mas também é reativada a necessidade de voltar a ter disponível uma figura parental junto com a reativação das necessidades e conflitos primitivos infantis em relação a ela. Estas transferências não são então apenas fantasias que podem se apresentar como conteúdo manifesto nos sonhos representando as figuras parentais da infância. São vínculos que se estruturam com pessoas reais nas quais se reeditam formas de relação patológica e patógena, onde aparecem necessidades e exigências compulsivas infantis juntamente com censuras vingativas igualmente compulsivas. Mas também e simultaneamente reeditam-se necessidades genuínas do ser humano em relação com as figuras parentais que, ao serem reativadas, permitem retomar o desenvolvimento de aspectos do Ego sadios não evoluídos.

Através destas transferências podemos reconstruir a história destes vínculos. Apresentam-se geralmente como formas mais atuadas que como lembranças pensadas. Trazem a força irracional das convicções delirantes. Têm características compulsivas similares aos fenômenos patológicos que Freud descreveu no conceito de compulsão à repetição. Se bem que podemos ver nestes fenômenos componentes da pulsão de morte freudiana, a compulsão à repetição parece estar movida muito mais pela busca renovada da necessidade de encontrar a um outro com recursos egóicos que não tiveram os pais verdadeiros, para poder retomar o processo de desenvolvimento psico-emocional detido na infância.

Trata-se de formas de funcionamento mental distorcidas desde a sua origem nos vínculos primitivos com as figuras parentais e em referência a características particulares específicas dessas próprias figuras. Sendo, em sua origem, formas de enfrentar a relação com os objetos parentais dos quais o sujeito dependia nos primeiros anos de vida, continuam sendo formas de funcionamento da personalidade ou, para dizer de outra maneira, formas pessoais particulares de enfrentar as situações vitais. Se em um primeiro momento estas formas de funcionamento organizaram-se para a adaptação às circunstâncias externas (nas situações de dependência dos primeiros anos da vida), logo se constituíram em modalidades de funcionamento que, imprimindo seu molde ao mundo externo, condicionaram recortes, fracionamentos, cisões e distorções de tal natureza que foram se convertendo pouco a pouco e cada vez mais, em impedimentos dos processos de aprendizagem para o desenvolvimento dos recursos genuínos necessários para enfrentar a vida psíquica, com a criatividade e espontaneidade que caracterizam a saúde.

Estas formas de funcionamento patológico e patógeno estruturam-se a partir das chamadas situações traumáticas. Estas produzem-se em etapas narcisistas do desenvolvimento dentro nos vínculos primários onde há pouca diferenciação entre o sujeito e o objeto, pela conjunção combinada de fatores de vulnerabilidade genéticos e fatores ambientais que, nestes primeiros vínculos, possuem maior capacidade patógena. As vivências correspondentes a estas situações ficam assim incluídas ao mesmo tempo que absorvidas como partes constituintes destas formas de funcionamento. Podem ter dois destinos possíveis: 1) podem ser incompatíveis com a realidade e estar então dissociadas e cindidas do funcionamento psíquico cotidiano. Passarão a fazer parte de um inconsciente cindido-recalcado que se converterá em patógeno e estruturar-se-ão como sintomas em um determinado momento posterior; 2) podem ser estruturas sobre as quais algumas pessoas constroem sua personalidade. Aparecerão então como formas egossintônicas e exitosas durante algum tempo, até que, por diferentes circunstâncias, poderão se produzir desequilíbrios que farão aparecer a natureza profundamente patológica das estruturas sobre as quais foi construída a personalidade.

Resumindo: assim como os sonhos constituíram o "cenário" que permitiu a Freud a abordagem do estudo do funcionamento mental, podemos dizer que a Comunidade Terapêutica Psicanalítica de Estrutura Multifamiliar constitui o "cenário" adequado para que se esclareça a patologia mental grave. Nela aparecerão rapidamente as referências à família primitiva da infância, agora representada por diferentes membros componentes da Comunidade. Neste contexto, as tensões que disparam os fenômenos psicóticos parecem ter mais a ver com o meio ambiente do que com conflitos internos entre um Id e um Superego, como sucede nas neuroses. As regressões psicóticas, mais que uma desorganização do funcionamento mental como nos sonhos aparecem como uma reorganização patológica a partir de núcleos patógenos. A utilização de mecanismos de defesa mais primitivos e narcisistas, tais como a negação, a distorção e a projeção, corresponde à existência de um Ego primitivo, pouco evoluído, sem recursos egóicos suficientes para enfrentar a conflitiva pulsional ou a realidade externa. Neste sentido, na patologia da relação primitiva de objeto nos encontramos com o que recentemente se desenvolveu como a patologia dos processos de interiorização. Nisto, a patologia psicótica compartilha aspectos similares com os transtornos de caráter narcisista, as perturbações esquizóides, os sujeitos de personalidade *borderline*. E com a patologia psicossomática.

A situação traumática

Em vários momentos temos falado de trauma. Aqui é necessário recordar que, como em outras noções, todas as fases da elaboração teórica da psicanálise influenciaram no conceito de trauma (Fenichel, 1937 [105]). No começo, Freud relacionou a situação traumática com um fator ambiental que o Ego não pôde enfrentar pela ab-reação ou pela elaboração associativa. Assim, os histéricos e logo os psicóticos sofriam de reminiscências. Posteriormente, em relação com o desenvolvimento sexual infantil e a teoria da libido, Freud descreve situações traumáticas paradigmáticas, tais como, a) angústia de castração, b) angústia de separação, c) cena primária e d) complexo de Édipo. Estas situações traumáticas são concebidas em termos de fantasmática inconsciente e de realidade psíquica interna.

Em *"Além do princípio de prazer"* (1920) [121] Freud aprofunda o estudo da noção de trauma tomando como ponto de referência a neurose traumática. Partindo do fato de que os histéricos sofrem de reminiscências porque estão "fixados" ao trauma, diz que tem que aceitar que nestes casos a "função do sonho foi abalada pelo trauma e afastada de suas intenções". Aludindo ao jogo do carretel, no qual a criança transforma o sofrimento passivo produzido pelo abandono da mãe em um ato de achá-la ativamente, diz que chegou a suspeitar de "que o impulso ao elaborar psiquicamente algo impressionante, conseguindo deste modo seu total domínio, pode chegar a manifestar-se primariamente com independência do princípio de prazer"... "e que se vê que as crianças repetem em seus jogos tudo aquilo que na vida lhes causou uma intensa impressão"... "fazendo-se, por assim dizer, donos da situação". Freud acrescenta que "também pode haver outra fonte de prazer"... "ao passar a criança da passividade do acontecimento à atividade do jogo... (em alguns casos) faz sofrer a qualquer de seus companheiros a sensação desagradável por ele experimentada, vingando-se assim naquele da pessoa que o ofendeu".

Referindo-se em seguida ao fenômeno da repetição na transferência, que chama obsessão de repetição, diz que os neuróticos "ressuscitam com grande habilidade e repetem na transferência situações afetivas e acontecimentos indesejados que representam situações infantis típicas aonde se produziram feridas narcísicas muito doloridas". Finalmente, descreve diferentes formas de repetição no que podemos chamar de o destino dos homens e diz: "Estes fatos de que na observação do destino dos homens e de sua conduta na transferência temos falado, nos fazem supor que na vida anímica existe realmente uma obsessão de repetição que vai além do princípio de prazer e à qual nos inclinamos agora a atribuir os sonhos dos doentes de neurose traumática e os jogos das crianças..." e nestes casos considera que "...a obsessão da repetição e a satisfação instintiva direta e acompanhada de prazer parecem se confundir aqui em uma íntima comunidade...".

No estudo da situação traumática encontramos então sempre a situação externa e/ou interna precipitadora (que têm sido estudadas como os vários perigos específicos que são propensos para precipitar uma situação traumática em diferentes momentos da vida a saber: nascimento, perda da mãe como objeto, ameaça de castração, perda do amor do objeto, perda do amor do superego, etc.) e a maneira como o ego as enfrenta. Se bem que o essencial continua sendo o que para Freud era "a experiência de impotência por parte do ego diante do acúmulo de excitação", esta visão, essencialmente econômica, não levava em conta todavia o amplo campo de estudo do meio ambiente e das características das figuras parentais no condicionamento das experiências traumáticas.

Depois da morte de Freud, os desenvolvimentos da psicologia do Ego (Anna Freud [127], Hartmann [198] e outros) e o novo enfoque sobre a relação mãe-filho, mudaram nosso ponto de referência para a discussão da natureza e do papel do trauma. Hartmann (1939)[197] fala do retorno meio esperado. Frida Fromm Reichmann (1948) [132] fala de mãe esquizofrenogênica. Mahler (1952)[277] refere-se à simbiose entre mãe e filho que pode conduzir à doença esquizofrênica.

Devemos a Winnicott (1956)[405-408] uma das descrições mais elaboradas do papel do cuidado materno. Falando de "preocupação maternal primária" diz que, protegendo contra as excitações, a mãe permite o processo de maturação. A criança não necessita ser prematuramente consciente de sua dependência e, portanto, não tem que utilizar as funções mentais nascentes para se autodefender (H. M. James, 1960 [215]). Os estímulos desprazerosos são projetados sobre a mãe mantendo-se a ilusão de onipotência sobre o bem-estar, que se constitui em fé (Erikson, 1950[93]), confiança (Benedek, 1952[20]), comodidade (Kris, 1962[253]) e componente qualitativo de organização (J. Sandler, 1960[349]). Ao emprestar suas próprias funções de Ego, a mãe ajuda a criança a abastecer-se de provisões de narcisismo primário, de energia neutralizada e de começos de capacidade e de desejo de catexia de objeto (Hoffer, 1952[204]), (Kris, 1951[252]).

A hipótese básica de Winnicott é de que os fracassos do acolhimento suficientemente bom criam uma compulsão para corrigir os desequilíbrios e dissociações na integração do ego. Ele acredita que os impactos interrompem a autêntica integração do ego e conduzem a um funcionamento e a uma organização defensiva prematura (1948).

M.Khan [233], tomando também como ponto de partida o conceito de "protetor contra as excitações" de Freud, desenvolve o conceito de trauma acumulativo como resultado das fissuras no papel da mãe como proteção contra as excitações desde a infância até a adolescência, em todas as áreas em que a criança continua necessitando da mãe como ego auxiliar para apoiar as funções do ego ainda imaturas e instáveis. Trata-se, como diz Winnicott (1956) de fenômenos que têm a ver com a inadaptação das necessidades anaclíticas da criança, e seguindo Kris (1956) diz que têm a qualidade de uma deformação e que gradualmente estas fissuras vão se encravando nos traços específicos da estrutura caracterológica. (Greenacre, 1958 [178].)

M. Khan diz que o trauma acumulativo conduz à formação de um núcleo de reação patógena, que leva ao desenvolvimento de um Ego prematuro e seletivo que utiliza algumas das funções autônomas em ação defensiva para enfrentar os impactos desprazerosos (James, 1960 [215]; Winnicott, 1958 [405]). Organiza-se uma sensibilidade, especial para o estado anímico da mãe (Winnicott, 1958[405]). Isto leva a uma dissociação: por um lado, explora um vínculo de dependência arcaico e, por outro, impõe-se uma independência acelerada. O que deveria ter sido um estado de dependência silencioso, converte-se em uma exploração arquitetada de dependência pulsional do Ego, com uma catexia da mãe, precoce e narcisista. Para este autor, o trauma acumulativo oferece uma hipótese complementar ao conceito de pontos de fixação da libido. Uma vez que começa esta interação entre a criança e a mãe, leva sua esfera de ação para todas as novas experiências de desenvolvimento e de relações objetais. Em muitos aspectos significativos, esta interação patógena posterior tem por finalidade corrigir as deformações anteriores, ainda que na realidade as mantenha.

De nossa parte, consideramos que, na literatura psicanalítica, a noção de trauma tomou diferentes formas. A partir um enfoque teórico estritamente econômico podemos pensar em um conceito limite de trauma puro [14]. A partir de um enfoque vincular nos encontramos muito mais perto da noção de situação traumática. É em torno de uma concepção ampliada de situação traumática que fizemos desenvolvimentos pessoais. Pensamos que toda situação traumática é potencialmente patógena se, como disse Freud, "pareceu intolerável ao ego e despertou uma defesa". O mecanismo do *"a posteriori" (nachträlichkeit)* que Freud descreve para explicar como se produz a ressignificação do trauma, entendemos como um modo de negar e neutralizar o efeito patógeno das verdadeiras situações traumáticas na vida de um sujeito. Consideramos que o que importa, na realidade, é tomar consciência do efeito patógeno que tiveram sobre um indivíduo os mecanismos de defesa que o Ego instrumentalizou a partir de então, estruturando uma condição de solidariedade, para neutralizar a reaparição de uma sensação de "inundação" a partir de um estado de "desamparo" primitivo. Isto significa que a reativação de uma vivência de desamparo, em determinadas circunstâncias atuais, pode levar um sujeito a sentir-se novamente "inundado" por uma vivência de falta de defesa primitiva "como se" se encontrasse novamente em uma situação primitiva de "desamparo" total. Somos então levados a pensar que o que faz com que o sujeito volte a perceber-se na situação original da experiência traumática, em que se superaram muito as capacidades egóicas desse momento, é que a partir de então não puderam ser desenvolvidos recursos egóicos posteriores que poderiam permitir enfrentar de outra maneira as novas situações. As situações a que nos referimos não são somente externas, mas também internas. E, nesse sentido, o conflito psíquico inerente à vida mental normal pode tornar-se patógeno na medida em que se apresente como uma "representação intolerável" *(unverträglich)* para um Ego frágil e imaturo que o obrigue a recorrer a mecanismos de defesa primitivos que tenderão então a repetir-se e a fixar-se. Tudo isto, por sua vez, deve entender-se como uma situação em que os objetos em função parental não tenham proporcionado os recursos egóicos auxiliares que teriam podido mitigar, no momento, a situação traumática ou teriam podido ajudar a permitir a sua elaboração posterior, tornando possível ao Ego abandonar a tendência para repetir os mecanismos de defesa primitivos, cuja repetição por sua vez impediu o desenvolvimento posterior de novos recursos egóicos.

Além disso, a experiência nos levou a pensar que nas situações traumáticas graves, o sujeito sente-se levado a fazer identificações com o objeto (geralmente parental) que intervêm na própria situação traumática e, em particular, com os mecanismos de defesa que o objeto utiliza na relação com o sujeito. Essas identificações primitivas tendem a configurar uma certa alienação, no sentido em que, precocemente, o si mesmo, ficando preso em identificações (que se constituem necessariamente como patógenas) não poderá desenvolver recursos egóicos genuínos.

A afirmação de Freud de que os casos de etiologia traumática são os que oferecem a oportunidade mais favorável para o êxito terapêutico, tornou-se um tanto problemática e desconcertante. Isto se deve a que o conceito freudiano de etiologia traumática era muito mais restrito do que o que utilizamos na atualidade. Sabemos hoje que os pacientes esquizóides e *borderline* em geral sofrem situações traumáticas permanentes por não terem desenvolvido capacidades egóicas para enfrentar a conflitiva habitual da vida, por terem mantido uma vivência de vulnerabilidade em parte fantasiada e por terem organizado modos defensivos de funcionamento mental para poder negar e contradizer as possíveis situações traumáticas, restringindo de modo correlativo o contato com o mundo externo e com o mundo interno. A articulação e imbricação entre situação traumática, organização defensiva e intensidade pulsional é também maior do que aparece na formulação de Freud em seus últimos trabalhos.

Noção de objeto interno — Identificação projetiva e introjetiva

Depois de Freud, com a utilização da noção de objeto interno, Melanie Klein enriqueceu a clínica e a teoria psicanalítica, descrevendo um mundo interno e uma realidade psíquica de uma maneira rica e nova. Freud e Ferenczi haviam introduzido na análise o conceito de introjeção, mas Melanie Klein deu-lhe um papel predominante. Os objetos introjetados ou internos são sentidos como bons ou maus porque a criança projeta seus próprios sentimentos neles, e as ansiedades resultam de ataques que o si mesmo realiza ou sofre. A agressão desempenha um papel tão importante como a sexualidade. A vida psíquica da criança cria um segundo mundo de relações objetais ativas, estabelecidas e restabelecidas repetidamente nas fantasias e nos sentimentos da criança pequena, um mundo totalmente interno que pode chegar a desligar-se mais e mais do mundo externo e cujas pautas podem chegar a ser cegamente impostas às pessoas e às situações externas.

É importante lembrar que esta visão das coisas permitiu articular a noção freudiana de pulsões primitivas existentes no Id com uma dramática encenada que pode ser historiada desde os primeiros momentos da vida, em relação com as vicissitudes das relações objetais.

Surge assim uma nova visão das vicissitudes pulsionais.

M. Klein concebe o desenvolvimento da mente infantil como sendo a criação de um mundo interno fantástico e intensamente emocional de relações objetais más, agressivas e destrutivas, contrapostas a um mundo interno igualmente fantástico de relações objetais idealmente boas. Os dois mundos afastam-se mais e mais das relações com os objetos reais. Todavia, influenciam cada vez mais na percepção que a criança (e finalmente o adulto) tem da realidade externa e, portanto, influenciam no comportamento em relação a ela.

Finalmente, para Melanie Klein, as relações objetais do Ego, fantasiadas ou imaginadas, convertem-se em traços persistentes, quase permanentes, da organização da vida psíquica profunda. Estas relações objetais internas possuem "realidade psíquica" em um grau muito elevado, tal como se torna evidente quando tratamos de mudá-las. Nesta forma vamos visualizando uma nova versão, agora kleiniana, das resistências e das alterações do Ego de que Freud falava.

Esta visão construtivista de um mundo interno é que permitiu uma nova compreensão da dinâmica das neuroses e mais ainda das psicoses. Obviamente, muitos aspectos da concepção kleiniana estão incorporados em meus desenvolvimentos pessoais, ainda que não os tenha explicitado em cada oportunidade. Existe, contudo, uma importante diferença para destacar. Em minha concepção de relação de objeto, este último tem um papel ativo e importante, por suas características próprias, na estruturação normal ou patológica do aparelho psíquico do sujeito.

Relação esquizóide de objeto

Tratando-se de pacientes nitidamente psicóticos ou de pacientes que, pela natureza de seus sofrimentos, têm transtornos que se situam como perturbações primitivas do Ego, quer dizer, sendo pessoas que costumam chegar à Comunidade depois de um longo caminho de fracassos no que poderíamos chamar suas relações de objeto, são seres que tiveram que estruturar uma série de defesas que constitui o que Fairbairn descreveu como relação esquizóide de objeto.

Seguindo Fairbairn [103], Guntrip [186] diz que, dentre as características esquizóides da personalidade podemos descrever: introversão, afastamento, narcisismo, auto-suficiência, sentimento de superioridade, perda de afeto, tristeza, despersonalização e regressão.

A introversão designa o indivíduo que cortou seus vínculos afetivos com o mundo externo. Todos os seus desejos e motivações estão dirigidos para objetos internos e o paciente vive uma vida interior intensa que, quando se torna acessível, costuma revelar-se extraordinariamente rica em fantasia e imaginação. Esta vida de fantasia é geralmente secreta e, muitas vezes ainda, escondida para o próprio paciente. Seu Ego está cindido; contudo, ainda em pessoas profundamente esquizóides, as fantasias do mundo interno podem aflorar facilmente. Uma regressão mais profunda determina o estado de introversão regressiva máxima com fantasias de retorno intra-uterino. O afastamento do mundo externo é a outra face da introversão. O narcisismo nasce do predomínio da vida interior, onde os afetos estão dirigidos para os objetos internos com os quais o paciente está muito identificado. A auto-suficiência complementa a situação anterior porque nestas condições os objetos externos aparentemente não são necessários. O sentimento de superioridade surge da auto-suficiência que, ao negar as necessidades do mundo externo, permite evitar, por supercompensação, os sentimentos de dependência que fazem sentir inferioridade, pequenez e fragilidade. Isto é freqüentemente acompanhado pela sensação de ser diferente dos demais. Ver os outros interessados em coisas nas quais o paciente não pode interessar-se, o faz racionalizar que são coisas que não têm interesse para ele porque ele é superior, quando a realidade surge de sua própria incapacidade. A perda do afeto acompanha o anterior. E, diante da capacidade dos outros de colocar afeto, o paciente pode ter uma atitude depreciativa e cruel que, na realidade, disfarça a inveja e sua vulnerabilidade. Tristeza é a vivência que surge como conseqüência da situação anterior. A despersonalização é a perda do sentimento de identidade e é acompanhada de desrealização do mundo exterior. A regressão, neste conjunto, aparece como o movimento que, começando com a fuga do mundo exterior, conduz o indivíduo para dentro e para trás, para a situação intra-uterina. Como se vê, esta descrição das características esquizóides mostra que todas elas correspondem a uma mesma dinâmica e significação em termos da relação de objeto.

S. era uma paciente psicótica crônica com diagnóstico de esquizofrenia paranóide. Havia estado internada durante quinze anos em uma clínica tradicional antes de chegar em nossa Comunidade. Ali ela vivia isolada a maior parte do tempo em uma atitude sempre silenciosa. Desprezava manifestadamente o mundo exterior, como se não lhe interessasse o que se passava ao seu redor. Ficava deitada em sua cama ou sentada em um salão durante muitas horas, ou a víamos caminhando a passos largos pelo pátio externo, sempre só, sem falar com ninguém. Fechada em seu mundo interno, S. parecia auto-suficiente. Aparentemente, não necessitava nada dos demais. Algumas vezes, em datas especiais como as festas de fim de ano, não podia compartilhar das reuniões familiares nem tolerava as reuniões familiares dos demais. Fechava-se em seu quarto e sofria em silêncio. Ao irmos buscá-la para que estivesse acompanhada por nós, apenas conseguíamos uma forte resistência. Se a tomávamos pelas mãos em uma atitude carinhosa para forçá-la a vir, cerrava os punhos com força, enterrando-se as unhas, jogava-se na cama e chorava angustiada. Era muito penoso vê-la sofrer assim. Ela sentia-se com muita necessidade de estabelecer contato afetivo com o mundo externo, mas este, com suas características de realidade, frustrava-a tanto em relação às suas necessidades internas, que tinha de afastar-se com dor; queria voltar atrás no tempo e reconstruir uma família imaginária de sua infância que já não existia mais. E sofria amargamente por tudo isso.

Sua auto-suficiência era uma couraça na qual se fechava para poder proteger-se e não sofrer. Fazia de seu mundo interno um mundo idealizado e supervalorizado. As poucas vezes que intervinha nas discussões ou nas reuniões de grupo, fazia-o com uma atitude de superioridade. O que ela dizia tinha de ser a última palavra. Tinha idéias rígidas, preconceitos muito arraigados, julgamentos muito severos com os quais adotava sempre uma atitude superegóica manifesta. Criticava aos demais como se o que ela pensava e dizia fosse o certo e valioso, e o afirmava com tanta veemência que tornava-se evidente sua insegurança e fragilidade. Seu sentimento de superioridade e auto-suficiência com um comportamento orgulhoso, compensavam profundos sentimentos de dependência, desamparo, insegurança, tremenda necessidade de afeto bloqueada para evitar o sofrimento. Sua postura permanente de ofensa, como se desprezasse a todos, sua aparente indiferença como se não quisesse ninguém, essa falta de afeto manifesto, disfarçavam evidentemente uma necessidade afetiva muito intensa, em última instância, uma enorme necessidade de ser aceita e querida, mas, por sua vez, mostravam dificuldades muito grandes para poder estabelecer relações de objeto maduras. Nestas condições, a tristeza era a conseqüência irremediável da estrutura interna de sua personalidade. Em sua luta para manter este tipo de relação interna, S. em alguns momentos tinha vivências de despersonalização.

No início de sua entrada na Clínica, quando a Comunidade Terapêutica como realidade exterior exigia-lhe comunicar-se e participar, e não lhe permitia o afastamento que tinha mantido durante anos em sua internação anterior, S. fez profundas regressões; como que buscando dentro dela e em um passado as relações de objeto que podia tolerar assim como um refúgio mais seguro para suas dificuldades. Pouco a pouco, a Comunidade, com suas formas múltiplas de estimulá-la e de tirá-la de sua introversão, conseguiu que S. fizesse progressos importantes. Durante muito tempo queixava-se e ofendia-se com todos na Clínica, assim como também com todas as formas de terapia que se utilizavam. Obrigada em uma certa medida a comunicar-se com os demais, defendia-se agressivamente, e quando era forçada a participar de uma maneira ou de outra, era capaz de atacar e bater. Dizia que se sentia como em um tubo de ensaio, como um coelhinho da Índia, e que não tínhamos o direito de semelhante maldade.

Contudo, e apesar dela, como veremos, S. foi mudando e crescendo, por assim dizer. Sua capacidade de tolerar a relação com o mundo externo aumentou muito e durante períodos normalizou-se. A forma de resistência que apareceu posteriormente era de outro tipo. Ela apegava-se a um passado e a uma série de racionalizações porque não se atrevia a renascer e a enfrentar a realidade exterior de uma nova maneira.

O componente narcisista. Tendência à simbiose

Por momentos, S. mantinha contatos esporádicos com algum membro da equipe, particularmente comigo. Isto acontecia repentinamente, sem que pudéssemos detectar suas motivações externas aparentes. Era evidente que ela permanecia em um mundo interno do qual saía somente nos momentos em que queria ou podia, mas que para a outra pessoa pareciam arbitrários, já que era ela quem os determinava. A vida própria do outro não era considerada, ainda que na aparência parecesse respeitosa. Mas quando tentava manter contato e o objeto não estava à sua disposição, retraía-se imediatamente com hostilidade, com o que manifestava sua falta de tolerância para com os interesses e necessidades do outro. Seu afastamento e introversão mostravam claramente que se sentia profundamente ferida e reagia com uma violenta reação transferencial no sentido de uma ferida narcísica. Na relação de objeto, o outro era mais utilizado para satisfazer sua necessidade interna de conectar-se com o externo do que considerado como outra pessoa separada que tem vida própria.

Constrastando com este comportamento introvertido, S. comunicava-se por momentos de forma muito íntima com algumas pacientes, nas quais encontrava uma relação de objeto muito particular que parecia suspeita de conter componentes homossexuais. Ocupava-se com particular dedicação e carinho de uma paciente muito delirante, mas somente enquanto duravam os delírios e a incomunicabilidade, quer dizer, enquanto estava "muito louca", de tal modo que S. "tinha-a" para ela. A análise desta relação mostrou que esta paciente representava uma parte necessitada de S. projetada e da qual se ocupava como se fosse dela mesma. Quando a paciente melhorou e começou a comunicar-se com os demais, S. afastou-se e até chegou a recriminar-lhe seu abandono, como uma apaixonada profundamente ressentida. Era evidente que não tolerava compartilhá-la, por assim dizer, com os demais. Vimos bem claramente que S. havia tentado estabelecer uma relação de objeto devido à sua enorme necessidade de comunicação, mas com um outro que, por suas dificuldades, dava-lhe garantias de exclusividade. Quando esta relação terminou, S. começou a ter um comportamento auto-erótico manifesto que revelou a sua natureza narcísica.

Estas características primitivas da relação de objeto manifestaram-se em outras ocasiões, mostrando que constituíam formas de relação transferencial que se repetiam e a conduziam sempre ao fracasso. Esta relação objetal também havia se manifestado em sua análise individual em sua tentativa de fazer dessa relação um mundo totalmente à parte.

Pouco a pouco e através do desgaste destas situações, que foram toleradas e abordadas sistematicamente pela equipe, S. começou a melhorar e a manter contato com seus familiares, especialmente com seu filho maior, tanto que consideramos uma possível externalização. Então S. começou a fantasiar secretamente sobre sua futura convivência com o filho, a forma como iria ocupar-se dele e de sua casa, sem levar em conta as circunstâncias da própria vida do filho que impossibilitavam essa convivência. Sua frustração foi enorme. Traduziu-se em profundo ressentimento e impossibilidade de manifestações carinhosas para com o filho e um retrocesso visível em sua evolução, uma nova regressão na qual se evidenciava de maneira muito clara o mecanismo de regressão patológica típica das relações esquizóides de objeto. Paralelamente às características que estamos descrevendo, podiam ser vistas outras que assinalamos como típicas deste tipo de personalidade. S. manifestava uma estrutura francamente narcisista. Em suas relações com os demais não podia levar em conta o objeto praticamente. Seu desprezo manifesto para com os filhos estava motivado pelo desprezo para aceitar seu crescimento. Haviam transcorrido quinze anos desde o iníno de sua doença, com sucessivas internações e sofrimentos, e ela se negava a aceitar a realidade atual e o não ter podido compartilhar com sua família durante todo esse período.

Atualização das perturbações mais primitivas do Ego

Depois de descrever as características da personalidade esquizóide e das relações primitivas e narcisistas de objeto e ver como estas características podem apresentar-se e visualizar-se na Comunidade Terapêutica — como expusemos com nosso exemplo — vamos retomar e penetrar mais profundamente na dinâmica da relação de objeto e no trabalho de elaboração e maturação das perturbações mais primitivas do Ego.

Recordemos a idéia central de que os pacientes têm características de profunda imaturidade da personalidade por terem detido e distorcido seu crescimento e que para alcançar o que chamaremos de cura, necessitam percorrer um caminho de redesenvolvimento que nós centralizamos na noção de processo terapêutico. Este deve constituir-se, por assim dizer, a partir de pontos mais imaturos da personalidade, aos quais o paciente terá de regredir para resgatar, como diz Winnicott, os componentes mais valiosos de seu Ego ainda não desenvolvidos.

Na Comunidade Terapêutica Psicanalítica nos encontramos muito diretamente, de uma maneira ou de outra, com estes aspectos chamados regressivos nos pacientes psicóticos. Diferentemente da tarefa psicanalítica individual, na qual o psicanalista pode, depois de algum tempo, analisar estes níveis da transferência, na Comunidade este nível mais regressivo — quer dizer, de alguma maneira mais psicótico —, evidencia-se, manifesta-se ou materializa-se através de um paciente, algumas vezes de dois ou três pacientes, mas geralmente de um pequeno subgrupo do grupo total.

Como estes aspectos predominam psicologicamente sobre as manifestações neuróticas, é muito difícil e talvez impossível fazer um trabalho de elaboração de nível neurótico no grupo comunitário, quando predomina através de algum paciente o nível psicótico. Para aqueles que têm um interesse manifesto em falar sobre os temas de forma mais racional e madura, as intervenções dos pacientes mais perturbados parecem incomodar, mas freqüentemente trata-se de uma resistência traduzida na negação dos níveis psicóticos do grupo, tratando de manter um nível neurótico que lhes parece menos perigoso. Mas tudo acontece como se sempre tivesse "algum paciente" que impõe onipotentemente sua temática psicótica, com suas angústias correspondentes, disfarçada quase sempre sob uma forma muito louca e como se desta maneira assumisse a responsabilidade de manter viva a angústia psicótica do grupo como uma forma de contribuir para ajudar aos demais a desmascarar suas próprias e profundas dificuldades (incluindo os terapeutas). Assim, geralmente nos vemos obrigados a respeitar a prioridade do psicótico sobre o neurótico que se apresenta de uma forma espontânea, descobrindo e ressaltando o valioso que o comportamento psicótico traz que, num primeiro momento, parecia desprezível.

Os pacientes que se queixam e dizem que assim não se pode fazer nada, na realidade revelam uma atitude de franca resistência a abordar e trabalhar suas próprias angústias primitivas que estamos habituados a chamar de aspectos psicóticos. Também pode acontecer outra possibilidade, a dos pacientes que se "fazem de loucos" como uma maneira de instrumentalizar os aspectos psicóticos como uma cortina de fumaça para defender-se da percepção de aspectos neuróticos ansiógenos. Procuram assim desorientar os terapeutas, assustando-os com reações inesperadas de aparência psicótica, mas instrumentalizadas psicopaticamente.

Respeitando o que poderíamos chamar de regras naturais do jogo nesta forma de trabalho, encontramo-nos tendo que enfrentar comportamentos, vivências, angústias, conflitos, atuações, etc., que correspondem aos níveis regressivos mais profundos da personalidade. Para que isto possa acontecer, nós, terapeutas, temos que ter um grau de disponibilidade muito grande que, através da atitude psicanalítica, a permissividade, a capacidade de continência, trabalhar e de elaborar permanentemente o que está acontecendo, condiciona o aparecimento e a continuidade destes fenômenos que se mostram como as características mais valiosas quanto a resultados terapêuticos de uma Comunidade.

Sendo a necessidade de "participação emocional" um ponto básico de referência em nossa Comunidade Terapêutica Psicanalítica, esta espécie de "fundo" evidencia rápida e diretamente a "figura" representada pelo fato de que os indivíduos doentes têm dificuldades profundas nesse sentido. Os pacientes estão emocionalmente bloqueados e inacessíveis. Chegaram a esta condição através de sucessivos fracassos em suas relações emocionais, e finalmente renunciaram em estabelecer relações objetais, ainda que necessitem mais do que habitualmente. A presença de outros seres humanos na Comunidade, com quem têm que estabelecer um contato real, evidencia a reação patológica e etiopatogênica original, que consistiu em abolir a relação com o mundo exterior e que conduziu à condição esquizóide de um viver descatetizado e afastado.

Como disse Guntrip, embora falando de outra situação e de outro contexto, quando as dificuldades em realizar e manter boas relações de objeto são muito grandes e vive-se a relação interpessoal com uma intensidade muito grande e conflituosa, o sujeito faz esforços desesperados para negar e eliminar esta necessidade básica de manter alguma relação de objeto. O indivíduo mete-se em sua casca, fecha-se em um trabalho de natureza impessoal, anula as relações com pessoas tanto quanto pode e dedica-se a abstrações, idealizações, teorias, organizações, etc. Também pode construir com os objetos sua casa, seu quarto ou seus pertences, um mundo carregado de afetos aparentemente desumanizados [364]. À medida que a pessoa corta a relação humana com o mundo exterior, vai voltando para trás, regredindo a fantasias de relações objetais emocionalmente carregadas em seu mundo interno, até que viva nela apenas o psicótico.

Parece pertinente recordar aqui as idéias de Fairbairn em relação ao fato de que nós seres humanos, somos constitucionalmente incapazes de viver sem relações de objeto. A perda de todos os objetos seria para a criança equivalente à morte psíquica. A convivência permanente com estes seres e o conhecimento profundo através do trabalho psicanalítico, pareceria apoiar as teorias de Fairbairn sobre as relações de objeto quando diz que o objeto da libido não é o prazer, como disse Freud, mas sim o objeto em si mesmo. Como se a vida humana tivesse significado apenas em termos de relação de objeto, porque sem isto o próprio Ego não pode desenvolver-se nem viver. Talvez seja melhor reconhecer que ambas necessidades são igualmente importantes e estão vigentes simultaneamente. No trabalho na Comunidade evidencia-se claramente que as relações com os objetos internos são geralmente penosas e que têm qualidades masoquistas e, todavia, são extremamente persistentes. Quando os pacientes estabelecem relações com objetos externos, estas também são geralmente penosas e não justamente prazerosas. Neste sentido pareceria evidente que o ser humano busca, em última instância, a relação de objeto e não o prazer.

Na Comunidade as relações interpessoais dos pacientes mais esquizóides têm a característica de serem relações esporádicas, inícios de contato, momentos de comunicação, para voltar rapidamente à incomunicabilidade. Esse ir e vir, esse entrar e sair das atividades e dos grupos da Comunidade, é característico do movimento inicial dos pacientes que se evidencia durante algum tempo, até que estes adquirem um grau de maturidade suficiente para poder contribuir na manutenção da constância da relação, que é condição indispensável para a estabilidade emocional. Dadas as circunstâncias que viemos descrevendo, é fundamental que os terapeutas mantenham a constância da relação objetal no nível de possibilidade para enfrentar terapeuticamente a instabilidade do ir e vir dos pacientes. Neste sentido, revela-se importante, em relação ao tema do continente adequado e da forma de encarregar-se do paciente, a condição fundamental de permanência da disponibilidade da Instituição quanto a prover uma constância de possibilidade de relação objetal através de seus membros. A imagem seria que o paciente possa encontrar sempre, quando busca e necessita, uma figura "parental" para não se sentir abandonado — e perdido — e que possa também afastar-se da mesma quando se torna necessário pela intensidade do conflito com que vive a relação, até que possa refazer-se e voltar a tentar novamente. É evidente que é a partir deste trabalho de aproximar-se e de afastar-se, de entrar e de sair, que vai poder, sempre que se trabalhe e elabore toda a temática interna que constitui este movimento, realizar o processo de crescimento e maturação.

No caso de S., referido antes, vimos como seu comportamento representava precisamente esse aproximar-se/afastar-se, esse entrar e sair das situações. Ela estabelecia contatos esporádicos porque não podia manter uma constância da relação objetal. Em todas as situações repetia-se esta pauta ou modelo, tanto com os outros pacientes como com o pessoal e os médicos. Nas reuniões da Comunidade materializava o modelo em uma forma muito gráfica:

Entrava a qualquer momento, depois que havia começado a reunião. Praticamente nunca chegava com os demais pacientes quando se iniciava a tarefa e assim mesmo retirava-se sem dizer nada a qualquer momento. Podia-se pensar que não podia tolerar o tema que se estava tratando. Esta conduta tornou-se mais significativa contudo quando começaram as reuniões do grupo familiar nuclear. Quando a família se reunia e se requeria sua participação, S. não vinha nunca, seja não dando explicações ou seja dizendo que "não tinha interesse". Todavia, freqüentemente aparecia em qualquer momento da reunião, ficava um tempo escutando, controlando o que se estava dizendo e logo se retirava irritada. A família sentia este comportamento como francamente hostil e reagia com tédio e desejos de negar sua cooperação. A situação adquiriu um significado e, portanto, tornou-se mais tolerável quando todos tomamos consciência de que ela não podia manter a relação de objeto; mas nós, incluindo a família, a partir de fora, devíamos manter a constância da disponibilidade para essa relação. S., pouco a pouco, foi incorporando a segurança de que o objeto estava ali, sempre, disposto a recebê-la quando ela se aproximava.

Durante muito tempo ela negava esta realidade dizendo, por exemplo: "nesta Clínica nunca tem ninguém", "nunca se encontra nenhum médico quando se precisa", "nunca se tem com quem falar". Negando a realidade exterior S. descrevia nestas frases sua realidade interna desértica e desamparada. Quando adoeceu havia sofrido seriamente uma situação de abandono. Durante um tempo recebeu tratamentos, mas logo permaneceu internada sem que se ocupassem mais dela e também foi abandonada pela família, gerando um intenso trauma. Mas, além desta realidade, havia revivido e repetido, por meio disso tudo, uma situação traumática original que vinha de sua primitiva relação de objeto com a mãe, como pudemos ver muito bem através da análise de seu irmão, tanto em seu tratamento individual como no do grupo familiar. O objeto mãe havia sido seguramente desamparante, pouco estável e expulsivo, deixando em todos os filhos marcas semelhantes, no sentido de características francamente esquizóides da relação de objeto. Temos que acrescentar a isto um pai ausente que parecia não haver podido compensar esta situação carencial e favorecer um desprendimento.

Presença e manifestação dos objetos internos

Na Clínica, S. atualizava permanentemente, através das relações com objetos do mundo exterior, esta situação conflitual de seu mundo interno. Como disse Guntrip, quando o esquizóide começa a sentir em relação a pessoas reais, reage a elas como se fossem idênticas a seus objetos internos maus. Estas reações são tipicamente transferenciais e produzem-se em múltiplas relações com distintas pessoas. Com algumas, geralmente algum médico, adquirem uma intensidade mais marcada, e então apresenta-se uma boa oportunidade para fazer o paciente tomar consciência do significado de sua conduta; da mesma maneira que se pode trabalhar na situação analítica individual, mas muitas vezes com uma maior possibilidade de confrontar fantasia com realidade.

Como sabemos (Freud), nas reações transferenciais falamos de repetição na transferência sem memorização. Seguindo Fairbairn, podemos recordar que as coisas são internalizadas mentalmente e retidas em duas formas diferentes que chamamos respectivamente de memória e de objetos internos (Guntrip assinala que Bion enfatizou isto recentemente). Para Fairbairn, os objetos internos bons seriam, em primeiro lugar, internalizados mentalmente e retidos somente como recordações, porque estas incluem a experiência da posse segura da relação. Os objetos seriam internalizados e retidos como tais unicamente quando se faz uma relação má de objeto, como por exemplo por mudança, abandono ou morte. O objeto perdido converte-se então em um objeto mau que é mentalmente internalizado em um sentido mais vital e fundamental que como recordação.

Guntrip [186] destaca que através destes mecanismos "estrutura-se um mundo interno que duplica uma situação frustrante original, um mundo infeliz no qual se está atado a objetos maus, sentindo-se sempre frustrado, faminto, irritado, culpado e profundamente ansioso, com a tentação constante de buscar um alívio interno transitório projetando toda a situação no mundo externo. São os objetos maus os que são internalizados, porque nós não podemos aceitar sua maldade; tratamos de nos retirar deles na realidade exterior e assim mantemos a luta para possuí-los, alterá-los e obrigá-los a se transformar em objetos bons, em nosso mundo interno psíquico. Eles nunca mudam. Em nosso mundo interno inconsciente onde recalcamos e contemos muito precocemente na vida nossos objetos originais maus, eles permanecem sempre desprezados, indiferentes ou hostis para conosco, de acordo com a nossa experiência atual externa. Devemos enfatizar que estes objetos internalizados não são fantasias. A criança está emocionalmente identificada com estes objetos e quando os incorpora mentalmente, parece identificada, com eles e assim convertem-se em parte da própria estrutura psíquica de sua personalidade. As fantasias nas quais os objetos internos revelam sua existência à consciência são atividades das estruturas psíquicas doentes que constituem os objetos internos. Os objetos se internalizam logo na vida somente desta maneira radical por fusão com estruturas de objetos internos existentes previamente. Na vida adulta, as situações de realidade exterior são interpretadas inconscientemente à luz destas situações que persistem apenas na realidade puramente psíquica, interna e inconsciente. Nós vivemos no mundo externo com as emoções geradas no interno. Uma grande parte dos problemas psicopatológicos é "como as pessoas manejam seus objetos internos maus, até que ponto sentem-se identificada com eles e como eles complicam as relações com os objetos externos?".

Esta magnífica descrição de Guntrip resulta particularmente útil para nosso modo de pensar. Nossa experiência com pacientes psicóticos nos mostra estes fatos como se estivéssemos olhando com o aumento de um microscópio. No campo psicológico da Comunidade Terapêutica evidencia-se permanentemente um campo fenomênico onde são claras as distorções que as relações de objeto internas produzem nas relações interpessoais, mas é precisamente o campo mais rico para trabalhar e elaborar psicanaliticamente estas situações.

Não queremos deixar de assinalar novamente aqui que, precisamente pelo que acabamos de dizer, na Comunidade Terapêutica atualiza-se uma estrutura dinâmica que vamos designar como multifamiliar, pois cada paciente traz sua família dentro dele e a atualiza na Comunidade. O fato de estarem incluídas necessariamente as famílias nos fez levá-las a participar do processo terapêutico dos pacientes, com o objetivo de que os conflitos possam ser elaborados, se possível, também com os objetos reais com os quais se estruturaram originalmente.

Como veremos em seguida, se bem que a relação transferencial seja o campo psicológico que a psicanálise descobriu para elaborar os conflitos primitivos, nos pacientes psicóticos poder reviver estes conflitos transferenciais com as pessoas reais — geralmente os pais — adquire um valor terapêutico muito grande. Na realidade, o fato de reviver os conflitos com as pessoas reais também tem um caráter nitidamente transferencial, pois os pais são revividos transferencialmente como os pais infantis. De tal modo, incluir a família real no processo terapêutico permite uma melhor discriminação entre objeto interno e objeto externo.

Mas além disso, a necessidade que Guntrip refere de mudar e melhorar o objeto interno, que se vê nos pacientes, corresponde também a uma necessidade de mudar os pais reais exteriores, no sentido de torná-los reciprocamente menos dependentes dos filhos para poderem se desligar melhor uns dos outros.

Revisão da teoria do conflito psíquico em relação ao desenvolvimento de recursos egóicos

Uma das maiores colaborações da teoria inicial de Freud sobre as psiconeuroses foi que o processo dos sintomas corria paralelamente ao aspecto dinâmico da formação dos sonhos. A teoria freudiana do conflito psíquico implica a existência de um equilíbrio entre os impulsos reprimidos e as forças repressoras. Assim, os sintomas representam as tendências reprimidas disfarçadas que abriram novamente caminho para a consciência. Esta formulação implica a idéia de que a normalidade psíquica é um equilíbrio de forças. A ação terapêutica consistia em que a tomada de consciência sucessiva permitiria "uma espécie de ligação (*Bändigung*) ou controle do instinto (pulsão) que é integrado na harmonia do Ego". Mas Freud pensava que, como nenhuma solução de um conflito instintivo é definitiva e depende da relação entre a intensidade do instinto e da força do Ego, o paciente sempre está exposto a um novo aparecimento da neurose.

Nossa maneira de pensar nos levou a desenvolver novos pontos de vista, desde que a repetição do aparecimento dos sintomas depende, em grande parte, da escassez de recursos que o paciente pode ter para enfrentar e superar os conflitos. A condição mental com que nascemos pode ser definida como uma condição de escassos recursos egóicos e o desenvolvimento psico-emocional é, entre outras coisas, o desenvolvimento dos mesmos com suas vertentes biológica e psicológica.

Para nós, a noção freudiana de conflito psíquico não deveria incluir um caráter patógeno por si mesmo. Para sê-lo deveria incluir simultaneamente a idéia de uma representação intolerável (*unverträglich*) para um Ego frágil e imaturo. A utilização de mecanismos de defesa primitivos produz-se desde épocas precoces. A criança pequena, em sua relação simbiótica com a mãe, utiliza os recursos egóicos dela, como se fossem próprios, para enfrentar estas representações intoleráveis. Como já vimos, quando a mãe tem dificuldades para desenvolver a função materna, a criança encontrar-se-á muito mais exposta às situações traumáticas. Podemos pensar então que, na experiência traumática, foram superadas as capacidades egóicas desse momento e as condições de auxílio ou reforço que normalmente a mãe traz com sua função materna.

Na literatura psicanalítica existe uma tendência a ver o objeto gratificante como bom e o objeto frustrador como mau. De nossa parte, consideramos que a condição de bom ou de mau do objeto — no contexto do vínculo de crescimento psico-emocional da criança — depende da forma com que a mãe, "acompanhando" o Ego frágil e imaturo, lhe forneça ou não recursos genuínos para servir de "continente" das ansiedades transbordantes e angustiantes. De tal maneira, o objeto bom traria, com sua função estruturante, as condições para que uma experiência frustradora seja tolerável e uma experiência de satisfação possa ter seu limite. O objeto mau seria aquele que, por sua condição carencial própria, não pode trazer esses elementos indispensáveis e comporta-se, pelo contrário, como amplificador das frustrações, invejas e ciúmes primitivos.

Depois de muitos anos de trabalho foi ficando claro para nós que, além das várias formas que tomam os transtornos psicopatológicos, chega-se sempre a algo que é comum a todos eles e que conceituei como uma condição de carência de recursos egóicos genuínos para enfrentar a realidade, tanto externa como interna, e como conseqüência para resolver os conflitos inerentes. Esta condição de déficit de recursos reativa e atualiza a condição básica de desamparo com que nascemos e que no ser humano tem um período prolongado no curso de seu desenvolvimento. Nos pacientes o desamparo vai ficar mascarado durante muito tempo pela onipotência com que são mantidos os sintomas, que vão persistir até que o paciente possa desenvolver capacidades egóicas suficientes para poder abandonar o sintoma sem sentir-se invadido pela angústia, de tal maneira que não se torne urgente voltar ao mesmo como única forma de restabelecer o equilíbrio precário. Nos pacientes psicóticos manter-se-ão por sua vez as alucinações e as idéias delirantes até que tenham podido desenvolver, no decorrer de um prolongado e às vezes penoso processo terapêutico, recursos egóicos mais autênticos para enfrentar a vida.

As identificações normogênicas e patogênicas

Na vida de um ser humano, durante um longo período, os processos identificatórios podem trazer elementos positivos para o desenvolvimento da personalidade ou podem, ao contrário, condicionar incorporações negativas que contribuem para configurar estruturas patológicas. De um modo extremamente esquemático poderíamos diferenciar, nos processos identificatórios, qualidades normogênicas e patogênicas. Assim por exemplo: o que os pais desejam para os filhos ou esperam dele como filho ou o que o filho sentiu a este respeito, pode converter-se em ideal do Ego que contribui para desenvolver ganhos positivos em sua vida ou pode consolidar-se como uma introjeção cristalizada que, tomando outro sentido, não permitirá o desenvolvimento de uma identidade própria.

A partir de um ponto de vista clínico, postulamos que as identificações que promovem a estruturação normal do aparelho psíquico contribuem para o desenvolvimento de recursos egóicos que servirão para abordar a conflitiva mental que o ser humano tem de enfrentar durante sua vida. Utilizo este conceito de *recursos egóicos genuínos* para citar um aspecto essencial da condição de saúde mental e maturidade da personalidade. Não me refiro às chamadas funções do Ego e, neste sentido, os recursos egóicos seriam como pré-requisitos para que o Ego possa alcançar realizações adequadas. Quanto à patologia mental, o conceito de déficit ou carências no desenvolvimento de recursos egóicos permitiria compreender uma dimensão importante da psicopatogênese, especialmente no que se refere à falta psicótica. A condição de desamparo com que nascemos pode ser definida como uma condição de escassos recursos egóicos e o crescimento psico-emocional é, entre outras coisas, um desenvolvimento de recursos egóicos, que se constituem através de experiências vitais. No processo psicoterapêutico psicanalítico o desenvolvimento de novos recursos egóicos tem um papel fundamental.

Quando as identificações se fazem dentro de um vínculo simbiótico sadio, na dependência, o filho pode "utilizar" as figuras parentais, como partes de si mesmo, desenvolvendo — por identificações estruturantes com recursos egóicos dos pais — recursos egóicos próprios. Nestas condições, os pais respaldam permanentemente o Ego espontâneo imaturo que está fazendo experiências. Neste processo de crescimento psicológico a interação realiza-se em grande parte de forma lúdica, criativa e reversível. A criança em crescimento pode movimentar suas identificações em processos de ensaio e erro que configuram uma aprendizagem. Nas identificações estruturantes movimentam-se mecanismos de assimilação e acomodação entre o sujeito e o objeto da relação objetal, mediante o que se enriquece o intercâmbio que, à medida que o tempo passa, torna-se cada vez mais criativo. Da dependência vai passando paulatinamente a uma interdependência recíproca sadia, cada vez mais rica em matizes dentro de um vínculo no qual aparece cada vez mais a dimensão intersubjetiva que — simultaneamente — possibilita a diferenciação ego/não-ego, quer dizer, o eu e o outro. Da simbiose primitiva, através de um processo de dessimbiotização, passa-se a uma crescente individuação e autonomia. Da etapa de ilusão, passando pela desilusão, passa-se, mediante a criatividade, para uma relação mais realista de objeto.

Quando abordamos a patologia, podemos dizer que a potencialidade patogênica das identificações é inerente e consubstancial com a importância vital que têm os processos identificatórios nas distintas etapas evolutivas. Trata-se, sem dúvida, de processos complexos, que incluem problemas de equilíbrio nas estruturas do aparelho psíquico. Um desenvolvimento precário do si mesmo com uma identidade pobre obriga o Ego a recorrer a vínculos patógenos introjetados — armazenados no inconsciente através da história vivida —, como forma de atenuar a angústia de autodestruição ou desintegração, pela qual se sente ameaçado. Esta identificação será então uma espécie de salva-vidas.

Para nós, uma identificação patológica será aquela que incorpora ao psiquismo elementos que vão atuar como uma presença invasora e exigente, obrigando a uma reestruturação ou submissão das demais funções mentais em função dessa "presença". Nas identificações patológicas encontramos sempre uma história de situações traumáticas e de momentos dolorosos, quer dizer, de sofrimento psíquico intenso. Na forma em que ocorrem na transferência psicótica parece tratar-se de vínculos asfixiantes da espontaneidade, que geram submissão e paralisação através de diferentes mecanismos de introjeção ou de identificação projetiva, que parecem ter-se produzido por invasão ou intrusão em um Ego frágil e imaturo que, não podendo defender-se, vê-se obrigado a mimetizar-se, ou melhor dizendo, a transformar-se no outro perdendo seus aspectos próprios. Esta identificação é então alienante, porque o Ego foi substituído por um objeto estranho e invasor que possuiu, às vezes numa forma de possessão "demoníaca".

Em favor do desenvolvimento, estas identificações patológicas vão ficando dissociadas e organizam-se como partes cindidas da mente, como objetos internos maus e autoritários ("enlouquecedores") que passam a fazer parte de um inconsciente cindido — como dizia Freud — e que devem ser mantidos sob controle por fortes mecanismos de defesa, o que representa um permanente desgaste de energias necessárias para a estruturação do aparelho psíquico. A presença destes objetos internos enlouquecedores obriga a organizações mentais patológicas que condicionam um equilíbrio instável que será assim permanentemente armazenado a partir de dentro e a partir de fora. Nestas circunstâncias, os "precursores" do Ego propriamente dito não podem estruturar-se sobre a base da espontaneidade e de suas experiências com o mundo exterior. Paralisado diante das outras instâncias e diante da realidade exterior, vê-se obrigado a recorrer a identificações miméticas com diferentes aspectos das figuras parentais que vão alimentar o superego, sem poder desenvolver um si mesmo próprio. Constitui-se, assim, um círculo vicioso. Quanto mais identificações superegóicas ameaçadoras e menos identificações egóicas estruturantes, menor a possibilidade de atingir uma identidade própria verdadeira que inclua um si mesmo com capacidade de intimidade pessoal e com capacidade de estar sozinho (Winnicott [406]). O sujeito poderá existir somente através de identificações alienantes. A personalidade "como se" constitui o protótipo desta estrutura. Nas patologias psicóticas vamos encontrar uma condição "como se" subjacente à patologia manifesta, que terá de ser trabalhada psicanaliticamente no processo terapêutico. Utilizando a metáfora do personagem e da pessoa, podemos dizer que o paciente, ao não poder ser a pessoa (pelo que foi assinalado antes), constitui-se em personagem. Atua como tal, de certo modo, como se estivesse representando. E esta é uma dimensão vigente em toda doença mental. Mas na realidade o personagem é vital: não é que a pessoa se expresse através do personagem, é este último que parece ser necessário para manter viva a pessoa oculta. (Freud fala da existência em toda psicose de uma pessoa oculta; Winnicott fala de um si mesmo verdadeiro não desenvolvido e oculto.) A pessoa sente-se assim ameaçada de morte se o personagem desaparece. Isto, entre outras coisas, faz com que estas identificações sejam mantidas onipotentemente como baluartes, contribuindo para manter com força a convicção, às vezes delirante, constituindo-se — finalmente — em defesas narcisistas e/ou caracteropatas mais difíceis de superar no processo terapêutico.

Quando as experiências vinculares traumáticas são repetidas ou quase sistemáticas, produzir-se-ão sucessivas reincorporações de vínculos frustrantes que canalizarão precisamente o sadismo primitivo na forma de relações sadomasoquistas com objetos internalizados que — seguindo outros autores — podem considerar-se objetos internos maus. Estes vínculos internos patológicos, canalizando as necessidades pulsionais, empobrecerão o crescimento egóico impedindo seu desenvolvimento. De patológicos transformam-se em patogênicos.

Além das vicissitudes pulsionais e das relações objetais, os processos identificatórios têm um condicionamento externo dado pela trama familiar. Os pais, com sua expectativa préfigurada sobre os filhos, colocam-nos, às vezes, em situações que os condicionam a partir de fora, a identidades distorcidas. Existem circunstâncias nas quais as constelações familiares particulares enganam os indivíduos em desenvolvimento, configurando campos psicológicos que os forçam a desempenhar papéis préfixados, que se constituem em outras tantas identificações contraditórias e conflitivas entre si.

Em uma determinada constelação familiar, o futuro paciente pode fazer uma identificação patógena com um aspecto patológico da personalidade de um dos pais e, sobre esta identificação, começa a estruturar um falso *self*. A partir daí, o paciente não poderá continuar desenvolvendo seu próprio *self*. Às vezes, acontecem várias identificações patógenas, de tal maneira que uma identificação predominante mantém cindida e secreta outra, que poderá aparecer quando o *self* sinta-se invadido e transbordado pela angústia, por causa de fatores desencadeantes que sobrepujam suas capacidades para continuar mantendo e controlando seu equilíbrio precário. Estas identificações patógenas aparecerão então sucessiva e alternadamente no tratamento psicanalítico como diferentes modalidades de transferência, que representam formas de atualização na transferência — a partir dessas identificações patógenas — de diferentes vínculos patológicos fixados nas sucessivas etapas de desenvolvimento.

Nos processos psicóticos o sujeito, que não pôde desenvolver um si mesmo verdadeiro próprio, acreditará — durante algum tempo — que, com estas identificações, um é realmente o outro, sem se dar conta de que se trata de ilusões psicóticas. Isto faz parte da condição clínica pré-psicótica. O surto psicótico produzir-se-á na realidade quando o sujeito vir-se confrontado com a magnitude de suas carências. Ver-se-á, então, ameaçado pela angústia de morte ou de desintegração e terá que recorrer urgentemente a essas identificações patógenas e a construções delirantes, para conseguir uma pseudo-identidade que, de todo modo, não pode garantir uma sobrevivência psíquica.

Estas identificações produzem-se geralmente dentro de uma trama familiar particular. Trata-se de um equilíbrio de sistema. Podemos dizer que, de certo modo, as identificações regulam-se entre si. Quando são incompatíveis, dão lugar a cisões patológicas ou personalidades múltiplas. O trabalho na Comunidade nos tem permitido comprovar a existência destes sistemas familiares patológicos que constituem uma trama enganosa e patógena. O rastrear da história familiar permite muitas vezes reconstruir uma árvore genealógica das identificações patógenas herdadas psicologicamente.

O objeto enlouquecedor

A patologia dos objetos parentais caracteriza-se (também) pela presença de sadismo primitivo e de sexualidade primitiva na relação objetal com o filho. Estes vínculos tendem a estruturar-se de um modo perverso e condicionam um tipo de funcionamento mental que promove *actings* intrapsíquicos permanentes [162] (quer dizer que são pessoas que não podem pensar), que detém o desenvolvimento posterior de outros recursos egóicos. Manifesta-se assim a tendência para transformar qualquer relação de objeto em uma simbiose patológica, sem saída e sem futuro, o sujeito não podendo prescindir do objeto porque necessita dele a partir de seu desamparo.

Vários autores, entre eles Kohut, ocupam-se das perturbações específicas no campo do *self* e daqueles objetos arcaicos catetizados com libido narcisista (objeto do *self*) que ainda se acham em estreita relação com o *self* arcaico. É nestas estruturas primitivas da mente que pensamos que começam a organizar-se os vínculos de natureza perversa que condicionarão as tendências às simbioses patológicas. Falamos de vínculos perversos porque, como dissemos antes, incluem sadismo primitivo e também sexualidade primitiva. Por outro lado, acreditamos que as tendências às perversões sexuais clínicas estruturam-se a partir destes núcleos perversos primitivos. Ao impedir o desenvolvimento de recursos egóicos impede-se também o desenvolvimento das estruturas mentais que intervêm no que os autores da psicologia do Ego consideram processos de neutralização.

Quando a necessidade de uma demanda infantil sadia foi frustrada ou desconhecida pelas "carências" dos objetos parentais — com a especificidade patógena que tentamos descrever — estes podem transformar-se, como já dissemos, em "objetos enlouquecedores". Com o conceito de objeto enlouquecedor tentamos em outro lugar introduzir a idéia da existência de características patógenas específicas dos objetos, ao mesmo tempo que a idéia de um funcionamento patológico e patógeno específico no sujeito induzido e organizado em função desse objeto enlouquecedor. Trata-se de um objeto que induz inconscientemente o sujeito a atuar sadicamente e com maldade, e o faz se sentir malvado e culpado, porque a inadequação do objeto, invés de amortecer as pulsões primitivas do sujeito, aumenta-as, especialmente a inveja e o sadismo. O objeto costuma atuar muito sadicamente sobre o sujeito por não se dar conta do estado de desamparo do mesmo e por sentir sua espontaneidade como ameaçadora e perigosa. O desejo, como busca subjacente da experiência de satisfação, submete-se à necessidade do outro, quer dizer, do objeto. Configura-se assim a experiência traumática repetitiva que se constituirá em fixação do trauma. A situação aterradora e paralisante de *depender e de necessitar de* — cada vez mais — um objeto que é enlouquecedor, conduz, como única saída (daí a sua especificidade) a uma identificação patógena com o mesmo. Configura-se assim, no aparelho psíquico, uma organização polarizada de uma parelha simbiótica-patológica onde existe um dono e um escravo, e onde ambos têm papel intercambiáveis, mas ambos são reciprocamente imprescindíveis, não podendo nenhum dos dois ter uma verdadeira individuação ou autonomia própria. A loucura é, sempre e em última instância, uma *folie a deux*. Sendo assim, a descrição que acabamos de fazer corresponde, nos pacientes mentais graves, ao tipo de vínculo estruturado com as figuras parentais e introjetado e persistente como um vínculo interno entre o Ego e o Superego, onde este último não é um verdadeiro Superego, o do modelo freudiano, herdeiro do complexo de Édipo, mas sim um Superego kleiniano primitivo, quer dizer, um objeto intrapsíquico idealizado e persecutório.

Falta de uma identidade consistente

A experiência clínica combinada de terapia individual, familiar e multifamiliar mostra-nos sempre que o paciente mental grave não pôde desenvolver uma identidade consistente. Como vimos, construiu pseudo-identidades sobre identificações que são somente representações mentais, pois não estão sustentadas em desenvolvimentos de recursos egóicos próprios, desenvolvimentos que precisam ser feitos a partir da espontaneidade e do reconhecimento do outro.

Concedemos extrema importância a este aspecto ativo do funcionamento do sujeito. As estruturas mentais, que se organizam na base da espontaneidade, constituem o que chamamos de um crescimento genuíno do si mesmo. Quando o objeto não respeita a espontaneidade do sujeito em desenvolvimento não reconhece a existência virtual do si mesmo, o aparelho psíquico organiza-se na base de introjeções que incluem o sofrimento psíquico causado por esse vínculo primário de desconhecimento e, finalmente, o si mesmo será deficitário.

Os pacientes mentais graves comportam-se como se sua identidade estivesse permanentemente posta à prova no contato com a realidade. E é por isso que tendem a manter uma distância controlada em relação a ela, porque se sentem constantemente ameaçados por ela. Como, além disso, julgam que o contato com o objeto garante a preservação do si mesmo, tratam de mantê-lo a qualquer preço e, então, configura-se uma dependência extrema, subserviência e submissão devotada. De tal maneira, boa parte da sintomatologia psicótica pode ser entendida em termos dessa luta por manter contato com o objeto. Outros autores vêem neste contato a utilização do objeto como suporte narcisista do sujeito.

Com referência à relação do paciente com o mundo externo, pensamos que na condição psicótica foi supervalorizado — e insuficientemente interpretado — o fenômeno da ruptura com a realidade. Edith Jacobson [213] dizia que o psicótico tende a usar o mundo externo para prevenir a dissolução das estruturas egóicas e superegóicas, e que "o ego faz esforços tremendos para forçar a realidade ajudar o ego (...). O psicótico rompe com a realidade e a substitui por uma construção delirante, quando ela falha na ajuda que necessita para enfrentar o conflito".

De nossa parte e como já dissemos, pensamos que na condição psicótica coexistem duas tendências ou necessidades imperiosas: uma necessidade real do aparelho psíquico de fusionar-se com um outro exterior real, buscando estabelecer uma simbiose que lhe permita utilizar os recursos do outro como se fossem próprios (como os da mãe com uma criança pequena), e outra tendência por meio da qual reativam-se e atualizam-se experiências traumáticas dolorosas, ansiedades persecutórias intensas, vivências de vazio e de morte. O paciente vê-se compulsivamente levado a tranqüilizar sua angústia psicótica, através do controle onipotente da relação objetal, o que se expressa nas condutas sadomasoquistas, nas cumplicidades perversas, nas atuações psicóticas e nas condutas delirantes e alucinatórias, configurando-se assim os fenômenos psicóticos propriamente ditos, que têm sua expressão mais cabal na chamada transferência psicótica. Nesta percebemos sempre a ruptura do equilíbrio narcisista, sofrimento psíquico intenso, sexualidade e sadismo primitivos, onipotência e desamparo.

Falta de autenticidade do si mesmo

Pensamos que a doença mental é uma condição associada a algo que tem a ver com falta de autenticidade. No nível da linguagem fala-se de palavra cheia e de palavra vazia. Na relação com o doente mental descobrimos a dificuldade de poder ser um si mesmo verdadeiro.

A autenticidade pode ser medida por graus. Podemos dizer que o grau de autenticidade pode ser cambiante de momento a momento e varia com as circunstâncias. Todos sabemos que, em determinadas situações, por exemplo quando estamos com certas pessoas, podemos ser muito mais autênticos que com outras. A chamada confiança é um fator determinante. Em circunstâncias normais, as flutuações de nossa autenticidade dependerão do contexto. Haveria uma inter-relação significativa e uma adequação recíproca.

A doença mental apresenta-se, neste sentido, como uma rigidez, uma estereotipia. O doente tem pouca plasticidade e pouca flexibilidade. O problema apresenta-se de maneira distinta conforme a patologia dominante. Podemos dizer que quando a autenticidade flutua de acordo com as condições do ambiente, a patologia é menos grave. Quando a rigidez e a estereotipia dependem muito pouco do contexto, a patologia é mais grave e levará seguramente mais tempo para produzir mudanças significativas em relação ao processo terapêutico possível.

Certas condutas obsessivas, certas idéias delirantes e certos comportamentos psicopáticos constituem estruturas muito rígidas nas quais o si mesmo muito pouco desenvolvido ficou totalmente capturado. Trata-se de formas de funcionamento mental muito especializadas e aperfeiçoadas que aparecem como egossintônicas. Nós as vinculamos ao narcisismo patológico. Dizemos que são defendidas de modo patologicamente onipotente. Aparecem como "invulneráveis" ao contato com a realidade, quer dizer, na relação interpessoal. Tendem a incluir o outro como parte de si próprios, sendo que nem o si próprio nem o outro são seres realmente individualizados, mas apenas componentes de um vínculo especial que apresenta uma estrutura que tende a repetir-se e que chamamos de relação simbiótica patológica. São formas de funcionamento mental que não têm autonomia. O si mesmo encontra-se compulsivamente atrelado a esta forma de funcionamento, não consegue resistir. Na realidade, este funcionamento compulsivo apresenta-se automaticamente em função de um outro significativo, em qualquer circunstância ou em relação a motivações internas inconscientes. É como se somente pela presença o outro promovesse o comportamento compulsivo, impelindo o si mesmo, sem nenhuma possibilidade de ser resgatado.

Em casos menos graves, o si mesmo parece ter um certo grau de autonomia. Mas as circunstâncias influem decididamente. A relação com certas pessoas tende a funcionar como auxiliar dos recursos egóicos próprios do si mesmo e garante, então, um certo grau de autonomia ou amplia ainda mais seu campo de ação autônoma. Ao contrário, a presença de outras pessoas (muitas vezes os familiares) tende a suscitar funcionamentos neuróticos ou psicóticos que se apresentam como modalidades defensivas de funcionamento mental, que são reativadas para controlar ou aplacar a angústia. Partes do si mesmo ficam então aprisionadas, restringindo-se a margem de autonomia do mesmo. Isto se vê claramente nas personalidades *borderline*.

As condutas manifestas parecem então o resultado de uma luta ou conflito entre a força compulsiva dos funcionamentos patógenos e o grau de desenvolvimento de recursos egóicos próprios do si mesmo para poder enfrentar a situação. Ambos aspectos do funcionamento mental têm sua própria história através do desenvolvimento psico-emocional do indivíduo. Os comportamentos compulsivos parecem estar ligados a histórias de situações traumáticas na relação ou no vínculo com um outro muito significativo, que se produzem fundamentalmente em uma relação de dependência, na qual o funcionamento mental do sujeito dependente está relacionado, por sua condição básica de desamparo, a um outro que pela própria natureza destes fenômenos deve proporcionar os recursos egóicos que o sujeito em crescimento ainda não tem. Nesta situação, o que chamamos de dependência não deve ser visualizado apenas como dependência no nível psicológico que pode ter sua expressão, na forma em que um indivíduo adulto pode perceber sua necessidade de um outro ou na forma em que esta necessidade pode expressar-se através de um sonho, simbolizada de alguma das maneiras pelas quais se expressa o pensamento onírico. A dependência primitiva está enraizada biologicamente. Faz parte da condição de imaturidade fundamental e desamparo básico com que o ser humano vem ao mundo e que irá se modificando por meio de um desenvolvimento que chamamos psicobiológico e psico-emocional e que tem a ver tanto com fatores inerentes ao crescimento biológico como com fatores ambientais.

Lucro ou benefício secundário da doença

Alguns autores consideram que na condição patológica o Ego pode conseguir lucros secundários do transtorno neurótico. Assim, o paciente pode tentar obter vantagem do mundo exterior suscitando pena a fim de conseguir atenção e simpatia, manipulando os demais para que sirvam às suas próprias finalidades. Igualmente pode tentar convencer os demais de que sua doença lhe dá o direito a uma recompensa. Nas fobias produz-se uma regressão a níveis de desenvolvimento infantil, nos quais o paciente era cuidado e protegido. Chamar a atenção mediante o *acting-out* espetacular e a obtenção de vantagens materiais são recursos característicos da histeria de conversão. Na neurose compulsiva existe, com freqüência, um lucro narcisista por meio do orgulho da própria doença. Nos estados psicossomáticos, os conflitos psíquicos são negados, projetando-os na esfera física. Por último, nas psicoses, a repressão de uma idéia penosa ou de uma experiência frustrante no mundo exterior leva a uma grave regressão, que exige que o paciente seja hospitalizado, protegido e cuidado, satisfazendo assim às mais extremas e infantis necessidades de dependência. Para estes autores cada tipo de neurose tem a sua forma característica e dominante de lucro secundário.

É certo que na condição patológica o Ego pode obter lucros secundários do transtorno neurótico, tentando aparentemente conseguir vantagem do mundo exterior para alcançar uma recompensa. Assim colocado, o lucro secundário parece ser somente uma manobra engenhosa e interessada. De nossa parte, vemos no lucro secundário a expressão de uma reivindicação indireta, juntamente com um aspecto vingativo. Que os fóbicos façam regressões a níveis de desenvolvimento infantil nos quais o paciente era cuidado e protegido, não o interpretamos como um lucro secundário, mas sim como a busca de uma simbiose sadia para poder crescer a partir dali. O que fica como lucro secundário seria mais a conseqüência de uma falta na resposta terapêutica à reivindicação, com o que poderá estruturar-se uma simbiose patológica como repetição da situação original patógena infantil. Igualmente o *acting-out* espetacular da histeria de conversão será interpretado por nós como uma reivindicação "atuada" juntamente com uma reprovação vingativa, punitiva e autopunitiva, também "atuada", na linguagem da ação correspondente ao nível infantil de desenvolvimento no qual o paciente se expressa. O aspecto exibicionista incluído será também visto como uma reivindicação narcisista patológica, mas a partir de um sofrimento autêntico em um nível primitivo de desenvolvimento, não favorecido, desconhecido e desconsiderado desde as figuras parentais que eram solicitadas pela criança a partir do gozo narcisista.

Nas neuroses compulsivas, justamente no lucro narcisista por meio do orgulho da própria doença, veremos o profundo sofrimento primitivo que condicionou o recurso a um narcisismo patológico defensivo para poder controlar a dor psíquica. Do mesmo modo, os estados psicossomáticos serão a expressão da tentativa de reduzir o sofrimento psíquico através da descarga corporal, mas, sendo muito freqüentemente uma linguagem corporal primitiva para veicular reivindicações e reprovações vingativas dirigidas às figuras parentais, produzirá dano físico. Finalmente, nas psicoses não veremos a busca de satisfazer as mais extremas e infantis necessidades de dependência, mas sim uma regressão patológica grave na qual a construção de um mundo delirante é a maneira de fabricar um espaço aonde possa sobreviver.

Reflexões sobre sonho e psicose [155]

Se bem que os sonhos, como dizia Freud, sejam uma "psicose", estes para nós apresentam diferenças importantes entre as quais está a qualidade de serem reversíveis e de darem lugar novamente à função normal. A vida psíquica desorganiza-se todas as noites durante o sonho e reorganiza-se a cada manhã ao despertar. Nas psicoses, ao contrário, a desorganização tem tendência à irreversibilidade e dá lugar a uma reorganização patológica mais ou menos estável segundo as formas clínicas. Será importante, então, perguntarmos sobre as causas da irreversibilidade da desorganização psicótica e sobre a natureza da potencialidade psicotizante dos núcleos psicóticos previamente cindidos.

Pensamos que diversamente da elaboração onírica, que busca a satisfação simbólica dos desejos reprimidos, parece que o Ego psicótico — utilizando, entre outros, mecanismos de condensação e deslocamento próprios da elaboração onírica — tentará construir um mundo para poder "sobreviver". Esta forma de onipotência vai ser exercida a partir dessas identificações patógenas, o que lhe permite criar a ilusão psicótica de ter acesso ao impossível, transgredir a Lei, ser invulnerável, imortal, etc., porque dão ao Ego, ilusoriamente, a onipotência atribuída àquele objeto. Identificações com Napoleão, Jesus Cristo, etc., são temas bem conhecidos nos estados psicóticos que se gestam a partir do *self* grandioso.

Diferente das condensações oníricas, as condensações psicóticas apresentam-se como herméticas porque necessitam ser mantidas como baluartes e intervêm na construção da convicção delirante. Através de um trabalho analítico de reconstruções, descobriremos que condensam experiências traumáticas e dolorosas em forma de núcleos indiscriminados que incluem identificações patógenas. Através de um trabalho analítico de reconstruções, descobrimos que condensam experiências traumáticas e dolorosas em forma de núcleos indiscriminados, que incluem identificações patógenas. Estes terão que se desenvolver através do processo terapêutico e, muitas vezes, serão atuados (exo-atuações), buscando serem compartilhados com um outro, antes de chegar a serem pensados e sonhados.

Os deslocamentos psicóticos, de modo diferente dos sonhos, apresentam uma persistência das catexias que parece falar de uma tenacidade possessiva e obsessiva. Tomam representações sensoriais da realidade e as utilizam ao seu modo, fazendo identificações projetivas maciças de todo o tipo que constituem outras tantas maneiras de deslocamentos. São formas às vezes engenhosas, mas sempre onipotentes: a) de usar alguém para "descarregar" nele o que corresponde ao outro, porque esse outro é temido ou deve ser protegido; b) de encontrar uma forma delirante de justificar uma reprovação, porque a deformação delirante permite disfarçar a verdadeira reprovação, ao mesmo tempo que seu real destinatário e c) de fracionar o montante da pulsão sobre uma diversidade de representações, com o objetivo de diluir a intensidade das mesmas.

As diferenças assinaladas entre os fenômenos psicóticos e os fenômenos oníricos nos permite abordar com uma nova visão outros aspectos da psicopatologia. A visão freudiana da persistência do conflito psíquico não resolvido como conceito central da psicopatologia psicanalítica não dá conta das vicissitudes e sofrimentos do si mesmo a partir de sua condição de desamparo, ao longo de seu crescimento psico-emocional. Que nas neurose trata-se de uma condição mental de impulsos reprimidos e de forças repressoras que podem se desequilibrar devido a fatores precipitantes é uma concepção que não leva em conta suficientemente a existência de um Ego frágil e imaturo, atingido permanentemente por forças pulsionais e sem suficientes desenvolvimentos de recursos genuínos para poder enfrentar a situação conflitiva. A condição patológica não está constituída então somente pela persistência de um conflito passado infantil não resolvido e que ameaça atualizar-se e produzir sintomas, mas é uma condição vital fruto de toda uma história pessoal onde os vínculos com os objetos parentais tiveram um papel importante e continuam tendo. Não somente os objetos parentais têm uma presença invasora e uma vigência muito maior na mente dos pacientes graves, mas também os vínculos primários com esses objetos continuam tendo e determinando, a partir do mundo interno, as condutas atuadas na realidade exterior e condicionando por sua vez a partir do mundo externo aspectos muito importantes do mundo interno do paciente.

É bem conhecido clinicamente que os conflitos graves, que não podem ser neutralizados mediante a formação de sintomas, podem produzir importantes restrições na atividade do Ego e uma deterioração da capacidade para aprender e desenvolver novas habilidades em áreas livres de conflito. Mas também temos que levar em conta que se bem que o si mesmo encontre alguma serenidade com a formação de sintomas, que lhe permitem um certo desenvolvimento em outras esferas que então ficam aparentemente livres de conflito, a parte sadia ficou muito restrita em termos de criatividade, espontaneidade e autonomia. Se bem que seja certo que quando o Ego não conseguiu formar sintomas pode apresentar maior deterioração na capacidade de aprender e pode continuar mais exposto a desequilíbrios, aparentemente mais intensos, como no caso de certas personalidades mais lábeis, mais infantis ou mais *borderline,* também vemos que as potencialidades de desenvolvimentos de recursos egóicos são nestes pacientes às vezes maiores que as que encontramos naqueles que cristalizaram muito seu funcionamento mental através de sintomas neuróticos, como nas neuroses graves. A doença não pode ser vista então somente como um desequilíbrio de forças pulsionais e repressoras. Em muitos aspectos aparece mais como a busca renovada de novas oportunidades para poder crescer, para poder encontrar um outro com capacidade de detectar os aspectos sadios não desenvolvidos ainda.

A compulsividade do funcionamento mental como característica geral das doenças mentais

A experiência clínica nos mostra que a compulsividade é uma característica dos sintomas patológicos mentais em geral. O funcionamento mental patológico apresenta características de ser irracional e compulsivo. Não é utilizável no serviço de um si mesmo autônomo, com identidade própria. O compulsivo parece estar ligado, em sua história, a situações traumáticas. Além da forma psicopatológica do sintoma, seja este uma idéia obsessiva ou delirante, uma atuação psicopática, histérica ou maníaca, a força da compulsividade e a persistência da irreversibilidade são características do grau de patologia propriamente dita. Clinicamente, trata-se de algo que se impõe à mente de uma forma que aprisiona o Ego nessa modalidade de funcionamento, sem ter meios para poder detê-lo, sem poder controlá-lo nem poder canalizá-lo de algum modo mais construtivo.

Podemos dizer que uma idéia pode ser relativamente obsessiva se funciona na mente como um ordenador através do qual o Ego tenta orientar o funcionamento mental em um sentido definido ou trata de levar adiante um projeto, não permitindo desvios de nenhum tipo. Podemos falar de uma idéia que se impõe à nossa mente com um certa convicção "delirante", na medida, em que vem carregada de uma certeza irracional, que surge a

Psicopatologia na comunidade terapêutica psicanalítica 135

partir de uma necessidade e que se mantém com força, porque responde a um desejo imperioso. Podemos falar de uma atuação psicopática se através de uma ação tentamos induzir no outro um comportamento determinado, não por meio de um convencimento ou de uma argumentação, mas sim por meio de uma indução subliminar, que o leva a atuar sem ter verdadeira consciência das motivações que estão em jogo. Todos estes serão diferentes mecanismos mentais onde podemos ver a existência de motivações, ações e efeitos nas relações interpessoais.

Mas, na compulsividade patológica o que parece estar em jogo é uma condensação de motivações primitivas entre as quais detectamos habitualmente necessidades de veicular reprovações vingativas primitivas, dirigidas em sua origem aos objetos parentais da infância, ao mesmo tempo que reivindicações igualmente compulsivas a partir de uma necessidade de assistência para poder enfrentar a situação que se apresenta com características traumáticas.

Pensamos que a doença mental tem sempre que ver com um funcionamento compulsivo da mente relacionado a um objeto da infância. É neste sentido, como já dissemos, uma verdadeira *folie a deux*. Representa, então, um vínculo internalizado. Faz com que neste setor o psiquismo não tenha autonomia. Podemos dizer que não se trata de verdadeiros pensamentos. É mais um atuar dentro da mente [162]. Tem pouca capacidade de simbolização. Funciona em termos das chamadas equações simbólicas.

Simultaneamente, este tipo de funcionamento mental obstaculizou o crescimento psico-emocional em outros aspectos. Tudo acontece como se se houvesse restrito precocemente a espontaneidade que é indispensável para um desenvolvimento sadio dos recursos egóicos próprios do si mesmo. É na base da espontaneidade que poderá desenvolver-se a experiência própria, a criatividade e a aprendizagem formativa. Tudo isso conduz ao incremento da maturidade emocional e a um maior grau de autenticidade.

Na patologia mental encontramos então aspectos comuns em todas as formas clínicas. Existe sempre uma imaturidade, um infantilismo por déficit, uma organização de funcionamentos patológicos sobre a base de identificações patógenas, que não permitiram o desenvolvimento de uma identidade verdadeira. Em decorrência disso, surge uma menor autonomia e menor autenticidade. A vida mental estará relacionada a um outro externo ou interno em relação ao qual estariam armadas e organizadas as atuações de um si mesmo que, não podendo individuar-se repete condutas transferenciais em busca de reparação, salvação e autonomia.

Dimensão Familiar da Patologia na Comunidade Terapêutica Psicanalítica

6

Tradução: Rogério Coelho de Souza

Introdução

Em tudo o que vínhamos descrevendo vimos a presença da dimensão familiar incluída na patologia, a vigência das figuras parentais da infância no aparelho psíquico dos pacientes através dos objetos internos e os vínculos objetais intrapsíquicos que se manifestam na Comunidade. A integração da terapia familiar não tem sido até então uma forma de incluir uma técnica a mais dentro do tratamento, mas uma necessidade de poder trabalhar, em particular, com cada paciente e sua família, a dimensão familiar que já havíamos detectado claramente tanto na Comunidade Terapêutica como na terapia psicanalítica individual. Pode-se entender a Comunidade como um "enquadre" total integrador das diferentes técnicas terapêuticas que funciona como uma estrutura multifamiliar, ou seja, um contexto de redesenvolvimento. Em alguns casos nos quais a inclusão da família real se faz muito difícil, a Comunidade pode funcionar até certo ponto como uma família substituta transicional.

Quando relatamos o caminho percorrido dissemos que, na impossibilidade de os doentes nos verem simplesmente como seres humanos autenticamente interessados em ajudá-los, se apresentou logo de início a dimensão transferencial. Em muitos comportamentos dos pacientes para com a equipe terapêutica detectávamos maneiras de se vingar em nós, graves frustrações e dificuldades vividas na relação com os pais, reclamando-nos ao mesmo tempo indiretamente reparação pelos danos sofridos. Em muitas das compulsões destrutivas e autodestrutivas dos doentes mentais, começamos a perceber claramente uma estrutura similar à da transferência psicótica. E em muitas destas situações, as atuações psicóticas e psicopáticas apareciam como movidas por identificações, com aspectos patológicos das figuras parentais, como para fazer-nos sentir na própria carne ativamente o que eles haviam sofrido passivamente, mais de uma vez, com esses objetos parentais.

Na convivência com pessoas doentes sentem-se permanentemente exigências e arbitrariedades que, pouco a pouco, quando fomos conhecendo melhor a família real, reconhecemos como formas de identificação com aspectos similares, exigentes e arbitrários também nesses familiares. Começamos a sentir claramente que agora eles — os pacientes — se tratam muitas vezes entre si e nos tratam, sem saber, como foram tratados em sua infância por seus próprios progenitores. Sentíamos que, agora, em alguns aspectos, os doentes mentais invertem a situação e nós os representávamos como quando eram crianças. Foram crianças que se viram na necessidade de adaptar-se ao adulto, ao invés de encontrar um adulto que se adaptasse a eles e esta adaptação patológica se converteu em submetimento por introjeção de um objeto submetedor. Muitos sintomas patológicos iam tomando características de comportamento infantil e, na medida em que era possível incluir uma dimensão lúdica na relação terapêutica, a compulsão patológica a repetir ia-se transformando, aparecendo cada vez mais a reclamação implícita incluindo encontrar em nós pessoas com função parental estruturante de recursos egóicos mais sãos.

Nas compulsões patológicas encontrávamos então de forma sistemática, deslocadas e condensadas, à maneira psicótica, situações gravemente conflitivas que se haviam dado como experiências traumáticas, as quais requeriam uma elaboração psicoterapêutica profunda para transformar-se favoravelmente. Não se tratava somente de interpretá-las como conflitos não resolvidos. Aparecia claramente a necessidade de um "desgaste" das emoções em jogo, como temos reiterado em muitas oportunidades, para poder superar o conflito.

À medida que aprendíamos a ser interlocutores mais adequados, em parte como figuras parentais mais sãs, a tendência à repetição compulsiva apresentou-se muitas vezes como uma forma de pôr à prova nossos próprios recursos egóicos no sentido de saber se íamos ser pessoas verdadeiramente capazes de nos encarregarmos deles podendo tolerar os ataques indevidos nas diferentes formas de relação de objeto, em particular nas formas que podíamos catalogar como transferência psicótica ou delirante.

Quando foi se criando um clima de confiança básico e de segurança emocional, e os pacientes renunciavam à onipotência patológica e se entregavam a novas experiências, vimos que começavam a aparecer comportamentos e situações tipicamente infantis. Foi se tornando então cada vez mais necessária a presença da família real do paciente para podermos confrontar fantasia e realidade, reconstruir a história vivida e reestruturar as relações objetais. Ao incluir os familiares na Comunidade Terapêutica começamos a ver mais claramente que, mesmo quando podiam parecer, à primeira vista, pessoas aparentemente mais sãs, eram também seres imaturos que apresentavam dificuldades psicológicas muito importantes no terreno emocional e que traziam, por sua vez, a presença intrapsíquica de suas gerações anteriores.

Com a presença dos familiares no funcionamento comunitário, os sintomas patológicos dos pacientes foram se transformando. Confrontados uns com os outros, cada um trazia sua própria versão dos acontecimentos vividos. Mal-entendidos, rancores e ressentimentos acumulados, produtos de situações nunca esclarecidas, reprovações silenciosas, ciúmes escondidos, demandas que aparentemente não tinham sentido para o interlocutor, pacientes e familiares pareciam como estranhos que, havendo compartilhado toda uma vida, não se reconheciam. À medida que as situações se reativavam e reapareciam, compreendíamos que todas essas manifestações de fracasso da relação de objeto estruturante nas diferentes etapas da vida haviam desaparecido dos níveis conscientes, sob a forma de uma doença mental da qual era depositário, um ou vários dos membros da família e que servia para esconder os conflitos de todo o grupo.

À medida que podíamos agora nos encarregar dos pacientes e familiares de uma maneira mais adequada e comprometida emocionalmente, começávamos a comprovar que a oposição à mudança e ao crescimento não era somente uma característica dos chamados doentes. Também se fazia evidente e, talvez por momentos com mais força, a oposição e a ambivalência dos familiares. Se éramos capazes de manejar estas situações, podíamos vislumbrar as possibilidades de mudanças e transformações, em particular a favor de um redesenvolvimento de recursos egóicos mais saudáveis para poder enfrentar e resolver os verdadeiros conflitos e as dificuldades nunca superadas até agora.

Quando se pensa na doença mental como uma detenção ou distorção do desenvolvimento psico-emocional no núcleo familiar, e a possibilidade de cura através de um processo terapêutico, a Comunidade Terapêutica Psicanalítica se revela como o "continente" mais adequado para os pacientes e também para as famílias. Estas terão então que aprender em particular a tolerar as regressões e favorecer as progressões que os pacientes fazem. Haverá de se considerar que depois do período de tratamento institucional a maioria deles vai necessitar durante bastante tempo do apoio de seus familiares reais para continuar melhorando. Neste sentido, a mudança da dinâmica familiar, através de sua participação dentro da Comunidade, para acompanhar o processo de mudança do paciente, é um fator sumamente importante para que este último possa capitalizar os benefícios adequados, que por vezes não estejam suficientemente consolidados e que demorem tempos diferentes para consolidar.

Todo esse enfoque inclui a concepção da Comunidade como um campo psicológico de estrutura multifamiliar e ao processo terapêutico como um conjunto de mudanças que se dão no indivíduo, em seus pais e em todo o grupo familiar como uma totalidade, no sentido de uma maior maturação da personalidade de cada um deles, uma maior individuação e personalização de seus membros dentro do grupo e como conseqüência uma conquista de relações interpessoais mais maduras entre eles mesmos.

Nosso enfoque do aspecto que corresponde à terapia familiar e ao conhecimento da dinâmica familiar necessariamente incluída tem um fio condutor e um eixo ao redor do qual se articulam todos os conhecimentos. Este eixo é o que provê o processo terapêutico e neste sentido todos os conhecimentos se articulam e se integram ao redor das mudanças que configuram este processo e em função do mesmo. Nossa própria experiência na Comunidade Terapêutica Psicanalítica, que implica a inclusão da terapia da família em um campo fenomênico muito mais rico e pluridimensional, por sua vez, enriquece a terapia familiar e se enriquece dela em um movimento dialético permanente.

A família: os primeiros estudos

Antes de nós, numerosos autores contribuíram para o estudo da importância da família na gênese da doença mental. A bibliografia é muito extensa e não seria possível nem pertinente para nossos objetivos fazer uma revisão exaustiva. No entanto, cremos ser útil resumir, ainda que sumariamente, os trabalhos ainda vigentes e que influíram em nossa maneira de pensar, sobretudo no começo, oferecendo coincidências significativas muitas vezes confirmatórias de achados próprios.

Podemos situar o começo do estudo da patologia ao redor da década de anos quarenta, quando se realizaram observações clínicas de alguns traços paternos que poderiam resultar patógenos para os filhos. Estas observações levaram a afirmar a existência de uma mãe patogênica e um pai inadequado. Em 1943, David Levy(266) descreve a mãe superprotetora em mulheres que haviam sofrido da privação de amor em sua infância e que, identificando-se com os filhos, buscavam obter destes o que não haviam obtido de seus próprios pais. Em 1948, Frida Fromm Reichmann (132) descreve a mãe esquizofrenogênica: agressiva, dominante, insegura e rejeitadora. Por contraste, o pai foi descrito como inadequado, passivo e indiferente ainda mais . Este conceito é retomado logo por Tietze (1949) (390), Reichard e Tillman (1950) (336), Thomas (1955) e Galvim (1956) (136).

Outro conceito importante aparece na década de cinqüenta, o de ligação simbólica, referido particularmente à relação patogênica entre mãe e criança. M. Mahler(278) assinalou que aquilo que se tenta restaurar é a fantasia simbiótico-parasitária da criança, de ser um com a mãe. Ao descrever a síndrome do autismo, Kanner (1949) (225) estabeleceu que a criança era incapaz de utilizar a relação simbiótica com a mãe para orientar-se quanto ao mundo interno e externo.

Hill, em 1955 (202), prestou considerável atenção à simbiose entre a mãe e filho em casos de esquizofrenia. Sustentou que este tipo de mãe dá geralmente muito amor a seu filho, porém de forma condicionada e que, de alguma maneira, ficava como uma presença viva internalizada em seu ego. O paciente pensa que se ele melhorar, a mãe vai adoecer e que, por fim, se permanecer doente preservará o bem-estar físico e mental dela.

Em 1956, Limentani (274), ao estudar a ligação simbiótica do paciente esquizofrênico adulto com a mãe, encontrou naquele um forte desejo inconsciente de retorno, no sentido de regresso a um estado infantil, a permanecer ligado à mãe ou obrigar ao terapeuta a que o tratasse como a uma criança pequena. Pensava que quando o paciente podia aceitar ao psicoterapeuta como uma pessoa com a qual estabeleceria uma relação similar àquela que teve com sua mãe, poderia recuperar-se da parte mais importante da psicose.

Também nas décadas de quarenta e cinqüenta realizaram-se estudos sobre a adequação geral das famílias nas quais aparece um membro como doente mental. Diferentes autores assinalavam nessas famílias fatores tais como a falta de uma vida do lar adequada, a morte prematura de alguns dos pais, a morte de um irmão, o divórcio ou a separação dos progenitores (Rosenzweing e Bray, 1943 (344); Lidz e Lidz, 1949 (270-273); Ellison e Hamilton, 1949 (92); Mahl,1954 e 1956 (398-399)). Com respeito à psicopatia encontramos

Dimensão familiar da patologia na comunidade terapêutica pscanalítica 141

também estudos que estabeleceram correlações entre graves transtornos da personalidade e deficiências familiares, tais como defeito do Superego ou da conduta moral dos pais, tratamento brutal dos filhos, estimulação inconsciente por parte dos pais de traços psicóticos no filho, etc.

A carência afetiva, a privação precoce da presença da mãe, o descuido, a recusa ou as relações afetivas descontínuas com os pais encontram-se sistematicamente na literatura como causa de graves transtornos de conduta, tais como impulsividade difusa, delinqüência, incapacidade de sentir culpa, de estabelecer relações afetivas e incapacidade de identificar-se com os demais. A independência extrema e a auto-suficiência precoce aparecem geralmente ligadas a uma recusa por parte dos pais. Um comportamento agressivo, apático e emocionalmente imaturo pode aparecer como conseqüência de desinteresse e falta de afeto. O estudo de crianças que tiveram que viver desde muito pequenas em instituições revelou transtornos tais como a impossibilidade de relacionar-se com os demais, imaturidade, agressividade e associabilidade. Na Inglaterra, Anna Freud e Dorothy Burlingham (126) examinaram também "crianças sem família" (durante a guerra) e encontraram nelas comportamentos anti-sociais porque sem vínculos emocionais não podiam internalizar os cuidados ou as demandas restritivas dos adultos.

A família como uma totalidade

Até aqui haviam-se estudado aspectos parciais como se a família não constituísse uma totalidade. Richardson (1948)(337) e Josselyn (1953) (224) fizeram algumas das contribuições iniciais ao conceito de família como uma unidade bio-social para seu estudo e tratamento; e Mildelfort (1957) (290) foi um dos primeiros investigadores no enfoque familiar do tratamento das esquizofrenias. Pensava que o chamado doente é o que havia experimentado uma pressão excessiva para manter a subcultura da família. Ao ser um membro sintomático de uma patologia familiar geral, uma mudança no comportamento de outros membros podia beneficiá-lo.

Bowen (1959-1960) (52-55) começou estudando a ligação simbiótica não resolvida do esquizofrênico com sua mãe. Porém, depois de um ano de trabalho, modificou sua hipótese pensando que a esquizofrenia é um sintoma de uma patologia familiar mais ampla. Organizou-se para que famílias inteiras pudessem viver no hospital durante períodos de até dois anos e meio. Seguindo a hipótese das três gerações formulada originalmente por Hile, em 1955, Bowen (1960) considerou que a relativa imaturidade dos avós pode ser transmitida ao filho que fica mais ligado, atado à mãe, e quando este se casa com uma esposa igualmente imatura, o fenômeno pode repetir-se na terceira geração dando por resultado uma criança — o paciente — com um alto grau de imaturidade. Estudando a relação do casal em famílias com um filho esquizofrênico, Bowen desenvolveu o conceito de divórcio emocional dos pais, condição na qual os sentimentos mais pessoais não são compartilhados. A mútua imaturidade os leva a uma relação de compromisso. Mais adiante, estudando a relação mãe-filho na esquizofrenia, considerou que freqüentemente a mãe projeta na criança seu próprio sentimento de inadequação e de invalidez. A mãe cuida dela então, não por ela mesma, senão pela imagem que projetou nela. Sempre em relação à simbiose mãe-filho, para Bowen, a maior ameaça à mãe é o crescimento do filho. A passagem de um nível de desenvolvimento a outro pode desencadear nela um aumento de exigências, ameaças e também retaliações. A adolescência é uma etapa particularmente crítica porque se produzem numerosos desenvolvimentos fisiológicos, psicológicos e sociais. Um movimento para a independência realizado pelo adolescente provoca uma aguda resposta da mãe no sentido de fazê-lo retroceder para uma posição de vulnerabilidade. Em relação ao tratamento familiar, Bowen observou que o paciente melhorava quando os pais passavam a ter uma resposta mais emocional um do outro e quando se conseguia flexibilizar os "patterns" familiares fixos.

Até esta época Lidz e Lidz (1949) (270-273) já haviam assinalado que a influência do pai podia ser tão nociva como a da mãe. Caso houvesse sido uma figura mais estável, a criança potencialmente esquizofrênica não estaria tão comprometida ou envolvida na simbiose patológica com a mãe. Mais recentemente Lidz e Fleck (1960) (272), estudando a relação matrimonial, afirmam que em certos casos as ansiedades que a mãe canaliza para a criança têm mais relação com uma preocupação com relação ao marido. Utilizam os termos "cisma" e "corte"marital para caracterizar a relação perturbada do pai. Em ambos os conceitos há uma falha mútua dos parceiros matrimoniais para se encontrarem nas necessidades dinâmicas profundas recíprocas. No primeiro caso, as famílias mantêm-se juntas apesar das discrepâncias abertas. No segundo, uma harmonia manifesta mascara um desentendimento encoberto. O "cisma" e o "corte" matrimonial conduzem à sedução dos filhos por um dos pais, em procura de alianças patológicas.

Lyman Wynne (418-421), praticando a psicoterapia simultânea intensiva com pacientes e famílias,extraiu alguns conceitos referidos aos processos patológicos que subjazem nelas. Wynne e colaboradores (1958) (418) dizem que na organização típica de famílias com um membro esquizofrênico, cada membro se preocupa com um ajuste dentro de papéis formais fixos a expensas de uma identidade individual. Enquanto na verdadeira mutualidade os membros da família podem experimentar um sentimento de identidade pessoal e, portanto discrepar levemente na pseudomutualidade, a divergência está proibida porque é sentida como perigosa enquanto pode conduzir a uma ruptura da relação. Porém, sendo a divergência necessária para o crescimento psicológico dos indivíduos, estes autores consideram que as relações familiares patológicas constituem um fator causal de grande importância na esquizofrenia. Pensam que a fragmentação da experiência, a difusão da identidade, os mundos perturbados de percepção e de comunicação e certas outras características da estrutura esquizofrênica são derivados em grande parte de processos de internalização de características da organização social familiar. Assinalam que em alguns casos a estrutura de papéis da família é internalizada pelo paciente como um superego primitivo que determina diretamente o comportamento. O *self* de pessoa está encravado, encrustado no superego. Sua identidade é amplamente determinada por suas ações. Um pânico esquizofrênico pode ocorrer em alguma fase crítica do desenvolvimento, quando o *self* tenta separar-se do superego primitivo. Pensam que o problema é então uma falha do ego primário para articular o significado de experiência e a participação não somente uma defesa do ego para o reconhecimento consciente de significados particulares. O episódio esquizofrênico agudo representa uma ruptura da pseudomutualidade, uma tentativa para restaurá-la e uma tentativa de individuação por parte do membro perturbado, o qual somente obtém uma individuação parcial.

Trabalhos influenciados pela teoria da comunicação e pela hipótese do duplo vínculo

Um dos trabalhos mais importantes sobre a estrutura e dinâmica da família é o artigo da Gregory Bateson, Don Jackson, Jean Haley e John Weakland (1956), "Para uma teoria da esquizofrenia"(16). Baseando-se na análise das comunicações e de maneira específica na teoria dos tipos lógicos, teoria que postula que existe uma descontinuidade entre uma classe e seus membros, os autores sustentam que na psicologia das comunicações reais essa descontinuidade é constante e inevitavelmente quebrada e pode esperar-se que se produza uma patologia quando exista uma fratura lógica na comunicação entre a mãe e a criança. O esquizofrênico tem dificuldade para: a) atribuir o modo comunicacional correto às mensagens que recebe de outras pessoas; b) também para atribuir o modo comunicacional às mensagens que ele mesmo emite ou expressa em forma não verbal e c) para perceber e compreender o significado de seus próprios pensamentos, sensações e percepções.

Bateson e colaboradores utilizam o termo "duplo vínculo" para referir-se a seqüências insolúveis de experiências, a uma situação na qual uma pessoa, faça o que faça, não pode ganhar. Quando se encontra presa em uma situação de duplo vínculo, uma pessoa responde definitivamente, de uma maneira similar à do esquizofrênico, como por exemplo um indivíduo que se encontra sob um interrogatório em um tribunal. O esquizofrênico se sente constantemente sob um intenso interrogatório, pelo que habitualmente responde com uma insistência defensiva em um nível literal ainda quando este é totalmente inapropriado. Assim mesmo, confunde o literal e o metafórico em suas próprias manifestações quando se sente preso no duplo vínculo. A utilização da linguagem metafórica na esquizofrenia tem muitas vezes a conveniência de que depende do outro, o terapeuta ou a mãe, por exemplo, descobrir o verdadeiro significado ou passá-lo por alto se o preferir. A peculiaridade do esquizofrênico consiste em empregar metáforas não rotuladas como tais.

Seguindo com a consideração do trabalho sobre duplo vínculo entramos na descrição da situação familiar. Trata-se muitas vezes de mães que sentem como perigosa a aproximação afetiva carinhosa do filho e se vêem obrigadas a recusá-lo para controlar a distância, mas ao sentir a recusa como um ato hostil devem simular afeto e voltar a se aproximar. Em termos de mensagens, a conduta amorosa viria a ser uma ordem distinta de conduta hostil, uma espécie de comentário compensatório sobre a mesma, para negar a hostilidade incluída no retraimento. Se a criança necessita manter a relação com mãe, deve evitar interpretar acertadamente essas mensagens. A criança seria castigada por discriminar acertadamente o que a mãe expressa e seria também castigada por discriminar erroneamente, isto é, está presa no duplo vínculo. Em outras palavras não deve discriminar acertadamente entre diferentes ordens de mensagens; por exemplo, entre sentimentos simulados (um "tipo lógico") e sentimentos reais (outro "tipo lógico"). Presa na situação de dupla mensagem, a criança poderia buscar apoio no pai ou outro membro da família, porém as observações dos autores parecem indicar que os pais dos esquizofrênicos não são tão firmes para fazê-lo. Sem contar que muitas vezes a mãe e o pai, com certa cumplicidade, impedem a criança de falar sobre a situação. Mas como comentar as ações significativas é essencial para o intercâmbio com frases tais como: "O que você quer dizer ?" "Porque existe isso ?" " Voce está me enganando ?" etc., se está proibido de falar, se frustra a necessidade da comunicação em nível de metacomunicação. Os autores consideram que o esquizofrênico é incapaz de utilizar com eficácia esse nível metacomunicativo. Encontra-se em uma situação de duplo vínculo e não encontra a saída.

Outro expoente importante do método de terapia familiar é Don Jackson (209-212). Descreveu o conceito de homeostase familiar querendo se referir à tendência a um equilíbrio no qual a mudança de um membro da família produz mudanças nos outros membros tendentes a restabelecer novamente o equilíbrio. Este pode ser normal ou patológico. Falando de vantagens e desvantagens da terapia familiar, Jackson (1961) (211-212) considera que a presença do terapeuta pode descobrir o processo pelo qual a comunicação tende a mover-se para um nível patológico, e tentar assim romper o código de comunicação esquizofrênica. Mas existe o perigo de que sua intervenção possa criar uma grave desarmonia dentro da família, com conseqüentes aparecimentos de alcoolismo, desordens psicossomáticas, separação e divórcio.

Haley (1959)(189), estudando a comunicação na terapia familiar, pensa que nas famílias com esquizofrênicos encontram-se incongruências entre o que se diz e o que se faz. Sugere que negando-se à comunicação racional, o esquizofrênico tenta governar a comunicação dos outros.

Boszormenyi-Nagy (1962) (48-49), sobre a base de experiências terapêuticas realizadas também com tratamentos individuais e familiares simultâneos, desenvolve o conceito de complementaridade de necessidades patológicas. Descreveu como desejos inconscientes de posse nos pais pode moldar a estrutura psíquica da criança. As necessidades inconscientes de posse são transmitidas como exigências superegóicas rígidas, que ao serem incorporadas qualificam as necessidades de dependência infantil por parte da criança. Nestas condições podem ser satisfeitas necessidades patológicas recíprocas. Pais e filhos alimentam-se uns aos outros nas demandas narcisistas e o filho perde a possibilidade de adquirir uma identidade que torne possível sua existência independente da família. Pais que tenham sido privados por seus próprios pais, através da perda ou separação podem buscar inconscientemente a figura parental perdida, através de uma relação com o filho, especialmente se o parceiro matrimonial não gratifica esta necessidade. De acordo com Boszormenyi-Nagy, a complementaridade de necessidades patológicas pode servir para superar sentimentos de solidão, de estar indefeso, de isolamento e de estar sem ajuda.

Ainda que, como dissemos antes, esta revisão bibliográfica seja necessariamente incompleta, não podemos deixar de mencionar a Pichon Rivière (320-322) que em nosso país (Argentina) foi um dos primeiros a compreender que o indivíduo doente é o emergente de um grupo familiar igualmente doente. Quando as tensões e os conflitos grupais se fazem muito intensos, pode-se produzir, por projeção, uma depositação massiça em um dos membros, que se converte assim em depositário de ansiedade global numa tentativa de preservação dos demais. A emergência de uma neurose ou psicose no âmbito familiar significa então que um membro deste grupo assume um "papel" novo na qualidade de porta-voz da doença grupal. A dinâmica subjacente será que o indivíduo adoece como uma forma de "preservar" o resto do grupo do caos e da destruição, e pede ajuda (direta ou indiretamente) numa tentativa de resolver a situação. Pichon Rivière pensava que a patologia mental estava centrada numa doença única, constituída por uma situação depressiva básica ou situação melancólica. As neuroses seriam técnicas defensivas, bastante próximas do normal em relação às ansiedades psicóticas, e as psicoses seriam formas de manejo menos exitosas que as anteriores, o mesmo que as psicopatias, nas quais prevalece o mecanismo de "delegação".

Algumas de nossas idéias sobre a terapia de família de pacientes mentais graves

A revisão bibliográfica dos trabalhos sobre psicoterapia da família, à luz de nossa experiência na Comunidade Terapêutica Psicanalítica de Estrutura Multifamiliar, mostra que este campo é sumamente complexo. No estudo da dinâmica familiar não há todavia teorias suficientemente integradas para a compreensão destes fenômenos.

Como acabamos de ver, a psicoterapia da família começou pondo em evidência a influência patógena da mãe, sob o conceito de mãe "esquizofrênogenica", logo mostrou a influência também patógena do pai, em grande parte sob o conceito de pai inadequado ou pai "ausente", para finalmente descobrir que a patologia familiar é compartilhada de diferentes maneiras por todos os membros do grupo, de tal forma que o patógeno pode ser visto na estrutura familiar em seu conjunto.

Mais além desta situação pode-se compreender que os transtornos da relação pais-filhos em uma família nuclear têm sua origem nas alterações patológicas de cada um de seus membros individualmente assim como na relação entre eles, as que surgem como consequência de alterações dos avós, e assim sucessivamente. Chegamos assim ao importante conceito das três gerações para compreender a patologia familiar que significa que a imaturidade da personalidade herda-se psicologicamente através da convivência e se potencia através das gerações. Noutro sentido, a patologia psicótica de um indivíduo, em particular o esquizofrênico, se vê como o emergente manifesto de um contexto de distorções similares que operam subclinicamente em toda a família. Como postulava Pichon Rivière (321-322) em alguma medida o paciente joga um papel dentro da família. Podemos dizer que as tensões geradas no sistema familiar patógeno são reduzidas pela projeção da tensão em um membro em particular, que sentindo-se sobrecarregado, psicotiza fazendo-se encarregar assim do papel de doente, sacrificando-se para manter o sistema familiar ameaçado.

Passando agora aos trabalhos diretamente vinculados com a psicoterapia em geral, temos que aceitar que foi o pensamento psicanalítico que trouxe o modelo mais importante de processo terapêutico individual com que contamos até agora. E este é por sua vez um modelo para a compreensão dos processos de crescimento e desenvolvimento psico-emocional normal de um indivíduo dentro de seu contexto familiar. De tal maneira a psicoterapia da família põe necessariamente de manifesto a imaturidade intrínseca da personalidade do paciente e de cada um de seus familiares, e faz necessário também um processo terapêutico familiar, que deve consistir em alguma medida em um redesenvolvimento de cada um de seus membros — incluindo certamente o paciente — , dentro do contexto familiar da psicoterapia da família.

Durante muito tempo a ortodoxia psicanalítica desaconselhou o contacto entre o terapeuta e a família do paciente em análise, pensando que perturbava a relação transferencial e contratransferencial e que se convertia em um contacto antiterapêutico. Em particular, no campo da psicose este conceito foi superado pela experiência clínica que demonstrou a importância da inclusão da família no processo terapêutico dos pacientes, a fim de que possam confrontar com os objetos reais de sua história familiar, ou seja seus pais e irmãos, os conflitos internalizados de sua infância e poder assim fazer experiências emocionais corretivas das primitivas relações objetais distorcidas.

A inclusão da família não é tarefa fácil e a experiência nos mostra que, ao reunir o paciente psicótico com seus familiares, mobilizam-se ansiedades profundas, tanto em um como nos outros, que nem sempre podem ser manejadas adequadamente. Nos vemos obrigados assim a revisar algumas das concepções psicanalíticas clássicas, tanto freudianas como kleinianas, como também a incorporar concepções mais modernas, para poder dar conta tericamente dos fenômenos clínicos com que nos enfrentamos em um enquadre tão diferente e assim poder operar sobre estes fatos clínicos e obter resultados terapeuticos.

Há trinta anos foi a concepção kleiniana, mais que a freudiana, que nos trouxe um instrumento útil para compreender a natureza das ansiedades e dificuldades que se manifestam neste novo contexto e assim poder abordá-la. Posteriormente e à medida que novas observações clínicas nos davam outra dimensão de conhecimento, temos desenvolvido formas de pensar que, embora mantenham elementos da concepção kleiniana, foram se enriquecendo com novas idéias. Naquele momento desenvolvemos os temas da patologia do narcisismo familiar e a influência familiar na chamada reação terapêutica negativa. Ambos continuam sendo válidos e por tal motivo os desenvolveremos aqui. Ademais, também o Édipo na patologia mental grave, a interdependência patológica e patógena, e as cumplicidades patológicas.

Patologia do narcisismo familiar (139-140)

Através da terapia familiar com pacientes psicóticos temos observado que, em muitas famílias, os pais tinham ou têm expectativas explícitas ou ocultas muito rígidas com respeito a seus filhos. Muitas vezes já desde antes de nascer estes representam objetos muito idealizados dentro de seu mundo interno (140). Desta maneira, o filho, desde o nascimento, é considerado, não como um ser humano que deve chegar a ser autônomo e para isso tem-se que ajudar a fim de que desenvolva todas as suas possibilidades, mas como um ser que deve cumprir com o papel designado e a quem se exigem realizações particulares pré-fixadas. Nestas condições, a criança não pode desenvolver seu ego verdadeiro sobre a base de uma espontaneidade, senão que é, consciente ou inconscientemente, condicionado a cumprir com determinadas exigências parentais que secretamente correspondem ao objeto interno idealizado, antes assinalado.

Os componentes de uma família têm muitos aspectos de personalidade que são comuns a varios de seus membros e, mais além das características que poderíamos considerar herdadas biologicamente, através da programação genética, há traços que correspondem a aspectos psicológicos transmitidos através da relação interpessoal e incorporados durante a convivência. Neste sentido, os filhos fazem identificações com os pais, incorporando variados aspectos dos mesmos. Porém a relação pode-se dar de diversas maneiras que podemos colocar em um *continuum* que vai desde uma relação generosa na qual os pais se oferecem como modelos de identificações de forma optativa e sem exigências de obrigatoriedade até uma atitude inconsciente egoísta e arbitrária na qual os pais "dão"com a condição de "receber"em troca submissão reverencial, isto é, apresentam-se como modelo de identificação inapelável com a ameaça velada ou manifesta do maior dos castigos: o abandono e a perda do afeto. Neste último caso, a tendência natural dos avanços à idealização das figuras parentais, em vez de ser neutralizada por uma atitude realista dos pais, é fomentada inconscientemente pelos mesmos com o objetivo de permanecerem idealizados e indispensáveis para o filho, que nestas condições vivencia como catastrófica a ameaça de abandono e está disposto a qualquer sacrifício ou renúncia para poder continuar recebendo esse "alimento afetivo " que se converteu num "veneno" necessário.

A patologia psicótica corresponde em grande parte a esta problemática familiar, onde o paciente não pode nunca ter realmente vida própria e somente pode expressar aspectos de sua personalidade correspondentes a identificações parentais diversas. Nas famílias onde há um paciente psicótico encontramos em muitos de seus membros aspectos de sua personalidade que correspondem ao que se descreve como relação narcisista de objeto e nas relações interpessoais se vê o que, em particular, na escola kleiniana chamou-se de relações objetais primitivas, onde a onipotência tem um papel proeminente. Os membros do grupo familiar tratam-se comumente entre si como objetos parciais e tentam manejar onipotentemente uns aos outros como partes de si mesmos. As partes do *self* que são indesejáveis porque causam dor e ansiedade são projetadas onipotentemente nos outros, que são assim usados como depositários. O doente mental é o que carrega geralmente este papel e a partir da crise psicótica tende a converter-se em uma espécie de "estabilizador"da estrutura familiar doente.

O paciente, pelo seu masoquismo, tem tendência a privilegiar os conceitos que sobre ele tem o ambiente familiar, no lugar dos que tem sobre si mesmo. Isto estaria em relação com importantes identificações (fixações) prégenitais cheias de um matiz pessimista e melancólico que, conjuntamente com um déficit de desenvolvimento dos recursos egóicos próprios, em relação às pressões das figuras parentais, que são para ele mais importantes, sucumbe introjetando essas figuras e identificando-se com as projeções que recebe.

Nestas relações objetais narcisistas, a identificação tem um papel muito importante, tanto por introjeção como por projeção. Quando um filho incorpora onipotentemente um aspecto patógeno da mãe, o *self* resulta tão identificado com o objeto incorporado que não é possível uma separação adequada entre o ego e o objeto, para manter cada membro com uma identidade própria. Isto se relaciona com os conceitos de simbiose patológica e objeto enlouquecedor, que tínhamos desenvolvido no capítulo de Psicopatologia.

Desta dinâmica participam geralmente quase todos os membros da família, o que faz com que nesse tipo de estrutura familiar exista tendência a manter idealizados certos aspectos, como por exemplo o culto ao nome, rígidas tradições familiares, convicções religiosas, etc., onde ficam muitas vezes depositados os aspectos narcisistas mais doentes do grupo familiar. O paciente psicótico, além de sua própria patologia manifesta, compartilha com os outros esta patologia latente, sendo geralmente o que tem maior consciência da situação e o que mais sofre.

Como em toda relação objetal narcisista, os membros destas famílias, que se negam fortemente a aceitar a separação entre o *self* e o objeto, não podem tolerar a natural individuação, pretendendo manter a aglutinação (Blejer) e a simbiose (Blejer)(40) como o ideal de estrutura familiar. As relações interpessoais do grupo familiar tendem a materializar a estrutura intrapsíquica narcisista de cada um de seus membros, empobrecendo seu intercâmbio e realimentação com o mundo externo. Qualquer intenção de individuação de um dos membros põe em evidência os sentimentos de dependência mascarados pela onipotência, tanto no que pretende individuar-se como nos membros restantes. Isto configura uma situação dramática na qual jogam profundos sentimentos de agressão, inveja e dor, que impossibilitam um clima adequado para tal individuação, resistida geralmente pelo grupo familiar, ante a dificuldade de elaborar a separação.

O paciente psicótico seria então nesse sentido um membro de uma família com estrutura narcisista que tenta uma individuação e que, ao resultar-lhe intolerável a mudança e impossível a elaboração do desprendimento da simbiose patológica, fracassa psicotizando-se. A partir desse momento converte-se no representante e depositário de um objeto interno dos outros. Em alguma medida será utilizado pelos demais de acordo com suas necessidades (ver caso Ana).

Quando fracassam as expectativas postas pelos pais no filho, este converte-se em um objeto frustrante e odiado, e vai-se carregando de periculosidade pelos aspectos vingativos retaliativos projetados nele. Da mesma maneira que o paciente se sente aparentemente aliviado quando tudo o que é desagradável pode ser imediatamente descarregado no analista, na dinâmica de famílias com pacientes psicóticos, uns tendem a usar os outros como recipientes. O doente mental se presta melhor que ninguém para estes depósitos. Convertido no "louco" transforma-se no perseguidor da família porque é o representante do fracasso de todo o grupo. É rejeitado porque é testemunha viva desse fracasso e separado porque suas mudanças trazem o perigo da "volta do projetado".

As partes psicóticas da personalidade de cada um dos componentes da família são então dissociadas e projetadas no "louco" que passa a ser assim um objeto idealizado por uma parte e denegrido por outra. De igual modo converte-se em um objeto mau perseguidor e perseguido, destrutivo e destruído. Nestas condições, a relação vai-se coisificando cada vez mais e o doente, além das dificuldades de sair da psicose, próprias de sua doença, experimenta grandes dificuldades provenientes do grupo familiar que, inconscientemente, trata de mantê-lo "louco". Se o paciente está em análise individual é neste momento que aparece a chamada "reação terapêutica negativa" produzida pela influência do grupo familiar.

A psicoterapia que pretenda elaborar os núcleos psicóticos e reconstruir a personalidade total, beneficia-se muito da inclusão da família no processo terapêutico, para que o paciente possa desprender-se de seus objetos internos maus, através da elaboração de suas relações de objeto com os objetos externos reais, que podem ir trazendo atitudes positivas para o redesenvolvimento. Porém as características da dinâmica familiar descritas condicionam sérias dificuldades no processo terapêutico que pretenda elaborar os núcleos psicóticos do paciente e de seus familiares e dar ao doente a possibilidade de desprender-se dos mesmos. A experiência de muitos anos nos levou a consolidar a idéia de que o lugar privilegiado para detectar, conter e trabalhar este tipo de dificuldade é o contexto multifamiliar que oferece a Comunidade Terapêutica. Na medida em que a família capacita-se para tolerar as ansiedades que se reativam, o paciente pode ser melhor tolerado em suas regressões psicóticas, podendo assim ele mesmo encontrar nela, "a família", um continente mais adequado para transformar estas regressões patológicas em momentos úteis do processo terapêutico e recuperar os aspectos sãos do ego que ficaram, pela doença, dissociados e não desenvolvidos. Nestas condições, o processo terapêutico pode ser visualizado claramente como um crescimento e um redesenvolvimento tanto do paciente como da família, que pode descobrir assim um otimismo que em muitos casos havia-se perdido totalmente.

O Édipo na patologia mental, em particular na psicose (158)

Desde que Freud descobriu o complexo de Édipo como o complexo nuclear das neuroses, o conflito edípico e sua resolução constituem uma referência fundamental, tanto para a compreensão da estrutura normal do aparelho psíquico nas etapas infantis do desenvolvimento do indivíduo, como para a interpretação das distintas formas de patologia mental. Com respeito ao mesmo, a literatura psicanalítica tem posto preferencialmente o acento no conflito intrapsíquico, em termos de satisfação ou frustração da pulsão instintiva, mais que em termos de uma patologia vincular, na qual tanto o sujeito como o objeto intervêm com suas dificuldades próprias. Também tem-se considerado mais a problemática do filho em relação com seus pais, não se tomando suficientemente em conta a contrapartida, isto é, a conduta e ou dificuldades dos pais em relação aos seus filhos.

Nossas observações nos permitem afirmar que em muitos casos os progenitores obstaculizam ou impedem, de alguma maneira com suas próprias carências e dificuldades, a elaboração e dissolução do complexo de Édipo, tal como o descreveu Freud, e condicionam por sua vez uma estruturação patológica de relações que favorecem e mantêm a persistência de formas francamente "edípicas" na relação do filho com seus pais. Estas põe-se de manifesto na persistência de uma sexualidade infantil veiculada em relações de objeto primitivas ou narcisistas, com características perversas, que configuram o que se chamou relações incestuosas.

Na psicoterapia dos pacientes psicóticos, pode-se ver claramente que as próprias dificuldades dos pais não somente mantêm inconscientemente com sua conduta as "esperanças" em relação com o incesto, às quais alude Freud, senão que, pelo contrário, tendem a potencializá-las. Além disso, é muito freqüente observar que os pais de filhos psicóticos não provêm os elementos necessários para um crescimento egóico normal, mediante a oferta de padrões de identificação, não tornando então possível ou viável o processo de separação ou resolução, estudado por Freud.

O trabalho simultâneo na Comunidade Terapêutica Psicanalítica com análise individual e terapia familiar nos tem permitido revalorizar de certo modo as primeiras observações de Freud quanto à sedução e às situações traumáticas, e é mediante o estudo das etapas do processo terapêutico que devem atravessar os pacientes mentais graves para curar-se, que pode-se entender melhor do que em nenhum outro contexto o que significa a "dissolução" do complexo de Édipo. Consideramos que a noção de "vínculo" é útil para entender essa patologia, a qual seria, neste sentido, uma patologia vincular. A estruturação de um complexo de Édipo patológico não seria atribuível então exclusivamente ao sujeito, em termos de seu conflito pulsional, senão que haveria de se considerar outros fatores implicados na relação com seus próprios progenitores, tais como a relação do casal dos pais, os desejos inconscientes de cada um deles, as condutas sedutoras, as dificuldades emocionais e os aspectos carenciais de todo tipo que podem condicionar uma patologia vincular que vai interferir necessariamente na elaboração e resolução dos diferentes aspectos da conflitiva edípica.

No processo terapêutico destes pacientes o que aparece como mais importante é a dificuldade de passar da relação a dois para a relação a três. Estas dificuldades apresentam-se condicionadas por uma longa história de uma complexa problemática. Muitas vezes a mãe que tem uma má relação com o pai, não o inclui no seu mundo interno como uma presença positiva e protetora, na situação vital que ela está vivendo. Divorciada emocionalmente de seu marido, vive a relação com o filho como uma posse verdadeira que lhe traz um alimento narcisista ou lhe dá um sentido a sua vida que antes não tinha. O crescimento do filho vai-se realizar então condicionado por este "ser para alguém" que não vai permitir um desenvolvimento saudável sobre a base da espontaneidade, nem uma autono-

Dimensão familiar da patologia na comunidade terapêutica pscanalítica 151

mia verdadeira, nem uma identidade própria. Nestas condições, a presença do terceiro, pai, será necessariamente ambivalente.

Se a presença do pai na realidade exterior é precedida por uma presença paterna, no mundo interno da mãe, como um vínculo de parelha positivo e enriquecedor, a relação que esta estabelecerá com seu filho irá configurar um vínculo que incluirá desde o começo um terceiro, como um outro que é tomado em consideração. A relação necessariamente simbiótica da mãe com seu bebê será então uma simbiose saudável, na medida em que a mãe permite a simbiotização do bebê como momentos transitoriamente necessários para seu crescimento, porém não como uma necessidade dela condicionando uma relação excludente que termina, prendendo-o em um vínculo problemático e que lhe impeça o crescimento.

Se é este o caso, o filho, que não pode desenvolver a capacidade de viver por si mesmo, sentirá a separação como um abandono ou condição de desamparo que não pode tolerar e terá a tendência a perceber a presença do pai como ameaçadora e persecutória, na medida que o priva da mãe como objeto indispensável para sua sobrevivência. Quando o pai está com a mãe, o filho sentir-se-á excluído e ameaçado, e tenderá a perceber a chamada "cena primária" com a carga emocional interna com que vive o abandono e com a agressão que o faz sentir-se privado. Toda resposta por parte dos pais que trate de pôr limites à exteriorização de seu protesto será percebido como uma injustiça dolorosa. Se a resposta incluir um castigo, este não fará senão agregar um fator confirmativo da existência de uma autoridade arbitrária, preparando a configuração de uma instância superegóica ameaçadora da integridade e estimulante das fantasias de castração. Diante destes perigos esta situação será necessariamente traumática e acabará incorporada como submetimento masoquista. Em todos esses casos vemos como se inicia o caminho para a doença. Em nenhum dos pais de pacientes psicóticos podemos observar uma presença positiva e enriquecedora de um pai que favoreça a saída do filho do vínculo simbiotizado com a mãe. Vejamos alguns exemplos:

R. permaneceu, até que chegou a melhorar, funcionando exclusivamente para a mãe, brindando-a satisfatoriamente com êxito e triunfo na vida para compensá-la de suas frustrações. O pai não se incluiu nesta relação, mas por sua vez estabeleceu outra com sua filha como compensação pelas graves dificuldades com a mulher.

C.Ch. dedicou sua vida à mãe e quando esta morreu empenhou-se várias vezes em "dedicar-lhe" sua própria morte. Suas tentativas aconteciam sempre nos aniversários da morte da mãe e nesse funcionar permanente para ela "percebia" uma chamada "do além", sem tomar conta da própria vida.

Se retomamos o caso de uma boa relação de par com uma mãe emocionalmente madura que, ao mesmo tempo que permite momentos de simbiotização com seu bebê, estimula o crescimento sobre a base de sua própria espontaneidade, então a presença do pai será positiva e enriquecedora, na medida em que favorece a saída do filho do vínculo simbiotizante com a mãe, servindo-lhe de modelo estruturante de capacidades egóicas que lhe permitem passar de "ser-para-a-mãe" a "ser-para-o-pai" e logo "ser-para-si-mesmo".

Quando os pais têm uma conflitiva edípica não resolvida, também introduzem "o incestuoso" na medida em que buscam recuperar com o filho pós-edípico uma relação primária de objeto, através de um vínculo erotizado. De forma inconsciente o seduzem para reter o objeto primitivo, e desta maneira opera-se um tipo de vínculo que impede o desenvolvimento e pode predispor à estruturação de uma condição psicótica.

Um pai com uma personalidade esquizóide, que sente o filho quando nasce como um ladrão que vem deslocá-lo ou que quando for grande vai querer matá-lo, é um pai que busca na relação sexual com sua mulher uma relação primitiva, como com sua própria mãe, e que tem para tanto confundidos os níveis pré-edípicos e pós-edípicos, de tal maneira que sua relação sexual é vivida necessariamente como incestuosa. Por exemplo, quando vê seu filho mamar no seio, sente inveja como se fosse um irmão de dois anos e meio que não tolera a presença do bebê recém-nascido, porque essa presença reativa suas próprias recordações ou fantasias de um paraíso perdido, mais perdido porque nunca foi alcançado. Sentir-se-á também perseguido e deslocado por seu filho em um nível genital pela confusão de níveis que persiste nele, na medida em que atribui a seu filho suas fantasias incestuosas não elaboradas. O pai pode ver a relação do bebê com a mãe como se fosse uma relação incestuosa, que rivaliza com ele num nível genital, porque a relação genital dele não está suficientemente genitalizada, senão que se mantém secretamente em um nível primitivo, do qual se sente persecutoriamente deslocado por seu filho.

Quando o filho alcança a puberdade, etapa na qual necessita ser "acompanhado" por seus pais para poder enfrentar e elaborar a nova situação, se os pais não haviam alcançado uma genitalização adulta, em sua própria evolução, não somente não vão poder acompanhar o filho nesta etapa, senão que ao se reativar sua própria conflitiva edípica não resolvida, conjuntamente com as ansiedades acompanhantes, deverão recorrer a forçar no filho a repressão de todos esses componentes dessa nova etapa e não irão permitir que essa genitalização possa se desenvolver normalmente.

Quando diz que a autoridade do pai ou dos pais introjetados no Ego constitui nele o nódulo do superego que toma do pai o seu rigor, perpetua sua proibição do incesto e garante assim o ego contra o retorno das cargas de objeto libidinais, entendemos que Freud descreve um processo que tem um sentido teleológico que, articulando uma conflitiva herdada de nossos ancestrais com a forma particular como é vivida por cada sujeito individualmente, desemboca numa configuração pessoal e única do aparelho psíquico que conserva, entretanto, a universalidade característica do ser humano como tal. A proibição ao incesto estaria assim garantida pela forma como o ego fica protegido contra o retorno das cargas de objeto libidinais, pelo rigor incorporado no superego como conseqüência de introjeção da autoridade do pai ou dos pais. Mas à luz de nossa experiência clínica podemos interpretar que a autoridade dos pais, quando é incorporada como uma presença protetora, é introjetada no ego e contribui para uma força egóica verdadeira que permitirá uma boa elaboração do complexo de Édipo, a renúncia ao objeto mãe como objeto libidinal, por amor ao pai e à mãe mesma, mais que pela proibição da tendência incestuosa ancestral.

Quando o pai e a mãe têm internalizada a proibição do incesto como uma norma

Dimensão familiar da patologia na comunidade terapêutica pscanalítica 153

cultural saudável, aceita universalmente e necessária para a manutenção de uma ordenação elementar das relações sociais, isto é, como um superego não proibidor nem castrador de desejos reprimidos ou inalcançáveis, senão de um superego construtivo e protetor, que evita situações sociais caóticas, então, a elaboração do complexo de Édipo vem já preparada por uma relação com os pais na qual o filho já "aprendem" por experiência pessoal que a renúncia de certos desejos primitivos não é uma castração, senão que, melhor que isso, uma proteção em relação aos aspectos destrutivos da realização desses mesmos impulsos primitivos e uma abertura a novas possibilidades, cujas conseqüências são o crescimento e a exogamia no sentido de uma conquista.

Quando existe uma boa relação de casal em pessoas capazes de cumprir com a função materna e paterna, a situação triangular é positiva e estruturante para o filho. Quando essa criança tem fantasias de casar-se com a mãe e ter filhos com ela, se bem que num sentido esteja vivendo seu Édipo positivo em rivalidade com a figura paterna, sua capacidade de dissociação operativa lhe permite viver simultaneamente uma situação na qual juntar-se com a mãe e ter filhos com ela não é necessariamente matar o pai, senão que é ser o pai por identificação com ele. Na medida em que estas fantasias podem ser vividas de forma lúdica e são acompanhadas pelos mesmos pais servem de elementos estruturantes da personalidade. Uma situação de conflito com a mãe que fez com que se distancia-sse com ressentimento pode ser compensada com uma aproximação do pai que, incluindo um componente homossexual em relação a ele, lhe permite jogar papéis variados através dos quais vai organizando seu ego e seu mundo interno.

É assim que podemos interpretar as observações de Freud ao dizer que o superego é o herdeiro do complexo de Édipo. Na experiência clínica recolhida na Comunidade, através do processo terapêutico dos pacientes, podemos ver que o que se vai desenvolvendo primeiro é a capacidade egóica, mediante a incorporação e a assimilação de características da pessoa do analista como substituto do pai, na forma de um uperego protetor que cuida, ainda que simultaneamente frustre, porque quer o bem do paciente. Um analista que houvesse funcionado como um pai, que tem fantasias de satisfazer seus próprios desejos imaturos edípicos infantis com uma filha-paciente, como substituta de uma mãe edípica, não teria sido um objeto externo capaz de servir de modelo adequado para a construção de recursos egóicos do paciente e nem de um superego protetor, verdadeiro herdeiro de um complexo de Édipo que se dissolve ou desaparece porque já não tem mais razão de existir.

No processo terapêutico do paciente psicótico e de sua família podemos observar a complexa problemática descrita à luz das vicissitudes pelas quais atravessam as relações interpessoais dos distintos membros do grupo familiar, e de que maneira os fenômenos edípicos estão incluídos em uma trama muito mais complexa, que não permite sua elaboração. Em particular podemos observar que os fenômenos por meio dos quais a mãe (ou o pai) não é capaz de acompanhar o crescimento do filho, senão que se opõe a ele, têm necessariamente a estrutura da relação simbiótica patológica. Muitas vezes, já na relação matrimonial, o casal parental se constituiu sobre a base de uma busca de complementação de necessidades patológicas e do estabelecimento de vínculos de cumplicidade patológica variada.

Em geral, os pais são seres imaturos que deslocam sobre os filhos os conflitos do casal. Não tendo tido eles mesmos, como dissemos antes, a oportunidade de um crescimento sadio por deficiências na relação com seus próprios pais, não podem transmitir a seus filhos experiências de crescimento autônomo ou acompanhá-los a crescer com autonomia. Por outro lado, o crescimento dos filhos desperta neles profundos sentimentos de insegurança ao reativar-lhes os próprios aspectos não resolvidos e nessas condições, projetam, injetam ou colocam de alguma maneira suas próprias dependências infantis em seus filhos, obrigando-os a manter-se dependentes deles mediante exigências rígidas que ãao incorporadas e introjetadas diretamente e se estruturam dentro da personalidade do filho com características superegóicas.

Nossa experiência clínica com pacientes psicóticos na Comunidade, assim como também as considerações teóricas descritas nos permitem mostrar que o patógeno, no qual poderíamos chamar a persistência de um complexo de Édipo, seria melhor a persistência de formas infantis da personalidade por falta de desenvolvimento e maturidade egóica em todos os aspectos que permitem normalmente a "dissolução"do complexo de Édipo.

A Interdependência Patológica e Patógena

A interdependência é inerente à condição humana; todos dependemos uns dos outros. Trata-se de uma dependência recíproca, que se dá em distintos graus e em diferentes formas. Na condição de saúde mental, estabelece-se como uma dependência mútua, proveitosa para cada membro. O ser humano nasce numa condição de máxima dependência, que se estrutura na relação com a mãe. Mãe e filho estabelecem uma simbiose útil. Os dois membros dessa relação necessitam-se e complementam-se entre si para a satisfação de necessidades vitais; por exemplo, o filho preenche a necessidade de "mimar" que tem a mãe e esta o faz com a necessidade de ser "mimado" que tem o filho. Além disso, devem cobrir-se certas necessidades que são fundamentais para o desenvolvimento do filho. A mãe e logo ambos progenitores devem ser capazes de comportar-se como objetos estruturantes para o desenvolvimento dos recursos egóicos do filho; e o exercício da função materna e paterna promove o crescimento e maturação de aspectos fundamentais da personalidade dos pais. Uma relação desse tipo mobiliza um processo dialético e não um intercâmbio estático. Uma simbiose sadia, capaz de transformações, é algo que fomenta o crescimento dos dois membros. Leva, por ambos os lados, diz Helm Stierlin (377-378), "... a uma autoconfirmação profunda, cada vez mais respeitosa e livre", que serve, em última palavra, à individuação e autonomia relativa de ambos.

Na Comunidade Terapêuta Psicanalítica, dentro do complexo fenomênico que constitui seu acontecer, temos descoberto que um dos aspectos mais significativos para compreender a dinâmica dos intercâmbios e das relações interpessoais é o que podemos conceitualizar genericamente como interdependência patológica, que tem a ver com aquilo que costumamos chamar de interpenetração patógena. Se bem que em uma clínica psiqui-

Dimensão familiar da patologia na comunidade terapêutica pscanalítica 155

átrica o que chama a atenção de forma mais manifesta é a sintomatologia do paciente (isto é, retração autista, intervenções delirantes, condutas paranóides de todo tipo, comportamentos fóbicos, obsessivos e histéricos em distintos graus, atrações psicopáticas e psicóticas variadas). Além dessa variada gama de manifestações fenomênicas, vamos encontrar diferentes vínculos de interdependência patológica nas relações dos pacientes com seus familiares. Por sua vez, esses vínculos vão reproduzir-se dentro da Comunidade; e vão trazer todo tipo de oportunidades e possibilidades para serem elaborados nos processos terapêuticos individuais e familiares, sendo o terreno no qual se vão jogar os momentos decisivos desses processos quanto às transformações necessárias para o que chamamos cura de um paciente e sua família.

O conhecimento da interdependência patológica começou a desenvolver-se em relação ao estudo da esquizofrenia. Como já mencionamos, os trabalhos de Sullivan (1953) (381-385), Hill (1955) (202), Fromm Reichmann(1950)(133), Lidz(269-273) e outros muitos, abriram o caminho para compreender que na dinâmica da esquizofrênia — que é a condição mental onde se apresenta mais claramente o vínculo de interdependência patológica - atuou e segue atuando um vínculo dessa natureza. Na Comunidade, esse fenômeno se visualiza como uma lente de aumento. A estrutura de relação é de tal natureza que ambos membros do par simbiótico, encontram uma satisfação parcial de necessidades patológicas, também se nutrem reciprocamente à base de ódio e de ressentimento. Tratar-se-ia, de certo modo à de uma das formas de interdependência mais trágica, destrutiva e autodestrutiva. Grande parte deste livro está dedicada a um esclarecimento da natureza desse tipo de vínculo tão doentio e enlouquecedor. A elaboração desses aspectos nos levou, como vimos nos capítulos de Psicopatologia, à formulação do conceito de objeto enlouquecedor.

Helm Stierlim (377-378) considera que, no contexto familiar no qual vai se desenvolver o paciente esquizofrênico, a mãe necessita com freqüência de seu filho como meio de justificação e autoconfirmação tem razão de sua própria patologia "submete à seu filho à pressão a fim de que viva a realidade e a interprete tal e como ela quer que seja". A relação mãe-filho estrutura-se particularmente submetida a essa exigência. O filho deve ver sempre e somente amor no comportamento da mãe ainda que esta, sem querê-lo e por suas dificuldades, submeta seu filho aos seus angustiados cuidados tirânicos e o utilize como instrumento de satisfação de suas próprias necessidades eróticas, de prestígio e de autoconfirmação. A mãe (e a família) com sua personalidade rígida, potente em relação com a de seu filho, representa aos olhos de toda a relação humana, que se converteu em uma relação de minoria. Quando na adolescência o filho tenha que se enfrentar com a "realidade da maioria" que representa a realidade dos adultos, experimentará como um fato assustador o ter que viver, equipado unicamente com a realidade ministrada pela mãe, em um mundo em que a maior parte das pessoas atuam, sentem e jogam de um modo distinto àquele que fazem sua mãe e sua família. Nós dizemos que não estando na posse de recursos próprios para enfrentar-se com a realidade que lhe cabe viver, sucumbe à doença e é incapaz de desprender-se dessa interdependência patológica na qual ficou aprisionado.

Utilizamos aqui o conceito de interdependência patológica de uma maneira genérica e abrangente para nos referirmos aos fenômenos que se descrevem como simbiose patológica, relação narcisista de objeto e relação primitiva de objeto. Essa realidade clínica nem sempre é evidente à primeira vista; às vezes está mascarada pelos sintomas psiquiátricos. Aparece de forma mais clara e manifesta no processo terapêutico, mas para aquele que tem experiência pode fazer-se visível rapidamente. Com o objetivo de tornar mais acessível ao leitor, vamos descrever uma das situações típicas que se apresentam com freqüência na Comunidade:

A hospitalização de um paciente, a chamada internação, pode ser uma situação carregada de dramaticidade. O habitual é que o paciente não queira internar-se, apesar de ser evidente que se sente muito mal e que necessita ajuda. Esse momento está carregado de todo o prejuízo ancestral com respeito aos estabelecimentos psiquiátricos, e apesar de fazermos um grande esforço para tirar nesse momento essa conotação dramática. Trata-se muito mais de uma situação irracional que não se pode modificar completamente nesse momento com explicações, esclarecimentos e arrazoamentos.

Em geral, o paciente tem um grande temor ao desconhecido, e a Instituição aparece como um mundo novo próprio para projetar nela todo tipo de fantasias catastróficas, às vezes terroríficas. Se pedimos a ele que fale de seus temores quem sabe possa fazê-lo e desse modo aliviar-se. Também pode ser muito útil fazê-lo conhecer a Instituição, apresentar-lhe alguns membros da equipe e alguns pacientes. Aliás, convém fazê-lo e em alguns casos serve para que o paciente vá adquirindo certa confiança. Porém para alguns doentes, toda essa preparação, cujo objetivo era fazê-lo sentir-se melhor, pode ter um efeito paradoxal e contraproducente. Tudo acontece como se à medida que devesse sentir-se melhor fora se sentindo pior. Também pode ocorrer que o familiar que geralmente convidamos a acompanhar a visita vá se sentindo mal. A situação pode tornar-se por momentos violenta. O paciente pode pôr-se agressivo negando-se a ficar na clínica e é capaz de ameaçar com recursos legais se for internado contra sua vontade. O familiar, não sabendo como enfrentar essa situação, tem tendência a atender essas reclamações do paciente e justifica como razoável a negativa à internação, sem saber dar uma explicação convincente dessa atitude frente à necessidade manifesta do paciente de que necessita ajuda.

Essa é somente uma descrição superficial, mas talvez suficientemente significativa, de que algo estranho ocorre. Sem tomar consciência da motivação de sua atitude, o familiar entra em cumplicidade com o paciente. A experiência nos foi mostrando que a maior dificuldade apresenta-se na medida em que a internação representa um momento de separação e em particular uma espécie de ruptura de um vínculo simbiótico patológico, e que dentro desse vínculo ambos os membros do par simbiótico, muitas vezes toda a família, encontram-se comprometidos em uma relação de interdependência patológica.

Temos encontrado de forma sistemática algum tipo de ligação simbiótica entre o paciente e algum familiar que deve romper-se ao longo do processo terapêutico. Essa ruptura é, por sua vez, um processo de desprendimento doloroso não somente para o paciente, mas também para os familiares envolvidos de uma ou outra maneira na relação simbiótica.

Dimensão familiar da patologia na comunidade terapêutica pscanalítica 157

Visto desde o ângulo do processo terapêutico, encontramos que essas ligações simbióticas são algo muito difícil de superar. Quando o terapeuta tenta trabalhar esses aspectos encontra as maiores resistências tanto do paciente como dos familiares implicados e em um momento dado pode ver-se atacado por um e por outro. O familiar pode dizer que deseja o desligamento e a independência do doente, mas secretamente recorre a uma série de atitudes inconscientes que tendem a manter a dependência simbiótica patológica. Muitas vezes o paciente representa para o familiar um "sentido para sua vida": ajudar ao incapacitado. Essa incapacidade serve para projetar a própria falta de defesa. Porém, além disso, a situação pode levar à necessidade vigente de ter um afeto incondicional infantil que se perde na relação adulta, pelo que o familiar favoreceu inconscientemente sua persistência no paciente como fonte de gratificação.

Em nossa experiência temos comprovado muitas vezes que o paciente tenta reproduzir o vínculo simbiótico com o terapeuta. Necessita que esse assumisse este vínculo e se convertesse diretamente em sua mãe ou seu pai. Não sendo possível, em particular pela natureza do tratamento, o paciente volta-se a seus objetos internos para recriar em seu mundo autista os vínculos simbióticos primitivos.

Nesse ir e vir, entretanto, os vínculos simbióticos primitivos vão se desgastando. Se a relação terapêutica é construtiva, pouco a pouco o paciente vai fazendo um processo de crescimento psicológico que lhe permite introduzir pequenas mudanças nesse vínculo simbiótico. Em primeiro lugar pode ir confrontando fantasia com realidade. Ainda que muitas vezes o familiar implicado na simbiose comece a apresentar sintomas quando ele melhora, comprova-se entretanto que não se adoece necessariamente. Também pode elaborar que o adoecer do familiar, quando se produz, não é a realização onipotente de sua fantasia. Pode ir abandonando então a crença patológica, assinalada por Hill, de que permanecendo doente preserva o bem-estar mental e físico da mãe (o mesmo poderíamos dizer do pai ou de outro membro). O que vemos muitas vezes é que a fantasia explicitada do paciente coincide plenamente com a fantasia inconsciente do familiar, cujas necessidades também há que se ajudar a superar. Alguns familiares sentem temores de morte ou têm fantasias de doença grave quando o doente melhora. De uma ou outra maneira, o que vai descobrindo o paciente, isto é sumamente valioso para ele, é que seu sacrifício é inútil e que não corresponde à realidade, já que estando sadio poderá ajudar melhor àquele de sua família que adoeça verdadeiramente. Mas resulta notavelmente difícil conseguir que, desde uma posição diferente, o paciente possa ajudar ao familiar, que sente freqüentemente que, nesse caso, o paciente vai aproveirar retaliativamente para submetê-lo de forma sádica se aceitasse essa mudança de dependência, tal como ele a exerceu durante anos. O que assim pode angustiar muito o paciente é a percepção de que se ele melhora o outro sentirá suas próprias dificuldades, depositadas antes nele, e então, estando ele melhor, o outro vai necessitar dele tremendamente. Isso pode por algum tempo constituir uma séria dificuldade pelo temor de ter que se fazer encarregar da doença do outro a partir do momento em que o paciente assuma a condição de estar são.

Os fatos descritos aqui têm evidentemente muita relação com outros dos quais nos temos ocupado, e em especial o que se descreve ao aludir o tema da mãe superprotetora e da mãe esquizofrenogênica. Com esses termos os autores se referem mais sobre atitudes ou condutas das mães que podiam perturbar e causar dano ao desenvolvimento dos filhos. Com o conceito de vínculo simbiótico aponta-se mais a característica estrutural da relação que através desse tipo de conduta se pode criar com o filho.

Cumplicidades Patológicas

Através de muitos anos de trabalho com pacientes e familiares na Comunidade Terapêutica encontramos um sem número de situações de cumplicidade com a doença ou cumplicidades secretas, através de condutas doentes que, precisamente por serem secretas, não aparecem na terapia familiar e se descobrem muitas vezes no final de um tratamento exitoso, quando podem ser abordadas. De grande quantidade de situações desse tipo que fomos registrando, podemos tipificar algumas que, pelo fato de repetir-se com certa constância, têm um valor significativo. O estudo psicológico que se pode fazer em cada caso se foi incorporando à experiência da Instituição que, ao ser compartilhada pela equipe terapêutica, permite um enriquecimento experimental importante e faz que os distintos membros da equipe possam manejar-se cada vez melhor em circunstâncias similares.

As situações que mostram claramente uma cumplicidade entre o paciente e os familiares para manter os vínculos são muito variadas e podem ser detectadas em circunstâncias favoráveis, porque os componentes que entram em jogo são de uma natureza tal que é habitual que permaneçam dissociados e mantidos em segredo. Outras vezes o patológico das atitudes e das relações intrafamiliares, isto é, do vínculo, mostra-se muito abertamente, fica muito à vista, mas não é reconhecido nem aceito como tal, porque eles não vêem ali nada de "mal" que tenha que ser mudado. Trata-se de condutas que aparentemente correspondem à maneira com que manejam "toda a vida" e portanto não há nenhuma consciência do inadequado ou patogênico de seu conteúdo. O mais comum é que o paciente tenha mais consciência da necessidade da mudança de certas condutas familiares, ainda que não possa fazer nada para favorecê-la, geralmente porque tem medo de prejudicar ou tema uma represália e então ser prejudicado. Outras vezes o paciente defende agressivamente diante do médico ou da Instituição a forma de pensar dos pais, porque assim está instrumentando a maneira de seguir manejando-os onipotentemente, como sempre, sem que nada mude. Se bem que às vezes tampouco tem consciência da situação, ele é no entanto aquele que está mais próximo da possibilidade de dar-se conta.

Muito relacionado com esse vínculo simbiótico mãe-filho e com as relações de cumplicidade encontramos os vínculos que se estabelecem nos pares matrimoniais. Bychowski (1956)[61] era pessimista sobre o resultado da psicoterapia em pares com membros esquizofrênicos porque pensava que nestes a escolha matrimonial se faz por motivações patológicas préexistentes. Isto pode estender-se a muitos pares matrimonias com conflitos intensos, a muitos casos de pares de pais com filhos esquizofrênicos. Nossa experiência nesse ponto nos mostrou sistematicamente uma dupla escolha na qual cada um dos membros elege ao outro por motivações inconscientes igualmente doentias e que cada um faz depósitos no outro que se complementam reciprocamente numa forma de cumplicidade secreta.

Nos vínculos simbióticos, como disse D. Liberman (268), existe uma coalizão defensiva entre ambos os membros do par que tem por finalidade potencializar um sistema erigido para evitar ter que se enfrentar com determinados conflitos, ainda que à custa de restrições mais ou menos severas. Simultaneamente, reforçam-se os respectivos sistemas narcisistas. Cada um dos membros, como dizem Gear e Liendo (165), induz no outro determinadas respostas complementares, projeta nele aspectos próprios indesejáveis, nega em seu par aspectos valorizados que em troca se adjudica a si mesmo, reprime que também ele possui aqueles aspectos indesejáveis projetados e introjeta aqueles aspectos valiosos, valorizandos no outro o que se nega a perceber nele. Vemos que, dessa maneira, cada membro do par realimenta o conceito narcisista do integrante restante, de maneira recíproca.

O vínculo simbiótico do par matrimonial estrutura-se muito freqüentemente sobre a base de uma relação sadomasoquista que geralmente é uma via de mão dupla, isto é, onde recíproca e alternadamente um é sádico e o outro masoquista. Ambos os membros estariam assim ligados por um vínculo simbiótico de conteúdo sadomasoquista com uma cumplicidade secreta que durante muito tempo vai opor uma resistência importante a qualquer tipo de terapia que ponha manifesta a necessidade de promover mudanças no sentido de uma maior individuação e maturidade.

Quando um dos membros do par simbiótico faz um tratamento psicanalítico, pode produzir-se uma separação porque as mudanças daquele que está em tratamento tendem necessariamente à ruptura do vínculo simbiótico. As dificuldades inerentes ao processo analítico se vêm incrementadas por atuações do outro que, com freqüência, ao não tolerar as mudanças, ataca o tratamento tentanto recuperar o vínculo ou termina separando-se com ressentimento e tenta reconstruir o vínculo simbiótico perdido com outro par ou com o filho. Às vezes, no entanto, ainda que ambos os membros do par matrimonial estejam em análise individual, nenhum dos dois cônjuges consegue modificar certos núcleos profundos que persistem inalterados. Nesses casos uma psicoterapia do casal simultânea com a análise individual de cada um pode mobilizar estruturas profundas que muitas vezes ficam dissociadas durante anos e, portanto, resultam inabordáveis para a terapia individual. Na Comunidade Terapêutica Psicanalítica se dá um contexto privilegiado para que o casal possa revisar sua relação matrimonial e também os vínculos de cada um de seus membros com seus respectivos familiares e num contexto plurigeneralizado.

Reação Terapêutica Negativa (144)

O tema da reação terapêutica negativa foi uma preocupação constante na obra de Freud e estava sempre ligado a outros, tais como as resistências ao trabalho analítico, a consciência de culpa, a necessidade de castigo e o masoquismo. Considera-se que a necessidade inconsciente de castigo intervinha em toda "contração de neurose" e era o pior inimigo de nosso empenho terapêutico. Pensava que o sentimento inconsciente de culpa mobilizava a reação terapêutica negativa. Dizia que "durante o trabalho analítico pode-se ver nas resistências uma força que atua por todos os meios contra a cura e a todo custo quer aferrar-se à doença e ao sofrimento". Partindo da descoberta do princípio de prazer, chegou posteriormente à conclusão, obrigado pela experiência clínica dos tratamentos psicanalíticos, de que "a crença de que o acontecer anímico é governado unicamente pelo afan de prazer não pode manter-se mais quando alguém se representa em sua totalidade o quadro que compõe os fenômenos do masoquismo imanente em tantas pessoas, a reação terapêutica negativa e a consciência de culpa dos neuróticos". Freud localizou a força que move esses fenômenos em parte na relação do Ego com o Superego, porém considerou que essa interpretação era insuficiente e que havia de apelar à presença na vida anímica de um poder que por suas metas temos de chamar pulsão de agressão ou destruição e em última análise pulsao de morte.

No *Ego e o Id*, em 1923, descreve a reação terapêutica negativa da seguinte maneira:

Há pessoas que se comportam de maneira estranhíssima no trabalho analítico. Se alguém lhes dá esperança e lhes mostra contentamento pelo progresso do tratamento, parecem insatisfeitas e por regra geral seu estado piora. No começo, atribui-se isso a desafio, e ao empenho por demonstrar superioridade sobre o médico. Porém depois chega-se a uma concepção mais profunda e justa. Termina-se pelo convencimento não somente de que estas pessoas não suportam elogio nem reconhecimento algum, senão que reagem de maneira transtornada frente aos progressos da cura. Toda solução parcial, cuja consequência deveria ser uma melhora ou uma suspensão temporária dos sintomas, como de fato o é em outras pessoas, provoca-lhes um reforço momentâneo de seu padecer; pioram no curso do tratamento, ao invés de melhorar. Apresentam a chamada reação terapêutica negativa.

Não há dúvida de que algo se opõe nelas à cura, cuja iminência é temida como um perigo. Diz-se que nessas pessoas não prevalece a vontade de cura, senão a necessidade de estar doente. Analise-se essa resistência da maneira habitual, a atitude de desafio frente ao médico, a fixação às formas da ganância da doença; persistirá, não obstante, na maioria dos casos. E esse obstáculo para o restabelecimento demonstra ser o mais poderoso; mais que os outros com que já estamos familiarizados; a inacessibilidade narcisista, a atitude negativa frente ao médico e o aferramento à ganância da doença.

Por último, chega-se à compreensão de que se trata de um fator por se dizer assim "moral", de um sentimento de culpa que acha sua satisfação na enfermidade e não quer renunciar ao castigo do padecer. A esse pouco consolador esclarecimento é lícito ater-se em definitivo. Agora bem, esse sentimento de culpa é mudo para o doente, não lhe diz que é culpado; ele não se sente culpado, mas doente. Somente se exterioriza numa resistência à cura, difícil de reduzir. Ademais resulta particularmente trabalhoso convencer ao doente de que este é um motivo de sua persistência na doença; ele ater-se-á à explicação mais óbvia, a saber, que a cura analítica não é o meio correto para curá-lo.*

O aqui descrito aplica-se aos fenômenos mais extremos, mas é possível que conte, em menor medida, para muitíssimos casos de neuroses graves, quem sabe para todos. E mais todavia: quem sabe é justamente este fator, a conduta do ideal do ego, o que decide a gravidade de uma neurose.

* Não é fácil para o analista lutar contra o obstáculo do sentimento inconsciente de culpa. De maneira direta não se pode fazer nada; e indiretamente, nada mais que pôr pouco a pouco a descoberto seus fundamentos reprimidos inconscientemente, com o que vai mudando-se num sentimento consciente de culpa. Uma chance particular de influir sobre ele tem-se quando este sentimento icc de culpa é emprestado, isto é, o resultado da identificação com outra pessoa que antigamente foi objeto de um investimento erótico. Essa assunção do sentimento de culpa é freqüentemente o único resto, difícil de reconhecer, do vínculo amoroso resignado. É inequívoca a semelhança que isto apresenta com o processo de melancolia. Conseguindo-se descobrir por detrás do sentimento icc de culpa esse antigo investimento de objeto, a tarefa terapêutica pode solucionar-se brilhantemente; do contrário, o desenlace da terapia de modo algum é seguro. Depende primariamente da intensidade do sentimento de culpa, muitas vezes a terapia não pode opor-se com uma força contrária de igual ordem de magnitude. (A.E., págs. 50-51).

Como se sabe, seguindo as idéias de Freud outros autores trouxeram elementos para a compreensão da reação terapêutica negativa. Abraham a relaciona com a resistência neurótica ao tratamento e com um tipo de pessoa, de caráter narcisista, com uma aparente colaboração que na realidade oculta a inveja, a qual está muito ligada aos níveis anais e com elementos orais sádicos.

Para M.Klein, quando o paciente experimenta ansiedade persecutória por haver agredido o seio, aparece um intenso temor ao ataque retaliativo por parte de um objeto interno ou um Superego invejoso que desempenha um papel importantíssimo na reação terapêutica neativa. M. Klein assinala que essa é muito mais poderosa ao estar oculta a inveja por defesas tais como a dissociação, a idealização, a confusão, a fuga ou dispersão, a desvalorização, a possessividade violenta ou a inversão por identificação projetiva para que outros experimentem inveja ou desconfiança ao terapêuta. Um elemento importante é a dissociação e a projeção da inveja no terapeuta. Nesse caso o paciente desconfia do analista e coloca nele as partes perigosas e retaliativas. Crê então alucinatoriamente que o terapêuta é perigoso e retaliador.

Com os aportes da teoria kleiniana em sua concepção dos objetos internos e sua relação com o Ego, assim como a ênfase nos mecanismos de projeção, foi-se enriquecendo a visão desse processo. Em especial, a contribuição de J.Rivière [339] nos ajuda mais claramente quando, em 1936, equiparando o narcisismo secundário com o Ego mais seus objetos internalizados, se dedicou mais ainda ao estudo do mundo interno destes pacientes. Assim então, põe o acento em que para estes pacientes curar-se significa um ato egoista pelo qual deixaram abandonados aos objetos internos, aos quais desejam reparar. Somente podem progredir na análise pensando que curar-se significa curar a seus objetos internos, dos quais por sua vez eles dependem. Mas empreender a tarefa de reparar a seus objetos internos os expõe a dar tudo de si por eles, com o conseqüente perigo para seu Ego.

H. Rosenfeld (342) correlaciona os trabalhos de M.Klein, em especial Inveja e Gratidão (238), com hipóteses sobre a reação terapêutica negativa, o narcisismo e as estruturas narcisistas. Seguindo a Klein, Rosenfeld afirma que a inveja e as defesas contra ela, que impedem a integração do Ego e não permitem unir-se para a posição depressiva, desempenham um grande papel na reação terapêutica negativa. Esse tipo de paciente ataca as interpretações, o seio nutridor, mas logo, pela culpa, sente que não merece beneficiar-se com o tratamento. Para Rosenfeld as relaçoes objetais narcisistas são parciais e estão dominadas pela onipotência do Ego. Estas evitam o sentimento de agressão; iludem o sentimento de inveja, posto que o paciente desvaloriza e não tem nada que invejar ou, se beneficia-se, o mérito é dele mesmo; permitem por identificação projetiva onipotente assumir, dentro do terapeuta, as qualidades da criatividade do seio e controlá-lo. No curso de uma boa análise aparecem essas estruturas narcisistas onipotentes, a parte mais dependente, que deve ser sentida como separada do terapeuta, reconhecendo que o seio nutridor é um objeto distinto. A reação terapêutica negativa aparece logo de uma boa sessao que obriga a reconhecer o seio nutridor. Isto pode não aparecer na superfície nem claramente no material. Neste caso pode ocorrer que na sessão seguinte o paciente esqueça a sessão anterior, aparece desconectado, como se houvesse apagado tudo. Perde-se a boa experiência e o Ego infantil que a recebeu. O paciente volta a sentir-se oprimido, como se algo houvesse morrido, e não pode enfrentar os ataques do self narcisista psicótico dentro de si.

Rosenfeld assinala que é muito importante diferenciar o ataque do superego do ataque da estrutura narcisista onipotente. O ataque do superego é de caráter mais persecutório,com componentes mais invejosos, ressentidos e de mais difícil acesso. O ataque da parte narcisista onipotente e megalomaníaca, desalojada por uma boa análise ou um momento de "insight" analítico, por sua vez, se dirige mais à parte do self infantil e dependente do próprio sujeito. A base da estrutura narcisista é a posse ilusória do seio e portanto a negação de necessidade, de dependência e da inveja.

Agora bem, como já dissemos em outras oportunidades, o fracasso que a psicanálise reconheceu para a resolução da reação terapêutica negativa desde as primeiras postulações de Freud que temos citado e as observações que os distintos autores que se têm ocupado do tema é precisamente o que nos levou a buscar a integração de recursos terapêuticos para abordar a patologia mental grave. A experiência de trabalhar simultaneamente em terapia familiar e com análise individual de forma sistemática nos permitiu observar que muitos fenômenos que podem ser interpretados em termos de dinâmica intrapsíquica apresentam freqüentemente um correlato nas reações particulares dos membros da familia a outras mudanças que se produzem no paciente e podem ser compreendidos então como o efeito ou conseqüências dessas reações sobre o paciente. Um dos fatos clínicos em nosso entender mais significativo foi a constatação reiterada de que a reação terapêutica negativa em um paciente não é, em muitos casos, somente o produto de uma dinâmica intrapsíquica particular senão a consequência direta de uma ação patogênica familiar sobre o mesmo.

Começamos a compreender que o poder patógeno direto de algum familiar sobre o paciente estaria condicionado por um vínculo prévio de interdependência patológica que havia se estruturado em etapas primitivas do desenvolvimento. Começamos então a nos colocar que esta vulnerabilidade do paciente não era uma condição compreensível somente desde sua patologia pulsional, desde a conflitiva pulsional própria não resolvida, nem desde os chamados mecanismos de defesa do Ego senão que, como desenvolvemos no capítulo de Psicopatologia, tínhamos que incluir a idéia do déficit de desenvolvimento de recursos egóicos próprios genuínos — como conseqüência desse vínculo de interdependência patógena desde a infância — para explicar as dificuldades de poder enfrentar a conflitiva pulsional e a realidade externa.

Na Comunidade Terapeuta nos encontramos frente à problemática da psicoterapia dos pacientes mentais graves, que constituem o paradigma mais claro dos pacientes com uma reação terapêutica negativa difícil de solucionar, dado o intenso grau de seu narcisismo patológico e a excessiva dependência também patológica com os objetos internos dos quais aparentemente não podem desprender-se, sob pena de um empobrecimento maciço do Ego e de suas funções. O grau de aderência de aspectos ou partes do ego desses pacientes aos objetos projetados no mecanismo da identificação projetiva e as características de rigidez ou labilidade de seus objetos internos, constituem um dos pontos de maior interesse científico e terapêutico desta problemática. A prática clínica com pacientes psicóticos e seus familiares nos permitiu ver muito mais claramente a gênese e estruturação destes problemas intrapsíquicos do paciente assim como pudemos observar que os objetos internos que se vêm desde a psicanálise individual correspondem quase mimeticamente com pessoas do ambiente familiar do paciente, em particular com figuras parentais, que de alguma maneira encarnam esses objetos internos. Por momentos, a qualidade dos objetos internos do paciente é similar à dos objetos externos, de maneira tal que nos permite trabalhar de forma complementar com a terapia individual a fim de poder assegurar as condições desta em momentos nos quais, em não sendo assim, o tratamento corre graves riscos de interrupção. Por outro lado, o trabalho terapêutico sobre as influências patogênicas das figuras parentais nos permitiu comprovar a título de hipótese permanentemente confrontada com a experiência clínica, como a neutralização terapêutica da influência familiar se converte em algo quase decisivo para a conquista da dissolução da reação terapêutica negativa.

A possibilidade de trabalhar com todos os membros simultaneamente dessa constelaçao familiar põe às vezes de manifesto a profunda cumplicidade existente entre os distintos subgrupos formados, quando vêem sob perigo o *status quo* adquirido, sabotam claramente as conquistas terapêuticas, dirigindo seus ataques ao terapeuta sob forma direta ou através mesmo do paciente, explorando essa relação de dependência imatura com os objetos externos, em atitudes que oscilam desde o ataque invejoso à relação terapeuta-paciente até a criação de um clima desfavorável para a consolidação das conquistas terapêuticas. Assim, pois, atitudes de franca sabotagem ao tratamento, em momentos de melhora do paciente, têmo-las visto provir alternativamente de parentes próximos que não podiam nem reintrojetar suas próprias identificações projetivas postas nos pacientes nem fazer-se encarregar como bom continente das identificações projetivas destes mesmos. A estereotipia desses mecanismos psicológicos e afetivos que regem a comunicação interpessoal em um grupo familiar do psicótico nos mostram que não somente o paciente, senão seus próprios familiares vivem de uma maneira extremamente ambivalente o decurso de uma psicoterapia, e a paulatina dissolução desse círculo vicioso que constitui a reação terapêutica negativa vai configurando uma mudança em muitas oportunidades francamente resistidas.

Às vezes um ou vários familiares podem chegar a ter atitudes sumamente paralisantes para o paciente, justo quando este começa a mobilizar os aspectos mais paralisados em uma tentativa de sair do fechamento e recuperar a saúde. Pareceria repetir-se "aqui e agora" no drama familiar o que seguramente se deu de forma reiterada na infância do paciente com seus pais. Nesses casos a rigidez é um patrimônio compartilhado por toda a família e qualquer dos membros que pretenda sair desta é severamente criticado, agredido ou expulso. "Mais vale morto" é uma consigna secreta que joga inconscientemente e muitas vezes como um mandato superegóico para o paciente que faz uma tentativa de suicídio. "A família é sagrada" é outra expressão típica de alguns pacientes com reação terapêutica negativa que significa um respeito reverencial aos objetos internos representantes da família tanática superegóica introjetada.

Bruno era um paciente que apresentou uma típica reação terapêutica negativa. Em sua análise individual fez uma transferência narcisista e durante um tempo tolerou a situação analítica sob a satisfação narcisista que obtinha nas sessões e sob a idéia de que tinha um analista "muito bom". Sua conduta no divã era de rigidez corporal. Falava durante as sessões, sem associar realmente. Tratava de obter um estado de bem-estar sem interesse propriamente em elaborar algum de seus conflitos. Trazia idéias obsessivas de perda do cabelo, pênis pequeno, impotência genital etc., esperando resposta a seus pedidos sem admitir interpretações nem poder colaborar, sentindo por conseguinte que a análise não lhe servia.

À medida que foi carregando-se de culpa por sua conduta castradora com respeito ao analista foi projetando cada vez mais aspectos egóicos nele. Correlativamente se foi sentindo cada vez mais empobrecido e invejoso, fechando-se em um círculo vicioso e fazendo uma regressão profunda. Negava toda possibilidade de ajuda terapêutica e cada vez produzia uma certa mobilização emocional com aproximação afetiva na transferência, produzia-se uma recaída com intensa satisfação dos sintomas de desânimo e pessimismo, como castigando tanaticamente o analista pela mobilização que havia produzido nele através de suas interpretações.

Nessas condições Bruno começou um noivado na forma do que poderíamos chamar um "acting out" e de uma maneira surpreendente pretendeu casar-se. Toda intenção de elaboração psicanalítica da relação era evitado, como se tivesse uma grande urgência para levar a cabo seu casamento, que foi marcado para um mês depois. Embora entendêssemos que o desejo de casar-se era uma forma de mobilização emocional e uma tentativa de viver algo próprio, era claro também que a eleição do par que se havia realizado como um desafio e em forma maníaca, no sentido de que se tratava de uma escolha francamente inadequada porque, como se viu *a posteriori*, se o estado mental de Bruno houvesse sido de maior equilíbrio emocional, não teria querido se casar nunca com essa pessoa. À medida que ia se aproximando a data marcada, começou a apresentar grande angústia com idéias de suicídio pelos quais teve que interromper seu projeto e internar-se na Comunidade Terapêutica.

Estando já Bruno internado, começamos a incluir a família no trabalho terapêutico. O grupo familiar pôs em evidência uma estrutura sumamente rígida. Sua mãe se opunha ao casamento porque "uma mulher deve ficar noiva somente uma vez na vida" e este não era o caso da noiva de Bruno. Suas irmãs estavam contra "porque esta garota é demasiado erótica". Seu pai considerava que seguramente ela queria casar-se com Bruno "somente por sua posição econômica". Isso mostrou que nenhum dos membros da família estava em condições de acompanhar Bruno no processo de elaboração de uma escolha de parceria e que se opunham na realidade por pré-julgamento a qualquer mobilização de seus aspectos vitais e eróticos, e a toda tentativa de autonomia e individuação. Na verdade, se bem que a mobilização produzida pelo tratamento o havia levado maniacamente a querer casar-se com uma urgência fora de propósito, os argumentos familiares utilizados para dissuadi-lo eram igualmente inadequados e armados desde projeções pessoais de cada um dos membros da família que em nada levaram em conta as necessidades de Bruno de ser ajudado na elaboração de um momento importante de sua vida. Bruno teve de submeter-se finalmente ao mandato superegóico. Também vimos na terapia familiar que a mobilização dos aspectos da vida, tanto de Bruno como do terapeuta, eram paralisados tanaticamente por toda a família.

É importante recordar que Bruno havia tido um irmão três anos maior que ele, de temperamento "muito mais vital" ao qual admirava e invejada muito, que havia tido conflitos com o pai precisamente porque não se submetia. Por desgraça, esse irmão morreu tragicamente na presença de Bruno, o que constituiu um episódio sumamente doloroso em sua vida e que não havia podido superar. Era evidente que esse fato tão traumático havia ficado nele como a confirmação do perigoso que é ser vital como o irmao, ainda que o invejasse tanto. Na situação analítica e na terapia grupal revivia também os conflitos e rivalidades com o irmão. Na análise individual Bruno via em seu analista a vitalidade invejada e temida que tinha que controlar, desvitalizando-se ou matando-a.

Também tinha que matar nele o efeito vital que produziam as interpretações. Na terapia grupal Bruno aparecia totalmente submetido aos aspectos castradores da família, como se temesse enfrentar o perigo de rebelar-se e correr então o mesmo destino do irmão morto. Nos familiares de Bruno pudemos ver e sentir os ciúmes e a inveja com respeito à relação terapêutica com o filho, em atitudes que tratavam de provocar culpa no paciente, em especial sob a forma de uma urgência não justificada na cura, significativa de uma necessidade de cortar o tratamento.

Poucos dias antes da reação terapêutica negativa pela qual teve que se internar, o pai de Bruno havia tido um episódio de confusão mental de curta duração que foi vivido pelo paciente como um dano produzido por ele. Nesse caso podemos pensar que a relação simbiótica de Bruno com o pai foi vivida de tal maneira que a mobilização de aspectos sadios nele produziu uma grande inveja no pai, com muita ambivalência, o que determinou o episódio confusional.

Na família de Bruno a morte do irmão maior significou um episódio sumamente traumático, como se disse, mas além disso determinou uma mudança irreversível em toda a família. Poderíamos dizer que depois dessa morte todos caíram mortos, não podendo se recuperar mais. O cadáver havia representado o objeto idealizado no grupo familiar e todos haviam parado no tempo a partir desse momento.

Tanto é assim que na análise individual de Bruno surgiu com toda clareza que, se bem que ele houvesse sido na aparência o preferido do pai por seu caráter submisso, a diferença do irmão rebelde e perturbador, mais profundamente o irmão havia sido admirado. Ademais, com sua morte o irmão havia ganho um lugar tão importante na família que parecia que havia de estar realmente morto para ser importante e querido pelo pai. Nesse núcleo familiar a morte era muito temida, porém ao mesmo tempo sumamente idealizada e incorporada como objeto ideal. Bruno buscava identificar-se com o cadáver de seu irmão morto e em muitas fantasias via no suicídio a busca mais desejada de todas. Na realidade, sentia profundamente que em sua família "para ser querido tinha que estar morto".

Integração de Conhecimentos à Luz da Comunidade Terapêutica.

Se tentamos guiar-nos pela visão freudiana sobre as dependências ou vassalagens do ego, na Comunidade Terapêutica, podemos observar nos pacientes que o ego se paralisa atraído pelos impulsos do id e sob as exigências do superego, o que aparece como mais chamativo são as dificuldades do ego na relação com os outros, e é sobretudo o estado das relações interpessoais o que permite aprofundar na natureza da dinâmica intrapsíquica.

Isso é mais evidente todavia para os pacientes psicóticos, estados limites e neuroses graves nos quais a atividade psíquica tem pouca autonomia. Está por assim dizer sempre referida a um outro e se desloca no campo da relação com os outros. E vemos que esse outro tem sempre que ver com uma resistência superegóica parental. Podemos dizer que esses outros funcionam como superegos para ele mesmo; porém, na realidade, trata-se de vínculos de interdependência patológica e patógena que o sujeito vive com os outros como se fossem figuras parentais doentias e enlouquecedoras, que deviam ter sido precursoras de um superego, mas que se transformaram em componentes de objetos ou vínculos enlouquecedores com os quais ele mesmo fica preso em identificações patógenas.

Assim vemos na Comunidade como se o ego dos pacientes se encontrasse atraído por tendências imperiosas e contraditórias. Mas a análise nos permite descobrir que a essas tendências subjazem sempre necessidades próprias do ego. É como se as dependências ou vassalagens do ego fossem mais fortes que nunca e como se o ego reclamasse assistência. É nessas condições, na relação com os doentes mentais graves, em que a noção de déficit de recursos egóicos é mais válida ou pertinente que nunca. Trata-se de pessoas que sentem como se fossem manipuladas por forças às quais não podem aparentemente oferecer resistência. Vivem como que habitadas e atraídas por pulsões, mandatos, ordens, necessidades, desejos, exigências, reprovações, reclamações ou demandas etc. que não sabem como enfrentar e com as quais não sabem o que fazer. Vêem-se eles mesmos como que paralisados frente a essas moções pulsionais e como que submetidos a seu poder inapelável. Confundem as forças pulsionais próprias com as exigências e ou ameaças que vêem desde os objetos internos, tanto sob a forma de mandatos como de fidelidades submetedoras. Confundem reclamações genuínas próprias com maldades que devem ser castigadas. Trata-se sempre da reativação de climas emocionais traumáticos vividos na infância que se reativam agora sob forma similar ao que foi outra época.

Todos esses fenômenos que descrevemos relacionam-se com a mesma essência da reação terapêutica negativa. Enquanto Freud assinalou que esta podia atribuir-se a um "poderoso sentimento inconsciente de culpabilidade", o qual é evidente na maioria dos casos, também temos visto que, de forma correlativa, os familiares podem mostrar de uma maneira indireta ou velada por racionalizações, atitudes condenatórias com respeito às mudanças do paciente. Muitas vezes a boa relação médico-paciente é atacada invejosamente pela família, como no caso que relatamos, e o paciente se sente culpado porque sob forma indireta é acusado de infidelidade pelos pais ciumentos e possessivos do filho, na medida em que sentem que o terapeuta "lhes rouba" o filho.

Sabemos que Freud se referia à "necessidade de estar doente" como um fator moral no qual o sofrimento aparece como um castigo movido por um sentimento de culpa. Nós pensamos que esse sentimento de culpa está alimentado pelo ressentimento que gera o submetimento do qual surgem, como repetimos em várias oportunidades, reprovações vingativas e reclamações, ambos igualmente compulsivos. Ao dizer submetimento nos referimos ao lugar que parece ocupar o *self* em relação ao objeto que enlouquece — como desenvolvemos em Psicopatologia — desde uma situação na qual o self segue vivenciando uma falta de defesa primitiva pela falta de recursos egóicos em que vem sendo colocado desde a infância. O paciente prefere, por assim dizer, seguir no lugar de submetimento porque vive a cura como perigosa, enquanto não impeça que desenvolva recursos para sustentar uma nova identidade. Manter o submetimento lhe dá aparência de segurança. Essa estratégia vincular permite explicar também a forma que o sujeito encontra para negar a inveja, que se incrementa em sua condição de falta de defesa, e à que M. Klein e Rosenfeld consideram como o motor de reação terapêutica negativa.

Coincidimos em que não é fácil para o analista lutar contra o sentimento inconsciente de culpa, mas pensamos que tomar conhecimento do mesmo não é suficiente para que o self do paciente possa sair do submetimento, sobretudo porque nesse vínculo interno submetedor-submetido (objeto enlouquecedor - self indefeso) que corresponde a um vínculo externo com uma história particular, ambos os pólos intercambiam posições e se mantêm unidos porque se necessitam igualmente. Essa estrutura vincular interna é a que explica, por outro lado, o poder patógeno das figuras parentais e o submetimento às mesmas que muitas vezes aparece como difícil de entender desde a análise individual, e é também a que permite compreender as observações de J. Rivière (339) de que "para estes pacientes curar-se é um ato egoísta pelo qual deixariam abandonados aos objetos internos". Nós podemos significar que nos pacientes psicóticos temos encontrado com muita freqüência a vivência de que seus pais são muito mais doentes que eles mesmos e de que portanto dependem, por sua vez, do paciente muito mais do que parece. É por essa situação que não podem curar-se já que isto significaria distanciar-se deles na realidade, "abandonando-os" ao querer ter uma vida independente e ao não seguir assumindo o papel de suporte indireto como depositário da doença.

Enquanto Rosenfeld considera que as relações objetais narcisistas estão dominadas pela onipotência do ego e também que a reação terapêutica negativa aparece logo de uma boa sessão que obriga a reconhecer que o seio nutridor é um objeto diferente, nós pensamos que essa boa sessão não é tolerada porque faz sentir um forte sentimento de falta de defesa. Para evitar a reação terapêutica negativa há que se encontrar a maneira de dar resposta a essa problemática "assistindo"ao self indefeso do paciente em um contexto de segurança. Isto se pode conquistar muito melhor na Comunidade Terapêutica que no setting analítico individual sozinho, sobretudo porque ao incluir aos familiares no trabalho terapêutico se pode instrumentar recursos para neutralizar o poder patógeno da família.

Por outro lado, quando Rosenfeld disse que a base da estrutura narcísisca é a posse ilusória do seio e portanto a negação da necessidade, de dependência e da inveja, nós pensamos que a posse ilusória do seio não é um fator patógeno em si mesmo senão que é uma reclamação que pode ser genuína e necessária desde a falta de defesa e que deve ser respeitada até que o paciente possa desenvolver recursos próprios para aceitar a separação eu/não-eu. Porém, essa negação da necessidade, de dependência e de inveja vai ser mantida no funcionamento mental patológico pela onipotência do Ego infantil que toma sua força por identificação com a onipotência atribuída ao objeto enlouquecedor e a exerce desde essa identificação. Não a abandonará enquanto, como dissemos antes, o self não tenha desenvolvido suficientes recursos egóicos como para realizar os processos de desidentificação e de desimbiotização que ampliaremos mais extensamente quando falarmos do processo terapêutico. Até que isso não se consiga e enquanto se mantenham o medo e a desconfiança, o paciente oferecerá as maiores resistências para viver a falta de defesa e um contexto de dependência saudável e para poder reconhecer ao seio nutridor, não obrigado senão pela própria capacidade.

Finalmente, a importância que atribui Rosenfeld a diferenciar o ataque do superego do ataque da estrutura narcisista onipotente, em nossa perspectiva se entende melhor como dois momentos possíveis: num, o self pode usar a onipotência do objeto enlouquecedor à maneira de um Superego sádico para submeter tanaticamente ao analista; e noutro, pode instalar-se no lugar do Superego, isto é, no lugar atribuído a e ocupado por figuras parentais, o qual aparece como mais persecutório e de mais difícil acesso. Trata-se melhor, então, de estratégias identificatórias que o self ver-se-á obrigado a utilizar até que não haja um crescimento genuíno.

Quando Freud disse que a conduta do ideal do ego é a que decide sobre a gravidade de uma neurose, entendemos que se trata de um ideal de Ego patológico e patogênico porque a onipotência e idealização atribuídas à figuras parentais desde o ego ideal primitivo da infância foi mantida e realimentada inconscientemente pelo acionar das mesmas, que não souberam ajudar ao ego a realizar a desidealização necessária para que o self possa tomar um contato mais objetivo com a realidade e realizar um crescimento psicoemocional genuíno. Não tendo tido os pais a oportunidade de um crescimento autônomo e sadio por deficiências na relação com seus próprios pais, não podem transmitir a seus filhos experiências de crescimento autônomo ou acompanhá-los a crescer e individualizar-se. Pelo contrário, o crescimento dos filhos desperta profundos sentimentos de insegurança ao reativar neles os aspectos próprios não resolvidos. Assim, como dissemos, projetam, injetam ou colocam suas próprias dependências infantis em seus filhos, obrigando-os a manter-se dependentes deles através de exigências rígidas que são incorporadas e introjetadas diretamente e se estruturam dentro da personalidade do filho como características do próprio superego. Constituem assim verdadeiras interpenetrações patógenas que permitem compreender a reação terapêutica negativa.

A problemática que viemos desenvolvendo está no centro da possibilidade de compreender e articular de uma maneira integradora a relação entre a dinâmica intrapsíquica e o interacional interpessoal, o intercâmbio dialético entre o chamado mundo interno e mundo externo, de poder abordar melhor o campo psicológico da intersubjetividade e em última instância de poder trabalhar com êxito desde uma experiência clínica consolidada através da psicanálise individual e da terapia familiar e multifamiliar.

Numa intenção de articular, desde nossa experiência clínica pluridimensional, os riquíssimos aportes da literatura científica nesses variados campos, vamos tratar de dar uma primeira aproximação a uma visão sintética que nos permita adentrar mais na verdadeira natureza desses fenômenos.

Conhecemos que a família é um contexto para o crescimento psicoemocional dos indivíduos e que está constituída também por indivíduos (os pais) que alcançaram por sua vez distintos graus de desenvolvimento e maturidade pessoal. Podemos dizer com Hill e Bowen que a patologia mental de um indivíduo representa a transmissão de uma geração a outra da imaturidade. Quando esse fenômeno se acumula através de três ou mais gerações as conseqüências podem ser mais catastróficas. As figuras parentais, no contexto da estrutura familiar, são os agentes naturais para o exercício das funções materna e paterna que são fundamentais para o desenvolvimento de recursos egóicos genuínos nos filhos, e que essas funções parentais exercem-se no contexto de vínculos diádicos com os mesmos. Essas funções sustentam e assistem ao ego incipiente e, no desenvolvimento, dentro de um vínculo de dependência saudável, permitem estimular precisamente um crescimento genuíno que tenda a uma individuação pessoal e a conquista do que chamamos autonomia.

De nossa parte, temos definido imaturidade como a conseqüência de um déficit de desenvolvimento de recursos egóicos genuínos e temos assinalado que a transmissão de imaturidade se veicula no contexto dos vínculos diádicos de dependência. Na medida em que as figuras parentais não sejam capazes de exercer adequadamente as funções materna e paterna, isso condicionará de forma secreta ou muitas vezes aparentemente invisível dependências patológicas. A experiência nos mostrou que essas dependências patológicas são sempre interdependências patógenas. Dessa maneira, podemos compreender melhor que os fenômenos que se expressam nas descrições que se fazem das mães superprotetoras e ou esquizofrenizantes, ou das que mantêm as simbioses parasitárias e ou a ligação simbiótica mãe-filho, podem ser compreendidas como formas de interdependência patógena que condensam vínculos com histórias particulares e mantêm, por tendência à compulsão a repetição, formas patológicas de relações intersubjetivas que incluem situações traumáticas repetitivas e acumuladas ao longo da vida e encerram vivências de sofrimento psíquico mais ou menos intenso que vão ter que se reativar necessariamente no curso dos processos terapêuticos.

Pensamos que o fenômeno do duplo vínculo que se exerce através da dupla mensagem é uma das interpretações mais inteligentes do poder patógeno que exercem as figuras parentais desde sua própria imaturidade no contexto do vínculo de "interdependência" patógena que descrevemos. Esse tipo de vínculo se exerce supostamente por uma mãe ou pai carentes que, como dizia Bowen, vive como ameaça ao crescimento do filho. É fácil entender assim que o filho se sinta sob interrogatório policial permanente e não possa ganhar nunca. De nossa parte, pensamos que se sentirá assim submetido ao acionar o que temos chamado de objeto enlouquecedor e não terá outra saída a não ser utilizar a estratégia identificatória com esse objeto para poder sobreviver. Nessas condições, como já dissemos no capítulo da Psicopatologia, a identificação é alienante. Podemos compreendê-la como a instalação dentro da mente de um vínculo intrapsíquico de relação submetedor-submetido (patrão-escravo) que representa dentro do psiquismo uma relação sadomasoquista que, incluindo um sofrimento psíquico intenso, realimenta a necessidade de expressar transferencialmente, de forma permanente, reprovações vingativas e reclamações, ambos igualmente compulsivos. Estes últimos, exercendo-se e atuando-se sobre o objeto da transferência, estão na realidade dirigidos ao objeto primitivo da infância, mantendo assim o círculo vicioso dos mal-entendidos e desencontros de todo tipo que desde então se vivem produzindo entre o sujeito incipiente em desenvolvimento e o objeto parental carenciado.

O funcionamento mental patológico e patogênico que temos descrito em seu momento em termos de objeto enlouquecedor permite assim compreender melhor a natureza do funcionamento da chamada interdependência patológica e patogênica. Visualizamos esta última como a condensação de uma história com características enlouquecedoras que não permitiu o desenvolvimento de recursos egóicos genuínos e condicionou um funcionamento egóico sobre a base de identificação patógenas que não permitiram senão desenvolvimentos parciais. Nessas condições, as interdependências patológicas se mantêm como *modos vivendi* necessário e indispensável. São armadilhas vinculares que obrigam a manter vários tipos de cumplicidade secreta como o objetivo de manter o *statu quo* dos sistemas familiares patológicos que, se não mantêm a doença, dão por períodos uma certa sensação de segurança.

Nessas formas de cumplicidade receiam, alimentam e mantêm, geralmente de modo

Dimensão familiar da patologia na comunidade terapêutica pscanalítica   171

inconsciente, os fenômenos da simbiose patológica. Como vimos a seu momento, o autismo e a simbiose são dois pólos da mesma estrutura, onde o autismo é a resultante clínica da existência de um vínculo com um objeto interno com as características da dependência patológica e, por sua vez, a simbiose é a materialização desse vínculo na relação com um objeto externo. Dissemos que o paciente mental grave, quando sai de sua condição autista, estabelece vínculos simbióticos com os objetos externos — por exemplo os terapeutas — como expressao do vínculo da dependência patológica com a mãe (e ou o pai), como vimos no capítulo de Psicopatologia.

É importante recordar aqui a diferenciação que estabelecemos em várias oportunidades entre simbiose saudável e simbiose patológica ou patógena. Na simbiose saudável, a criança pequena pode utilizar como se fossem próprios os recursos egóicos da figura parental para realizar, sobre a base de identificações estruturantes dos recursos egóicos do outro, recursos egóicos próprios. Na simbiose patológica se entrecruzam, por assim dizer, reclamações e reprovações mentais entre o sujeito incipiente sem defesas e as figuras parentais carenciadas, de tal maneira que as vivências traumáticas que se experimentam de um e outro lado se convertem reciprocamente em enlouquecedoras e conduzem à estruturação compartilhada dessas formas de complementação de necessidades patológicas que descrevera Boszormenyi-Nagy. Podemos dizer assim como esse autor que os desejos inconscientes de posse dos pais se transmitem como exigências superegóicas rígidas e que estas últimas gratificam as necessidades de dependência do filho. Também podemos compreender que, nessas condições, pais e filhos alimentam reciprocamente necessidades patológicas e que isso serve para negar sentimentos de solidão e de falta de defesa. Pensamos, no entanto, que o desenvolvimento que nós temos articulado sob o conceito de interdependência patológica e patogênica, a complementariedade de necessidades patológicas, das simbioses patológicas e as cumplicidades secretas, permite compreender melhor a natureza desses fenômenos.

Agora, um dos aportes valiosos da terapia familiar foi haver posto em evidência que para dar conta das transações que se observam na mesma, o método diádico de um a um foi aparecendo como insuficiente e se foram desenvolvendo modelos mais compreensivos que podem descrever melhor os complexos fenômenos observados, tais como, por exemplo, coalisões, cismas, alianças, divisões, cumplicidades e várias outras formas de neutralidade e de complementariedade. Isso é o que levou a descobrir cada vez mais a dimensão familiar da patologia mental individual dos seres humanos. Assim foi como vimos que se foi desenvolvendo uma nova visão no sentido de que o patogênico era a estrutura familiar em seu conjunto. Nesse contexto se foi pondo em evidência a importância da qualidade emocional das relações entre os pais no casal matrimonial, Bowen, em seu momento, como vimos antes, falou de divórcio emocional, e Lidz e Lidz falaram de cisma e corte nos pares parentais.

Tomando em conta a família como um todo, começou a surgir a necessidade de falar em termos de papéis. E em termos de fatores patogênicos dentro do contexto familiar se descreveu (Wynne) o tipo de família em que cada membro tem que se ajustar a papéis fixos a expensas de uma identidade pessoal que não pode desenvolver-se porque as relações devem permanecer dentro de uma forma de pseudomutualidade. Aparece assim claramente que onde não se permite nem se tolerem as diferenças e as discrepâncias, não se podem alcançar formas de relação de mutualidade verdadeira.

De nossa parte, os desenvolvimentos que apresentamos no capítulo da Psicopatologia e, em especial, a visualização da dinâmica familiar em termos de identificações normogênicas e patogênicas nos permitem compreender melhor a verdadeira natureza do fenômeno que descreve Wynne no esquizofrênico em termos de que o self está encravado e incrustado no superego. Igualmente também estamos em melhores condições para compreender o fato de que muitos autores têm descrito vínculos simbióticos patológicos nos casais parentais onde encontramos pacientes mentais graves. Tudo sucede como se a tendência a estruturar vínculos simbióticos patológicos nas relações de objetos começassem por apresentar-se na relação matrimonial já desde a eleição do par e logo se vai transmitindo nas relações com os filhos como tentativas de recriar na relação com eles vínculos simbióticos patológicos com as figuras parentais da infância, que os pais trazem muitas vezes ao matrimônio desde suas próprias histórias pessoais. São, por outro lado, essas próprias histórias pessoais que condicionam essas fortes expectativas explícitas e ocultas que descrevemos na patologia do narcisismo familiar e que parecem ter um grande poder patogênico na relação com os filhos. Desde logo que essas expectativas muito rígidas não são necessariamente a expressão de uma maldade dos pais, mas surgem muitas vezes pela existência de fortes necessidades insatisfeitas movidas pelos objetos internos idealizados. Recordemos aqui que Freud havia assimilado que a conduta do ideal do ego é a que decide a gravidade da neurose.

Retomando a descrição que fizemos antes, sabemos que nas famílias fortemente patológicas, encontramos o predomínio em muitos de seus membros de relações narcisistas de objeto em que a onipotência joga um papel preponderante. Uns e outros tratam de manejar-se onipotentemente como partes de selfs. Nessas famílias vemos, como dissemos, uma forte tendência a manter idealizados certos aspectos parciais. De tal modo, quando os filhos não levam satisfatoriamente as necessidades que têm os pais de que lhes sirvam de suporte a essas idealizações, produzem-se quedas catastróficas que os filhos tratam de neutralizar adoecendo. Nessas condições, toda doença mental aparece como uma forma de neutralizar patologicamente uma exigência também patogênica. como dissemos em várias oportunidades, o doente mental utiliza por identificação a onipotência atribuída ao objeto primitivo. Isso nos permite compreender a descrição que muitos autores fizeram no sentido de que, na família, o membro esquizofrênico é sacrificado para defender o sistema familiar ameaçado mas, de alguma maneira, uma fonte importante de poder da assim chamada vítima reside no fato de que ele joga o papel de mártir. Por outro lado, autores assinalaram que profundamente alguns pacientes crêem, consciente ou inconscientemente, que nenhum outro papel na vida poderia dar-lhes igual satisfação. De nossa parte no capítulo "Alguns Casos Clínicos" apresentamos esses aspectos tirânicos dos pacientes mentais graves como a expressão das reprovações negativas e as reclamações que não podem ser verbalizadas diretamente porque o paciente percebe a tentativa contra o precário equilíbrio mental da figura parental. Mário, o tirano, é um exemplo

Dimensão familiar da patologia na comunidade terapêutica pscanalítica 173

clínico que permite compreender melhor o sentido que tem, às vezes, a instrumentação da onipotência por parte do paciente para neutralizar o poder patogênico dos familiares.

Finalmente, queremos dizer que esses vínculos patológicos e patogênicos que viemos descobrindo são os que parecem explicar melhor a persistência de formas francamente incestuosas nas relações dentro de certas famílias. Temos visto claramenrte como os pais instrumentam secreta e inconscientemente os desejos edípicos dos filhos para manter a dependência que nessas condições se converte em patológica. Estruturam-se assim vínculos perversos que canalizam aspectos primitivos da personalidade que desde o ponto de vista psiquiátrico aparecem como aspectos psicóticos de muitas condutas patológicas.

De tudo que foi dito, surgem em nossa consideração como central, para a compreensão da patologia mental, os fenômenos de interdependência patológica e patogênica que descrevemos. Fecha-se dessa maneira o caminho que temos feito a partir da abordagem da reação terapêutica negativa.

Consideramos que, com os elementos que desenvolvemos, se compreende melhor que quando existe uma patologia mental grave sempre vamo-nos encontrar com que toda tentativa de introdução e uma mudança terapêutica é vivida como uma instrução. O terapeuta encontra-se nesse momento incluído num campo psicológico no qual os familiares parecem compreeder e estar de acordo com o que ele diz, mas ao mesmo tempo contradizem isso com suas atividades. Nesses momentos se põe em evidência os fenômenos descritos como duplo vínculo; e estas funcionam claramente para lograr a recuperação por parte do familiar, do primitivo vínculo simbiótico. O terapeuta então começa a sentir a necessidade de defender o paciente para resgatá-lo desse vínculo simbiótico. Constata que este, liberado a si mesmo, revela-se incapaz de defender-se da crescente violência das mensagens contraditórias.

O terapeuta sente a necessidade de intervir cada vez com mais firmeza para evitar que o paciente, angustiado pela mobilização que são produzidas nele pelas mensagens dos familiares, sucumba novamente a introjeção do objeto interno que projetam nele. Percebe assim com clareza o que teria ocorrido caso ele estivesse lá; e reconstrói plenamente que papel deve ter jogado a "ausência" psicológica da função paternal, função que ele está desempenhando positivamente agora.

Quando, através das interpretações, a mãe se vê obrigada a desimbiotizar-se do paciente, pode começar uma discussão em nível racional através do qual se põe em evidência a rivalidade entre a mãe e o terapeuta, e o paciente se converte claramente no campo de batalha dessa luta aberta. Nessas condições, o terapeuta pode tomar consciência, pela percepção contratransferencial, de alguns dos aspectos pelos quais o pai tinha aparecido como "ausente" para evitar a reativação desse tipo de conflitos na relação do casal parental.

Ao manter-se presente no campo psicológico, o terapeuta visualiza que a violência de situação está gerada porque o processo de desimbiotização produz muita angústia que se transforma em agressão. A mãe, então, de familiar se vê transformada em paciente; e se o terapeuta está capacitado, ainda que se sinta violentamente atacado, pode resgatar-se e atuar de forma terapêutica, servindo de contribuinte às "necessidades" da mãe que, encontrando um apoio verdadeiro na atitude terapêutica, e na interpretação de seu conflito, pode dar algum passo positivo no sentido de seu próprio crescimento.

O pai real presente, que estando sozinho teria tido que funcionar como ausente pela natureza dos intercâmbios que tiveram lugar, pode perceber pouco a pouco a possibilidade de uma mudança em sua própria participação, ao ir incorporando o modelo mais sadio e mais maduro no comportamento que lhe provê o terapeuta.

O paciente, que pode por um momento não se fazer encarregar das angústias da mãe e da inadequação do pai, dado que o terapeuta se fez encarregar de toda a situação, pode então sair do papel de paciente-vítima e começar a pensar por si mesmo.

No trabalho de desimbiotização, ambos componentes do vínculo simbiótico têm, a experiência de vazio e se defende do terapeuta vivido como intruso, que sentem de forma paranóide como ameaçando em destruir algo vital para ambos, o que na realidade é uma cumplicidade. Somente através de um trabalho de elaboração sustentada, na qual o terapeuta deve ocupar-se de todos os membros incluídos na relação simbiótica para fazê-los crescer de forma simultânea, pode ir elaborando-se o desprendimento da simbiose.

Os pacientes e familiares tomam consciência da terapia de que a complementariedade de necessidades patológicas não serve realmente para superar sentimentos de solidão ou de falta de defesa e falta de ajuda. Pelo contrário, são esses mecanismos os que impediram a cada um dos membros do par simbiótico tomar consciência de seus verdadeiros recursos egóicos ou ir desenvolvendo autenticamente suas possibilidades de levar cada um uma vida com autonomia. Durante esse processo, o terapeuta se vê enfrentando o problema de se fazer encarregar de alguma maneira das necessidades de ambos; até que cada um possa fazer a experiência de que, acompanhado terapeuticamente, seja capaz de tolerar esses temidos sentimentos de solidão e de sentir-se indefeso, tolerar o sentimento de vazio e compreender que isso constitui a base de um verdadeiro crescimento.

A partir de um determinado momento, podemos dizer que cada um dos membros da família pode começar a pensar por si mesmo. A pseudomutualidade vai se transformando paulatinamente em mutualidade verdadeira. Os fenômenos homeostáticos jogam cada vez menos um papel patógeno, tendente a voltar aos níveis regressivos de fixação; porque havendo aumentado dentro da família a capacidade de tolerar os fenômenos regressivos, estes podem fazer-se cada vez mais em termos de regressões operativas dentro do processo terapêutico para resgatar as partes do Ego sadio dissociado, no sentido de um redesenvolvimento. Igualmente os membros do grupo familiar podem ir abandonando a complementação das necessidades patológicas por formas mais maduras de inter-relação, que permitem que cada um dos membros possa ir desenvolvendo uma identidade própria e que as relações intersubjetivas sejam cada vez mais espontâneas, ricas e criativas.

Essa descrição é somente uma tentativa de mostrar como os diferentes enfoques e observações clínicas que encontramos na literatura cobram coerência, unidade e sentido em função de um eixo condutor, que estaria constituído pelo processo terapêutico do paciente e, por sua vez, de cada um dos membros da família.

O Processo terapêutico 7

Tradução: Richard Chemtob Carasso

O que é o processo terapêutico

Ao longo das páginas precedentes temos utilizado, reiteradamente, o conceito de processo terapêutico, sem defini-lo em nenhum momento de maneira definitiva. Desejamos fazê-lo agora para justificar sua utilização. Trata-se, sobretudo, de um conceito clínico com o qual temos nos referido ao conjunto de transformações que pode experimentar um indivíduo, através da psicoterapia.

O conceito de processo implica numa sucessão de mudanças que podem apresentar-se na forma de realizações variadas, mas que têm uma coerência interna e um sentido progressivo em direção a uma condição humana que tentamos formular como integração da personalidade, maturação, harmonia da pessoa, saúde mental, equilíbrio emocional etc. Com o conceito de conjunto queremos dizer que as mudanças sucessivas não devem ser representadas como uma sucessão linear, com uma causalidade biunívoca, mas que devemos concebê-las como os sucessivos momentos de desestruturação e reestruturação das partes em um todo. Com a idéia de sucessão de mudanças queremos nos referir aquelas objetiváveis na conduta do indivíduo (de suas relações interpessoais, em suas realizações concretas, etc.) e de mudanças em suas vivências subjetivas, porém consideramos a estas como índices de uma transformação interna, profunda, daquilo que podemos formular como uma transformação da estrutura da personalidade, do tipo de suas relações objetais e da própria natureza de seus objetos internos ou da modalidade da elaboração que realiza de sua relação dialética com a realidade.

As distintas transformações que se podem obter ao longo do processo terapêutico não são acumulativas nem aditivas, mas sim integrativas, o que quer dizer que umas vão se integrando às outras, mais extensas e abarcativas, de tal maneira que a mudança total não é a soma das mudanças parciais mas sim uma transformação do indivíduo como totalidade.

Entendemos que o processo terapêutico tem o sentido de restabelecer o processo de crescimento e de desenvolvimento psico-emocional normal do indivíduo que, por vários fatores, esteve interrompido e ficou detido, desviado ou distorcido no trajeto que implica uma vida como realização individual. Anna Freud descreve algo semelhante a partir de seu conceito de linhas de desenvolvimento. Em geral na convivência terapêutica e com o tempo vemos como se observássemos através de uma lente de aumento aquilo que faltou aos pacientes em suas etapas de desenvolvimento e o que condicionou a sua doença. O processo terapêutico ao qual nos referimos ao longo de todo este livro, consiste justamente em que o paciente possa percorrer conosco as etapas que nunca pôde cumprir. São precisamente essas experiências de faltas que aparecem detendo ou distorcendo o desenvolvimento normal. Estes aspectos detidos ficam cindidos do ego, porém permanecem com capacidade potencial para serem resgatados pelo trabalho terapêutico e realizarem um desenvolvimento. Para nós, então, o processo terapêutico seria o desenvolvimento de aspectos dissociados e detidos da personalidade que se dá através de experiências novas, enriquecedoras e fortalecedoras do ego no sentido do desenvolvimento de novos recursos egóicos. A favor desses desenvolvimentos e simultaneamente com os mesmos iriam se desarmando e dissolvendo os funcionamentos patológicos e patógenos da mente, e o sujeito poderá adquirir uma verdadeira autonomia.

O processo terapêutico é algo necessariamente individual. Na literatura científica sobre o tema, são poucos os relatos publicados que abrangem tratamentos completos. Recomendamos a leitura de nosso livro *Biografia de uma Esquisofrênica* qual tentamos reconstruir a maneira pela qual a paciente adoeceu, as necessidades atravessadas em seu tratamento nos longos anos de sua enfermidade e o processo terapêutico através do qual conseguiu alcançar um nível satisfatório de saúde mental que finalmente se estabilizou. Damos importância à leitura desse texto porque nele se fazem várias referências a um trabalho combinado individual, familiar e institucional e pode-se considerar como um bom exemplo clínico para ilustrar, a partir de um caso individual, a forma de trabalho que desenvolvemos no presente livro.

Nossa intenção, nesta parte da exposição, é tentar transmitir nossa experiência clínica na relação com alguns aspectos significativos dos processos terapêuticos dos doentes mentais em geral. Não se trata de descrever um processo terapêutico "típico"porque em realidade não existe. Existem múltiplas variedades que dependem dos quadros clínicos e também formas variadas de começo e curso da doença mental em relação com as circunstâncias familiares e ambientais. Mas pensamos que há, sem dúvida, alguns aspectos comuns que permitem dar coerência ao conhecimento que temos adquirido sobre a natureza das transformações que um paciente pode realizar, através de um processo terapêutico e sobre os fatores operantes no campo psicológico em que este se realiza.

Dentro do amplo espectro psicopatológico, parece que são os chamados esquizofrênicos os que requerem um trabalho psicoterapêutico mais profundo e consistente, e que, nesse sentido, o processo terapêutico destes pacientes é o que nos mostra com maiores detalhes as etapas através das quais é necessário passar para alcançar a saúde. Estas etapas parecem constituir, como temos apontado sistematicamente, um desenvolvimento e é neste capítulo que desejamos oferecer mais elementos sobre estes aspectos do processo terapêutico. Tomaremos então a síndrome esquizofrênica em geral e à forma paranóide em particular como ponto de referência para descrever o processo terapêutico dos pacientes, em geral, estabelecendo correlações com os distintos quadros psicopatológicos, à medida que vamos apresentando exemplos clínicos.

Os primeiros contatos

O paciente mental grave, em muitos casos, entra em contato com o médico numa condição de doente crônico. Seu padecimento data de muito tempo atrás. Freqüentemente, não procura ajuda nem está disposto a aceitá-la quando ela lhe é oferecida. É muito comum que a família, ainda que saiba que o sujeito não está bem, não reconheça nem tome consciência da gravidade da situação e da necessidade que tem o paciente de ser ajudado, ainda que rejeite a ajuda.

Em outros casos, o começo da enfermidade é brusco, como se o paciente, sem nenhum antecedente, começasse de forma repentina a ficar muito mal. Quando se indaga adequadamente encontram-se elementos que poderiam ter dado notícias de que algo sério estava ocorrendo muito tempo antes da eclosão da perturbação mais manifesta. Compreendemos então que muitas vezes o que chamamos eclosão da enfermidade corresponde à maneira com que o paciente, não podendo silenciar mais sua necessidade de ajuda, pede esta ajuda de forma indireta, apresentando uma conduta manifestamente estranha e patológica, para que não reste dúvida de que está seriamente perturbado. De todo modo em muitos casos será necessária usar a força ou certa pressão moral para levá-lo à consulta. Nestas condições se fará necessário também a hospitalização para prover ao paciente um meio ambiente tal que possa funcionar como um continente de segurança.

Se se trata de uma crise psicótica aguda a Comunidade Terapêutica é o "continente" mais idôneo. Depois do estudo médico completo, um diagnóstico psiquiátrico correto e uma medicação adequada, o clima psicológico é o mais importante. Não há pessoas mais tolerantes a respeito desses pacientes que outros pacientes que tenham passado por momentos difíceis e se encontram melhor, tendo tido por sua vez a experiência de terem sido ajudados. Ainda que o paciente esteja confuso e pareça totalmente desconectado, e ainda que aparentemente não compreenda o que lhe está sendo dito e não registre nada, é muito comum que quando tiverem desaparecido os sintomas agudos seja capaz de recordar episódios e circunstâncias ligados aos momentos em que parecia totalmente ausente. Se o paciente é agressivo se cuidará para que não machuque ninguém nem a si mesmo. Se for necessário, poderá se chegar à contenção física, que será bem aceita sempre que tiver um claro sentido de proteção e assim for explicitado. Tratam-se de pacientes que estão invadidos pelo medo, às vezes sob forma de terror, e necessitam de um continente de segurança através de atitudes claras e firmes por parte das pessoas que cuidam deles. O pessoal terá que ser treinado para poder enfrentar o medo. Como geralmente há uma tendência a distorcer a percepção, será muito importante que a equipe tenha um cuidado especial em dar explicações claras e, se necessário, reiterá-las insistentemente para ajudar o paciente a ir saindo da persecutoriedade interna e ir perdendo o medo à medida que possa conectar-se mais realisticamente com o mundo externo. Nos estados psicóticos crônicos é comum encontrar uma situação que tem sido descrita como a falta de contato. Sabemos que se nossa atitude é serena e segura, partindo do princípio de que o paciente tem uma capacidade potencial para relacionar-se, num tempo variável, segundo as circunstâncias, se poderá estabelecer uma relação. Este primeiro período pode se caracterizar por autismo, confusão entre fantasia-realidade e condição delirante.

Uma vez que o paciente está hospitalizado, encontramos uma pessoa que rejeita a situação em que se encontra e às outras pessoas com as quais tem que conviver. Pode estar manifestamente hostil com um comportamento medroso, agressivo, colérico e explosivo. Pode apresentar-se arrogante e manifestar-se desafiante e até provocativo. Também pode retrair-se num autismo rejeitador e fechar-se numa persistente falta de contato, que pode chegar ao autismo absoluto. Outras vezes o paciente faz contato com o médico e inicia uma conversa. Nesta, sem dúvida, pode-se ver claramente que o paciente trata de dizer ao médico o que é que ele está pensando, como pensa e o faz sentir o grau de "certeza" que possui, com o objetivo de colocar-se em guarda contra qualquer intenção de querer modificar suas convicções. Em outros casos o paciente descreve e/ ou manifesta condutas obsessivas, fóbicas, histéricas ou psicopáticas que considera doentias, mas que sabe que serão muito difíceis de modificar, porque, sendo "mais fortes do que ele", não acredita que ninguém nem nada possa alterá-las. Finalmente, há casos em que o paciente se sente mal e pede ajuda, mas ao mesmo tempo lhe é muito difícil se deixar ajudar e se vê aparentemente obrigado a rejeitar tudo o que se está lhe sendo oferecido como ajuda. Muitos pacientes depressivos parecem experimentar esta contradição e ambivalência.

A desconfiança do doente mental e a (colocação à prova) do terapeuta.

Através da relação interpessoal com estes pacientes, em todos os casos, sistematicamente, encontramos uma grande desconfiança. É possível fazer apontamentos ou interpretações que incluam este sentimento e que vão gerando melhores condições para estabelecer um vínculo de confiabilidade e em última instância de aliança terapêutica. Mas este processo não parece ser tão simples. Relendo os casos publicados e analisando nossa própria experiência, vemos que para que o paciente possa contar com alguém e recorrer a alguém será necessário que aconteça previamente uma série de experiências vivenciais e emocionais compartilhadas. Sem saber, o paciente vai colocando à prova os recursos egóicos do outro. Somente assim poderá sentir que o médico o assumiu e que o vínculo terapêutico se constituiu num continente confiável e num contexto de segurança válido para que possa ter lugar e processo terapêutico propriamente dito.

A desconfiança é um sentimento que nós conhecemos por experiência pessoal e podemos detectar ou intuir no outro, porém, o que costumamos chamar de desconfiança no doente mental tem uma estrutura mais complexa e deve ser levado em conta de uma maneira mais profunda. Em certos níveis da mente parece difícil distinguir entre a insegurança em si mesmo e a desconfiança nos outros. A insegurança em si mesmo pode ser projetada como desconfiança do outro e faz com que não se possa confiar nele. Por sua vez a dificuldade de confiar no outro aumenta a insegurança em si mesmo.

Esta vivência se apresenta de diferentes maneiras nos distintos quadros psicopatológicos. O paciente fóbico pode parecer desconfiado e inseguro em relação ao seu objeto fobígeno, mas na realidade tem uma insegurança muito maior quando entra em pânico porque perdeu o controle da situação. O obsessivo pode apresentar-se inseguro em sua ambivalência, mas sua desconfiança é muito maior quando a relação interpessoal o desloca e o leva a ter que agir com certa espontaneidade. O delirante pode trazer temas persecutórios e ter suspeitas conscientes, mas se sentirá muito mais vulnerável quando, depois de haver cedido em sua convicção delirante, sinta uma grande necessidade de fundir-se com os outros. A insegurança e a desconfiança então vão aumentar durante o processo terapêutico, precisamente quando cedem os mecanismos de defesa próprios a cada patologia e o paciente experimenta uma necessidade de aproximação interpessoal espontânea que o angustia muito. Mas estes aspectos da desconfiança vão estar escondidos, diríamos reprimidos ou cindidos, sob o controle que os sintomas exercem e vão aparecer quando os sintomas começarem a ceder.

Apesar da desconfiança ser um sentimento e muitas vezes nos referirmos conscientemente a algumas das causas que tenham podido influíram para nos tornar desconfiados, ou o paciente pode ter lembranças ou episódios de sua vida que justificam que ele seja desconfiado, a desconfiança profunda que encontramos nos pacientes mentais graves corresponde para nós à condição profunda mente carencial dos mesmos.

Quando dizemos que o paciente, desde seus primeiros contatos com o terapeuta, o põe à prova de diferentes maneiras, não queremos dizer que o faz de propósito, conscientemente, queremos dizer que a relação é em si mesma uma colocação à prova recíproca. Através desta inter-relação o terapeuta vai conhecendo seu paciente e podemos dizer que o paciente vai conhecendo seu terapeuta. Porém, além deste conhecimento, a diferente forma de reagir e de relacionar-se do terapeuta vai introduzindo uma nova dimensão na experiência da relação objetal, que pouco a pouco irá deixando um saldo. Vão-se produzindo identificações estruturantes de recursos egóicos mais sadios no paciente que vão contribuindo com o teste em andamento e com o desenvolvimento do processo terapêutico. Junto com outros autores (Schultz 359), podemos dizer que o paciente "faz uso" do terapeuta como modelo.

Já dissemos em várias oportunidades que nas atuações psicopáticas, em que os pacientes parecem pôr à prova o terapeuta, encontramos muitas vezes identificações com aspectos patológicos dos pais, geralmente estruturados sob forma de traços caracterológicos ou de condutas também psicopáticas. A colocação à prova aqui parece se constituir numa forma de fazer o terapeuta sentir o que o paciente sentiu quando era criança por parte das figuras parentais. O paciente coloca agora no terapeuta sua parte infantil sadia e o trata, a partir de uma identificação com alguma figura parental, como esta última o tratava em sua infância. Põe à prova então no terapeuta a capacidade de se defrontar com esta figura parental.

Como vimos antes, isto pode ser observado claramente na medida em que incluímos a família no trabalho terapêutico. Nosso enfoque inclui esta dimensão desde o início do tratamento. Não é sempre fácil ver estas identificações desde o começo, porque é muito comum que os familiares dissimulem facilmente aspectos patológicos da personalidade durante bastante tempo. É útil sem dúvida levar em conta que, à medida que estes aspectos aparecem nos filhos sob a forma de sintomas, é provável que existam também nos pais. A experiência acumulada nos permite ter uma visão panorâmica do que pode ter ocorrido na vida de um paciente desde os primeiros contatos, ainda que não tenhamos a informação suficiente. Onde há doença, algum motivo existe. Onde há conflito, algo ocorreu. Onde há carência, algo faltou.

Além das identificações parentais os pacientes trazem, sem dúvida, seus próprios aspectos. Estes últimos estão muitas vezes incluídos nas identificações acima apontadas e são difíceis de separar e reconhecer. Será necessário fazer um esforço constante para detectar os aspectos próprios, incluídos e misturados nestas identificações patógenas, para lhes dar a oportunidade de um novo desenvolvimento. Este último, sem dúvida, será realmente possível quando as identificações asfixiantes com aspectos patológicos dos pais tiverem cedido através de um processo de desgaste e puderem aparecer e se estruturar os aspectos próprios não desenvolvidos.

É importante ter em mente que, geralmente, o paciente não sabe no que pode se constituir sua cura, quais serão e como ocorrerão as transformações que deverão lhe permitir ir se sentindo melhor. Em nossa tarefa de nos encarregarmos, à qual nos referimos quando falamos da função terapêutica, teremos que estar bem alertas ao que poderíamos denominar os primeiros sinais sadios que os pacientes nos permitem vislumbrar a partir de sua patologia. Resgatar os sinais de sanidade incluídos num discurso psicótico ou psicopàtico é uma das formas mais importantes de nos encarregarmos do paciente. Se a característica principal na vida destes seres humanos foi o fato de que os pais não souberam levar em conta suficientemente estes esboços valiosos que ficaram detidos em seu desenvolvimento e que estão aí para ser resgatados, será importante, a partir do trabalho terapêutico, não somente assinalar ou interpretar estes fatos, mas saber acompanhar emocionalmente o paciente, com ternura e respeito, no descobrimento de seu "si mesmo" mais autêntico. Isto significa poder compartilhar com ele experiências emocionais, às vezes sumamente elementares, que não pôde dividir no seu devido tempo com seus pais nem com ninguém. Por exemplo, expressar mais fartamente suas tentativas incipientes de autonomia e desejos de viver, que podem ficar ocultos e submersos sob o jugo de submissões variadas a pessoas que exercem em aparência o papel de cuidar deles e protegê-los.

É útil recordar aqui o que dissemos em outras partes deste livro. Em geral, o tratamento parental em relação a estes pacientes foi vivido como excessivamente rígido e superegóico, pondo ênfase no negativo e descuidando ou negando o positivo. Os pacientes tratados desta maneira vão se sentindo, ao longo de sua vida, mal e maus. Alguns o verbalizam diretamente, o que facilita o trabalho terapêutico. Porém outros nos fazem sentir isso através da violência e nos maltratam física ou verbalmente como foram tratados eles mesmos. Alguns se sentem como demônios e se aterrorizam porque acreditam possuir poderes sobrenaturais que poderiam destruir o mundo. Um paciente dizia "Eu provoquei o último terremoto de Mendoza, ajude-me para que não continue matando gente com minha energia extra-sensorial". Outros, através de delírios, mais aterrorizados ainda pela eventual retaliação dos pais, não se atrevem a nomeá-los e sua linguagem cifrada apenas alude a uma história de maus-tratos como um paciente que dizia que "todas as manhãs vinha alguém e me arrancava o coração e os ônibus o esmagavam".

Já dissemos que quando se estabelece uma relação com o paciente sentimos contratransferencialmente que ele nos testa, ainda que não saibamos o que ele quer testar. Por momentos nos sentimos incluídos num tipo de vínculo particular, usado para fins que desconhecemos, como num campo perverso. O paciente pode sentir que o estamos enlouquecendo e nós sentimos que é ele que nos está enlouquecendo. Sentimo-nos atacados por reclamações, cuja causa não conhecemos, mas sentimos o componente vingativo dos mesmos. Percebemos que o paciente não pode falar a partir de si mesmo e o faz a partir de identificações. Parece que o sujeito somente pode existir a partir de identificações que nestas condições são alienantes.

Ainda que estejam totalmente envolvidos em vivências sádicas e persecutórias, os pacientes percebem, como se tivessem antenas especiais, quem é que detecta estas situações e quem tem a capacidade de confiar neles. Ainda que não possam aproveitar de imediato nem tampouco reconhecer, explicitamente, temos que confiar em que cedo ou tarde vai haver uma mudança positiva. É sempre surpreendente constatar o poder curativo que podem ter certas experiências emocionais muito simples. Quando um paciente pode dizer, como uma criança pequena, "tenho medo" e podemos acompanhá-lo partilhando com ele suas vivências e emoções, isto pode ser muito valioso do ponto de vista terapêutico. Muitas vezes é a partir deste momento que poderá começar a confiar em nós. Começará a poder se sentir levado em conta e aceito como é. Não precisará continuar a esconder o temor porque agora "tem figuras parentais continentes da ansiedade", de vínculos com características sadias e que dão a oportunidade de compartilhar, permitirão um desenvolvimento mais natural e espontâneo. Também será importante, assim como é em relação a uma criança em crescimento, poder transmitir o entusiasmo genuíno diante de uma conquista pessoal do paciente. Pode ser o começo do surgimento dos afetos, motor vital para uma vida saudável. Parece então que o terapeuta tem que passar por provas para chegar a estabelecer um vínculo confiável. Estas provas vão além do que o terapeuta diz, porque o paciente levará em conta, ainda, a forma como o diz, o in que realmente tem, sua capacidade de manejar adequadamente sua agressividade, ressentimento e desconfiança, isto é, o que temos chamado sistematicamente de recursos egóicos do terapeuta.

Estamos convencidos de que nestas primeiras fases do tratamento o "uso" que o paciente faz do terapeuta como modelo é um aspecto muito importante do mesmo; por exemplo, que saiba, com serenidade, colocar limites apropriados. O paciente tende a se identificar com as pessoas a sua volta; se estas não têm confiança em si mesmas e duvidam do que fazem, colocam muitas dificuldades a quem também desconfia e duvida de si mesmo. Surgem situações em que é necessário que o terapeuta adivinhe o que está se passando com o paciente, se antecipe ao que este conhece de si mesmo, mas não se atreve a dizer, porque é uma maneira de conservar o manejo e o controle da relação até que se sinta suficientemente seguro para entregar seu "segredo". Também podemos dizer que quando o paciente encontra alguém que, mesmo sem se dar conta do que está lhe acontecendo, está motivado e bem intencionado, poderá ir lhe indicando pouco a pouco o que ele necessita. Irá calculando assim até que ponto pode confiar nele e até que ponto se trata de alguém capaz de proporcionar os recursos egóicos de que ele mesmo carece.

Clima emocional, segurança psicológica

Já sabemos que habitualmente o paciente mental grave se apresenta como incapaz de fazer um vínculo. Alguns autores consideram que quando o ego está demasiadamente comprometido em suas etapas primitivas do desenvolvimento, não pode realizar um processo terapêutico. Não pode passar da posição esquizoparanóide para a posição depressiva (Melanie Klein) e começar a poder ter uma autêntica preocupação pelo objeto (Winnicott). Guntrip diz que a "preocupação" pelos outros, sentida por um ego debilitado, não é uma preocupação objetiva sadia, que nasce da apreciação do valor do objeto e do interesse por ele. Nestes casos, a preocupação do ego por si mesmo tem um papel importante. Mesclam-se o pânico ante a perda de um objeto que sustenta e a culpa pelo dano a um objeto amado. Mas nossa experiência de muitos anos nos mostrou que a capacidade egóica para estabelecer uma relação terapêutica não é algo determinado somente pela condição psicológica ou pelas modificações ou perturbações do ego do paciente, mas que depende em grande parte, da capacidade do terapeuta e do "contexto" real da experiência. Devemos saber que as experiências que vão se realizando num ambiente de segurança psicológica vão deixando um saldo positivo que finalmente serve para crescer a partir daí. O paciente poderá fazer um redesenvolvimento a partir de elementos egóicos novos. Apesar de sua rejeição e sua resistência podemos pensar que o paciente recebe um certo "alimento" egóico verdadeiro que lhe permite colocar em movimento certos recursos com que poderá contar daí em diante.

Os estados psicóticos têm sido estudados pela psicanálise como estruturas narcísicas em que o ego retirou sua libido do mundo externo. Mas pensamos que também existem aspectos carenciais de recursos próprios que não puderam se desenvolver no clima emocional em que surgiu a enfermidade, déficit que impede o paciente de voltar a dirigir a libido aos objetos da realidade externa pela intensidade intolerável dos estados emocionais que surgem nesse contato. Compreende-se então a importância de o processo terapêutico se realizar num contexto diferente do de enfermo, em condições de segurança psicológica que assegurem um continente válido e um amparo verdadeiro. Assim poderá tolerar a reativação transferencial de seus conflitos e realizar as experiências emocionais necessárias para retomar o desenvolvimento de seus próprios recursos.

Já dissemos que o processo terapêutico consiste de uma série de mudanças e transformações, sem que isso signifique uma recorrência linear e sim em forma de ziguezague às vezes com saltos bruscos e outras vezes com retrocessos. Na realidade, trata-se de uma mudança lenta, um processo interno, um caminho a percorrer no qual vão se dando experiências válidas para o crescimento psicológico. Não se trata apenas de mudanças mentais, quer dizer, nas idéias ou na maneira de pensar. Parece que nos níveis primitivos da mente as mudanças emocionais são mais importantes que as mentais. Certos estados emocionais impedem o funcionamento mental e a abordagem exclusivamente intelectual não chega a modificar o emocional. Muitas vezes comprovamos na comunidade que só a presença, em um contato físico carinhoso, tal como tomar um paciente pela mão, tem um efeito muito maior que todas as interpretações possíveis. O que significa isso? Como acontece com as crianças pequenas, nos pacientes psicóticos o emocional os atinge muito mais que o intelectual. Mais tarde, quando o paciente realiza um desenvolvimento suficiente, estará em melhores condições para aproveitar as palavras.

Reativação de recriminações e reclamações

Quando o paciente começa a sair de seu autismo e a se ligar ao mundo exterior, a relação objetal se realiza na única forma em que pode se dar, quer dizer, na forma de um temor paranóide e de uma suspeita em relação a todos os objetos. Pode existir um estado de temor paranóide e uma tensão interna permanente, que podem durar bastante tempo. As relações são parciais. Há aspectos dissociados ou cindidos que ficam fora da relação para evitar sensações ou sentimentos intoleráveis. Neste sentido, a conduta do paciente pode ser manifestamente fóbica e evitativa. O paciente pode comportar-se assim durante muito tempo e pode parecer que não vai mudar nunca.

Como se sabe, os pacientes às vezes utilizam intensos mecanismos de identificação projetiva, por meio dos quais pareceriam tentar livrar-se de certos conteúdos mentais intoleráveis, mas, para nós, a identificação projetiva engloba ao mesmo tempo um outro, de tal maneira que ao torná-lo depositário do projetado o compromete em um vínculo particular que temos que relacionar com o que descrevemos como simbiose patológica, transferência psicótica e *folie a deux*. De uma maneira ou outra isto põe em evidência que a doença mental evoluiu sob o signo de uma necessidade de um outro muito mais imperiosa e veemente do que se pode observar no indivíduo normal. Esta necessidade de um outro pode ficar encoberta durante muito tempo por uma aparente rejeição. Também pode estar mascarada pela agressividade. A relação poderá também erotizar-se de tal maneira que a busca ou interesse erótico pode estar em primeiro plano no cenário. Porém nesta erotização ou em tantas outras formas de expressão encontraremos sempre uma exigência, uma necessidade de domínio, um uso onipotente da sedução, de tal natureza que podemos sempre detectar uma necessidade subjacente do outro muito aumentada e em última instância de características nitidamente primitivas, isto é infantis. Se analisamos bem, encontramos sempre recriminações vingativas e reclamações, todas igualmente compulsivas, reativadas e em grande parte dirigidas ao objetos primitivos da infância.

Tem-se dito que o paciente psicótico apresenta potencialmente uma disposição maciça e invasiva do ponto de vista dos sentimentos. Depois de superada a relação narcísica, o paciente se agarra ao terapeuta com sentimentos carregados de ansiosa exclusividade. Espera tudo de seu médico, com uma extrema impaciência, e tende a estabelecer com ele um vínculo "absoluto" com uma cegueira em relação às situações reais (Searles 365). Estas características fazem parte do que se tem chamado transferência psicótica, que se apresenta então como súbita, intensa frágil e cega; portanto hipersensível à resposta do outro (Biou 35). Esta relação em permanente perigo de ruptura, porque sendo o psicótico em geral e o esquizofrênico em particular, tão hipersensíveis à frustração, qualquer situação de mal-entendido ou dificuldade "contratransferencial" pode provocar um estado de despersonalização, uma crise de raiva ou um alheiamento com indiferença. Para evitar isso será importante procurar detectar precocemente as recriminações e reclamações incluídas na compulsividade das condutas patológicas.

Na chamada transferência psicótica o paciente parece tentar criar uma intensa relação narcísica na qual, como se sabe, tende a simbiotizar-se com o analista. Na verdade, estes pacientes, quando estabelecem uma relação, tendem a simbiotizar-se com o outro. Podem fazer uma identificação projetiva maciça de um objeto que aparece então como persecutório e rejeitam o outro, violentamente, ou podem idealizá-lo excessivamente a cair em uma dependência extrema. De uma maneira ou outra, a transferência psicótica parece colocar em evidência a existência no paciente de identificações patógenas asfixiantes que o obrigam a um agir psicopático com os outros, o que representa na realidade uma reclamação de necessidades básicas e uma recriminação ao objeto atual que corresponde ao objeto primitivo.

Com as condutas bizarras ou os pensamentos estranhos que chamamos psicóticos o sujeito pode provocar inconscientemente uma briga como forma de canalizar uma agressividade latente que precisa de descarga. Pode estabelecer com alguém uma relação sadomasoquista para sair de uma vivência de paralisação e morte e poder se sentir vivo. Pode utilizar um sadismo particular na sua relação com os demais como forma de vingar-se no outro do tratamento sádico com que se sentiu tratado na sua infância por seus pais e fazer sentir ao outro, através da conduta atuada (ou através da palavra usada como ação) o tratamento que ele recebeu em sua relação primitiva de objeto. Ao atuar psicopaticamente parece procurar se diferenciar de seus pais internos, tirando-os de dentro dele. Mas por um mecanismo que se relaciona com o círculo vicioso inerente à natureza compulsiva de suas atuações, fica envolvido nas mesmas, confundindo atuação com verdadeira liberdade. "Acredita" que está sendo ele mesmo.

Os conteúdos psicóticos podem ser variados, mas têm algumas características similares. São formas de acionar no objeto pulsões primitivas, que ficaram dissociadas ou cindidas, e com as quais o Ego não sabe o que fazer. Quando se produz a regressão afloram aspectos primitivos e criativos que aparecem como núcleos indiscriminados e condensados não desenvolvidos que, para poder se desenvolver, têm que ser atuados. O acionar psicótico tem uma grande força estruturante em relação com o objeto. Este último pode ficar facilmente envolvido através do mecanismo de contra-identificação. O acionar será melhor interpretado se for considerado como um atuar primitivo do outro, em busca de um outro que reconheça nele um ego imaturo necessitado do apoio de um objeto mais adequado para promover o crescimento.

Tendência à estruturação de um vínculo perverso

A partir do que descrevemos antes percebe-se uma forte tendência a fazer um uso "perverso" do vínculo com o terapeuta ou com os vários membros da equipe, configurando-se assim as chamadas relações simbióticas patológicas ou relações narcisistas patológicas em que parece existir sempre um componente sadomasoquista. Tendo conservado, em seu mundo vivencial patológico e patogênico, a característica infantil de dividir a realidade em muito bons e muito maus, perfeitos e depreciáveis, maravilhosos e malvados, há tendência a ver e invejar nos outros qualidades idealizadas de perfeição, mantendo com relação a si mesmo uma vivência de marginalidade com um sentimento de desvalorização. Esta visão de si mesmos os faz depender mais ainda do mundo externo, na procura de se sentirem queridos, como se somente através do outro pudessem recuperar uma certa auto-estima. Esta desvalorização pode alcançar tal intensidade que o paciente sente que somente pode existir na medida em que existe para o outro. A vivência de marginalidade e desvalorização faz com que o paciente tenda a maltratar a si mesmo como forma de auto castigo por não satisfazer às expectativas das figuras parentais idealizadas de sua infância. Agora o paciente repete compulsivamente a partir de uma identificação com o objeto sádico fantasiado e/ou incorporado (objeto enlouquecedor) a relação sadomasoquista com seu "si mesmo" que ficou assim submetido. Inconscientemente pode também provocar no analista uma resposta sádica como procura de castigo para encontrar um depositário de seu próprio sadismo na medida em que não o tolera dentro de si mesmo.

O vínculo que se estabelece com o paciente psicótico apresenta aspectos francamente contraditórios. Estes são típicos da relação sadomasoquista. Exigem do analista como exigem de si mesmos e pode se ter a impressão de que o paciente exige o impossível. Isto tem sido descrito a partir de outra perspectiva como duplo vínculo. É fazer sentir ao outro o que o paciente vive em seu mundo interno. Esta relação sadomasoquista parece má porque faz sofrer, mas também parece necessária porque preenche um vazio. O novo assusta muito já que é vivido como uma mudança catastrófica que deve se dar através de uma passagem por um momento de vazio ou de vivência do "nada". Não podem incluir então os aspectos sadios do terapeuta da mesma forma que as figuras parentais não incluíram os aspectos sadios deles mesmos. Mas também, mais concretamente, a relação sadomasoquista construída como uma neoformação permite excluir o contato emocional verdadeiro com a realidade que se faz intolerável,quando não se está preparado devido à carência do desenvolvimento de recursos egóicos.

Na relação terapêutica o paciente psicótico parece necessitar de uma entrega total para poder se integrar desde este ponto. Teme perder seus limites, dissolver-se, perder sua identidade, "enlouquecer" ou sofrer castigos ou perigos muito maiores, e por temor atua a relação sadomasoquista perversa que lhe dá segurança. Isto o faz sofrer, porém, é o que conhece. Colocado ante o aumento das necessidades afetivas que se reativam pelo situação terapêutica e diante da evidência intolerável das carências de recursos, egóicos sem poder compartilhar as angústias e emoções inerentes com um interlocutor válido porque não pode usufruir, confiar e entregar-se, a situação se torna sumamente difícil.

Nestas condições aparecem reminicências patógenas e se recriam, em seus delírios e alucinações, vivências que repetem compulsivamente situações traumáticas. A compulsão se apresenta como uma condensação de uma tentativa de solução e seu fracasso, e também como um fracasso da necessidade de recordar para poder elaborar. Encontrando-se com seu ego empobrecido pela carência de recursos egóicos apropriados ao longo da vida e sendo a cisão e fragmentação um mecanismo que produz maior debilidade, o paciente, através de desorganização e deterioração, vai gerando cada vez mais uma dupla consciência, hipnóide ou oniróide (como um pesadelo) que, por sua vez, torna o terreno cada vez mais propício para que resultem traumáticos os acontecimentos atuais que vão se produzindo. Este círculo vicioso pode dar conta do agravamento dos sintomas, da configuração de situações de cada vez maior frustração, ressentimento e culpa, que permitem compreender como alguns pacientes chegam pouco a pouco a se sentir cada vez mais cheios de maldade, monstruosos e diabólicos e, por outro lado, sem remédio e sem possibilidades de ser recuperados.

A temática analítica é às vezes muito contraditória. Pode-se compreender melhor como uma dramatização de um conflito primitivo onde não há diferenciação entre sujeito/objeto, eu/não eu, e há, pelo contrário, indiscriminação e condensação de aspectos do sujeito com características do objeto, que em alguns casos podem tomar a forma da possessão demoníaca. Mas também é útil compreendê-la como expressão de uma neoformação que vai se estruturando como uma "especialização" onde o paciente desenvolve habilidades em um exercício perverso e psicopático de certas funções mentais. Além disso, para poder expressar sentimentos contraditórios e situações de fusão e confusão primitivas com os objetos parentais, atualizados agora em forma de fusão e confusão com o analista, o paciente se vê compulsivamente levado a atuar aspectos parciais, numa sucessão temporal de manifestações contraditórias, como que desfazendo os núcleos condensados que podem ir se discriminando somente a partir destas atuações. Se bem a expressão destes núcleos condensados é necessariamente repetitiva, no sentido de que cada nova atuação aparece como repetição das anteriores, é necessário saber que o destino do compulsivo da repetição parece estar nas mãos do "objeto" terapeuta. A compulsão a repetir parece incluir por identificação o objeto primitivo que a condicionou, ao mesmo tempo em que mantém a indiscriminação e a simbiose, enquanto que o objeto com função terapêutica terá que tornar possível a introdução de elementos que tendam ao crescimento e ao desenvolvimento de estruturas egóicas que permitam discriminação,e, em última instância, a individuação.

Elaboração da condição delirante

Uma das características mais importantes da doença mental nos primeiros períodos do processo terapêutico é o que se tem chamado de condição delirante. Como se sabe, as idéias delirantes vão acompanhadas de uma certeza particular que se conhece como convicção delirante e que mostra a existência dessa qualidade de realidade psíquica que nós defendemos em nossos sentimentos e pensamentos como parte de nossa própria identidade. Como veremos mais adiante, o delírio aparece muitas vezes paradoxalmente como a única coisa própria e particular que o paciente tem.

Se bem que a realidade psíquica do delirante se confronta às vezes dramaticamente com a realidade consensual dos demais, será necessário saber que o faz assim porque defende onipotentemente sua "verdade" para evitar ter que pensar em certas realidades que lhes são intoleráveis. Também é necessário saber que as idéias delirantes estão movidas seguramente por alguma "verdade" que, ainda que pareça distorcida, terá que descobrir e valorizar em sua justa medida para dar ao paciente a oportunidade de recuperar com coerência sua história pessoal verdadeira. Não terá sentido então opor-se às idéias delirantes do paciente com o critério de que são absurdas, equivocadas ou absolutamente fantasiosas e sem substrato lógico na realidade externa.

A condição delirante pode ser descrita como um estado mental no qual o paciente se encontra invadido e se sente vivencialmente perseguido por fortes componentes emocionais que se apresentam em sua mente, por assim dizer, em estado bruto e o impedem de pensar. Como se disse em várias oportunidades, o que parece ter uma força dinâmica particular na psicose é a existência de recriminações vingativas e necessidades e reclamações compulsivas, dirigidas aos objetos parentais primitivos e pré-edípicos que, ao mesmo tempo em que buscam a reparação da "situação" traumática original, tendem a repeti-la reproduzindo-a ou reconstruindo-a num círculo vicioso autodestrutivo. A atividade mental é utilizada para controlar, dissociar e canalizar os componentes emocionais que ameaçam desestruturá-lo. O autismo serve como defesa e a confusão fantasia-realidade é uma conseqüência da invasão permanente do aparelho psíquico, que distorce a percepção externa pela presença de uma pressão interna que o sobrecarrega de tal maneira que torna muito difícil o interjogo equilibrado entre mundo interno e mundo externo e entre processo primário e processo secundário.

Quando existe um delírio manifesto pode-se ter como certo que este está constituído por referências indiretas que aludem metaforicamente a acontecimentos dolorosos fundamentais de sua vida, ou ainda a vivências que têm a ver com as conseqüências do dano provocado por esses acontecimentos no psiquismo do paciente. Quando se apresentam alucinações estas se revelam dentro do processo terapêutico como a expressão máxima do estado de coisas antes descrito. Pensamos que, em geral, tanto as alucinações como as vivências delirantes são formas distorcidas de expressar uma dor psíquica intolerável ou de canalizar um sadismo primitivo, cujo acúmulo ameaça transbordar ou destruir o "continente" egóico e produzir danos irreparáveis. Assim, o delírio denuncia indiretamente esta situação e revela a periculosidade em que é vivida. Põe em evidência, ao mesmo tempo, a carência de recursos egóicos próprios com que conta essa pessoa para encarregar-se da situação atual e nos fala indiretamente do longo caminho que terá que percorrer no processo terapêutico para chegar a poder enfrentar e elaborar o conflito.

Por meio da contratransferência, percebemos o que podemos chamar de núcleos indiscriminados e condensados. Parece tratar-se de aspectos primitivos do psiquismo que podem aparecer sob a forma de pesadelos durante o sono e que no tratamento psicanalítico se manifestam como momentos de profunda angústia, nos quais o analista é solicitado a compartilhar de uma forma direta o que o paciente sente. Neste sentido, os pacientes psicóticos parecem estar tomados por um estado mental semelhante a um pesadelo do qual não é possível despertar.

Não se deve pretender que o paciente possa verbalizar o que se passa com ele nem pretender tampouco "interpretar" psicanaliticamente o que está ocorrendo. É preciso saber esperar que juntos, o paciente e o analista, encontrem a forma de verbalizar essas vivências confusas, que em geral condensam experiências primitivas fortemente traumatizantes que ficaram dissociadas do curso associativo. O surgimento da situação interna em análise se revela como a atualização de episódios emocionais particularmente traumáticos da vida do paciente, que nunca pode partilhar com ninguém. Falamos aqui não de um episódio único, mas sim de uma seqüência de episódios particularmente patógenos, que encontramos freqüentemente na vida destes pacientes. Essa necessidade de partilhar com o analista para poder elaborar como recordação a situação traumática aparece, no trabalho psicanalítico com pacientes psicóticos, como um dos aspectos mais importantes.

Nestes níveis da mente, a situação traumática está ligada a um objeto interno parental e podemos dizer que não se atualiza como uma recordação, mas sim como um atuar dentro da própria atividade mental. Os assim chamados aspectos psicóticos da personalidade têm um caráter de objetos internos atuantes que condicionam os *acting-out* ou atuações psicopáticas do paciente. A partir destas condutas pode-se reconhecer o funcionamento destes objetos internos que incluem identificações primárias com aspectos patológicos dos pais, que impediram e continuam impedindo o paciente de ter um desenvolvimento no sentido de conquista de uma verdadeira identidade.

Esta qualidade particular dos objetos internos do paciente psicótico se revela também através do que chamamos de linguagem psicótica. Diferentemente da linguagem normal que serve para o intercâmbio entre as pessoas sobre os aspectos significativos tanto do mundo interno como do mundo externo, a linguagem psicótica é a forma pela qual estes pacientes utilizam as palavras para transmitir vivências estranhas, que percebem confusamente, e os conteúdos condensados e indiscriminados pelo quais se sentem permanentemente ameaçados. Nestas condições, as palavras se tornam coisas e perdem o significado simbólico que lhes permite ser objetos intermediários da comunicação e adquirem o valor de instrumentos de um atuar psicótico e psicopático sobre o outro, à procura de um interlocutor capaz de decifrar a mensagem e reparar a condição de carências profundas.

À medida que se avança no trabalho terapêutico, do autismo inicial a uma relação narcisista de objeto, constata-se que a onipotência tem um papel primordial. Esta onipotência, que constitui uma falta de consideração do paciente para com o analista, terá que diminuir através de um verdadeiro processo de "desgaste", que implica seguramente um *quantum* de trabalho (o qual atualiza a importância da teoria econômica de Freud). Por desgaste queremos dizer que a perda da onipotência não vai ser somente um produto da interpretação do conflito intrapsíquico, mas sim a conseqüência de uma longa e renovada colocação à prova do analista por parte do paciente.

Condutas psicopáticas

Como já dissemos, os conteúdos psicóticos são formas de acionar no objeto pulsões primitivas com as quais o ego não sabe lidar. Isto permite compreender melhor seu sentido. O ego dissociou, em épocas primitivas, componentes instintivos dos quais ficou privado para seu desenvolvimento ulterior. A partir de cada um desses momentos, as experiências posteriores ficaram amputadas de componentes necessários para o crescimento sadio. Estes componentes permaneceram como núcleos não desenvolvidos, dissociados da personalidade total, que conservam a força dos impulsos primitivos ao mesmo tempo que a imaturidade da estrutura de comportamento. Ao longo da vida, estes aspectos ficaram enquistados em setores secretos da personalidade, em aspectos inconscientes que ficaram incluídos em comportamentos conscientes, dinamizando a conduta com motivações inconscientes que se canalizam nas condutas conscientes.

Quando se produz a regressão e estes aspectos primitivos e imaturos afloram no comportamento do indivíduo, aparecem como núcleos indiscriminados e condensados não desenvolvidos que, para poder se desenvolver, têm que ser atuados. Somente assim poderão se transformar em fantasias ou imagens suscetíveis de uma consideração reflexiva por parte do ego. Assim sendo, à etapa esquizoparanóide se segue comumente uma etapa psicopática. Pareceria que o paciente se entrega a fazer tudo o que lhe ocorre e a dizer tudo o que lhe passa pela cabeça. As condutas psicopáticas devem ser interpretadas como tentativas de mobilização de estruturas estereotipadas, que necessitam exteriorizar-se através da conduta (exo-atuações), mais do que através da expressão verbal. Muitas vezes, correspondem a impulsos primitivos dissociados e não integrados, que na relação com o ego estão num tal estado que só podem se apresentar desta maneira. Num certo sentido, incluem aspectos infantis. Porém ninguém diria que uma criança é um psicopata porque se expressa com condutas de ação. São as únicas que pode ter e é através delas que entra em contato com o mundo exterior. Desta maneira vai confrontando seu mundo interno com o mundo externo e desenvolve os níveis primitivos do pensamento que logo vão se organizando em formas cada vez mais mentalizadas de nível simbólico verbal. No desenvolvimento normal, as condutas são primeiro atuadas, e só muito posteriormente, interiorizadas em forma de pensamento sem ação exterior.

Quando a regressão patológica, na qual as condutas tendem à repetição, começa a incluir elementos novos das experiências terapêuticas, vai se transformando em regressão operativa. Então o atuar psicótico vai se tornando cada vez mais abertamente psicopático. Entendê-lo como um atuar necessidades primitivas sadias torna cada vez mais compreensível estas condutas como formas de buscar, através de condutas infantis, a maneira de retomar o crescimento egóico que havia ficado detido[1]. Há uma etapa no processo terapêutico dos pacientes mentais na qual esta forma de expressão é uma necessidade inerente ao processo de mudança e, se bem que seja útil chamá-la etapa psicopática, não é totalmente patológica no sentido de constituir uma conduta estruturada como a de um psicopata verdadeiro. Tratam-se de condutas que incluem aspectos sadios, no sentido de corresponderem a uma etapa de saída do narcisismo, do autismo e da retração esquizoparanóide em direção a uma relação objetal primitiva mais sadia. Porém este é um dos momentos mais difíceis do processo terapêutico. O paciente que começa a sair da situação de submissão de toda vida choca-se frontalmente com os familiares, aos quais agride, dizendo-lhes com ressentimento o que nunca se atreveu a verbalizar antes. A resposta familiar retaliativa pode condicionar uma relação terapêutica negativa que se manifesta clinicamente como uma recaída. Por outro lado, a família pode decidir-se por uma ruptura precipitada do tratamento, culpando a este pelo paciente estar muito mais "louco" porque "estão lhe colocando idéias estranhas na cabeça". A equipe pode entrar inconscientemente em cumplicidade com a família vendo, nestas condutas somente enfermidade. O destino desta relação e o curso do tratamento dependerão de como formos capazes de introduzir elementos novos para lidar com esta situação, ajudando particularmente a família e às vezes também a equipe para tornar possível a integração destes aspectos primitivos.

Muitos pacientes chegam à comunidade com comportamentos aparentemente bem adaptados, ainda que, ao mesmo tempo, estejam delirantes e com alucinações. Estes delírios e alucinações constituem aspectos narcisistas da mente ou conteúdos mentais usados narcisicamente. Quando o paciente começar a sair desta forma de autismo aparecem também crises episódicas evidentemente psicopáticas. São crises de descontroles emocionais da conduta, que geralmente reproduzem períodos similares da infância que

---

[1] ver caso Carlos

passaram sem terem sido superados integralmente. À medida que são atuados, vão aparecendo regressões mais diretas e mais claras no sentido de corresponderem a condutas infantis dentro da Comunidade, como contexto familiar substituto transicional.

Geralmente, precisa-se de um certo tempo para compreender o sentimento de pânico subjacente a muitas das expressões patológicas do paciente. Este, ao se sentir exigido, atua numa auto-exigência e exerce uma exigência nos outros. Atua através de identificações patógenas que não lhe permitem ter contato consigo mesmo e com sua realidade interna, através de uma atitude mais flexível e bondosa que é aquela proposta pelos terapeutas e pela comunidade. Funcionando a partir de identificações rígidas e exigentes que não pode modificar, não consegue realizar, durante muito tempo, verdadeiras experiências de contato com o mundo externo. Ao fazer de forma permanente identificações projetivas estabelece relações sadomasoquistas nas quais seu "si mesmo" fica sempre submisso ao outro ao tentar submetê-lo, sem poder estabelecer uma relação de dependência sadia, a partir da qual possa realizar o redesenvolvimento que se lhe propõe no processo terapêutico.

A relação sadomasoquista reproduz ou duplica geralmente uma relação de objeto internalizado que funciona como uma cumplicidade com os objetos internos parentais. Estas cumplicidades representam também fidelidades secretas e ocultas. Diante destes fenômenos, nós os terapeutas, nos sentimos rejeitados como se fôssemos intrusos que pretendessem introduzir-se num lugar sagrado. Isto também fica evidente na relação do paciente com seus familiares, de tal forma que certas cumplicidades entre uns e outros funcionam de forma manifesta, impedindo que as intervenções externas dos terapeutas possam produzir mudanças. Isto facilita ao paciente defender-se do mundo interno de fantasia de forma onipotente e permite que evite, durante muito tempo, fazer confrontações entre mundo interno e realidade exterior. Sendo estas confrontações muito dolorosas, porque reativam sofrimentos, são sistematicamente evitadas ficando como conteúdos secretos que não podem ser partilhados com mais ninguém, até que o paciente sinta que se fortaleceu internamente para poder abordar o conflito de uma maneira nova.

Necessidade de ser reconhecido e querido

O paciente parece viver seu tratamento com um sentimento de pânico e pode acreditar, por muito tempo, que a proposta do terapeuta é ter que destruir tudo "o que é seu" para reconstrui-lo de uma forma totalmente nova e diferente. Estes pacientes têm uma forte tendência a receber toda indicação, interpretação ou apontamento como uma imposição, revivendo assim as vivências de imposições parentais, às quais foram submetidos.

São estas circunstâncias que levam o paciente a reviver de maneira secreta e traumática a permanente e desesperada tentativa de conseguir ser aceito e querido por seu terapeuta, como repetição do desesperada e fracassada tentativa de poder satisfazer a necessidade básica de sentir-se reconhecido por seus pais[1]. A vivência de marginalidade

---

[1] ver caso Marcela

e desvalorização faz com que o paciente tenda a maltratar a si mesmo como uma forma de auto-castigo, repetindo pela identificação patógena a maneira pela qual se sentiu castigado por sua própria mãe (ou pai) quando não satisfazia suas expectativas na infância. Agora o paciente repete compulsivamente, a partir do objeto sádico incorporado, a relação sadomasoquista consigo mesmo, castigando permanente e sadicamente seu próprio sadismo. Isto lhe permite canalizá-lo e também satisfazer seu masoquismo. Sob estas circunstâncias e em relação com os outros (em particular com seu analista) o paciente tende a assustar-se muito, vendo-o débil e agredindo-o por sua debilidade ou atribuindo-lhe, por identificação, projetiva intenções de lesá-lo, invejando seu bem-estar ou sua capacidade de viver e de se sentir bem. Pode assim também inconscientemente provocar no analista uma resposta sádica como procura de castigo ou de encontrar um depositário de seu próprio sadismo, na medida em que não o tolera em si mesmo[1].

O paciente pode fazer com que seu terapeuta se sinta, muito mal ao fazê-lo fracassar como tal. Isto pode atingir o paroxismo em certas atuações suicidas. O analista pode se encontrar emaranhado. Se interpreta ao paciente sua autodestrutividade, seu orgulho e sua arrogância, pode estar fazendo com que se sinta mau, fechando-se assim mais ainda o círculo vicioso do sadomasoquismo. Nestes momentos, a diferenciação entre o paciente e o analista vai desaparecendo. Tende-se a estabelecer uma indiferenciação e primitivização da relação, no sentido de uma relação cada vez mais simbiótica patológica, onde um faz o outro sofrer (que não é verdadeiramente um outro, mas sim uma parte de si mesmo), que por sua vez faz sofrer ao primeiro (sendo este também uma parte indiferenciada do outro). Assim, a necessidade de um em relação ao outro é muito grande porque, por diferentes motivos, um procura no outro uma resposta diferente, que lhe permita recuperar a sensação de ser útil e de servir para algo positivo. Mas, por um mecanismo um tanto diabólico, que constitui, penso, justamente o fenômeno da compulsão à repetição, cada um se encarrega inconscientemente de estimular no outro o pior, para que seja o outro a "porcaria" e não ele mesmo. Cada um procura fazer com que o outro o reconheça como bom e não mau; porém como procura isto justamente através de fazer o outro sentir-se mau, isto é recebido, por este último, como uma maldade, o que faz com que não somente se despertem desejos vingativos de castigo, mas também que ele mesmo se sinta mau por ter estes mesmos desejos vingativos e tenha então necessidade de procurar que o outro o alivie do sentimento por culpa de ser uma porcaria. Desta forma, o círculo vicioso tende a agravar os sentimentos de cada um que vão se tornando cada vez mais criminosos. Um desejaria matar o outro porque sente que o outro quer matá-lo[2].

A relação que acabamos de descrever se parece muito à que se dá em alguns casamentos patológicos, em que a dinâmica se agrava com o tempo. Em alguns casos, o jogo sadomasoquista entre o amor e o ódio e entre a interdependência patológica e a necessidade de uma dependência sadia pode ser terrível. Tanto nessas situações como

---

[1] ver caso Alícia
[2] ver caso Jim e ver caso Maria em *Bibliografia de uma Esquizofrênica*

nas que descrevemos na relação transferencial entre paciente e terapeuta muitas vezes configura-se uma simbiose patológica em que numa dimensão podemos encontrar uma repetição de uma relação simbiótica patológica similar com um dos progenitores e numa outra uma relação simbiótica atual com o terapeuta ou com o marido, realimentada inconscientemente por estes últimos. Na maior parte dos casos a reconstrução da história do paciente nos permite ver a impossibilidade por parte dos pais (ou casais) de levar em conta as necessidades do paciente e as dificuldades por parte destes poder contar realmente com seus pais[1]. Também podemos compreender que a persistência fanática destas condutas, tais como o repúdio ao contato afetivo verdadeiro, repúdio à incorporação autêntica da ajuda terapêutica e as condutas vingativas de todo tipo como respostas psicóticas, evidentemente transferenciais, estão às vezes, durante muito tempo, realimentadas inconscientemente por uma atitude por parte do (ou dos) terapeuta por não se dar conta de certos elementos de suma importância: suas próprias relações contratransferenciais, sua incapacidade para imaginar e identificar-se com os sofrimentos profundos e por vezes secretos do paciente e também o desconhecimento ou o fato de não levar suficientemente em conta o contexto de realidade freqüentemente muito doloroso em que se encontra a vida do paciente[2].

A realidade exterior

O paciente nega sua realidade exterior e sua situação familiar, espera que o terapeuta a modifique e o recrimina por não fazê-lo. Ao não poder partilhar a realidade exterior como tal, tampouco pode relacionar-se com ela com sentimentos coerentes. Em particular, não pode se emocionar e nem se entristecer. O paciente e a família se mantêm confrontados, sem poder compartilhar a dor do sofrimento a que estão ou estiveram submetidos, nem compartilhar os lutos não vividos. Não podendo sentir a pena de não poderem ser felizes, reativam, através de velhos rancores e ressentimentos, o clima sadomasoquista que os faz sentirem-se patologicamente "mais vivos". As famílias demoram muito em poder falar das dificuldades existentes nas relações que têm uns com os outros. O casal parental geralmente teve sérias dificuldades, o que tem negado permanentemente. Os filhos não podem falar de tudo isso, porém têm sofrido e sofrem as conseqüências[3].

E assim que se descobre que nas famílias com muitas dificuldades o desamparo familiar influi muito mais do que se pode supor. O paciente procura não ter consciência desta realidade que o atinge no cotidiano. Não pode falar do tema. Muitas vezes porque não sabe como fazê-lo. Também porque teme as represálias, como o abandono. Às vezes

---

[1] ver caso Mario
[2] ver caso Magdalena
[3] ver caso Frederico e caso Felipe

isso aparece sob a forma de ameaças delirantes. Não falar destas coisas parece ter a conseqüência da violenta carga emocional que elas contêm. Indiretamente, muitas desses aspectos aparecem através de delírios e alucinações, onde se veiculam as recriminações vingativas e as reclamações compulsivas dirigidas ao objeto primitivo da infância. Não falar de tudo isso é também uma mescla do medo de danificar os pais, a partir da percepção de que eles não vão tolerar as verdades que o paciente visualiza num determinado momento. A percepção que o paciente tem da realidade da família é muitas vezes mais realista que a da própria família.

Durante o tratamento, os pacientes dizem somente algumas coisas e calam conscientemente outras. O falar e o calar se convertem em formas de manipulação e controle da situação. Falar do que está se passando com ele, como se fosse a descrição feita por um terceiro, sem transmitir as vivências para poder compartilhá-las, é uma forma de preservar o mundo patológico como algo secreto e reter o poder patógeno do mesmo como um poder exercido a partir de uma onipotência patológica que anula os fatores terapêuticos e esteriliza as possibilidades estruturantes dos recursos terapêuticos colocados em jogo.

As dificuldades que o paciente enfrenta em seu processo terapêutico estão relacionadas em particular com a condição básica de carência de recursos egóicos genuínos para enfrentar a vida psíquica e poder harmonizar emoções em relação com a realidade externa que a cada um cabe viver. Esta condição carencial é uma realidade própria de alguns seres humanos, constituída pela falta de certas experiências do Ego, necessárias para enfrentar a vida. Quer dizer que o paciente terá que poder realizar experiências emocionais corretivas e enriquecedoras para ir constituindo uma estrutura egóica com a qual possa enfrentar mais adiante a solução de seus conflitos. As produções delirantes aparecem então como uma forma de viver inventada e fabricada solitariamente por não poder viver na realidade[1]. Esta forma de viver inventada parece construída com elementos de um passado vivido que inclui experiências muito penosas e dolorosas que haviam ficado em seu inconsciente como reminiscências traumáticas. (Aqui usamos o termo reminiscência, utilizado por Freud em seus estudos sobre *Histeria e Psicose* "...uma proposição que em princípio se afirma somente para a histeria se aplicaria também para os delírios; que os que estão sujeitos a eles — delírios — sofrem também de suas próprias reminiscências").

Os perigos da folie a Deux

Os aspectos da compulsão à repetição tendem às vezes a configurar, na repetição com o analista, como se diz, uma *folie a deux*. Este tipo de relação se instala, em particular, ante ao fracasso da compreensão da natureza da regressão psicótica. Quando con-

---

[1] ver caso Jim e caso Magdalena

O processo terapêutico

seguimos compreender os fenômenos em jogo vemos que tudo acontece como se quando a necessidade de uma dependência infantil sadia se viu frustrada pelas carências de recursos egóicos das figuras parentais estruturantes do ego em crescimento, o sujeito infantil se viu obrigado, para enfrentar esta presença enlouquecedora, a controlar onipotentemente a possessão do objeto configurando um vínculo de natureza perversa. A introjeção deste vínculo, isto é, a identificação com este aspecto enlouquecedor, se constituirá logo em um dos componentes do narcisismo patológico defensivo mais difícil de modificar.

O estabelecimento de uma relação tipo *folie a deux* no tratamento aparece como a repetição com o terapeuta deste tipo de vínculo. Trata-se de uma regressão a uma condição infantil patológica; com isto queremos dizer que a partir de uma experiência relacional materno-infantil doentia, configura-se a *folie a deux*. Nesta pode se detectar uma relação tipo patrão-escravo, isto é, onde um domina o outro ou, reciprocamente, o dominado procura dominar, mas onde ambos necessitam um do outro de forma imprescindível, porque constituem um par simbólico patológico, em que nenhum dos dois pode ter uma verdadeira individualização ou autonomia.

A tendência à compulsão à repetição e ao estabelecimento de uma *folie a deux* inclui muita agressão e ódio. O paciente se sente colocado, sem remédio possível, numa situação insustentável porque se sente impotente para sair da mesma se não é retirado de fora. Isto gera um enorme ressentimento. Muitos pacientes se comportam passivamente com condutas masoquistas que revelam uma submissão a objetos internos castradores, sádicos ou enlouquecedores e por momentos apresentam explosões agressivas como formas de sair desta submissão, tentando romper a couraça em que se sentem aprisionados. Esta estrutura permite às vezes compreender a origem dos impulsos suicidas e as tentativas de suicídio como formas desesperadas de romper o cerco, a submissão ou a presença constante do objeto enlouquecedor.

Esta situação é de difícil abordagem. O terapeuta pode sentir uma grande impotência e em sua reação contratransferencial, ao sentir-se aprisionado pelo tipo de vínculo que o paciente tenta recriar, procura evadir-se, provocando uma mudança. Nestas circunstâncias comumente entra no círculo vicioso através do qual passa a fazer parte do vínculo sadomasoquista. Somente podendo nos identificar com a parte infantil sadia virtual do paciente submetido a estas dificuldades é que vamos poder encontrar a maneira de resgatar a nós mesmos e ao paciente. Ele não pode fazer nada por si mesmo e nós tampouco vamos poder forçá-lo nesse sentido. Será necessário saber acompanhá-lo em sua impotência e em seu desamparo, que às vezes estão muito mascarados por uma aparente onipotência, à qual se terá que encontrar a maneira de pôr um limite, para que possa paulatinamente ir construindo recursos egóicos mais sadios. Porém também se torna clara a necessidade da presença de um terceiro que, introduzindo-se na relação simbiótica, possa resgatar a ambos os membros deste vínculo narcisista que os aprisiona e os empobrece. Paciente e terapeuta podem então trabalhar muito melhor quando se acham incluídos num contexto de segurança como é a Comunidade Terapêutica.

A equipe terapêutica deverá funcionar como um radar capaz de ir detectando estes "enganchamentos" que constituem vínculos patológicos e que podem obstaculizar ou deter o processo terapêutico. Quando os pacientes sentem que podem começar a confiar, após reiteradas e sistemáticas provas para confrontar inconscientemente nosso "atuar terapêutico" com as frustrantes experiências passadas, quando vão saindo de seu mundo secreto que os tornava quase imperceptíveis aos olhos da comunidade e conseqüentemente começam as reclamações carregadas por muito tempo de ódio oculto, e o paciente sai da submissão e se atreve a romper com a dependência patológica que o mantinha preso como que dentro de uma couraça de cimento, junto com as resistências familiares podem surgir as resistências dos médicos com pouca experiência que podem chegar a acreditar que os pacientes estão piores pela violência incluída nas reclamações. Isto pode levá-los a contra-atuar a violência dos pacientes colocando limites inadequados, atendo-se ao manifesto das reclamações sem compreender o significado do pedido latente.

Perda da onipotência e dessimbiotização

Já dissemos que no paciente psicótico encontramos a tendência a estabelecer uma relação narcisista de objeto na qual a onipotência tem um papel preponderante. No processo terapêutico, tanto individual como da família, a diminuição da onipotência é seguida geralmente de um estado depressivo. Nele misturam-se aspectos melancólicos com aspectos depressivos sadios. A elaboração destes estados vai permitir a estruturação dos elementos de base de uma individualização e identidade próprias. Mas nesses momentos depressivos o paciente pode experimentar uma perda ou sensação de vazio de tal intensidade que chega a se sentir como nada ou como morto. Nesses estados depressivos ficam em evidência as profundas carências com que estes pacientes têm vivido, toda a sua vida. A perda da onipotência assinalada anteriormente revela assim a profunda impotência condicionada pela falta de desenvolvimento egóico verdadeiro.

As múltiplas carências do paciente psicótico estão relacionadas com a grande dependência patológica com que viveu sempre suas relações dentro do núcleo familiar. O crescimento, que é um processo de individualização, inclui dessimbiotização e é atacado pelos familiares que também temem as mudanças e também sentem a separação como vazio, perda e morte. Atacando as tentativas de individualização e dessimbiotização, tratam de recolocar as coisas no seu funcionamento anterior num mecanismo de homeostase patológica. Pode-se então observar que o chamado duplo vínculo é exercido para manter a dependência e a simbiose e condiciona a relação terapêutica negativa.

A saída do vínculo simbiótico requer a elaboração de um luto pela perda desta relação. Neste luto, intervêm necessariamente ambos os membros incluídos. Mas nesse processo percebemos que não se trata somente de elaborar um conflito. Tem que haver primeiro algum crescimento egóico para poder abordar esse conflito. A terapia familiar é necessária para fazer com que a família possa desprender-se do paciente como objeto externo necessário para depositar nele o objeto interno indesejável e persecutório, em outras palavras, o objeto enlouquecedor. Quando os familiares são ajudados a realizar simultaneamente seu próprio crescimento egóico, podem então capacitar-se a converter-se em continente das angústias e dificuldades do paciente e desprender-se do objeto doente. Levando em conta que este é um período em que as atuações podem ser necessárias para favorecer o crescimento, é quando se requer um continente que ofereça as condições de maior segurança, como as oferecidas pela Comunidade Terapêutica.

Em relação às regressões e projeções necessárias a todo processo terapêutico, no paciente psicótico a regressão pode alcançar uma profundidade muito maior que nas neuroses. A regressão por si mesma não é necessariamente patológica, o patológico é a estereotipia, isto é, a impossibilidade de fazer uma regressão mais profunda e operativa. Na realidade, o psicótico precisa fazer uma regressão a níveis infantis sadios para poder resgatar e desenvolver seu verdadeiro ser (winnicott W 407).

Recuperação de aspectos infantis sadios

O paciente que durante muito tempo havia se mostrado autista e reticente, começa a poder expressar mais abertamente seus sentimentos e em especial seus ódios contidos. Estes podem aparecer sob forma de acessos de raiva infantil. Sabemos que os chiliques infantis podem representar e reproduzir experiências muito traumáticas para uma criança, do ponto de vista psicológico. Além disso, os chiliques podem ter adquirido tal violência que podem ter oprimido a criança que, muitas vezes, é incapaz de lhes dar um fim. Quando, a partir de um determinado momento do processo terapêutico, apresentam-se reações inesperadas que podem ter a forma de ataques de raiva muito violentos sem causa aparente e por quaisquer motivos, podemos ter a tendência a castigar estas reações ou tentar colocar-lhes limites contra-atuando inconscientemente com agressão ante a agressividade do paciente, sem nos darmos conta suficientemente de sua necessidade de atuar a violência durante algum tempo para poder sair do narcisismo patológico que a contém. Desta forma, podemos sem querer entrar na armadilha de completar o círculo patológico e patógeno da compulsão à repetição, constituído pelas intermináveis reclamações e recriminações vingativas contidas nas relações sadomasoquistas. Será somente detectando e reconhecendo aberta e manifestamente o genuíno, o autêntico destas reclamações e recriminações infantis, que poderemos ajudar a estes pacientes a eliminá-las (reclamações e recriminações) na relação transferencial conosco, descobrindo a legitimidade dos aspectos sadios incluídos nas condutas doentias. Estas condutas irracionais e injustificadas parecem persistir durante bastante tempo até que sejam autenticamente compreendidas e analisadas como sendo movidas por uma violência e uma cólera infantil previamente contida (reprimida ou cindida), dirigida às figuras parentais de sua infância, que o paciente nunca havia podido expressar e que só agora se permite voltar a sentir, referidas a figuras transferenciais substitutivas. É a partir dessas mudanças que podemos começar a recuperar aspectos sadios incluídos nos sintomas e nas condutas doentias e que se torna possível estabelecer correlações significativas entre as crises de violência, os delírios e as alucinações, as atuações obsessivas, fóbicas ou histéricas de todo tipo e a dificuldade de expressar livremente a agressividade de uma maneira verbal.

Constata-se então que os sintomas e as crises psicóticas vão se transformando paulatinamente em chiliques infantis. E então podemos compreender e trabalhar terapeuticamente os fenômenos de produção de sintomas a partir de situações concretas que funcionam como fatores desencadeantes. Comprovamos então que mesmo em sintomas tão patológicos como as alucinações e as idéias delirantes, e também nas obsessões, fobias, etc., ocorre algo semelhante ao que ocorre nos pesadelos das crianças.

É sabido que, nestes últimos, especialmente nos bebês, quando as emoções e tensões diurnas pelos conflitos não resolvidos sobregarregam o aparelho psíquico, produzem-se mecanismos mentais através dos quais os impulsos destrutivos e os sentimentos de raiva se projetam intrapsiquicamente nas representações hipnagógicas e nos conteúdos oníricos, e estes se transformam assim em aterrorizantes, produzindo os pesadelos típicos da infância. Pensamos que quando o aparelho psíquico de um adulto conservou uma particular fragilidade, os estados emocionais e as tensões internas intoleráveis canalizam seus impulsos através de conteúdos mentais que, desta maneira, adquirem características vivenciais de realidade configurando as alucinações e os delírios. Estas características de realidade psíquica encontram-se igualmente em outros sintomas, por exemplo, obsessivos e fóbicos, que, em sua força compulsiva repetitiva, apresentam uma "realidade psíquica" que se impõe como "mais forte" que o ego.

O paciente pode então começar a comprovar que, quando vive ou revive situações emocionais que não pode elaborar ou às quais não pode dar descarga por canais adequados, sofre de momentos psicóticos ou acentuam-se os sintomas que o afligem. Pode ter mais dificuldade para dormir que habitualmente e pode precisar recorrer a doses maiores de tranqüilizantes ou antipsicóticos para conciliar o sono. Muitas vezes o paciente começa a reviver com muita intensidade os medos infantis ou experimenta medos atuais de diferente natureza, o que o leva a pensar que está mais doente que antes fazendo-o a querer interromper o tratamento. Por vezes chega a se sentir inundado e paralisado. É necessário aprender a reconhecer quando se trata de uma recaída e quando se trata somente de um momento difícil no meio de um processo terapêutico satisfatório. Quando o paciente descobre que, na medida em que se deixa acompanhar e ajudar terapeuticamente, estes novos pânicos vão desaparecendo, começa a desenvolver uma verdadeira confiança e recursos egóicos novos para enfrentar a vida psíquica, tanto de seu mundo interno, como de suas relações com os outros. Pode assim aprender a ter experiências válidas de confrontação entre fantasia e realidade, coisa que antes lhe era totalmente impossível, sendo inútil toda tentativa de forçá-lo neste sentido.

O paciente descobre então que ele não pode contar com suas figuras parentais para lidar com suas angústias e conflitos infantis e tampouco pode recorrer a elas em momentos de temores internos. Começa então a ter consciência de que, inconscientemente, teve que fabricar uma "couraça psicológica" para poder sobreviver e agora é necessário poder se desfazer destes mesmos mecanismos de defesa ou destas identificações patológicas para poder se deixar acompanhar terapeuticamente na elaboração das ansiedades

O processo terapêutico

mais primárias e dos terrores mais profundos. O paciente tem então consciência até que ponto tem estado envolvido num círculo vicioso dentro do qual a intensa atualização de terror o impedia de confiar, o não poder confiar não lhe permitia falar, o não poder falar não lhe permitia corrigir a fantasia com a realidade e tudo isto mantinha a vigência do terror ligado à fantasia.

Podemos dizer então que no processo terapêutico vai ficar evidente que a patologia que (num primeiro momento pode aparecer em forma de sintomas mentais, tais como idéias delirantes, obsessivas, etc. , pertencentes a um mundo autista) se externaliza assim sob forma de condutas regressivas atuadas com características infantis, assim sob conduta através das quais o paciente pode realizar agora um redesenvolvimento a partir de um mundo infantil sadio. Vê-se então que se durante um tempo a realidade exterior é utilizada quase sempre a serviço da transferência psicótica, começa pouco a pouco a se incorporar de uma maneira sadia, com o paciente reclamando dos outros a satisfação de necessidades infantis não resolvidas, por exemplo, a necessidade de carinho. Assim é que, muitas vezes, um paciente que se comporta com aparente "independência" como quem sabe muito bem resolver tudo sozinho, pode entrar num período onde aparece uma enorme dependência que estava oculta sob a aparência anterior. Descobrimos assim que, freqüentemente, um desinteresse e uma indiferença estão disfarçados sob uma aparente independência desde a infância. Também uma "independência" patológica pode ter tomado a forma de uma espécie de audácia. Em alguns pacientes se trata de uma audácia temerária que o leva a fazer coisas através das quais se coloca em evidência uma tendência a não saber se cuidar e nem proteger a si mesmo. Assim, quando a "couraça psicológica" constituída pelos sintomas, a aparente segurança e a "independência" vão se desestruturando, começa a evidenciar-se a verdadeira insegurança, que expressa a carência de recursos egóicos genuínos para enfrentar a vida.

Como dissemos antes, a falta de confiança em si mesmo se confunde com a falta de confiança nos outros. Mas agora o paciente se encontra cada vez mais diante de situações novas. As verdadeiras ansiedades que agora surgem desencadeiam então a aparição de atuações. O paciente, na comunidade, não pode respeitar a participação dos demais nem se dar tempo suficiente para escutar as interpretações dos terapeutas. Nestas circunstâncias muitos pacientes passam a fazer excentricidade ou introduzem dissonâncias que desconsertam a todos e desorganizam as reuniões ou o trabalho da equipe. Estas condutas se apresentam comumente nos pacientes muito ansiosos ou naqueles submergidos por suas próprias vivências internas. Através destes transbordamentos aparece sua desconfiança a respeito da capacidade da equipe. Muitas vezes, então, as "atuações loucas" de um paciente traduzem a desconfiança do mesmo e são também formas indiretas de colocar à prova os recursos egóicos dos terapeutas enquanto pais substitutos. Nestes casos o contexto comunitário é o que provê os maiores recursos terapêuticos para trabalhar estas estruturas patológicas. A coerência da equipe, nestes casos, é fundamental, é o que mais atua como fator de segurança e faz com que lentamente o paciente comece a se sentir com confiança e segurança neste contexto.

No âmbito comunitário, tende a se reproduzir o clima familiar vivido na infância.

E ainda que tratemos de que os pacientes se sintam cômodos e relaxados, é comum que se sintam submetidos a exigências de todo tipo que rapidamente se revelam como a reativação do clima de exigências arbitrárias vivido na infância pela presença de figuras parentais que geravam esse clima ou o transmitiam inconscientemente. Teremos que aprender então a ler, no comportamento dos pacientes, as mensagens significativas contidas nos mesmos. O inesperado e intempestivo na conduta deve nos fazer pensar no clima de incerteza em que provavelmente viveu na sua infância em relação com seus pais, o imprevisível da conduta destes últimos aparece agora muitas vezes como o imprevisível da conduta do paciente, através de identificações patógenas de que temos falado. Por outro lado, quando um paciente se comporta agressivamente e se manifesta como perigoso, é porque está expressando a periculosidade com que ele mesmo vive a situação. E se se comporta como um louco agressivo, temos que nos perguntar se não é uma forma de nos fazer saber que a situação ou os temas que são abordados o enlouquecem.

Assim a agressividade de um paciente pode ser uma defesa. Uma atitude orgulhosa que provoca rejeição pode ser uma forma de colocar distância da relação interpessoal que o aterroriza. A dificuldade de falar aberta e sinceramente da própria vida e de sua família é geralmente a expressão de uma proibição interior que representa uma proibição familiar a revelar o vivido que deve ser resguardado como algo secreto ou sagrado. Assim a maior parte dos pacientes, durante algum tempo, bastante reticentes e, disfarçando seus medos e estabelecendo cumplicidade que torna impossível confrontar vivências atuais com lembranças infantis e com realidades vividas. É muito comum que durante muito tempo tanto o paciente como os familiares se oponham a colaborar abertamente no sentido de encontrar conexões significativas entre os sintomas ou as dificuldades atuais do paciente com problemas e /ou dificuldades da infância.

Surgimento e descobrimento da espontaneidade

De uma maneira ou outra, na convivência comunitária, todos nós, pacientes e pessoal, aprendemos a nos conhecer reciprocamente, aceitando e respeitando as características próprias de cada um. Nesta nova família fincamos o pé a importância que tem na infância de uma pessoa o fato da família ter a capacidade de aceitar a maneira pela qual o filho expressa seus sentimentos, suas emoções e suas necessidades fisiológicas. Sabemos que quando isto não ocorre assim, a criança sente que não é levada em conta como uma pessoa, percebe uma exigência exterior arbitrária ao ter de "se construir"em função de expectativas parentais prefixadas, rígidas e estáticas, e não pode se desenvolver sobre a base de sua própria espontaneidade. Quando esta estrutura se atualiza no processo terapêutico, o comportamento do paciente vem carregado com um montante reivindicatório muito grande, como uma necessidade vingativa de fazer ao outro o que sentiu que sofreu. Isto é percebido a partir da contratransferência como uma necessidade de ter uma desforra, ainda que não saibamos desforra do quê, mas que de todas as maneiras gera nele sentimentos de culpa ou as conseqüências dos mesmos. Porque, ainda que confusamente, percebe que está respondendo mal à ajuda que está sendo oferecida. Sem dúvida, toda esta necessidade é mais forte do que ele e precisa expressar-se, como uma forma de poder retificar a introjeção ou a identificação primitiva patógena de um objeto inadequado e poder mudá-la por uma identificação com um objeto suficientemente "bom" que lhe permita um desenvolvimento e um crescimento mais sadio. O paciente começa então, talvez pela primeira vez em sua vida, a descobrir a possibilidade de ter relações onde o respeito e a aceitação das características particulares de cada um permite um descobrimento recíproco do outro e ao mesmo tempo de si mesmo. A relação com os outros vai se transformando então em uma experiência nova e enriquecedora.

A Comunidade Terapêutica, com sua capacidade para ser continente de todo tipo de ansiedade, atuações e reclamações, não deve se deixar angustiar nem se deixar "enganchar" nas e pelas atuações dos pacientes. É necessário que nisto haja uma diferença fundamental com a família verdadeira, onde as figuras parentais são elas mesmas pessoas com muitas dificuldades, ou que faz com que não possam nem tenham podido ser um verdadeiro continente das dificuldades dos filhos. Agora, na Comunidade, as tensões e os conflitos do paciente não são negados nem se favorece a tendência a um deslocamento. Pelo contrário, tenta-se constantemente canalizá-los e trabalhá-los no sentido de tornar possível que cada um possa expressá-los livremente para poder elaborá-los. Desta maneira, à tendência do paciente de recriar o clima familiar de sua infância se lhe oferece agora uma resposta diferente que pode ir corrigindo e mudando o conteúdo e a forma da chamada relação de objeto. Neste novo clima, o paciente descobre a possibilidade da espontaneidade. Este processo pode durar algum tempo. Freqüentemente tem que realizar um trabalho de ensaios e erros. A família às vezes não tolera as expressões naturais. Pode considerar um momento de ansiedade psicótica como algo teatral, coisa que tende a desvalorizar a pessoa; pode não tolerar uma alegria ou uma euforia desmedida, como algo improcedente, como se toda manifestação emocional tivesse que ter sua justificação racional. Consegue-se assim compreender melhor as dificuldades que o paciente sofreu em sua infância, quando os pais tinham grandes dificuldades para acompanhá-lo nas mudanças, aparentemente sem motivo, de humor e nos estados emocionais tão variados, próprios de uma criança. Encontramos sistematicamente nos familiares a dificuldade em poder permitir a liberdade interior necessária para compreender a psicose como uma regressão infantil. Neste sentido a comunidade, ao comportar-se como uma mãe (e pai) mais capacitada, dá ao paciente a oportunidade única de reestruturar-se a partir de um novo começo, de uma maneira diferente.

Neste descobrimento ou redescobrimento da espontaneidade, podem surgir exageros. Há pacientes nos quais qualquer frustração produz uma reação colérica que pode chegar a ser muito violenta. É na realidade uma cólera infantil, numa espécie de chilique. Porém como se trata de um adulto doente mental, é difícil fazer espontaneamente essa leitura da situação. Produz muito aborrecimento ver que alguém se zanga "até a morte" sem um motivo justificado. Todos pensamos que "tem que compreender". Mas devemos sempre lembrar que a onipotência infantil não tem nada de razoável e que muitas reações dos chamados doentes mentais são a expressão direta da persistência desta onipotência infantil não superada que gera tantas dificuldades aos adultos. O paciente pode também ter muito temor de sua própria agressividade e é importante que possa ter consciência de que freqüentemente a violência em suas fantasias é muito mais destrutiva ou autodestrutiva que a realidade de sua violência.

Pela identificação projetiva que predomina em muitos casos, o paciente pode ter medo de se machucar ou de ter machucado alguém ou de ser machucado por alguém. Mas quando começa a poder ser mais espontâneo os temores se modificam. Podem então aparecer mais conscientemente temores infantis, ou reaparecer temores fóbicos ou fobias bastante caracterizadas. Na medida em que o paciente se atreve a verbalizar estes temores, torna-se possível ajudá-lo a suparálos. Quando há insônia e dificuldades de sono podem surgir mais claramente os temores subjacentes e o paciente pode tomar consciência de seu temor a dominar como um temor a perder o controle ou a morrer.

Sabemos que muitos pacientes vivem o dormir como um descontrole dos fantasmas mais temidos. Como dissemos antes, as imagens hipnagógicas, que surgem nos momentos prévios a conciliar o sono, os aterrorizam. No processo terapêutico podemos ver claramente a relação dos temores noturnos com a persistência dos conflitos diurnos não resolvidos, que se reativam durante a noite, aparecendo em forma de pesadelos, os conflitos de que não podem falar durante o dia nem partilhar com seus terapeutas. Revivem-se assim pesadelos e temores noturnos que se sofreu na infância e que ficaram completamente esquecidos. Mas na medida em que os revivem agora num contexto terapêutico, podem começar a transformá-los em lembranças. Muitos pacientes reconstroem assim a experiência de terem sofrido de terrores noturnos quando crianças, sem nenhuma atenção nem assistência dos pais. Em muitos casos aprendemos que os pais se aborreciam se eram acordados pelos filhos. Na Comunidade, quando podemos dar atenção imediata e constante a estes terrores noturnos, eles diminuem de intensidade e tendem a desaparecer. A necessidade de que haja alguém ao lado para poder dormir, pouco a pouco vai cedendo e deixa de ser necessária a presença física de alguém ao lado da cama; o paciente começa a conciliar o sono tendo somente em conta a presença próxima dos enfermeiros da noite.

À medida que o paciente vai descobrindo a possibilidade de se sentir mais seguro dentro do contexto da Comunidade e vai desenvolvendo mais confiança na plasticidade das pessoas responsáveis, que funcionam como uma família substituta transicional, também pode se permitir fazer regressões mais operativas e experiências corretivas a serviço do crescimento. Descobre que conta cada vez mais com mais recursos egóicos. Comprova que os estados patológicos duram cada vez menos e se tornam mais facilmente reversíveis. Pode ter muita intensidade, mas ele encontra o equilíbrio em menos tempo. Começa também a poder pensar no que lhe ocorre, de modo que fica manifesto com mais clareza quais são realmente as perseguições internas, permitindo-lhe confrontar então a fantasia com a realidade. A tendência patológica e patógena a usar a realidade exterior para colocar nela as fantasias psicóticas e atuá-las de forma onipotente, cede à medida que a Comunidade, comportando-se terapeuticamente, devolve-lhe em forma construtiva e reparatória essas mesmas projeções, permitindo-lhe integrá-las a seu ego e ir

assim superando as cisões e dissociações de todo tipo que teve que manter por toda a vida.
Estas mudanças permitem ao pacientes começar se interessar pelos outros e compreender situações. Através da possibilidade de se identificar com os problemas dos outros pode começar a elaborar, sem se dar conta, os próprios problemas. A capacidade de participar e intervir nos diálogos aumenta geralmente em presença de alguém que, pertencente à equipe terapêutica, lhe dá segurança e lhe proporciona apoio psicológico. O paciente passa a descobrir que pode querer bem às pessoas e que pode dar afeto. Começa a poder se aborrecer, mas agora por motivos mais reais e não por ódios ou perseguições constantes. Atreve-se a ajudar seus companheiros ou terapeutas na tarefa de elaboração interpretativa. A vivência de marginalidade tão comum nos doentes mentais começa então a diminuir. Os sentimentos de desvalorização e de culpa cedem lugar aos de recuperação da capacidade de ser útil. Recuperando também uma certa autoestima, o paciente se torna cada vez mais acessível ao intercâmbio terapêutico. À medida que consegue superar as cisões mais patológicas e integrar diferentes aspectos egóicos, o paciente pode dissociar muito mais operativamente suas condutas patológicas e utilizar outras mais adaptativas, fazer tentativas de mudança, ensaios e erros, comportamentos experimentais e condutas lúdicas, através dos quais vai realizando um aprendizado mais verdadeiro. Mas como, em geral, o doente mental tem muito medo de mudanças, tem uma tendência a ficar estereotipado em seus sintomas, como forma de procurar uma certa estabilização. Estando o processo terapêutico em pleno movimento o paciente tem tendência a deter qualquer mudança, ainda que seja em direção a uma melhora. Ao mesmo tempo em que se alegra com o desaparecimento dos sintomas, pode por momentos ter medo de ficar sem eles, como se pudesse perder algo de valioso. Às vezes há pacientes que tratam de voltar às suas obsessões ou alucinações, pondo à prova a sua capacidade de produzi-las. Muitos pacientes não estão dispostos a renunciar à onipotência e é precisamente no mundo delirante ou no mundo interno mental patológico que a onipotência tem mais vigência.

Período de desidentificação das identificações patógenas e começo da verdadeira individuação

Ampliando o conceito de Winnicott em que o falso *self* estaria conforme um estado de submissão diante das exigências parentais, pensamos que o bebê, em seguida a criança e o adulto — criado de uma maneira arbitrariamente exigente, onde a melodia afetiva de suas necessidades não foi reconhecida por seus pais mimetiza-se com eles como única saída possível. O paciente durante seu processo de cura seria alternadamente seu pai ou sua mãe, utilizando seus mecanismos defensivos patológicos até que descobre e desenvolve, com a ajuda do terapeuta, seu "si mesmo" verdadeiro. Deve-se ter presente que, na terapia com pacientes com estas características, estamos trabalhando permanentemente com a família intrapsíquica, ainda que esta não esteja fisicamente presente.

O falso *self*, neste caso, estaria formado por identificações com objetos externos reais primitivos enlouquecedores, que não permitiram o desenvolvimento do verdadeiro *self*.

Na maioria dos pacientes graves observamos como estes "funcionaram" para os outros. Identificados com esses pais que asfixiaram suas possibilidades espontâneas de crescer psicologicamente, falam, agem e utilizam os mesmos mecanismos de defesa ou formas de manejo egóico, funcionam como os pais, até que haja um terceiro-terapeuta que lhes recupere seu si mesmo verdadeiro para que possam ser eles mesmos. É freqüente observar nas distintas etapas do redescobrimento dos pacientes vários momentos. Primeiro, uma etapa onde o paciente não se atreve ou não sabe ainda falar do que lhe acontece. "Detesto esta clínica" é uma forma de permanecer ainda com mamãe e papai ou funcionar para eles, como maneira de tranqüilizá-los. Como se lhes estivesse dizendo "não se preocupem", "a vocês eu amo mais que a qualquer outro", " nunca vou abandoná-los", "o que vocês me dão me agrada e me serve". Simultaneamente na terapia individual o paciente repete como um papagaio o que seu terapeuta lhe diz sem se atrever a falar a partir de si mesmo. "Meu terapeuta diz que a mim acontece isso", como se ele permanecesse alheio ou se falasse de outra pessoa. Uma segunda etapa onde o paciente se rebela e começa a protestar contra os pais. Pode chegar a dizer: "Fiquei doente por tua culpa, te odeio". É um momento difícil em que geralmente os pais toleram mal as reclamações de seus filhos e ameaçam interromper o tratamento. Numa terceira etapa aparece a pessoa, sem identificações patógenas. Seria quando começa a "ser para si mesmo". É o momento em que podemos escutar expressões tais como: "Eu penso que meu pai era muito exigente comigo ou que minha mãe me superprotegia tanto que me apagava e eu desejava dizer-lhe que me deixasse em paz, mas era tanto o ódio que eu sentia que não me atrevia". Também começa a poder discordar de seu analista: " Meu terapeuta acredita que o que se passa comigo é isso, mas eu penso que ele não tem razão".

Pode ser muito emocionante ver a passagem de um estado de fusão de um indivíduo que não cresceu emocionalmente, e o caminho percorrido com obstáculos e retrocessos necessários para conseguir alcançar uma maior identidade e autonomia. A última etapa é poder perceber os pais como verdadeiramente são, com erros e virtudes, e chegar a um verdadeiro intercâmbio sem sentir por isso que os está abandonando ou matando só porque passa a ter idéias próprias. É quando na terapia familiar desaparece o clima dramático e de repente um pai ou uma mãe repetem um tipo de comunicação doentia e o paciente pode até rir e transformar, o que antes seria uma discussão, em algo lúdico.

Existe um período de desidentificações dos objetos enlouquecedores no qual o paciente sente que não pode voltar ao que era antes. Os personagens patógenos com os quais se identificou vão se descaracterizando e surge uma série de transformações dentro do aparelho psíquico que, por ser muito novas, ainda não sabe instrumentalizar. Por um lado, o paciente se sente vazio porque o personagem patógeno foi utilizado inconscientemente durante muito tempo como mecanismo defensivo diante das situações conflitivas. O desenvolvimento de seu si mesmo verdadeiro é incipiente e não consegue preencher ainda o vazio deixado pelo objeto enlouquecedor abandonante e abandonado. Confunde esse sentimento de vazio com pânico de "não ser nada". As idéias de suicídio reaparecem nestes momentos em que tem que se estar muito atento para poder agir como continente e garantia.

Por outra parte, a descoberta permanente, agora a partir da saúde, de tantas transformações e possibilidades ocultas durante muito tempo, o leva, como a uma criança com um brinquedo novo, a querer expressar as descobertas tendo a segurança de que tudo acabará bem. Mas deverá passar por uma etapa em que a manifestação do novo é difícil de expressar ainda e sobretudo de adequar-se à realidade, e se sentirá muito frustrado pensando muitas vezes que tudo foi uma ilusão. Aqui também surge uma espécie de intolerância à frustração e reaparecem idéias suicidas até que, paulatinamente nesta tarefa de desidentificação, possa ir manifestando-se de outra forma e cotejando com a realidade suas mudanças com a sensação inerente de fracasso que, às vezes, surge com elas.

Num primeiro momento o paciente pode sentir que antes era uma pessoa muito mais interessante e que o sofrimento o rodeava de um romantismo atrativo que agora não sente mais. Às vezes, através de um falar compulsivo e sádico, ironizava e fazia rir os demais. Isto encobria sua vulnerabilidade e lhe permitia sentir-se mais forte sem sê-lo na realidade. A violência física também preenche o vazio da vulnerabilidade e impede que haja contato com os afetos. O paciente teme ainda este contato afetivo e confunde hipersensibilidade com debilidade egóica. O contato anterior com os outros não era uma verdadeira comunicação com um outro, mas sim um monólogo dirigido talvez a diversas pessoas e no qual o paciente acreditava falar, mas na realidade não dizia nada. Esse falar a partir de um si mesmo não autêntico pode parecer seguro aos olhos dos outros e do próprio paciente. Quando este faz contato genuinamente descobre, por exemplo, que é uma pessoa muito mais tímida do que pensava, que esta pseudo-segurança preenchia o vazio da solidão. Os delírios também tapam buracos mais difíceis de preencher, mas sentir-se algum personagem, sentir que tem poderes tais como provocar movimentos sísmicos, é um sentimento de onipotência difícil de abandonar, se subjacentemente ainda não foi desenvolvido um si mesmo com recursos suficientes para enfrentar a vida. Lembramos aqui o paciente que nos acusava de "ter-lhe roubado seus delírios"[1].

Durante algum tempo o paciente não pode juntar suas "duas personalidades". Isto é, continua funcionando como um todo ou como nada: "Ou sou este ou sou outro e este não tem nada a ver comigo". Não pode terminar de integrar-se e compreender que longe de perder, tem ganho com a mudança. Nenhuma de suas qualidades desapareceu. O senso de humor por exemplo reaparecerá, com a diferença de que não será utilizado para ferir, mas para compartilhar uma alegria. O romântico continuará seguramente sendo romântico, mas sem o sofrimento que padecia às vezes quase até a morte. O autista criará de outra maneira, talvez não utilize a arte como descarga compulsiva, senão como uma atividade criativa, mais elaborada e produtiva.

---

[1] ver caso Jim

Dificuldades do crescimento e a individuação

É no trabalho com pacientes mentais graves que fica mais em evidência que todo processo terapêutico verdadeiro, qualquer que seja a técnica utilizada como tratamento, terá que constituir uma espécie de redesenvolvimento num contexto familiar real ou virtual. Coincidimos com Lidz no sentido de que o meio familiar onde se desenvolveu um esquizofrênico é muito mais perturbado que o de pacientes neuróticos ou de pessoas normais. Na psicoterapia da família doente encontramos muitas dificuldades nos processos de crescimento dos indivíduos dentro do contexto familiar e assim é possível inferir e reconstruir, durante o tratamento, as dificuldades que uma família atravessou nos vários momentos de sua vida. Na Comunidade, em sua participação em grupos com pacientes e em grupos multi familiares, o paciente tem a oportunidade de apreciar as idéias dos outros e começar a confrontar e avaliam a influência que recebeu de seus pais. À medida que pode ir desprendendo-se das relações narcisistas de objeto começa a ter a oportunidade realizar um processo de descentralização de seu pensamento (Piaget) que está na base de sua própria individualização.

A hipótese de Bowen da participação de três gerações para explicar a patologia da esquizofrenia pode se inscrever na idéia fundamental de que os braços psicológicos de personalidade e as carências egóicas podem se transmitir de geração em geração, através de mecanismos psicológicos de identificação ainda não bem conhecidos e onde os aspectos conscientes e inconscientes agem em formas variadas. Em outras palavras, Lidz fala de um fenômeno semelhante. Diz que o egocentrismo dos pais de transmite aos filhos e que o transtorno de pensamento do paciente está relacionado o uso egôcentrico do filho por parte dos pais.

Assim, a relação se pervete porque o objeto parental que deveria se comportar como estruturante, isto é, como fator de crescimento e desenvolvimento do sujeito, oferece-se apenas como imagem idealizada, colocando condições e exigindo rendimentos. O esquizofrênico se sentiu em geral muito necessitado desde criança. Para ele o carinho é incompa com a autonomia. Por isso será útil ter em mente que na psicoterapia, um comportamento técnico que se centre em uma permanente interpretação da transferência pode ser vivido como se o analista fosse possessivo e ciumento do paciente pode ter outras relações e outros afetos.

O crescimento psicológico das crianças reativa as etapas do desenvolvimento dos pais e estes são colocados à prova permanentemente. Quando esta se revela muito difícil em conseqüência das próprias carências, os pais desenvolvem mecanismos inconscientes de defesa a partir dos quais detêm o crescimento, nos filhos, dos mesmos aspectos detidos em si mesmos. Não poder participar de um intercâmbio enriquecedor e gratificante conduz ao estabelecimento de intercâmbios estereotipados, que levam a identificações obrigatórias, que condicionam e perpetuam a transmissão de traços patológicos. A descrição que acabamos de fazer corresponde em certa medida a o que Wynne desenvolveu como pseudo-neutralidade nas relações familiares[1]. Se a relação primitiva de

---

[1] ver caso Frederico

objeto é necessariamente narcisista do ponto de vista do sujeito em desenvolvimento, o patogênico consiste em que os progenitores que funcionam com papéis parentais fixos condicionam e perpetuam estas relações narcisistas e simbiotizantes com os filhos.

A Comunidade é o contexto mais consistente para que a família possa acompanhar o processo terapêutico do paciente, tendo por sua vez experiências valiosas que lhe permitem mudanças positivas nas relações interpessoais. Como temos dito, observa-se nos pacientes uma grande fidelidade às figuras parentais e à "filosofia" familiar, e melhorar e se curar pode ser sentido como abandono culposo de tudo o que isso representa. Muitas vezes vimos que o paciente responde ao tratamento mais rapidamente se a família acompanha o redesenvolvimento que propomos e, pelo contrário, que o processo terapêutico é dificultado e às vezes é detido se os pais ou os familiares diretamente envolvidos se mantêm em suas posições narcisistas e egocêntricas.

Em muitos casos pudemos constatar que a impossibilidade de um paciente de elaborar um luto, por exemplo, está condicionada pelos mesmos integrantes da família que não puderam acompanhar nem permitiram àquele, que logo iria se converter em esquizofrênico, que realizasse num luto normal[1]. As carências de recursos egóicos nos filhos e a carência sistemática de experiências enriquecedoras no desenvolvimento das pessoas é um fator fundamental na configuração das variadas formas de enfermidade mental. O conceito de carência nos parece de grande utilidade. Tanto na psicanálise individual como na psicoterapia de família podemos ver que a patologia remete à existência de um conflito, mas também temos que incluir a noção de carência de recursos para poder elaborar o conflito. Muitas vezes, no processo terapêutico, a solução de um conflito permite que o paciente tenha um certo crescimento que lhe permite abordar um conflito que não teria podido ser elaborado nas condições anteriores. Conflito e carência aparecem como dois aspectos inter-relacionados. Tudo isso é visto com mais clareza nas etapas finais do processo terapêutico, quando podemos entender em sua totalidade os fatores que condicionaram a doença e o paciente pode abordar as etapas mais dolorosas de sua vida com autêntica tristeza, porém também com elementos novos que lhe permitam elaborar sucessivamente os diferentes momentos de sua enfermidade. Também é o momento em que poderá renunciar à auto-agressão e à agressão aos outros, sentir as emoções sem necessidade de dissociá-las ou distorcê-las nem ter que recorrer aos sintomas para mascará-las e vislumbrar um futuro que lhe permita viver integrado em seu núcleo familiar, ou se isto não for possível, poder viver sozinho. É um momento doloroso, mas também produz um grande alívio e gera no paciente a esperança de um renascimento.

Um dos aspectos em que é mais evidente a patologia familiar é naquilo que Freud chamou de "dissolução do complexo de Édipo "(1924). Como já vimos, neste e em outros trabalhos, entende-se que o que ele chamou complexo de Édipo estava referido aos múltiplos aspectos da relação do filho com os pais, onde fica evidente a existência de uma forma de sexualidade infantil. Nas famílias com pacientes psicóticos podemos ver com maior clareza a persistência desta chamada sexualidade infantil que aparece veicu-

---

[1] ver caso Bruno

lada basicamente por formas de relação primitiva de objeto, isto é, relações de objeto simbióticas e narcisistas[1].

O trabalho terapêutico mostra aquilo que descrevemos no capítulo referente à psicopatologia, isto é, que a dificuldade do doente mental de realizar um crescimento psicossexual até alcançar uma organização genital definitiva não depende apenas de sua própria patologia, mas também em grande parte de atitudes dos pais que não favorecem o desprendimento, ao contrário, mantêm inconscientemente a simbiose patológica através de compartimentos sedutores, que reativam permanentemente cumplicidades incestuosas.

E estas situações são vistas claramente nas atitudes que os pais exibem nas reuniões multifamiliares da Comunidade Terapêutica ou na terapia familiar nuclear com cada paciente. Na medida em que os pais vão se integrando mais harmoniosamente com seu par, através da elaboração conjunta dos conflitos, ou pelo menos vão compreendendo os mecanismos em jogo, permitem que o paciente vá se desprendendo da simbiose em que viveu envolvido e comece a individuar-se também no plano tão importante de sua vida emocional. É um processo paulatino durante o qual o paciente começa a questionar sua verdadeira sexualidade e a poder dirigi-la ao objeto adequado. Contudo, se a família não acompanha o processo, o paciente se defronta com uma situação duplamente conflitiva e dolorosa em que se encontra envolvido, aparentemente sem saída para ele. O processo terapêutico pode ajudar a esclarecer que a complementaridade de necessidades patológicas não serve realmente para superar sentimentos de solidão e de vazio e pode colocar às claras que, pelo contrário, são estes mecanismos que têm impedido a cada um dos membros da família de tomar consciência de seus verdadeiros recursos egóicos ou de ir desenvolvendo autenticamente suas possibilidades de levar a cabo uma vida independente.

Em realidade, através do processo terapêutico cada um dos membros da família pode começar a pensar por si mesmo. A pseudomutualidade vai se transformando paulatinamente em mutualidade verdadeira. Os fenômenos homeostáticos têm um papel cada vez menos patógeno, tendente a voltar aos níveis regressivos de fixação, porque tendo aumentado na família a capacidade de tolerar os fenômenos regressivos, estes podem realizar-se cada vez mais em termos de regressões operativas dentro do processo terapêutico para recuperar as partes dissociadas do ego sadio.

Esta descrição sobre as dificuldades do crescimento e a individuação dos pacientes é somente uma tentativa de mostrar como os diferentes enfoques e observações clínicas que encontramos na literatura psicanalítica exigem coerência, unidade e sentido em função de um eixo condutor que estaria constituído pelo processo terapêutico do paciente e por sua vez de cada um dos membros da família, sendo cada um dos elementos descritos aspectos parciais ou momentos de detenção e desvio patológico do processo de crescimento normal do ser humano dentro de seu contexto natural para o desenvolvimento que é o núcleo familiar.

A psicoterapia que pretende elaborar os núcleos psicóticos e reconstruir a personalidade total, se beneficia muito da inclusão da família no processo terapêutico, para que o

---

[1] ver *O Édipo na patologia mental*

paciente possa desprender-se de seus objetos internos patógenos através da elaboração de suas relações de objeto com os objetos externos reais. Mas, como já dissemos, as características da dinâmica familiar patológica e patógena descritas acima condicionaram sérias dificuldades. Nestas condições o processo terapêutico pode ser visto claramente como um crescimento e um redesenvolvimento tanto do paciente como da família com vistas a uma vida mais autêntica e sadia para todos.

Alguns Casos Clínicos   8

Tradução: Rogério Coelho de Souza

Apresentamos na continuação os resumos de alguns casos clínicos que foram tratados na Comunidade Terapêutica, selecionados entre os quase três mil pacientes atendidos, pensando em exemplificar através deles nossa maneira de pensar sobre a patologia mental e sobre o processo terapêutico. Veremos que, em quase todos os casos, apresentam-se aspectos comuns: pais problemáticos, falta de comunicação e desencontro familiar, identificações patógenas, desconfiança para com qualquer experiência nova, temor à frustração, angústias de morte, atuações psicopáticas etc. Mas o ser humano é singular. Quase todos adoeceram num clima inapropriado no qual lhes coube crescer. Quando falamos de responsabilidade do ambiente familiar não queremos significar culpa, como esclarecemos mais de uma vez, não é somente a atitude dos pais o que provoca doença senão a resposta que se gera na criança, de acordo com sua própria idiossincrasia e com as circunstâncias. Às vezes uma carga patológica genética do filho tem um grande poder patogênico condicionando situações altamente angustiantes nos pais, os quais não podem enfrentar construtivamente.

Compartilhar com nossos pacientes suas necessidades e sofrimentos tentando buscar o caminho para aliviá-los e fortalecê-los tem sido a melhor fonte de nossas reflexões. Vai para eles nosso agradecimento por tudo que com eles temos aprendido. Ao apresentar estes casos da maneira que o fazemos, tentamos somente oferecer uma imagem complementar da forma de trabalhar em psiquiatria que desenvolvemos neste livro.

Frederico ou a falência familiar

Parece ser um fato constante que, nas famílias nas quais haja um paciente esquizofrênico, a relação matrimonial está profundamente perturbada, ainda que seja muito difícil descrever uma forma particular desta perturbação. Trata-se geralmente de pais, ambos, com personalidade imatura e patogênica. Na eleição do par parece já existir um fator patológico, o qual determina que a relação se realize em termos de objeto parcial e não como pessoa total. O paciente muitas vezes é um filho que parece ter vindo ao mundo para manter a união do casal que se viu mais de uma vez ameaçada pelas características antes assinaladas. O processo terapêutico do paciente é então capaz de produzir mudanças na dinâmica familiar que podem conduzir a uma desagregação ou fragmentação da família.

Frederico era um paciente esquizofrênico de 20 anos de idade.Seus pais nunca haviam podido constituir um verdadeiro matrimônio. Não eram capazes de realizar uma relação de casal, nem um nem outro. A mãe era um personagem autista que se comportava na terapia familiar mais como um ente que como uma pessoa. Muito submetida a seus próprios pais,com um desenvolvimento egóico sumamente precário,estabeleceu uma relação com o marido que não era mais do que aparência. Na realidade,sua submissão era tão grande que nunca havia tomado consciência do tipo de relação primária que tinha com ele; nunca a havia questionado. O matrimônio havia se realizado evidentemente por interesse, no que constituiu por parte de seus pais algo assim como a compra de um marido.

O pai de Frederico, que aparece durante um primeiro tempo como o "sadio"da família, capaz de tomar iniciativas e decisões, e capaz de manejar-se por si mesmo, revela-se mais adiante como um psicopata grave, que não pode fazer senão relações parciais nas quais entra em situações de dependência encobertas por uma pseudo-suficiência. A relação mãe-pai se fez sempre através dos filhos. Durante muito tempo o paciente foi realmente o "campo de batalha da relação entre os pais"(Brodey)(58). As violentas cenas que se desenvolviam entre eles eram presenciadas pelos filhos; e, especialmente, Frederico, o maior e o varão, jogava um papel regulador.

Estes traços do grupo familiar não puderam ser trazidos à terapia durante muito tempo. A enorme tensão intra-psíquica que se evidenciava no paciente não tinha na aparência nenhum motivo externo, porém estava indubitavelmente vinculada com estes aspectos. Somente ao cabo de um tempo e em particular quando Frederico começou a melhorar, a verdadeira natureza da relação dos pais começou a colocar-se em evidência. Assim apareceram com clareza as tremendas insatisfações de ambos na relação e também graves reprovações. Passavam meses sem se falar e há tempos não mantinham relações sexuais. Quando se revelou que o pai do paciente tinha outra mulher (melhor dizendo, quando isto se pôs tão manifesto que a mulher não pôde mais negá-lo), esta se converteu em fera.Em várias oportunidades se desencadeou um comportamento psicótico através do qual a mulher mostrava a enorme ferida narcísica com que ela vivia o abandono formal do marido, já que abandono tinha havido sempre. Quando a mãe rompeu com o pai ficou um ressentimento tão virulento, que não podia tolerar falar disso, desejava que morresse e, na realidade, queria matá-lo. Exige de Frederico que não veja mais o pai, isto é, exige-lhe fidelidade absoluta, sob ameaça de expulsá-lo ela mesma da casa e não vê-lo mais. O pai, por outro lado, tampouco foi capaz de encarregar-se do filho. Põe-se assim de manifesto que nem a mãe nem o pai foram capazes de querer a Frederico por si mesmo, nem tampouco de quererem-se como casal.

O paciente, já muito melhor nesta etapa do tratamento, converte-se agora manifesta e literalmente no campo de batalha da relação entre os pais. Tratando de manter a precária identidade que havia adquirido através de seu processo terapêutico, termina sempre afastado da casa da mãe e rechaçado pelo pai que sente-se molestado com a presença do filho. Nestas condições Frederico volta à Clínica buscando refúgio por não saber aonde ir. A mãe, sumamente indignada, nos reprova e atribui aos médicos o "desastre familiar". Desconhecendo totalmente a melhora de Frederico, considera esta volta à Clínica como um fracasso terapêutico e o leva a outro psiquiatra para que lhe faça outro tipo de tratamento.

Frederico nunca havia tido oportunidade de incorporar uma boa relação. Quando nasceu, esteve vários dias sem alimentar-se e quase morreu. A mãe nem se deu conta de que por um problema em seus mamilos, seu filho não podia mamar, não havia reparado nisso. Durante sua infância, o paciente nunca viu uma boa relação entre seus pais, não pôde participar de uma experiência deste tipo. O pai se ocupou muito pouco dele enquanto era criança de maneira que Frederico ficou liberado para uma relação simbiótica com um ser, sua mãe, incapaz de cumprir a função materna e de ter um contato emocional afetivo, e incapaz de reconhecer nele um ser independente. Frederico era como uma parte dela, porém muito mal tratada como ela mesma. Na adolescência o pai descobre Frederico, melhor dito, descobre-se a si mesmo no filho e trata de que este realize por ele suas próprias fantasias adolescentes. Frederico trata de seguir a imagem que lhe dá o pai durante alguns anos até que fracassa adoecendo.

O paciente sempre teve a intuição e o temor de que a relação entre seus pais estivesse destinada à separação. Com sua doença, Frederico atraiu a atenção sobre si mesmo e desta maneira, como dizia Brodey, durante um tempo, mascarou as graves dificuldades entre os pais. Quando o filho melhorou, estas dificuldades puseram-se em evidência de uma forma sumamente explosiva e então apareceram nitidamente as tentativas de sedução por parte de cada um dos pais para tratar de convertê-lo em aliado de algum deles, mas as exigências foram de "fidelidade absoluta" e ruptura total com o outro. A melhora do paciente permitiu-lhe resistir a esse tipo de sedução e de exigências, tratando de manter a identidade própria incipiente, conquistada através do tratamento. Porém foi aí onde ambos, cada um por seu lado, rechaçaram violentamente Frederico como algo indesejável.

A história deste paciente, com seu processo esquizofrênico, é para nós um "modelo" que representa a influência deteriorante, no crescimento psicológico de um filho, de uma relação de casal parental sumamente perturbada. De diferentes formas e em distintos graus, esta problemática do casal parental parece desempenhar um papel em muitos casos.

Felipe ou a pseudomutualidade

Muitas famílias com um membro esquizofrênico apresentam um número limitado de papéis fixos dentro dos quais se deslocam os membros restantes. A crise se produz geralmente quando o doente tenta romper essa estrutura rígida do grupo familiar.Como se pode recordar, para Wynne (418) o episódio esquizofrênico agudo representa uma tentativa de individuação através da ruptura da pseudomutualidade que, sendo somente uma individuação parcial (psicopática), tende a fracassar e muitas melhoras não são outra coisa que a volta ao equilíbrio anterior.Alguns autores assinalam que a homeostase se consegue através da destruição sistemática do significado e da negação da autenticidade. Nós como psiquiatras, percebemos isto como atos de extrema violência que se devem à incapacidade de compreender, tolerar e confirmar a experiência do outro.

Felipe, paciente esquizofrênico de 24 anos de idade, fazia parte de uma família de pais universitários na qual, apesar de se apoiar intelectualmente a indepêndencia individual, na realidade, de modo subliminar, inconsciente, as divergências estavam proibidas. A morte do pai, figura autoritária, ocorrida alguns anos antes, havia deixado a família desarticulada. A mãe, muito submetida ao marido durante sua vida, continuava inconscientemente mantendo viva sua figura depois do falecimento. Na casa tudo ficou como estava então e poderíamos dizer que as pessoas também. Tanto a mãe como os três filhos se referiam a estes aspectos de submissão vividos na relação com a figura paterna, mas nenhum deles podia tomar consciência da vigência que isto continuava tendo na atualidade.

A terapia familiar foi durante muito tempo difícil de realizar. A mãe era a que insistia manifestamente na necessidade de levá-la a cabo. A filha maior, que estava em análise, negava-se a participar por temor de perder suas conquistas de independência que, como ela dizia, havia conseguido tão dificilmente através de seu tratamento individual. A outra filha prometia sem problemas sua colaboração, mas vivendo permanentemente a grande distância de Buenos Aires, de fato se lhe fazia impossível vir de forma sistemática.Por último, Felipe, fechado em seu autismo, negava valor à terapia familiar ou talvez não concedia conscientemente sentido à mesma*. De forma esporádica, havíamos conseguido fazer sessões parciais às quais vieram uns e outros não. A filha maior negava-se a vir em particular se viesse a mãe, porque lhe atribuía intenções de submetê-la novamente na relação. A insistência da mãe em realizar terapia familiar, justificada pelo conselho médico, era interpretada de forma paranóide por todos os filhos que lhe atribuíam intenções ocultas de distinta natureza.

_* Queremos recordar aqui o trabalho de Sonne, Speck e Jungreis (1962) no qual os autores estudam uma forma particular de resistência nas famílias, que eles chamam a manobra do membro ausente. Mas também temos que ter em conta-e nós o temos visto em muitos casos- que há pacientes que não vem ao tratamento esperando que seus pais ou familiares mudem ou melhorem porque eles mesmos não podem tolerar a situação.Mais adiante, quando se produz alguma mudança importante neste sentido, o paciente volta a incorporar-se. Em uma oportunidade se revelou muito claramente que as intenções ocultas que se projetavam na mãe, e que esta então assumia e materializava, na realidade eram fantasias e desejos negados, mas existentes em todos eles, de voltar a reconstruir a família da infância. Ao mesmo tempo, temia-se que a terapia familiar, fazendo-os crescer, os "desunisse" como família.Vimos que existia em cada um deles a vivência de que qualquer tentativa de individuação através de uma realização pessoal era vivida como uma forma de divergência com os demais, e que estava inconscientemente proibida. Os filhos haviam projetado na mãe esta proibição, mas eles contribuíam para mantê-la sem ter consciência disto.Tinham muito medo da terapia familiar, como se esta fosse voltar a aprisioná-los nesta forma de dependência; mas, na realidade, a dependência era secretamente mantida à distância e pelo isolamento, que favorecia a não confrontação entre fantasia e realidade. Toda esta estrutura estava ademais mantida para evitar ter que fazer o verdadeiro luto com respeito à morte do pai.

Um enorme passo pode dar-se no crescimento e autonomia dos membros da família quando se puderam elaborar estes aspectos tão negados. Recentemente então puderam sair da fantasia de que entre eles havia um número limitado de papéis fixos que estavam obrigados a cumprir alternativamente, sem outra opção na aparentemente.Também neste caso a família aparecia como uma unidade que os continham a todos e que deviam manter, como dizia Wynne, mas que então não os deixava crescer.

Jim ou a solidão

Depois de muitos anos de trabalho foi nos ficando claro que, além das variadas formas que tomam os transtornos psicopatológicos, chega-se sempre a algo que é comum a todos eles e que foi conceitualizado como uma condição de carência de recursos egóicos genuinos para enfrentar a realidade, tanto interna como externa,e, em conseqüência, para resolver os conflitos inerentes.

Jim era um paciente de 30 anos que chegou à Comunidade Terapêutica depois de um penoso acontecimento. Suas dificuldades parecem ter começado na infância, manifestando-se em condutas autodestrutivas que não foram tomadas como significativas naquele momento. Podemos dizer que a doença propriamente dita começa aos quinze anos quando Jim estudava no estrangeiro, afastado de sua família. Recordando esta época, ele diria posteriormente que "sentia que algo havia mudado nele". Segundo referências de seus mestres, era visto solitário e triste, com dificuldades no estudo e para relacionar-se com os demais. Mais adiante, intensificam-se os sintomas, segue com dificuldades na relação com outros, aparecem sentimentos de dispersão, agudizam-se os problemas de concentração e sente-se muito desvalorizado.Segundo ele, sentia-se "um lixo" e era-lhe muito dificil estar com outras pessoas.

Pelas dificuldades que se relata viu-se obrigado a regressar à familia. Examinado psiquiatricamente, detectam-se francas idéias de suicídio e diagnostica-se esquizofrenia paranóide delirante. Em tais condições foi internado numa instituição psiquiátrica tradicional, onde permaneceu sete meses isolado sob tratamento com eletrochoques. Jim recorda o quarto onde foi confinado como "calabouço onde de quando em quando alguém aparecia". Quando por fim lhe deram alta sentia-se "sem vida, sem forças para nada". Depois de um breve período regressa à sua casa. Sua introversão se acentua e Jim se refugia em atividades manuais relacionadas com a estética , em particular com seu amor à música.

Três anos depois subitamente produz-se um novo surto psicótico. Jim se manifesta violento e agressivo com seus pais .Sentia-se mal, com uma crescente angústia. Dizia que "sua família vinha sobre ele" e que falando não solucionava nada. Na realidade,atualizava-se nestes momentos o desencontro básico que pudemos ir reconstruindo pouco a pouco no processo terapêutico. Buscando um eco que era imprescindível, aproxima-se de seu pai e em um longo discurso conta-lhe suas sensações com a enorme esperança de ser compreendido. Disto dirá mais adiante: "Acordei com um sentimento estranho como de generosidade, pensei que ia conseguir convencer meu pai não sei de quê e que ele ia me compreender.

Falei e falei a ele por um longo tempo e pensei que ele pela primeira vez estava me entendendo, me senti inundado de felicidade. Meu pai me respondeu que não me preocupasse, que tudo ia se arranjar, que fosse dormir tranquilo. No dia seguinte vieram me buscar para internar-me. Vivo aquilo como uma traição". Seguramente, interpretando o que Jim havia relatado como uma recaída da doença, seu pai tomou esta decisão.

Nesta internação é novamente tratado com eletrochoques e por meio de um episódio de violência consegue escapar refugiando-se na casa de sua antiga babá de cujo carinho se sentia seguro. Ao regressar para sua casa começou a sentir que seu pai "lhe destroçava o cérebro". Segue com sua música e começa a consumir drogas, sobretudo maconha, à qual os pais atribuem à doença. Vagabundeia, relaciona-se com grupos musicais de drogadictos, vê passar as pessoas e sente que "todos mentem, cada qual joga seu papel, mas tudo é um grande teatro". Dois anos mais tarde começa com delírios persecutórios e de auto-referência, auditivos e olfativos. Sentia-se atravessado por raios que o queimavam por dentro. No meio de tais vivências delirantes sentia um forte cheiro de queimado que o aterrorizava. É internado novamente, desta vez em nossa Comunidade Terapêutica.

Jim era filho de casamento de origem estrangeira. A mãe era uma mulher fina, educada na mais pura tradição vitoriana, com inclinações que demonstravam certo refinamento espiritual. O pai era um homem de idade, muito formal, uma figura imponente. Aparecia hierático, circunspecto, provocava respeito e sensação de inacessibilidade. Ainda que não fosse manifestamente violento, para Jim era um personagem ameaçador.

Jim chegou à Comunidade muito delirante, com delírios organizados em torno de temas vinculados com situações traumáticas e fantasias onipotentes. Era contidamente agressivo, punha a violência nos delírios. Insistia na existência de cabos elétricos que se enroscavam em suas pernas e falava das mensagens que lhe enviavam os seres extra-terrestres que somente ele podia decifrar. Negava-se a acionar qualquer chave elétrica para evitar que com este ato explodisse o mundo. Potencialmente produzia medo. Foi necessário medicá-lo com antipsicóticos profundos, dos quais mais tarde, quando melhorou, se queixava amargamente, dizendo que lhe haviam mudado sua natureza e anulado a inteligência. Com a medicação cederam os delírios, mas sem eles e sem suas alucinações, Jim se sentia vazio. Com o desaparecimento dos delírios ficou em evidência a estrutura carencial de sua personalidade. Idealizava como as crianças pequenas ,não empreendia coisas pragmáticas nem concretas.

Quando começa a terapia individual, o mais difícil na relação com o paciente era sua dificuldade de pensar e sua incapacidade para expressar com palavras o que sentia. Dizia "somente sinto sensações raras na cabeça". Costumava ficar rígido frente a seu terapeuta, os olhos baixos, o corpo tenso, às vezes movendo mecanicamente os músculos de um braço. Através dos reiterados olhares de ódio que por momentos lhe enviava o paciente, seu terapeuta percebia uma espécie de criminalidade potencial, que em ocasiões era verbalizada por Jim que se retirava da sessão por medo de assassiná-lo.

Nos pacientes em que se dão situações deste tipo, nas quais não podem verbalizar o que sentem, nem sabem o que lhes passa, o terapeuta imagina que se trata de reativação de estados mentais primitivos das etapas narcisistas do desenvolvimento onde há pouca diferenciação entre o self e o outro. Nessas condições (Searles, Winnicott etc.), o terapeuta se vê obrigado a trabalhar mais desde a contratransferência. Nos reiterados olhares agressivos ou de ódio e em suas expressões de que "isto não serve para nada"e "cada vez estou pior", se bem que o terapeuta percebesse o temor à possibilidade de agressão física, também pensava no temor que estaria experimentando Jim pelas vivências primitivas pelas quais parecia invadido. Imaginando-o como um menino assustado, pensava que tinha que encontrar a maneira de tranquilizá-lo dando-lhe segurança. Supunha que nesses momentos de intensa ansiedade Jim revivia e repetia, no aqui e agora, situações e vivências traumáticas nas quais a mãe, muito infantil e imatura, não havia podido encarregar-se destas necessidades primitivas e, ela mesma assustada, havia agregado ansiedade à ansiedade de Jim, funcionando como um amplificador das sensações de seu filho. Nas frases "isto não serve para nada"e "cada vez estou pior", Jim expressava reprovações vingativas a essas figuras parentais primitivas e, ao mesmo tempo, reclamações de recursos egóicos para enfrentar estas vivências aterrorizantes. Também era importante ter em conta as experiências sumamente traumáticas que Jim havia sofrido nos tratamentos de eletrochoques.

Levado por este fio condutor, o terapeuta pôde trazer uma presença tranquilizadora muito difícil de sustentar nestas condições. O terapeuta via que, em algumas circunstâncias, o medo de Jim parecia dissipar-se e isto permitia que ele se aproximasse com serenidade e carinho. Quando o paciente ameaçava ir-se, o terapeuta podia tomar-lhe as mãos e pedir-lhe que fizesse um esforço para ficar e então podia conseguir que se tranquilizasse. Jim começou a compreender que havia escapado muitas vezes em sua vida e que esse era o momento para mudar essa conduta fóbica evitativa que havia sido sempre tão auto-destrutiva. Quando isso ocorria, Jim ficava e relaxava. O terapeuta tinha a imagem de um boneco de madeira que ia recobrando vida até chegar a ser, por assim dizer, de carne e osso.

Estamos descrevendo aqui momentos fundamentais do processo terapêutico de pacientes com essas características em que podemos observar a saída das estruturas de "solidão" que descrevemos e que põem claramente em evidência a estrutura profundamente carencial do aparelho psíquico dos mesmos. Com estes pacientes o importante é tratar de resgatá-los do sofrimento psíquico, fazê-los sentir-se o mais cômodo possível para o que, além das interpretações psicanalíticas propriamente ditas, o importante é ir criando um clima emocional de segurança e afeto que permita estabelecer as condições para uma confiança básica, que, por sua vez, possa ir afiançando-se (F. Fromm Reichmann 133). Nesses pacientes, pode-se reconstruir a existência de duas modalidades de funcionamentomuito diferentes. Quando trazem afirmações delirantes expressam agressão, desgosto, parecem muito seguros de si mesmos, mas na realidade estão expressando a partir de identificações patogênicas que foram incorporando de formas patológicas de funcionamento egóico dos pais e que agora repetem na relação com o analista ou com os demais.Trata-se de uma repetição em círculo vicioso autodestrutivo desses vínculos patogênicos sadomasoquistas que por outro lado põem à prova os recursos egóicos do analista. Este último, em sua função terapêutica, tem que ir vislumbrando além dessas identificações patogênicas em busca de aspectos mais genuínos do self não desenvolvidos ainda. O terapeuta sabia que Jim provinha de uma família estrangeira com educação muito rígida, onde os sentimentos espontâneos e autênticos, além de não serem tomados suficientemente em conta, haviam sido muitas vezes desvalorizados e desqualificados. Não se trata nestes casos de pais malvados que maltratam seus filhos de forma consciente, trata-se de pais que por sua vez não haviam tido figuras parentais apropriadas e que por esta razão não puderam estimular em seus filhos um crescimento egóico saudável. Simultaneamente a estas condutas atuadas, existem aspectos primitivos saudáveis que não puderam ser desenvolvidos a partir de uma autêntica espontaneidade. Quando as estruturas atuadas antes assinaladas vão desgastando-se, esses aspectos primitivos sadios aparecem como uma estrutura egóica débil e sem recursos ainda para enfrentar a realidade, e a busca de reparação.

Neste período do tratamento alternavam-se sessões onde aparecia um Jim funcionando a partir de identificações patogênicas e em outras, o Jim mais verdadeiro. Em uma sessão relata que ao regressar uma vez ao campo, que lhe era familiar, em companhia de seus pais, sentiu uma profunda emoção pois nesse lugar havia passado os melhores momentos de sua vida em contato com a natureza. Seus olhos se encheram de lágrimas, seus pais o olharam, mas continuaram falando entre eles. De imediato Jim teve a sensação de que estava "fazendo teatro", que era um grande mentiroso pois esse pranto não era autêntico e teve muita vergonha. Foi a partir desse relato que pôde começar a falar do "verdadeiro"Jim, do Jim autêntico que foi afogado nessa ocasião pelo temor de não ser aceito e que seguramente havia sido afogado desde seus primeiros anos de vida. Jim começou a interessar-se por esse descobrimento e pela primeira vez desde que começara o tratamento ele mesmo retomava o tema da sessão anterior. Dizia: "Estive pensando nisso do autêntico Jim". Todavia dizia-o com certas reservas, como se cooperar com o terapeuta ainda fosse vivido como uma submissão, repetindo uma vez mais esse vínculo simbiotizante patológico com a mãe, no qual nunca surgira um "terceiro-pai" e, que pudesse resgatá-lo através de um modelo estruturante de capacidades egóicas, que lhe houvessem permitido a passagem de "ser para a mãe" a "ser para o pai"e logo "ser ele mesmo"*. O tema da autenticidade facilitou que levasse à sessão outras recordações e que se permitisse mostrar esses aspectos que nunca antes havia compartilhado com ninguém. Pôde chorar numa sessão e ao aproximar-se seu terapeuta tomando-o pela mão, não o recusou e pôde pela primeira vez compartilhar uma dor profunda. Ainda que houvesse recaídas, estávamos encaminhados já nesse longo processo de redesenvolvimento e crescimento onde o repetitivo estava-se desgastando na medida em que Jim pudesse obter outras respostas. Neste processo terapêutico do paciente psicótico tudo acontece como se através de uma aprendizagem do Ego pudesse descobrir a possibilidade de chegar a ter confiança no mundo externo capaz de ajudá-lo, experiência que talvez não havia tido antes.

Jim logo trouxe outro relato significativo: fumando maconha com sua namorada em um tunel sob as linhas de trem sentiu-se por uns instantes um deus com grande poder e força, mas imediatamente, "não sabe como", encontrou-se agachado no pasto, abraçado a suas pernas e tremendo como um menino assustado.Aparece novamente a onipotência infantil, que mascara a criança assustada. Aqui também falamos do Jim criança-assustado-indefeso que tirando forças da fraqueza, por momentos sentia-se deus, negando desta maneira, por falta de recursos egóicos, sua falta de defesa ao não haver tido nunca a possibilidade de compartilhá-la com alguém.[1]

[1] Ver "O Édipo na patologia mental".

Alguns casos clínicos 219

No começo, quando Jim saía mal da sessão, com mau humor e desesperado ou desesperançado e "miserável", seguindo textualmente suas palavras, o terapeuta, percebendo e adiantando-se à sua necessidade, corria a chamá-lo pelo telefone tratando de transmitir-lhe assim que o tinha presente em si. No primeiro dia que o chamou surpreendeu-se muito mostrando-se tão agradecido e contente que consideramos ter sido este um dos momentos importantes de seu tratamento. Pois Jim ainda não confiava o suficiente ou não estava disposto, entretanto, para uma maior entrega ou compromisso. Nunca ninguém o havia resgatado de um estado de angústia ou tristeza, não sabia que podia ser resgatado pelo mundo externo, não havia experimentado isso nunca. Antes, confrontado com essas vivências tão dolorosas referidas seguramente a um clima familiar inadequado e difícil de tolerar, fabricava um mundo psicótico por não ter um mundo externo real em que apoiar-se. Quando deixou de delirar e se sentia invadido por essa ansiedade psicótica, às vezes recorria às drogas. Mais adiante, quando estava mais confiante em sua melhora, nos momentos em que recaía em ansiedades intensas, somente o fato de que alguém pudesse pegar o telefone e interessar-se por ele conseguia "tirá-lo" desse sofrimento intolerável.

Eram experiências novas através das quais Jim começava a confiar na ajuda do mundo externo. Assim, quando se sentia mal podia expressar suas necessidades e pedir uma sessão complementar. Como ocorre com muitos destes pacientes nesta nova etapa, começam a poder verbalizar as vivências, o que era impossível em etapas anteriores. Jim podia então compreender que em uma época lhe era impossível escutar porque ele funcionava como um triturador de palavras que lhe destroçavam o cérebro, e que isto era uma repetição da sensação que havia tido sempre como criança de que o pai lhe destroçava o cérebro. Também pudemos compreender que as fantasias criminosas que o invadiam no começo do tratamento eram formas de uma transferência psicótica construída a partir da percepção delirante de uma época anterior em que se sentia ameaçado por um pai que ele percebia como sádico e imaginava que queria matá-lo.

Simultaneamente a este período de terapia individual, rico em reconstruções significativas de situações traumáticas vividas em sua infância e adolescência, a terapia familiar foi um campo de onde se puderam reconstruir momentos importantes do clima familiar. As características da família permitiam agora compreender afirmações aparentemente delirantes de Jim de outras épocas tais como "em minha casa parece que não vivia ninguém", "sempre senti que eu era uma sombra", "é como se meus pais não me vissem como sou; eu sou sutil, não conhecem meu verdadeiro ser, eu sempre tratei de ser como acreditava que eles queriam que eu fosse". A natureza de suas reclamações não havia sido reconhecida, ele houvera necessitado que se adivinhasse sua verdadeira essência. Compondo música, esperava que a tristeza que o invadia fosse percebida por seus pais e pretendia de alguma maneira que sua música denunciasse a profundidade de seus sentimentos.

Com respeito às vivências de que ele caminhando pela rua via que todos "faziam teatro", que também configurou um período muito significativo de sua estada na Comunidade onde ele também via que todos faziam teatro, pudemos compreender que ver as caras das pessoas como máscaras e que" todos mentem, cada qual joga seu papel, mas tudo é um grande teatro", aparecia como uma denúncia de um clima familiar artificial onde é impossível conhecer os verdadeiros sentimentos porque estes são sistematicamente ocultados. Assim, vimos aparecer aspectos significativos da mãe. Assustava-se com as reprovações que lhe faziam seu esposo e seu filho. Ofendia-se facilmente na convicção de que ela havia atuado sempre segundo o código rígido que lhe haviam transmitido e ao qual não podia falhar. Afetivamente reprimida,controlava suas emoções e só excepcionalmente permitia-se chorar. A atitude de Jim durante toda a vida a havia colocado na disjuntiva de ter que decidir entre o formal ou a manifestação de suas reações afetivas. Parecia não poder deixar-se penetrar pelos afetos, como se para ela fosse incompreensível a reclamação carinhosa e portanto a rechaçava. Se bem que o pai,como já dissemos,não fosse um homem manifestamente violento, por momentos punha em evidência uma ironia mordaz, quando, por exemplo, se referia a seus amigos pessoais, o que ofendia a Jim em sua sensibilidade como quem sente vergonha alheia. A honestidade de sua atitude, sustentada pela convicção de ter que atuar segundo as normas estabelecidas que não devem ser transgredidas, lhe bloqueavam toda possibilidade de mudança. De tal maneira, mantinha-se impávido frente às coisas loucas de seu filho.

A confiança de Jim foi aumentando à medida que se sentia contido por nós. Trazia cada vez mais material às sessões terapêuticas e pôde começar a participar, ainda que sempre com uma atitude silenciosa,de atividades grupais. Ao começar a crer que a ajuda exterior era possível, começou também a relacionar-se com outros pacientes que tentavam por todos os meios aproximar-se dele e romper esse muro de reserva que havia construído ao seu redor. Um aspecto importante de seu processo terapêutico foi a aparição do senso de humor. Começaram para ele algumas atividades sociais e a conexão afetiva com os outros ali onde encontrava eco e complementariedade.

O caso deste paciente mostra com grande dramatismo como um ser humano se desorganiza, quando não encontra em seu ambiente familiar o interlocutor que seja capaz de decifrar suas mensagens e ajudá-lo em seu crescimento egóico. Em sua família os afetos pareciam haver desaparecido em cada um deles de forma diferente. Dava a impressão que a doença se produziu pelo desencontro entre a rigidez educacional dos pais que haviam esquecido sua própria infância e as demandas infantis de seu filho, que existiam, ainda que não as verbalizasse. O desamparo do paciente, sua personalidade imatura e suas inclinações pela música chocaram-se com a rigidez parental. O desencontro e o desconhecimento de si mesmo a que se viu submetido lhe despertaram um ódio criminoso e uma grande violência, que ele atuava contra si mesmo. Sendo distinto de sua família e com um self sem possibilidade de desenvolvimento,bloqueado em sua espontaneidade e contido em suas emoções pela rigidez do ambiente, Jim não pôde amadurecer nem estender suas próprias possibilidades, sua criatividade. Refugiado na música e depois nas drogas, não foi o mundo, senão ele, que terminou em delírios condensadores de sua violência primitiva (26). Depois, a crueldade inútil de seu isolamento em instituições psiquiátricas e os sucessivos tratamentos com eletrochoques terminaram por minar seus escassos recursos e Jim ficou com o ódio e o medo para com os demais. Na realidade, seus pais tentaram sempre, por todos os meios que acreditavam idôneos, protegê-lo, mas o que não podiam fazer era compreendê-lo, descobri-lo nem reconhecê-lo.

Alguns casos clínicos 221

Hoje Jim pode organizar sua vida, estuda e encontrou uma companheira. Sempre mais calado, tem traços de bom humor, é afável e respeitoso para com os demais. Não espera demasiado de sua familia, somente trata de viver sua própria vida em paz.

Mário ou o tirano

A experiência nos levou a pensar que nas situações traumáticas graves, o sujeito sente-se levado a fazer identificações com o objeto que intervém na dita situação, em particular com os mecanismos de defesa que o objeto utiliza na relação com o sujeito. Estas identificações primitivas configuram uma certa alienação já que o mesmo fica preso em identificações que se constituem necessariamente em patogênicas, e se verá privado da possibilidade de adquirir os recursos necessários para seu desenvolvimento individual e para discriminar-se do objeto.

A mãe de Mário tinha características francamente narcisistas. Pertencia a uma família acomodada e havia recebido boa instrução, mas as vicissitudes da guerra na Europa e os sofrimentos inerentes às perdas sofridas- materiais e familiares - lhe deram pouca oportunidade de ser feliz em sua adolescência e primeira juventude. Sentia-se injustamente maltratada pela vida. Casada com um homem muito maior que ela, em quem parecia haver buscado mais uma proteção e uma relação amistosa que de enamoramento, havia acrescido às suas anteriores frustações as que lhe impunha o casamento com um homem tímido e abatido. Durante muitos anos tratou de acalmar suas ansiedades profundas com tratamentos psicoterápicos que lhe deram o apoio que, de acordo com suas expectativas, não encontrava em sua relação matrimonial. Fazia esforços por demonstrar sua superioridade intelectual e sua hierarquia. Tapava sua insegurança com um pensamento rígido, com normas muito fixas, das quais negava-se a afastar para preservar sua integridade.

Seu marido era um homem afável, muito apegado à sua família e a quem se via muito débil frente a esta mulher tão estruturada. Temeroso e inseguro, com um caráter mais depressivo, voltava sua energia para assegurar o bem estar econômico dos seus, depois de haver perdido, ele também, todos os seus afetos e pertences durante as perseguições na Europa. Com muita dor pelas experiências passadas, negava-se tenazmente a falar delas.

Quando nasceu Mário, sua mãe sentiu-se no máximo de plenitude. Havia tido um filho forte e formoso, que para ela representava a possibilidade de reivindicação total, de fazê-lo "à sua imagem e semelhança", prepará-lo para ser respeitado e admirado pelo mundo inteiro e assim receber a compensação que ela merecia. Era seu príncipe, ela o amava, o adorava e o divinizava, e durante sua infância e adolescência lhe foi transmitindo seu sentimento de superioridade sobre todos seus pares: era o mais lindo, o mais inteligente, era "o sol que iluminava sua vida", era perfeito. O pai, incapaz de flexibilizar esta conduta, e de acordo com suas normas culturais sobre a educação dos filhos ,deixou que sua mulher se ocupasse integralmente de Mário. Sua participação era passiva ,limitava-se a aprovar o que sua mulher impunha e a olhar com respeito este jovem que crescia forte e formoso, e completamente dócil aos pedidos de sua mãe, e que o havia deslocado na relação com sua mulher.

Destacado no colégio e aparentemente muito seguro do futuro brilhante que lhe haviam prometido, Mário começou surpreendentemente aos 14 anos a queixar-se de temores insuportáveis de morrer do coração, a sentir que este órgão se desgastava permanentemente e a torturar com esses pensamentos angustiosos seus pais que não sabiam o que fazer com os medos de Mário que se somavam aos próprios de perder seu filho único. Desta maneira, os pais, a partir desta época, começaram a ser escravos de Mário, no sentido literal da palavra. Descartada qualquer lesão orgânica, Mário começou tratamentos psicoterápicos, incluindo várias internações de curta duração, e seguiu perseguindo e tiranizando seus atemorizados pais com suas fantasias sobre seu corpo: ao desgaste do coração somava agora suas dificuldades imaginárias para respirar - dizia que não lhe entrava o ar enquanto fazia uma inspiração profunda -, suas aflições repentinas, suas sensações de parestesias nos braços, etc.

O tratamento durante um período foi particularmente difícil. Mário era uma pessoa inteligente no dizer de todos, mas sua capacidade intelectual era instrumentada de tal maneira que invadia onipotentemente qualquer interlocutor. Não se permitia falar ao outro nem escutava o que se lhe dizia, era uma verdadeira catarata de palavras que se referiam às suas sensações corporais. Quando começava a falar era difícil fazê-lo calar-se. Falava sem pausas e se tentássemos acalmá-lo ou fazê-lo escutar voltava-se muito violento. Era evidente que não tolerava estar no lugar do que escutava. Movido por sua intensa angústia psicótica levantava a voz, por si potente, e conseguia emudecer aos demais, e se não obtinha o controle da situação era capaz de ameaças físicas ou de retirar-se ofendido para voltar minutos depois com a mesma temática e no mesmo tom irado, sem tolerar sequer que uma reunião se realizasse sem sua presença. Subjacentemente percebia-se nele um intenso sofrimento. Algo o obrigava a atuar compulsivamente com as palavras (passagem ao ato) e o falar desta maneira era uma forma de exercer um controle onipotente do outro. Sem dúvida um outro receio, encarregado por identificação projetiva de um poder intrusivo e avassalador que era precisamente o que ele instrumentava agora sobre os demais. Queixava-se de que não podia alcançar as metas que devia, que seu coração e seus insuficientes pulmões lhe impediam de destacar-se e seguia reclamando com violência por respostas imediatas que resolvessem sua situação. Na realidade, não conseguia incorporar nenhuma resposta, sua angústia reclamava sempre por outras coisas. Em seus escassos momentos de tranquilidade voltava a ser dócil e submisso, mas isto durava poucos minutos.

Sua atitude produzia medo, sobretudo em seus pais, que tinham terror e até vergonha de seus extravazamentos. Havia chegado a angustiar-se tanto que era capaz de quebrar violentamente tudo o que lhe vinha à mão, como aconteceu várias vezes em sua casa e também na Clínica. Quando conseguimos falar-lhe do que havia quebrado, parecia regozijar-se do que podia chegar a fazer; ainda que fosse pela violência conseguia ser superior a todos e conseguia que todos o temessem. Apesar disso, sua agressividade sempre se dirigia a objetos inanimados e não a pessoas mas, de alguma maneira, era como se advertisse quão perigoso podia chegar a ser. Quando estava dominado pela angústia nenhuma medicação era eficaz, só a contenção que lhe dava a camisa de força podia acalmá-lo, e gostava de

Alguns casos clínicos

exibir-se com esta para demonstrar que ele estava mais doente que todos. Quando se acalmava, parecia não precisar de medicamentos e se queixava de que os remédios o dopavam e mudavam sua natureza. Por sua vez, suas condutas agressivas o enchiam de tais sentimentos de culpa para com seus atribulados pais, que se convertiam em um novo fator para recomeçar o ciclo ansiedade-culpa-agressão e castigo, configurando um círculo vicioso com tendência à repetição.

Durante vários anos tudo aconteceu como vínhamos descrevendo. Às vezes pequenas mudanças nos davam esperança de que Mário pudesse alcançar alguma melhora importante, mas a desesperança voltava a apoderar-se de nós cada vez que se produzia uma recaída. Mais ainda, a desesperança nos invadia ante a impotência de conseguir mudanças significativas como para poder vislumbrar que essas mudanças pudessem ser a base do tipo de transformações necessárias para que se desenvolvesse um autêntico processo terapêutico. Mário exigia e exigia: atenção, dedicação exclusiva, solução mágica para seus problemas. Mas entretanto seguia interpondo palavras instrumentadas perversamente para exercer o poder dele sobre os outros, sem dar a oportunidade de contato com suas verdadeiras emoções. Desprendia-se de sua atitude um sentimento de ódio violento para com o mundo inteiro que não considerava sua situação. Por sua vez, sem acusá-los de nada, sem exteriorizar suas reclamações, Mário tiranizava totalmente seus pais que viviam pendurados nele e trabalhavam somente para oferecer-lhe os melhores tratamentos possíveis, sem ligar para os gastos. Se bem que isto lhe produzisse muita culpa, era como se com os gastos que ele demandava instrumentasse uma espécie de castigo para seus pais fazendo-os cambalear sua segurança econômica, tão dedicadamente conseguida. Somente lhe faltava utilizar o castigo físico para tê-los totalmente à sua mercê.

A situação nos levou a tentar uma mudança de terapeuta buscando novas formas de abordagem. Num sentido isto foi positivo. Uma nova internação fez com que pudéssemos retomar um contato diferente com Mário. Este também parecia mais decidido a ir fundo em suas dificuldades. Suas exigências para conosco, os terapeutas, aumentaram mas, simultaneamente, estas exigências eram mais compreensíveis e podiam assim receber respostas mais adequadas às reclamações incluídas e às necessidades básicas em jogo. Mário começou a verbalizar que se sentia anestesiado, que não sentia nada. Parecia impossível compreender este dado uma vez que suas formas de expressão eram, em geral, ruidosas e muito carregadas emocionalmente. Compreendemos assim que, reclamando sentir, reclamava poder ser mais ele mesmo. Aparecia desta maneira uma dimensão que havia estado sufocada ou, por assim dizer, presa em identificações que pareciam ser aspectos de um self, na realidade, lhe haviam impedido ser e desenvolver-se a partir de seu self verdadeiro. A inclusão do canto como recurso terapêutico lhe deu a oportunidade de recuperar sentimentos por assim dizer perdidos. Suas agressões começaram a ser claramente pedidos e buscas de limites, em particular da parte de seus pais. Nessa época ele parecia esperar que o pai fosse o que sua mãe pretendia, o marido brilhante e decidido que ela precisava. Nessa forma encoberta lhe pedia que o liberasse de ter que fazer se encarregar da mãe.

Paralelamente, a família começou a participar nas terapias grupais da Clínica, a fazer terapia multifamiliar com outras famílias e também terapia familiar nuclear. Nessas condições, puseram-se cada vez mais em evidência as marcadas dificuldades psicológicas dos pais de Mário. A mãe estava fazendo psicanálise individual há vários anos. Porém, essa análise não parecia haver-lhe podido trazer nada quanto a flexibilizar sua maneira de pensar, seus mecanismos paranóides ou suas fortes tendências à idealização utilizada como mecanismo de defesa Via-se com clareza que esses modos de funcionamento mental sustentavam sua pseudo-identidade e, portanto, tinha que se aferrar a eles para não desmoronar-se. Dessa maneira, apresentava um narcisismo patológico que encobria uma hipersensibilidade e uma vulnerabilidade muito grande que a faziam estar permanentemente na defensiva e apresentar, por assim dizer, ao contato interpessoal, uma espécie de parede invulnerável às emoções simples e diretas. Podíamos ver que a psicanálise lhe havia mais servido para realimentar seu narcisismo defensivo com interpretações usadas como racionalizações, que ela antepunha permanentemente a todo contato afetivo direto. Conhecendo-a agora desde esta perspectiva compreendia-se melhor que Mário, desde pequeno, se houvesse encontrado com uma mãe com tantas dificuldades emocionais que havia tido que se adaptar sem poder encontrar nela um objeto continente de suas ansiedades e capaz de ser estruturante de seu self verdadeiro.

O pai, por sua parte, aparecia como alguém de tendência melancólica com lutos sem resolver por sua própria história familiar, que percebendo intuitivamente a vulnerabilidade da mãe lhe havia deixado exercer abertamente todas as estratégias narcisistas que ela havia necessitado para manter-se forte na aparência. Mas essa forma de "respeito" de suas características doentias se fazia constituída de uma espécie de abandono de sua esposa às mesmas e, por outra parte, era uma forma de permanecer "ausente" da estrutura triangular edípica. Mário então havia crescido em um contexto triangular típico da configuração edípica que descrevemos no capítulo sobre o Édipo na patologia mental grave. Havendo percebido desde pequeno, com muita angústia a vulnerabilidade da mãe, tanto por si mesmo como através das atitudes de complementariedade de necessidades patológicas por parte do pai, e havendo percebido também as tendências depressivas deste último, havia desenvolvido estratégias pessoais para sustentar psicologicamente a essas duas figuras parentais.

Se bem que isso seja bastante universal na estrutura familiar em que haja um paciente mental grave, neste caso aparecia com maior força dramática a necessidade inconsciente de Mário encontrar em quem descarregar esse papel vivido como tão necessitado pelos pais. Ao mesmo tempo, a necessidade de que a equipe terapêutica encontrasse a maneira de ajudar aos pais a fazer mudanças significativas que pudessem chegar a tranquilizá-lo, para que ele pudesse retomar seu próprio processo de individuação e conquista de autonomia. Dessa forma, sendo o tipo de resistências que apresentavam os pais muito difíceis de mudar, o filho se viu aprisionado na situação de não poder fazer ele mesmo mudanças. O sistema familiar funcionou, assim, durante muito tempo nos termos de um círculo vicioso impossível de modificar.

Voltando a Mário, uma atitude mais firme da parte da equipe técnica teve um efeito positivo porque significou uma colocação de limites, que pôde viver e incorporar como adequada e estruturante. Pudemos compreender que esse self sufocado e anestesiado recorria à violência para sentir-se e também sentir ao outro. A forma de instrumentar a linguagem

Alguns casos clínicos

se foi revelando cada vez mais claramente como uma necessidade de tomar contato, como uma maneira de tomar posse do outro, uma estratégia para estabelecer uma relação perversa de objeto que, através da posse, dá segurança. Uma maneira de instrumentar a inteligência com o objetivo de fascinar o outro para tê-lo aprisionado. Vimos assim, cada vez com mais clareza, que Mário tinha-se especializado patologicamente desde sua falta de defesa primitiva e desde identificações patogênicas, para poder manejar de maneira defensiva a relação objetal com os objetos primitivos de sua infância. Estes, não tendo recursos próprios estruturantes dos recursos egóicos do outro, colocam ao infans em uma situação particularmente traumática e o obrigam a fazer identificações compulsivas que lhe alienam em identificações que se convertem em patógenas já que não permitem o desenvolvimento do self verdadeiro. O manejo doentio da relação objetal com suas figuras parentais aparecia em sua totalidade como uma grande vingança. Mário era um verdadeiro tirano com todo mundo, mas especialmente com seus pais. A tirania que exerceu durante muito tempo aparecia, por momentos, como a forma de fazer a eles agora o que ele havia sentido de sua parte durante os anos em que viveu, pela idealização que os pais faziam sobre ele, submetido a uma exigência parental de perfeição. Fazer-lhes sentir a dependência angustiosa com que ele viveu sua relação com eles. Fazer-lhes sentir a submissão com que ele viveu sua dependência com eles. Fazer-lhes sentir a angústia que esse tipo de relação produz. Ao não poder verbalizar as vivências nem poder expressar sua reclamação de outro tipo de necessidades, esse comportamento parece ser a maneira com que o filho se vinga e reclama ao mesmo tempo uma mudança. Embora não saiba exatamente o que reclama nem a forma de fazê-lo, é o adulto em função parental que deve saber ou antecipar-se às necessidades profundamente insatisfeitas que se põem em evidência através desses comportamentos. As birras infantis expressam precisamente essas reclamações e incluem evidências de sofrimento psíquico subjacente. Nos sintomas psicóticos, o sofrimento inerente à situação traumática de origem está sempre incluso, mas o paciente vai desenvolvendo uma forma de instrumentar a inversão da relação objetal de tal maneira que a angústia psicótica fique controlada. Mas o custo é muito alto: se fez às expensas de uma alienação organizada ao redor de identificações que, alienando aspectos valiosos do self verdadeiro, condicionam, a partir de então, um déficit estrutural e um funcionamento distorcido e que por sua vez provoca distorções. A estas identificações chamamos patológicas e patogênicas porque, uma vez organizadas como mecanismos de defesa frente à angústia psicótica, tendem a repetir-se compulsivamente, já que asseguram aparentemente o controle das vivências de angústia de morte e a vivência de terror sem nome. Mário, então, poderíamos dizer, esteve se vingando compulsivamente e esteve reclamando também compulsivamente de todos ou de qualquer pessoa para, ser resgatado deste funcionamento compulsivo, que podemos descrever como a expressão de um funcionamento em termos de objeto enlouquecedor.

Quando o verdadeiro processo terapêutico começou a ter lugar se fez cada vez mais evidente que, durante muitos anos, as interpretações psicanalíticas haviam, por assim dizer, resvalado sem alcançar a organização egóica. Vividas como palavras invasoras e traumatizantes da primeira infância, foram assimiladas desde as identificações patógenas, contribuindo para reforçar essas mesmas identificações. Se bem que serviam para uma tentativa de comunicação, foram em grande medida distorcidas segundo as necessidades que promovem distorções para o controle da angústia psicótica e não puderam ser utilizadas pelo Ego, ou melhor dito, pelo self verdadeiro, para o crescimento egóico saudável. Começamos então a ver com toda clareza como, por momentos, podia ser muito mais operativo que qualquer interpretação, ajudar Mário a poder tolerar o silêncio, acompanhando-o e compartilhando com ele a angústia subjacente à incerteza do não "ser". Mário podia assim vivenciar que os sentimentos que ele buscou desesperadamente durante muito tempo, isto é, o de poder sentir-se a si mesmo, se conquistava muito mais acabadamente respeitando ao outro e descobrindo sua existência independente, porque isto o levava a descobrir-se a si mesmo de uma maneira nova que não havia podido experimentar antes. A desesperada busca do "ser" através de atuações vingativas e reclamações compulsivas começou a ser ineficaz e Mário pôde tomar consciência disto de uma maneira cada vez mais clara. À medida que ia se recuperando ou, melhor dito, desenvolvendo uma capacidade nova de sentir, a angústia psicótica foi diminuindo. Começou igualmente a poder compartilhar vivências e situações com os outros, e de tal maneira desenvolver pela primeira vez relações amistosas com seus companheiros. Também pela primeira vez começou a tolerar não ser o centro da atenção de todo o mundo como o havia sido durante tanto tempo de parte de sua mãe, sem entrar imediatamente na necessidade de recuperar esse lugar exclusivo, que, por outro lado, o havia mantido numa condição de solidão durante tantos anos. Pudemos assim assistir ao desenvolvimento de uma identidade incipiente, sustentada em uma organização mental nova para ele que, havendo deixado de necessitar para sobreviver das atuações psicóticas e psicopáticas, confiava e se consolidava numa relação mais espontânea com os demais. Podia assim começar a abordar de uma maneira inédita para ele a problemática de sua identidade sexual. E também pela primeira vez podia começar a elaborar seu complexo de Édipo de uma maneira estruturante.

Alice ou o sinistro das identificações

Um dos aspectos importantes que está amplamente descrito no processo terapêutico dos pacientes mentais graves constitui o que temos chamado de identificações patógenas e as características compulsivas da transferência psicótica. Nelas aparecem sob forma de atuação (acting), reprovações vingativas e reclamações igualmente compulsivos. Estes terão que sofrer um processo de desgaste para poder permitir a elaboração necessária e assim chegar às desidentificações para que possa consolidar-se a personalidade própria do paciente e a conseqüente autonomia.

Alice foi uma menina que, segundo seus pais, teve uma infância feliz. Suas dificuldades começaram na adolescência: relações sexuais precoces, com períodos de promiscuidade sexual e ingestão de drogas. Também fez parte de grupos psicopáticos e desenvolveu graves transtornos de conduta com múltiplas complicações com a polícia, além de outros episódios penosos. Apesar de ter sido sempre inteligente, começou logo a fracassar em seus estudos. Os transtornos mentais se agravaram progressivamente. Pouco a pouco tomaram

Alguns casos clínicos

características francamente esquizofrênicas. Alice começou tratamentos psicoterapêuticos. Assim foi que, ao longo dos anos, realizou vários tratamentos psicanalíticos e durante períodos teve algumas internações psiquiátricas.

Com respeito à família podemos dizer que a mãe era uma mulher de origem européia que teve de emigrar na época da perseguição nazista. Soubemos que quando Alice nasceu teve um episódio "depressivo" muito intenso que a levou a ficar de cama de forma permanente durante um ano. Até tal ponto permaneceu imobilizada que não pode ter quase contato físico com sua filha (nessa época começou um tratamento psicanalítico que seguiu durante muitos anos). Tratava-se de uma personalidade depressivo-melancólica com manifestações hipocondríacas variadas; em particular se acreditava doente do coração e pensava que devia evitar emocionar-se porque, senão, poderia morrer de uma síncope. Era uma mulher trabalhadora, muito metódica. Falava com uma linguagem monótona, muito característica, que irritava particularmente Alice. Apesar de que fosse uma mulher aparentemente paciente e tolerante, tratava-se muito mais de um controle obsessivo e permanente da agressão que por momentos podia descontrolar-se. Estes episódios haviam sido vividos na infância de Alice como sumamente ameaçadores.

O pai era um homem bastante maior, também de origem européia e culto, mas de personalidade infantil. Casou-se em primeiras núpcias com uma mulher chamada Alice, a qual morreu jovem. Não tiveram filhos. Logo, quando se casou com a mulher atual, isto é, a mãe de Alice, tiveram uma filha a qual lhe deram esse nome como recordação de sua primeira mulher. Logo tiveram um filho homem.

Quando eu a conheci, Alice tinha 28 anos. Apresentava-se como uma paciente borderline que por momentos tomava as características de uma esquizofrenia verdadeira. Havia feito muitos tratamentos psicanalíticos com resultado escasso.

No começo do tratamento comigo, Alice apresentou-se como uma mulher de personalidade infantil que falava com a voz monótona e pueril como sua mãe. Era doce e submissa, e quando terminava de falar tinha o costume de ajoelhar-se de uma maneira servil e me pedia perdão pelo temor de haver-me ofendido. Não se sentia merecedora de nada, nem de ninguém, e repetia incessantemente: "Você é demasiado para mim". Tinha medo de machucar-me como, segundo dizia, havia machucado outros terapeutas. As sessões eram endiabradamente confusas e incoerentes. Através de malabarismos mentais comecei a compreender que detrás dessa linguagem críptica surgiam verdades dolorosas que pareciam ter a mesma vigência de outra época. Subliminarmente, podia-se sentir a agressão e a violência que apareceram meses depois. Debaixo da primeira fachada, escondia-se um personagem desconhecido. Um dia me disse:" Eu não sou como você pensa, atenção em mim!".

O discurso de Alice era um monólogo repetitivo que parecia uma fachada para isolar-se e controlar os intercâmbios. Alice não podia jamais falar dela mesma. Por momentos inventava histórias delirantes para fazer-me calar. Parecia atemorizada do que eu pudesse dizer-lhe. Mais tarde nos enteiramos que, desde pequena, sua mãe lhe repetia interpretações psicanalíticas estereotipadas por causa das quais se sentia tratada como uma louca ou como um "robô sem alma".

Pouco a pouco começou a ser evidente que o monólogo repetitivo surgia a partir de uma identificação com sua mãe e ela mesma dizia que havia percebido a sua mãe como "uma máquina infernal que havia utilizado todos como bonecos mecânicos sem sentimentos". Quanto a ela, podemos dizer que sob a fachada paciente e tolerante escondia-se um controle obssessivo e sistemático de uma intensa agressividade. Na transferência psicótica, pudemos ver que Alice, identificada com essa mãe "vazia de sentimentos", me fazia sentir na própria carne através desse monólogo vazio de frases ditas por outras pessoas, "sem alma", o que ela mesma havia experimentado ao longo dos anos de relação com essa mãe robô. Desde uma identificação com os traços ameaçadores da mãe, Alice ameaçava agora seu analista.

Alice começou a falar-me de "pares"e essa problemática se configurou como um tema delirante. Falava de relações de pares que ela fabricava em sua imaginação. Não falava nunca dela mesma, nunca apareciam suas próprias vivências. Se me apresentava como uma "sopa de palavras gravada a fogo" palavras tomadas ao pé da letra como ordens e usadas para tapar-me a boca. Parecia aterrorizada de que eu quisesse seguir introduzindo-lhe "opiniões sem alma" (como ela diria mais adiante), esmagando seu próprio ser.

Pouco a pouco comecei a entender que o discurso de Alice se fazia mais compreensível se o considera-se constituído por frases isoladas pertencentes a um discurso fragmentado, que havia de incluir num contexto mais amplo, correspondente a um cenário não explicitado dentro do qual se representavam diferentes cenas que eu teria de ir advinhando. Parecia também uma maneira de pôr à prova o analista, de testar sua capacidade emocional e sua compreensão empática.

Comecei a enteirar-me de que aos pais a tratava mal e que por momentos a tinha aterrorizado. Às vezes lhes dizia coisas muito agressivas e também coisas muito "loucas". Uma vez me contou: "Disse à minha mãe que vou comprar o vestido que vou por no dia do seu enterro". E também comecei a me dar conta que muitas vezes dizia aos pais coisas que os faziam enfrentar-se um com o outro. Armava, assim, situações incômodas em que ela conseguia canalizar seu sadismo tergiversando perversamente o dito pelos demais.

À medida que passava o tempo comecei a poder reconstruir melhor o clima emocional que a paciente havia vivido no contexto familiar e o tipo de mensagens às quais havia estado submetida desde sua infância. Sua mãe, que havia começado a psicanalisar-se na época de seu episódio depressivo, falava muito freqüentemente com pseudointerpretações psicanalíticas. Por exemplo, à agressão de sua filha com respeito ao vestido que ia comprar para o dia de seu enterro, soube que a mãe lhe havia respondido: "O que se passa é que você nesse momento se sente a Alice morta" (quer dizer a primeira mulher do pai) e "quer que eu morra para ficar com seu pai". A mãe de Alice usava assim interpretações psicanalíticas de uma maneira fria e estereotipada que inconscientemente eram uma resposta agressiva solapada. Diante de um terceiro, aparecia como uma maneira indireta de tratar sua filha como uma "louca" ou, talvez melhor, como um robô. De fato, tratava-se de uma permanente desqualificação.

Pouco a pouco pude começar a compreender melhor que o discurso de Alice incluía muitas condensações e deslocamentos. Com respeito à frase do vestido para o dia do enterro da mãe, pude pensar na existência de vários níveis. Era primeiro uma agressão similar a

Alguns casos clínicos   229

tantas outras, mas agora aparecia como uma agressão vingativa que podia entender-se desde o conhecimento de que Alice se havia sentido agredida e perseguida desde pequena por angústias de morte com respeito à mãe.

A partir da maneira em que trazia à análise o tema da morte (que se sentia morta ou que ia apodrecendo) compreendíamos que, através desses maus comportamentos, Alice expressava reprovações vingativas.Vimos então que ela havia se sentido possuída desde pequena por sensações de morte em relação à doença da mãe (recordar a depressão melancólica da mãe quando Alice nasceu). Identificada com os traços mortos da mãe, ela a perseguia agora com os mesmos temas de uma maneira vingativa. É util acrescentar que as agressões de Alice em relação à mãe encerravam também outros componentes. Eram formas de sacudi-la de sua depressão-morte para fazê-la reviver. Desde pequena costumava golpear a mãe no peito para fazê-la reagir. Era também uma forma de sentir-se viva ela mesma através da agressão. Agora na transferência, a paciente, desde as identificações patógenas enloquecedoras, me perseguia como um deslocamento das agressões vingativas e as reclamações compulsivas dirigidos ao objeto materno. Enquanto expressava as reclamações vingativas e as reprovações compulsivas, ela ficava aprisionada em um círculo vicioso autodestrutivo. Alice buscava também reparação do dano sofrido.

Um dia, Alice começou a sentir-se muito mal e a pedir para internar-se na Clínica. Uma vez hospitalizada, começou a contar um delírio persecutório em relação a polícia. A polícia havia sido com frequência um tema delirante da paciente. Ela havia tido também amiúde problemas com a autoridade por causa das condutas bizarras na rua. Também havia sido às vezes fisicamente castigada. Por momentos não queria sair da rua porque tinha medo que a polícia pudesse levá-la e causar-lhe dano. Somente bastante tempo depois pude reconstruir em sessão o episódio que havia desencadeado seu delírio persecutório e sua necessidade de internar-se. Estando em sua casa escutando atrás da porta uma conversa de seus pais, que estavam falando sobre ela, ouviu sua mãe dizer: "Esta menina nunca vai se curar, vai terminar matando-me[...] que vergonha nos faz passar sempre diante dos outros". A partir disso, Alice começou a sentir-se perseguida pela polícia.

Durante sua estadia na Clínica, Alice começou a sentir-se cada vez pior. Dizia-me com muita violência e agressividade que a doença que ela sofria não era psicológica, que se sentia morta e que estava apodrecendo. Tinha dores no corpo e se sentia deformada. Reclamava agressivamente que lhe tocasse para constatá-lo. Desde minha contratransferência, sentia-me perseguido por suas dores. Não pensava que eram sintomas histéricos para chamar a atenção senão que sentia que se tratava de formas de atuar sadicamente sobre mim e sobre todos através de seu corpo. Sentia suas queixas como distorções perversas de sensações que encerravam seguramente vários elementos.

Amiudamente quando se punha agressiva, parecia buscar um castigo, como se tratasse de provocar-me para que a castigasse. Às vezes se excitava e se erotizava, mas recentemente pudemos falar de tudo isso muito mais tarde. Somente depois de haver podido expressar as identificações patológicas na transferência psicótica e haver podido colocar-lhe limites, ela pôde modificar a compulsão à repetição que a invadia por momentos sem ter a possibilidade de controlar-se. Às vezes, tentava algum assinalamento ou alguma interpretação. Outras não dizia nada tratando de escutá-la atentamente com preocupação. Não tentava derivar a outra coisa nem tratava de convencê-la de nada. Em ocasiões tomava ao pé da letra o que dizia e então, por exemplo, quando me dizia que tinha o pé direito deformado, pedia-lhe que o víssemos juntos.

Durante esse período tão difícil de seu tratamento às vezes conseguia em alguma sessão produzir mudanças importantes. Uma vez, ao assinalar-lhe que talvez se sentisse muito mal porque se sentia muito sozinha e em realidade estava mutio triste, Alice se pôs a chorar desconsoladamente. Então me disse: "Quando eu era menina (...) Sabe de que me recordo? Me sentia tão só que me sentava em uma cadeirinha de palha que havia no meu quarto e fazia xixi encima." Este tipo de mudança e este tipo de episódios ocorreram em diferentes oportunidades mas, durante poucos minutos. Alice mudava bruscamente e recomeçava seu monólogo compulsivo dos delírios de pares ou das queixas sádicas. Quer dizer, ela não tolerava emocionar-se.

Uma característica importante é que, com freqüência, quando me contava algo novo, em uma boa relação comigo, nem sempre se produzia um alívio ou melhoria. Às vezes, pelo contrário, se sentia muito mal. Como se se produzira uma reação terapêutica negativa. Também costumava pôr-se muito agressiva comigo e até chegava a dizer-me insultos tais como "degenerado!"ou qualquer outro agravo. Essas reações não correspondiam necessariamente a situações as quais eu podia compreender facilmente na dinâmica. Muitas vezes tive que acompanhar o processo sem pretender entender em seguida o que estava se passando.

Enquanto esteve internada na Clínica, passou por uma etapa na qual se pôs francamente insuportável. Intervinha permanentemente sem deixar ninguém falar nos grupos. Contava coisas dos demais deixando aparecer o pior de cada um. Começou a fazer-se odiar cada vez mais por todo mundo. Muitos pacientes e vários médicos residentes pediam que se afastasse da Clínica.

Ao cabo de uns meses a violência começou a ceder e Alice pode contar-me alguns episódios dolorosos e complexos de sua vida. Como exemplo, mencionaremos o seguinte: quando ela tinha 7 anos de idade, a família tinha um casal de caseiros que cuidava da casa. O marido a colocava no banho e a fazia objeto de toques sexuais. Obrigava-a a fazer-lhe coisas e ela se deixava fazer coisas por ele. Recorda que tinha muito medo mas que, em realidade, gostava. Nunca pode dizer nada a seus pais. Isso durou muitos anos, até que os caseiros se foram. Ela tentou algumas vezes contar aos pais algo do que tinha ocorrido, mas estes não acreditaram nela. Nessas condições, ninguém tomou conta da situação.

Nas sessões era comum que, relatando algo que estabelecia um bom clima emocional, de pronto se dava uma mudança total incompreensível. Começava novamente com idéias delirantes da época primeira e então rompia todo o clima emocional que se estava dando. No princípio ela "acreditava"por assim dizer em seus delírios. Logo começou a usá-los psicopaticamente. Era uma forma de não deixar pensar ao outro. Como se, quando se angustiava muito pelo que havia recordado ou dito, se perseguisse e tivesse que atacar o analista ou, melhor dizendo, sua capacidade de pensar, com idéias delirantes ou atuações psicóticas para não deixá-lo pensar. E então, nesse clima, não se podia pensar. Pouco a

Alguns casos clínicos

pouco, como analista pude ir tomando distância e pude manter minha capacidade de pensar. E isto fez com que Alice também pudesse ir desenvolvendo e mentendo sua capacidade de pensar por ela mesma.

Depois de dois anos de tratamento comigo, Alice havia começado sutilmente e na surdina a sentir-se melhor. Tolerava melhor as sessões, mas não tolerava a separação. Era-lhe muito difícil o momento de terminá-las. Fazia todo o possível para reter-me. Dizia que precisava de um "oferecedor permanente de afetos". Durante uns meses sentiu a necessidade de estar invariavelmente acompanhada por certas pessoas significativas da Clínica. Pôde começar a verbalizar que se sentia sumamente agredida e prejudicada quando ficava só e que o sofrimento rapidamente se transformava em ódio. Também podia canalizar-se de formas autodestrutivas. O sentimento de ódio para com seus pais pode ser analisado amplamente como conseqüência da intensa vivência de desproteção e abandono vivida sistematicamente na relação com as muitas situações infantis, sumamente dolorosas e traumatizantes, que ela viveu por falta de cuidados e falta de limites por parte dos pais, que foram gerando um intenso ressentimento. Esses aspectos puderam ser trabalhados na transferência psicótica. Era claro que Alice me agredia desde sua falta de defesa como uma forma indireta de reclamação de assistência por causa da dependência patológica que a paralisava totalmente.

Na transferência psicótica, Alice apresentava situações infantis intensamente traumáticas, mas inclusive essas condutas reproduziam condutas de seus pais. Em particular sua mãe que se bem que fosse na aparência muito paciente e tolerante, na verdade se tratava, como já dissemos, de um controle permanente da agressão que por momentos se descontrolava. Esses episódios haviam sido vividos na infância da paciente como muito ameaçadores. Agora ela, desde uma identificação com esses aspectos ameaçadores da mãe, ameaçava, por sua vez, seu analista e os demais. Seu pai, como já mencionamos, havia sido vivido por Alice como sedutor e perigoso, sobretudo quando pela doença da mãe, ele teve que ocupar seu lugar e jogar ele o papel materno. Nunca soube pôr limites em sua casa e Alice tinha totalmente confundidos desde pequena os papéis materno e paterno.

Pudemos compreender que Alice havia sofrido intensamente em sua infância. Reconstruímos juntos que os primeiros anos de sua vida em que sua mãe depressiva esteve um ano de cama sem poder mover-se deviam ter sido para ela muito traumáticos. Fez-se claro que, como seu pai trabalhava todo o dia fora de casa e quando regressava se ocupava de sua mulher doente, ela e seu irmão fizeram um vínculo estreito como acontece com as crianças abandonadas. Ela se ocupou de seu irmão, mas não tendo uma imagem materna com quem identificar-se, jogou o papel materno substitutivo como pode. À utilização de condutas infantis sedutoras, ninguém soube pôr limites adequados. De tal modo não pôde resolver sua conflitiva edípica nem construir um Superego apropriado.

As precoces relações sexuais de sua adolescência começaram a aparecer como relações de par narcisistas e incestuosas, nas quais havia sempre pouca indiferenciação. Era uma forma de simbiotizar-se com um outro. Também a promiscuidade sexual apareceu como uma incapacidade para estar só. Tudo isso a havia levado a muito, a sofrimentos desde pequena. E um intenso ressentimento havia-se acumulado.

Alice começou a compreender que, quando se sentia débil ou assustada, em lugar de reconhecer isso, vinham-lhe "ataques de má fé"ou" se punha perversa". Considerava que tinha muito medo que lhe passassem por cima porque havia sido muito castigada. Pensava que eu era tão inteligente que a esmagava com minha presença. Dizia que não podia sentir gratidão por ninguém, que estava cheia de maldade. Explicava-me que isso era o que pensava de seus pais, a quem não via nada de bom e muitas vezes queria matá-los. Agora, também muitas vezes tinha medo das pessoas porque as via como "demônios"como via-se a si mesma.

Pouco a pouco, Alice começou a mudar muito positivamente e a poder ser carinhosa com seus pais. Estes estavam muito surpresos e não podiam entender a nova linguagem e as novas atitudes de Alice. Os médicos da Clínica percebiam com muito desgosto essa incapacidade da família em acompanhar o processo terapêutico. Um tempo de isolamento havia produzido um alívio tanto em Alice como em seus familiares. A distância posta com os pais por indicação médica havia lhe permitido sentir-se mais autônoma. As reações de ódio que sentia cada vez que tomava contato com eles foram diminuindo. Em pouco tempo começou a pedir para ir a sua casa e a começar por se ocupar da arrumação da mesma tratando, como ela dizia, de dar-lhe vida. Estando melhor, o irmão, que praticamente não havia podido participar de seu processo terapêutico, começou a vir às sessões familiares e, dessa forma, puderam retomar uma relação que desde há muito tempo havia sido interrompida. Esse apoio por parte do irmão constituiu-se num fator terapêutico importante a partir dessa época. Dessa maneira sua melhora foi se consolidando.

O progresso continuou de forma sustentada e Alice pôde ir integrando-se cada vez mais a uma vida emocional estável e a uma vida social rica e ativa. O trabalho analítico foi se fazendo cada vez mais como o de um paciente neurótico. Alice colaborava agora muito bem comigo.

Ana ou a louca da casa

Existem pacientes manifestamente imaturos, muito apegados e dependentes dos familiares que os rodeiam. Por sua própria condição lhes é difícil distanciar-se, observar e pensar com autonomia. Através da história clínica, descobre-se que desde sua infância seu comportamento se caracterizou pelo apêgo infantil patogênico a pessoas do grupo familiar que, por suas próprias características pessoais, não proporcionaram a função parental específica para favorecer um desenvolvimento autônomo. Não puderam proporcionar os recursos egóicos necessários para que o filho pudesse desenvolver os próprios. Parecem necessitar do familiar doente como depositário de condensações de aspectos não resolvidos de outros membros da família. O paciente é utilizado como um bom pretexto que permite negar as próprias dificuldades e se constitui, assim, em garantia da pseudosaúde mental do resto dos familiares.

Ana tomou contato com a Comunidade aos 30 anos de idade. Vinha padecendo transtornos mentais desde a adolescência, os quais motivaram vários tratamentos e internações, tendo sido categorizada com distintos diagnósticos dependendo da época.

Alguns casos clínicos 233

O núcleo familiar estava formado por seus pais e um irmão maior. O pai, órfão desde os 8 anos, havia chegado por seus próprios esforços a converter-se em um industrial de êxito em seus negócios. A mãe, por sua vez, havia sido abandonada pelos pais ao cuidado de uma irmã maior; parecia muito carenciada com uma personalidade imatura e trazia penosas recordações de dificuldades econômicas que a haviam obrigado ocupar-se de tarefas pouco qualificadas. Quando os pais de Ana casaram-se levaram para viver com eles a sua avó materna, com quem o pai havia feito uma espécie de relação de casal na qual aparentemente encontrava maior gratificação que na relação com sua própria mulher.

A mãe de Ana nos referiu que as dificuldades de sua filha haviam começado na adolescência com a instalação de uma anorexia pertinaz, que foi tratada com regime hipercalórico, e que coincidiu com uma profunda depressão que a levou a abandonar sua carreira universitária. Ana permanecia em sua casa sem fazer nada e sem falar com ninguém. Passou assim vários anos com flutuação de humor, mas sem poder retomar nenhuma atividade consistente até que um dia apresenta uma crise aguda pela qual é levada ao Serviço de Urgência de um hospital. Lá ela não pôde verbalizar para o médico o que sentia, somente pôde chorar desconsoladamente e este, frente à evidência da natureza "nervosa" dos sintomas que observava, aconselhou uma consulta psiquiátrica.

Na reconstrução posterior vamos ver que, desde a adolescência, Ana sofreu angústias e transtornos importantes em sua conduta que não foram reconhecidos no ambiente familiar. Pouco a pouco foram aflorando de uma maneira mais manifesta sintomas maníacos e mentais, tais como grande agitação, que foram aumentando paulatinamente. Vestia-se com roupas raras tomando a aparência de personagens estranhos e por momentos apresentava características francamente delirantes. Quando os delírios tendiam a sistematizar-se era levada a identificar-se com personagens importantes. Esses aspectos megalomaníacos alternavam-se com momentos de intensa regressão infantil nos quais balbuciava como uma menininha e se urinava. Durante um desses episódios se sentiu guiada por uma estrela através de quilômetros, atrevessando vilas e tudo o que cruzava em seu caminho em busca do pai. Também nessa época referia que a ela haviam traído "os extraterrestres e o sol", o que se apresentava como um pensamento francamente delirante.

Internada em uma instituição psiquiátrica, as alternativas que vimos relatando foram interpretadas como uma síndrome combinada maníaco-depressivo na qual os episódios maníacos se acompanhavam de excitação e idéias delirantes e megalomaníacas, e as depressões com surtos autistas que a levavam a recluir-se no ambiente familiar. Foi tratada com uma série de vinte eletrochoques e medicação concomitante.

Parcialmente melhor, volta mais à frente a apresentar outro episódio maníaco depressivo, dessa vez caracterizado por freqüentes ataques agressivos contra os pais, o que motiva uma nova internação. Coincidentemente, seu pai foi hospitalizado em uma clínica afetado de um mal incurável. Ana não tinha consciência da doença e, nessas internações, somente via um complô de seus familiares para deixá-la "louca" para sempre.

Seu quadro mental, acompanhado de deterioração física, segue durante anos com distintas alternativas e diversos tratamentos. Assim, de vários e prolongados fracassos terapêuticos, chega à Comunidade na qual é internada por sua mãe.

Desde os primeiros contatos com Ana e sua família, pudemos apreciar que desde muito pequena idade seu pai a havia distinguido e de alguma maneira a havia designado como sua continuação na vida: por exemplo, que fosse sua sucessora na fábrica que com tanto esforço havia criado, desqualificando seu filho homem de quem dizia que não tinha garra, que era um inútil e só servia para tocar guitarra. Esse jovem se apresentava como muito tímido e seguramente tinha problemas emocionais que não se punham de manifesto como em sua irmã e que não haviam sido detectados por seus pais. Também soubemos que desde menina os pais haviam sabotado as relações afetivas, suas amizades e interesses, sobretudo sua mãe que sempre, sobre uma base de desconfiança, terminava desqualificando qualquer pessoa ou atividade pela qual sua filha mostrasse interesse.

Quando surgia na paciente alguma dificuldade emocional não podia compartilhá-la com seu pai que se distanciava à primeira reclamação, seguramente esperando que se arranjasse sozinha como havia tido que fazer ele mesmo, órfão desde muito pequeno. A mãe, incapaz de ajudar a sua filha, dava a suas reclamações respostas disparatadas que hoje Ana reconhece como "respostas que enlouqueciam", alternando gritos com momentos de calma nos quais tentava aproximar-se para reiniciar de imediato outra vez os gritos (típico duplo vínculo). Dadas as histórias penosas e a infância difícil em que cresceram ambos, carentes de figuras parentais que houvessem podido ajudá-los a criar seus próprios recursos egóicos, nenhum deles podia fazer-se encarregar das dificuldades de sua filha, nem servir-lhe de continente a suas ansiedades. As idéias da mãe a respeito das amizades de Ana limitavam-se com o paranóide: " Querem aproveitar de você, sentem inveja de você, estou segura de que te odeiam, como é que você não se dá conta!", eram algumas de suas reflexões. Não outorgava nenhuma credibilidade aos afetos da paciente, sem tomar em conta a solidão afetiva em que se debatia sua filha, e a desvalorização que significava denegrir tudo o que ela queria. Mais adiante, além das amigas, os noivos seguiram igual sorte. Ana chegou a crer que nada seu tinha valor. A grande expectativa do pai de que fosse sua sucessora foi substituída pela doença e, assim, passou a ser "a grande desilusão" e finalmente "a louca da casa".

Dessa forma é trazida pela primeira vez à Comunidade Terapêutica. A terapeuta que a trouxe, de acordo com o modelo familiar, foi imediatamente desqualificada pela mãe com a proibição de voltar a vê-la. A paciente chorava :" Era minha única amiga e também não a querem, dizem que me faz mal".

A princípio, Ana passeava sozinha pelo pátio da Comunidade alternativamente rindo ou chorando e se algum médico tentava aproximar-se e tocá-la o agredia fisicamente. Isso se prolongou sem modificação durante bastante tempo. Um dia começou a cantar uma marcha fúnebre em memória dos soldados mortos na guerra das Malvinas. Um membro da equipe terapêutica aproximou-se emocionada frente o patético da cena e mesmo com o risco de ser agredida começou a perguntar-lhe se sabia música e se era capaz de tocar ao piano o que estava cantando. Momentaneamente tranquilizada e entre titubeios disse que sim, logo foram ao salão onde Ana tocou e cantou várias canções, e depois chorou desconsoladamente apoiada sobre o piano. Ali começou um vínculo ao qual a paciente se aferrou pedindo-lhe que dali em diante se ocupasse dela, que fosse sua terapeuta, não sem advertir-

Alguns casos clínicos

lhe sobre os riscos que corria enquanto a não ser aceita por parte de sua família, posto que ela a havia escolhido.

Na Comunidade sua atitude era de grande desconfiança para com todo mundo. Pensava que os médicos a odiavam e queriam deixá-la internada para sempre. Estabelecia relações superficiais com seus companheiros pelo temor de ser rechaçada, como ela mesma reconhecería em sua análise individual, atitude impossível de modificar nesse momento em que pese todos os assinalamentos que se lhe faziam nesse sentido. Freqüentemente emudecia ou se retirava de alguma atividade terapêutica quando acreditava que lhe íam questionar ou rechaçar como havia ocorrido toda a vida. Em pouco tempo, da paciente eufórica, agressiva e maníaca, não restava nada.

Somente tolerava uma sessão semanal de análise individual, mas nunca faltava ou chegava tarde. Começou a deprimir-se e a emudecer. Dizia que se sentia como uma planta enquanto olhava o vazio quase sem esperar nada. Havia em sua atitude uma angústia de fundo com um mutismo como de morte. Ela mesma dizia que estava morta, que sentia pânico frente ao silêncio, mas que não se atrevia a falar por medo de esvaziar-se ainda mais do que já se sentia. E se retirava da entrevista quase sem haver podido receber nada de tudo o que se lhe queria dar, tensa e aterrorizada, mascarando sua tremenda necessidade de afeto e aceitando-se tal como se sentia, isto é, completamente desvalorizada.

Começaram as sessões familiares com a concorrência de sua mãe e de seu irmão. Poucas vezes falava e mostrava um estado de total submissão para com a mãe. Um dia, balbuciando, pediu que lêssemos algo que havia escrito. Tirou um papelzinho de sua carteira no qual havia escrito uma carta que se denominava "A minha mãe", na qual dizia que o único que importava na vida era o amor de sua mãe e que ela jamais a abandonaria. Logo começou a chorar. Como toda resposta a esta espécie de declaração de amor, a mãe respondeu:" É lógico, sou sua mãe, assim é como deve ser". Ainda que tudo isso fosse muito penoso, víamos uma mudança da atitude em Ana que ainda que fosse com dificuldades começava a mostrar seus sentimentos, a sair de seu mutismo ainda que fosse através de uma carta lida por outro e se atrevia a chorar diante de sua família, apesar do terror de um descontrole que a levasse à loucura.

Havia sido um ano inteiro de acompanhamento em seu mutismo, interrompido esporadicamente com comentários que não a comprometiam demasiado. Reconhecia entretanto nossa capacidade de escutá-la, como nunca ninguém a havia escutado antes. Ana não se sentia querida por ninguém. Demorou bastante tempo para que levasse à sessão uns textos preparados por ela que mostravam uma grande beleza de sentimentos. Foi uma forma de romper o silêncio entre ela e sua terapeuta, e a partir desse dia a comunicação se estabeleceu por meio de leituras compartilhadas, de textos que selecionavam e liam alternadamente. Logo começou a linguagem da música através de peças que escutavam juntas, e em um ambiente de paulatina confiança já podiam intercalar-se com certa sutileza alguns temas referidos a sentimentos mais íntimos.

Aproveitando um período de férias de sua terapeuta individual, a família decidiu desinternar a paciente da Comunidade. Essa atitude quase furtiva não despertou nela nenhuma reação, retitrou-se docilmente da Clínica como se todos os esforços de médicos e companheiros por acompanhá-la e demonstrar-lhe afeto tivessem sido vãos e ela não houvesse chegado a estabelecer nenhum vínculo com ninguém. Não obstante, continuaram as terapias de família e as sessões individuais.

O ganhar confiança, da paciente, em relação a seus terapeutas foi lento e paulatino. Dizia que vinha com gosto às reuniões já que era o único lugar onde podia expressar-se e ser escutada. Apesar de seus progressos, durante bastante tempo seguiu como que aderida somente a seu núcleo familiar, sem poder realizar nenhuma atividade fora de sua casa pelo pânico que lhe causavam os estranhos, sempre pendente e dependente da família. Começou a sentir a necessidade de que tanto sua mãe como seu irmão a acompanhassem nas mudanças e pudessem mudar também eles, sobretudo este último que pela morte de seu pai se havia feito encarregar de sua posição nos negócios adotando quase mimeticamente sua personalidade. Do irmão covarde e temeroso não restavam rastros, tomava as mesmas atitudes daquele pai arbitrário e autoritário que sempre o havia ignorado e que parecia haver tomado posse dele. Também havia mudado sua atitude com respeito a Ana a quem, à semelhança de seu pai, tratava como a louca incurável da família e lhe falava depreciativamente julgando agora suas amizades e exigindo-lhe uma perfeição que nem mesmo ele sabia do que se tratava. A mãe tão pouco mudava sua atitude de desconfiança para com os demais e de desqualificação para as amizades de sua filha. Nessa época, pudemos reconstruir um episódio da vida de Ana coincidente com seu abandono da universidade, quando numa tentativa desesperada para secapar do clima familiar insustentável fugiu de sua casa para a de uma amiga, para ver se nessa outra família encontrava o que não havia conseguido na sua própria. Dois dias depois seus pais irromperam intrusivamente na casa de sua amiga, acusando-a loucamente de homossexual e de que havia cobiçado a sua filha com essas intenções desonestas. Isso havia terminado por confundir ainda mais a paciente e havia ajudado a que se voltasse ainda mais intensamente a si mesma, sem se atrever a sair do âmbito de sua família.

Pouco depois algo inusitado e atípico aconteceu no processo terapêutico de Ana: na medida que pôde contar amplamente com sua terapeuta individual e de família, deixou de denegrir a experiência passada na Comunidade e começou a compreender o significado de tudo o que havia vivido nela. Em conseqüência, pediu para reingressar na Clínica para realizar certas atividades grupais. Assim, fez o processo ao inverso, como se houvesse necessitado de tempo para assimilar o que recebera durante sua permanência anterior e necessitasse reinserir-se para, por sua vez, devolver algo. Reconciliou-se com alguns médicos, consolidou um vínculo esboçado com uma musicoterapeuta e começou atividades corporais. Ajudava aos pacientes, deixava-se ajudar, colaborava com a revista da Clínica e fazia público o reconhecimento pela ajuda recebida. Através de todas essas novas formas de relacionar-se com o mundo que a rodeava pôde ir desprendendo-se do núcleo familiar asfixiante que lhe impedia toda manifestação afetuosa para o exterior pelo temor latente de receber a reprovação materna com o consequente abandono, e pela exclusidade que exigia seu pai em sua relação. O desprendimento não era somente externo, também ia desprendendo-se da família internalizada que paralisava todas as suas intenções de individuação e de ser ela mesma, não com a pretensão de seu pai de que fosse um êxito nos negócios, senão que através de sua veia sensível que a capacitava para as mais finas expressões do espírito.

A paciente já não se sente uma planta. Conseguiu fazer amizades fora da Comunidade, pertence a um clube onde se destaca como organizadora de atividades. Estuda idiomas e pensa em retomar sua carreira universitária. Deixou de insistir no tremendo esforço de querer transformar sua família. Ainda melhor, compreendeu que muitas das dificuldades de seus pais provinham de suas penosas infâncias e da carência de recursos de cada um deles que foi a principal causa pela qual não puderam ajudá-la em suas dificuldades. Conseguiu ser respeitada por sua família e, com grande alívio, deixou de ser "a louca da casa".

Marcela ou o objeto enlouquecedor

Os delírios ou alucinações, as atuações psicóticas ou psicopáticas assim como muitos sintomas compulsivos, obsessivos, fóbicos ou histéricos graves incluem compulsões sadomasoquistas e cumplicidades perversas. Descobrimos, através da análise, que esses sintomas incluem a atualização de experiências traumáticas dolorosas e vivências de vazio e morte. São essas vivências as que levam compulsivamente ao Ego a recorrer a formas pscipatológicas para poder exercer um controle onipotente da relação objetal que acalme e neutralize a intensidade das angústias persecutórias psicóticas. São formas de relação através das quais o paciente faz o outro sentir a dor e o sofrimento que sentiu nos vínculos primitivos com as figuras parentais. Essas condutas são compulsivas, porque estão movidas por necessidades e expressam exigências e censuras vingativas que aparecem como vorazes e insaciáveis, porque se repetem em um círculo vicioso até que possam incluir mudanças que somente podem vir a partir do outro. Esses aspectos são característicos do que chamamos de objeto enlouquecedor que permite compreender melhor a compulsividade como característica geral da patologia mental e os aspectos intrusivos e patógenos da transferência psicótica. É uma maneira de expressar a existência de um vínculo patogênico internalizado que condensa a história desse vínculo. Na constituição do objeto enlouquecedor há uma confusão sujeito-objeto, que foi construindo-se através de identificações patogênicas que não permitiram identificações normogênicas estruturantes de recursos egóicos próprios. Implica uma alienação em que aspectos do funcionamento mental do outro começam a tomar posse do funcionamento próprio do sujeito e o alienam no sentido de uma possessão, que metaforicamente podemos referir como demoníaca. A transferência psicótica terá que se desenvolver no vínculo transferencial para poder realizar as transformações necessárias do processo terapêutico.

Marcela, de 30 anos de idade, padecia de uma neurose obsessiva grave com características psicóticas. Entrou na Comunidade depois de vários tratamentos ambulatoriais anteriores. Era filha de um pai que se mostrava pessimista e às vezes desqualificador em relação à sua filha e ao seu tratamento; e de uma mãe infantil e imatura com um alto nível de ansiedade e que sofria de crises asmáticas. Se bem que os pais assinalavam que a enfermidade de Marcela havia começado aos 15 anos, as dificuladades haviam surgido desde os primeiros meses de vida com um choro incessante e a impossibilidade de acalmá-la, a tal ponto que lhe ficou o apelido de chorona.

Os familiares disseram-nos que Marcela não podia estabelecer um diálogo com os demais e que repetia insistentemente determinadas frases, anulando suas possibilidades de manter uma troca adequada. Tinha atitudes ritualistas, como parar com as mãos estendidas para trás como que procurando equilíbrio, e independentemente da hora reiterava, aos gritos, perguntas obsessivas a seus pais.

Também se negava a tomar banho por temer que houvesse ficado algum sêmen na banheira que viesse a engravidá-la. À noite entrava no quarto dos pais aterrorizada, com a convicção de ter engolido moedas e dizendo que tinha gosto de nafta na boca, sem que os pais conseguissem acalmá-la. Guardava papéis, passagens de ônibus e todo tipo de objetos inúteis, motivo pelo qual seu quarto era "um depósito de coisas inúteis". Também começou a registrar todas as atividades que havia planejado no futuro imediato: cortar as unhas, tomar banho, fazer determinada pergunta etc. Sempre manifestou um intenso temor que as visitas levassem objetos da casa ou que ela pudesse levar coisas das casas alheias, temor pelo qual solicitava revistar as visitas ou que a revistassem, segundo as circunstâncias.

Internou-se na Clínica sem opor resistência, quase aliviada e alegando que "não podia mais", que sua vida "era um tormento". Quando começamos a conhecê-la, colocou-se em evidência o verdadeiro martírio com o qual Marcela convivia de forma quase permanente. Não manifestava uma coerência em seu pensamento e sim atuava aspectos parciais ritualistas referentes a seu asseio pessoal e à limpeza de seu quarto. O tipo de relação que estabeleceu com os demais se converteu em um suplício através do qual nos fazia sentir o sofrimento que deve ter vivido no transcurso de sua vida. Ela era o centro do universo: não podia escutar, atrapalhava as reuniões grupais com uma voracidade que não permitia a inclusão de um terceiro em seu diálogo. Queria as respostas sem demora, não existia a menor tolerância à espera. A separação era-lhe intolerável e nada, nem ninguém parecia satisfazê-la . No momento em que estava para finalizar qualquer atividade terapêutica iniciava sua avassaladora chuva de perguntas cuja finalidade, mais do que obter uma resposta concreta, era nos reter por ter uma intensa angústia de separação. Marcela funcionava gerando ansiedade e com a terrível sensação de que não podia valer por si mesma; portanto, a separação era vivida como uma morte. Podemos dizer que se apresentava como uma casca vazia de personalidade, funcionando somente com fragmentos de comportamentos esotéricos que lhe davam um aspecto de boneca mecânica.

Era evidente que a característica da patologia de Marcela de repetir frases de forma insistente, perguntas ou afirmações, era uma forma de controlar sua interação com os demais a partir de uma desconfiança profunda, certamente vivida desde sua mais tenra infância, revivendo no contado com qualquer um o temor de sentir-se invadida e estragada pela troca. Agora, utilizava as palavras, frases e perguntas como uma couraça protetora, transformando o possível diálogo em uma espécie de monólogo rígido onde o outro ficava a serviço de suas necessidades básicas de controlá-lo e castigá-lo vingativamente em um vínculo transferencial, usando-o como um objeto que serve para descarregar (objeto de uso múltiplo) angústias, agressões, exercer sadismo, recriar uma vivência de onipotência e de triunfo sobre o outro. Muitas vezes a pergunta: "Não tem nada para me dizer?" que repetia com

Alguns casos clínicos

insistência compulsiva incontrolável, veiculava uma demanda de algo que nunca podia ser satisfeito porque nunca podia ser decifrado.

Seu quarto na Clínica também se transformou em um depósito de coisas inúteis, com o temor constante de Marcela de que se perdessem. Cada vez que abria o guarda-roupas entrava em pânico pois acreditava que pelo simples fato de abri-lo já havia se extraviado algo. Não podia tomar banho, nem sequer lavar o rosto, e todavia era capaz de passar uma hora na frente de uma cadeira examinando a sua pulcritude pois a horrorizava contaminar-se. Cada vez que entrava em crise de angústia e a mãe se aproximava com a intenção de aliviá-la, Marcela gritava ainda mais e até a agredia fisicamente. Poderíamos dizer, então, que sua mãe atuava como amplificador das angústias de sua filha, e reconstruir a partir dessas experiências atuadas, as dificuldades que a mãe deve ter tido para acalmar o choro da filha durante os primeiros meses de vida. Bion fala da capacidade de *reverie* no sentido da mãe poder devolver ao seu filho as angústias metabolizadas para chegar a um desenvolvimento normal. Winnicott menciona a importância do ambiente facilitador e da mãe suficientemente boa como condição *sine qua non* para que possa realizar-se um crescimento psicológico. Nós insistimos no valor das identificações estruturantes que se fazem dentro de um vínculo simbiótico sadio, no qual o filho pode utilizar os recursos egóicos das figuras parentais como parte de si mesmo. Em Marcela, era evidente, não puderam ser levadas a cabo essas experiências estruturantes que permitem o desenvolvimento de um verdadeiro crescimento psicológico. Em seu processo terapêutico, Marcela deveria passar de uma simbiose patológica para uma simbiose sadia e em seguida, mediante um processo de desimbiotização, chegar à conquista de uma verdadeira autonomia.

Através das descrições que fizemos, vê-se claramente que Marcela vivia aterrorizada, imersa em um mundo compulsivo-delirante no qual se encontrava totalmente presa. Conservar papeizinhos e vários objetos inúteis que encontrava pela rua, guardando-os em suas caixas, expressava o temor permanente de perder, como se nestas coisas houvesse parte dela mesma. Também, escrever em papéis que ia amontoando, a lista de atividades planejadas, era uma forma obsessivo-compulsiva de evitar perder recordações, ou seja, objetos de seu mundo interno. Sabemos que as crianças pequenas têm atividades mentais parciais momentâneas de curta duração e mudanças bruscas de uma forma de atividade para outra, de objetivo totalmente diferente, e também mudanças bruscas de humor, passando, por exemplo, do riso ao choro ou da angústia ao riso. Essa característica da condição natural da criança pequena vai mudando no sentido de organização da conduta em seqüências cada vez mais prolongadas em busca de objetivos mais distantes. Essa capacitação vai se fazendo normalmente assistida e apoiada pelas figuras parentais que sustentam ao Ego do *infans* que faz experiências e desenvolve recursos próprios. O futuro neurótico-obsessivo aparece então como uma criança que vive aterrorizada pelo temor de não estar cumprindo com as expectativas, exigências, mandatos ou indicações dos pais, como se esquecer de alguma coisa pudesse trazer como conseqüência o abandono que o aterroriza. Através do crescimento, vai gerando-se uma modalidade de funcionamento mental que, ao não poder construir-se sobre experiências enriquecedoras próprias realizadas desde uma espontaneidade assistida, estrutura-se sobre a base de cumprir aos mandatos e satisfazer expectativas, ficando o sujeito, então, literalmente submetido a essas exigências que funcionam dentro da mente como objetos persecutórios, mas por sua vez indispensáveis para a estabilidade do funcionamento mental. Assim é que cortar as unhas ou ter que se banhar é um mandato de uma tarefa a cumprir, sua perda, que permite a possibilidade ainda que seja momentânea de perguntar a si mesma qual é seu próprio desejo, fica totalmente anulada pela vivência atemorizante de abandono a uma condição de vulnerabilidade que o si mesmo experimenta quando se esquece do mandato.

Isso que vimos descrevendo é um aspecto importante do funcionamento em termos de objeto enlouquecedor. A outra vertente estrutura-se quando as características compulsivas que os mandatos têm na mente do paciente, transformam-se em identificações patógenas a partir das quais o sujeito maneja onipotentemente o temor às perdas e o abandono perseguindo aos outros; por exemplo, com perguntas obsessivas que é a maneira em que o sujeito sente-se perseguido por ordens internas. Marcela sentia-se perseguida por todo esse mundo persecutório; mas a partir sua vulnerabilidade, procurava mantê-lo como o único que possuía. Assim, a política obsessiva-compulsiva de características psicóticas e psicotizantes, como se descreve em termos de objetos enlouquecedores, completa-se como círculo vicioso quando o sujeito se identifica com os perseguidores tornando-se perseguidor. Além do que, é necessário manter essa perseguição armada a partir de si mesmo para que este não entre em colapso. Esse tipo de funcionamento vai se tornando tão inconscientemente absorvente que o sujeito não se dá conta que seu si mesmo vai ficando anulado, autodesconhecido, e que a personalidade vai tomando a forma de uma casca vazia, como descrito anteriormente.

As sessões de Marcela limitaram-se, durante meses, às suas perguntas e mais perguntas, sem sentido aparente, e que exigiam respostas imediatas que não conseguiam nunca satisfazê-la. Marcela aparecia como insaciável e sentíamos contratransferencialmente que ela nos maltratava como deve ter sentido que era maltratada por seus próprios pais. A terapia familiar permitiu-nos visualizar, direto e ao vivo, através da interação de Marcela com seus pais e irmãs, as dificuldades que transladadas à infância nos permitem compreender de que maneira o funcionamento obsessivo-compulsivo era uma forma de funcionamento mental armado para defender-se e poder viver em um ambiente familiar enlouquecedor. Às perguntas obsessivas de Marcela, a mãe respondia: "Seu pai vai morrer por tua culpa, o vais matar de infarte", enquanto que o pai zombava de suas lágrimas repetindo-lhe o apelido de chorona. Pensamos que Marcela foi transformando paulatinamente seu choro em defesas obsessivas porque sentia terror em ser desqualificada. Víamos que a repetição nos aspectos enlouquecedores atuados por Marcela para com os demais, como suas intermináveis perguntas, correspondia a aspectos introjetados a partir de uma mãe intrusiva, exigente, sem que se possa saber bem o que é que exige, sem saber responder a essa exigência, sentindo-se sistematicamente desqualificada porque alguém jamais satisfaz o desejo do outro, enchendo-se de ódio e frustração porque a persistência da exigência materna afoga e anula as necessidades de exigências infantis sadias do filho. No capítulo "Função Terapêutica", apresentamos alguns diálogos de Marcela com sua mãe, quando a seus requerimentos como, por exemplo, de "mamãe eu tenho medo", a mãe a chamava de mentirosa e chorona

Alguns casos clínicos 241

e a mandava lavar-se para que "não perturbasse mais". Era evidente que a mãe, ao não poder lidar com a ansiedade de sua filha, tratava de alijá-la sem levar em conta sua angústia e vulnerabilidade. As necessidades primárias de Marcela chocaram com as próprias necessidades das figuras parentais; a vulnerabilidade natural se encontrou com a carência do objeto real e sua hostilidade. A presença desse objeto se converteu em traumática e enlouquecedora por sua incapacidade de cuidar. A única saída foi a mimetizar-se com o objeto que enlouquece.

Durante bastante tempo, nossa atitude terapêutica consistia quase que exclusivamente em tentar criar nas sessões um clima emocional tranqüilizante e apropriado, diferente do adoecedor, que permitisse à paciente realizar experiências inéditas nesse processo de redesenvolvimento de recursos egóicos genuínos que a levaram a encontrar-se com seu si mesmo. Diríamos que era mais importante o tom da voz que usávamos do que o conteúdo das palavras que dizíamos. Se conseguíamos acalmá-la e resgatá-la de sua ansiedade em relação com o vínculo terapêutico que estabelecemos, isto já era uma experiência inédita para ela. Nos momentos em que entrava em pânico, falávamos-lhe carinhosamente e pouco a pouco, através de uma aproximação às vezes física, como levá-la pela mão ou sentá-la perto de nós, conseguíamos tranqüilizá-la. Um aspecto positivo, foi a incorporação nas sessões de uma troca lúdica que lhe permitia sair da transferência psicótica. Também pudemos ver que a elaboração dessa transferência psicótica inclui necessariamente o *acting-out*, que é uma forma vingativa de fazer o analista viver as perseguições sofridas na relação com seus pais. Isso parece ter sempre um componente vingativo e uma exigência; mas a verdadeira exigência é encontrar no terapeuta a figura parental estruturante que não teve, ao mesmo tempo que colocá-lo à prova no que tange à sua capacidade de encarregar-se das dificuldades do paciente.

Depois, em um clima de menor ansiedade graças à incorporação paulatina de experiências enriquecedoras que foi fazendo, e com maior confiança em nós, Marcela pôde mostrar cada vez mais coisas que surgiam dela mesma, como esses profundos medos que agora não eram desqualificados e sim contidos psicologicamente. Podia chorar sem ser denegrida. Quando conseguia emocionar-se, desapareciam as defesas obsessivas ou as identificações asfixiantes. Através desse processo de desgaste durante seu processo terapêutico, Marcela pôde começar a pensar e foi possível reconstruir os aspectos mais traumáticos de sua vida.

Quando começou a melhorar e a poder reclamar o afeto de modo são, colocou-se claramente em evidência que ninguém de sua família estava em condições de dar apoio e reconhecimento. As irmãs, identificadas com a modalidade auto-suficiente dos pais, a desacreditavam como a que nunca sabia fazer nada, contribuindo dessa maneira a devolver-lhe o papel da louca e inútil. Vemos como um ser humano preso nesse tipo de circunstância ambiental, no qual aparecem claramente alguns dos elementos que Bateson (16,17) e outros definiram como duplo vínculo, não somente não pode nunca ganhar, como sente que também não pode viver e, para sobreviver, vê-se obrigado a tomar elementos dos objetos e personagens dos quais depende - identificações - para poder defender-se e ao mesmo tempo vingar-se deles. Ficou claro que o funcionamento de tipo objeto enlouquecedor de Marcela, armou-se sobre a base de uma identificação com aspectos ansiosos, intrusivos e enlouquecedores da mãe, e aspectos denegritórios do pai, e que todas as reclamações de assistência que podia fazer ao pai eram desconhecidas pelas próprias carências deste. Não sabia o que sua filha lhe pedia e o que podia fazer com esse pedido. Quando, através da terapia familiar e individual, Marcela começou a ser resgatada terapeuticamente, as expressões espontâneas e novas de seu si mesmo tiveram que ser apoiadas e defendidas pelos terapeutas para neutralizar, na medida do possível, o acionar patógeno da família, com limites adequados que freiaram essas ações deletérias que condicionaram, durante bastante tempo, reações terapêuticas negativas, típicas de Marcela. Deve-se levar em conta que os sintomas se mantêm para mascarar a vulnerabilidade e que, na medida em que o paciente vai adquirindo uma verdadeira força egóica e que tenha elementos para enfrentar o conflito, os sintomas poderão ser abandonados sem que o paciente sinta-se invadido pela angústia. O repetitivo do sintoma é o último a ser abandonado, e o destino do paciente depende de que o terapeuta esteja convencido de seus progressos, ainda que se apresentem recaídas.

Marcela mudou, foi compreendendo as verdadeiras dificuldades de seus pais e pôde tornar-se independente de sua família internalizada, em um período que poderíamos chamar de desidentificações com os objetos enlouquecedores. Apesar de todas as dificuldades, a família apoiou, à sua maneira, o tratamento e os pais reconheceram as mudanças produzidas.

Pensamos que, além da técnica empregada no processo terapêutico dos pacientes mentais graves, a qualidade do vínculo entre paciente e terapeuta é um dos fatores mais importantes do mesmo. Nas condições que descrevemos em relação à Marcela, compreendemos que o si mesmo, aterrorizado pela autopercepção de sua vulnerabilidade e por um profundo sentimento de desvalorização, necessita de uma assistência firmemente sustentada para poder estruturar uma confiança básica que lhe permita despreender-se de suas políticas onipotentes, arrogantes e ameaçadoras, para encontrar uma nova maneira de viver psiquicamente e é necessário saber que, desde essa profunda submissão autodestrutiva, parece que muitas vezes o único fio condutor é a percepção que o sujeito pode ter da forma em que ele existe para o outro.

Carlos ou grande mentiroso

A gravidade da patologia mental não se revela na grandiosidade dos sintomas. Há condutas psicopáticas aparentemente muito graves que têm, todavia, menor rigidez e maior reversibilidade. Nesses casos, nas condutas psicopáticas, percebem-se melhor os componentes vingativos e as queixas incluídas na atuação. Assim, coloca-se em maior evidência a origem das mesmas no meio familiar. Trata-se de pacientes que não haviam sido ouvidos na ocasião e que tiveram de recorrer à linguagem da ação para provocar impacto. Os pacientes mais atuadores têm, em geral, melhor prognóstico do que os que estão estruturados em condutas e formas de ser estereotipadas e cristalizadas.

Carlos era um paciente psicótico com defesas psicopáticas de 16 anos de idade. Desde os 12 anos começou a apresentar transtornos graves traduzidos, dentre outras coisas, em

Alguns casos clínicos

pequenos roubos em lojas, dos quais se gabava. Um dia, o roubo foi de maiores proporções. Seu pai, homem extremamente violento, quando soube foi buscá-lo e começou a bater-lhe - coisa que fazia com freqüência - sem parar até chegar em casa. Desesperado, Carlos tentou jogar-se pela janela, repetindo assim um episódio anterior quando aos 9 anos foi resgatado por sua mãe que conseguiu segurá-lo por um perna evitando que caísse no vazio.

Em função desse episódio, o paciente entrou na Comunidade, abatido e ao mesmo tempo violento. Dizia que não podia olhar seu rosto no espelho e que os olhos se viravam para trás deixando-o cego, sensação que tinha desde os 8 anos. A mãe, uma mulher muito imatura e vulnerável, não dava importância a essas expressões de Carlos e dizia que eram bobagens enquanto que o pai, muito angustiado, gritava acusando-o de "fazer teatro", desencadeando brigas infernais já que ninguém parecia poder aguentar a situação. Impotente frente às reações familiares, o paciente começava desesperadamente a quebrar tudo o que tinha a seu alcance e a bater a cabeça contra as paredes enquanto que seu pai tentava detê-lo batendo.

Nunca teve um amigo, foi expulso de vários colégios por má conduta e teve de interromper seus estudos na quinta série. Durante todo o dia, falava com um amiguinho imaginário a quem chamava de Carlos, como ele, até que um dia anunciou à sua família que "Carlos morreu ontem, atropelado por ônibus ao sair do colégio". Nunca mais falou dele.

Sua conduta no início da internação foi tumultuosa: denegria a tudo e a todos, gritava que queria morrer e pedia que o matassem. Dizia que odiava todo mundo, especialmente a seus pais, a quem pedia aos gritos que morressem, para depois se atirar ao chão pedindo perdão e que o matassem.

Nesse estado, Carlos não podia tolerar os grupos e nem escutar o que se falava. Ia para seu quarto repetindo, como tantas vezes o havia feito em sua casa, que não podia ver seu rosto e que os olhos se reviravam ou, ainda, tentava quebrar tudo o que encontrasse no seu caminho.

Tentando adiantar-nos às suas necessidades, em uma primeira etapa, íamos buscá-lo no quarto tentando favorecer um contato afetivo e fazendo-o sentir que, apesar de suas atitudes, ele contava conosco. Se não se tranqüilizava imediatamente e continuava muito violento, colocava-se nele a camisa-de-força com o que ele se tranquilizava imediatamente, até o ponto em que "se via chegar o ataque", segundo sua expressão, ele mesmo a pedia e desta maneira começava a falar com a tranqüilidade de saber que não podia machucar a ninguém. Várias vezes pediu a "camisa" em suas sessões individuais, por temer bater em seu terapeuta. Se bem que parecia rejeitar-nos verbalmente, pudemos dessa maneira conter sua agressão física e demonstrar-lhe ao mesmo tempo nossa adesão e compreensão.

Nas reuniões de família, descobrimos que entre eles não cabia a palavra afeto. O pai mostrava-se hipersensível e utilizava mecanismos defensivos semelhantes aos que, por sua vez, haviam-lhe transmitido seus pais violentos, negando toda a dor que representava a situação. Frente às demandas de afeto de Carlos, respondia com estereotipias negadoras, tais como "os homens nunca choram" ou ainda "os homens que choram são bichas", desqualificando o choro e os medos que seu filho mostrava. A mãe, filha da velhice de um pai irrascível que sempre lhe causava medo, havia repetido com seu par a relação paterna e lhe era impossível colocar limites nas situações de violência. Além do que, carregava o peso de dois irmãos, bem mais velhos que ela, que haviam sido internados com graves surtos psicóticos. Imatura e hipersensível, bloqueava sua afetividade por temor do que pudesse acontecer-lhe.

Muito depois, Carlos pôde reconstruir que esse "não se ver", que repetia sem cessar, implicava não saber quem era na realidade com a conseguinte incapacidade para reconhecer-se como alguém com identidade própria. Assim, mimetizava-se alternativamente com pacientes vários da Comunidade, confundindo seu terapeuta e o resto da equipe. Por exemplo, em uma ocasião em que um paciente com graves idéias suicidas contou-lhe que planejava fugir da Comunidade para dar-se um tiro, Carlos contou imediatamente a mesma história a seu terapeuta como sendo ele o protagonista. Se algum paciente dizia que escutava vozes, ele interrompia violentamente qualquer atividade da Clínica dizendo aos gritos que o estavam enlouquecendo e que agora, "além de tudo", escutava vozes.

Todavia, apesar de toda essa violência, algo começou a mudar em Carlos. O fato de termos nos adiantado à suas necessidades, buscando-o antes que ele o pedisse - até que pôde pedir por si mesmo -, não termos nos assustado frente à sua violência trantando-o sempre com consideração, ainda que colocando limites de contenção à sua agressão, sem maus tratos físicos, foram para o paciente experiências inéditas que, necessariamente, teve de passar.

Esse caso ilustra bem a maneira em que as atuações comumente chamadas psicopáticas veiculam censuras vingativas e queixas, ambos igualmente compulsivos nos pacientes. Em um ambiente familiar caracterizado por condutas de ação e com um modelo de par parental com características de vínculos simbióticos patológicos com componentes sadomasoquistas, poderíamos dizer que o paciente, desde pequeno, nunca teve lugar para expressar suas necessidades afetivas e de assistência egóica, não pode desenvolver seu próprio eu com base em uma espontaneidade e nem encontrar o espaço psicológico para um processo de individuação próprio. As condutas patológicas que descrevemos podem ser interpretadas como tentativas de ser alguém por imitação; assim foi como na Comunidade começou a mimetizar-se alternativamente com vários pacientes trazendo histórias alheias como vividas por ele mesmo, poderíamos dizer, inventando-se personagens histericamente. Essa plasticidade mimética de Carlos ajudava-o a expressar indiretamente a angústia de ficar louco que, muitas vezes, apresentava-se como o temor infantil de que quando crecesse poderia chegar a ser como as figuras parentais que ele percebia enlouquecidas. Com isso, queremos descrever as circunstâncias de uma criança que ao não poder ter a assistência que necessita dos adultos para poder chegar a ser ele mesmo, cai necessariamente na armadilha de não encontrar outra maneira de ser do que a imagem dos outros, ainda que isso o aterrorize. Ser como os outros é ser louco e não ser alguém é ser nada. Essa dinâmica mental era expressa desde a sua impotência, desespero e vulnerabilidade através de uma amplificação histérica para reclamar assistência e isso era o que, por sua vez, enlouquecia a seus pais, paralisando a mãe em sua imaturidade e exasperando o pai, por si mesmo violento, que o acusava de fazer teatro porque percebia que, em certa medida, seu filho fazia teatro. Ao não receber o genuíno da reclamação, via somente teatro em tudo o que seu filho fazia.

A solidão de Carlos dentro de suas circunstâncias era somente mitigada pelo amiguinho imaginário fabricado segundo sua imagem com quem compartilhava suas angústias. Assim é como seu desespero chega ao máximo quando um dia decide um suicídio fantasiado anunciando para a sua família que "Carlos morreu ontem", a partir do qual selava definitivamente a possibilidade de falar de si mesmo.

É evidente que quando ingressou na Clínica, esse adolescente se debatia tiranizado por pulsões internas fortemente contraditórias. Ao denegrir de forma constante a todos e dizer que odiava a todo mundo, aparecia como diabólico e carregado de maldade, o que era uma fachada usada como proteção, diante do mundo exterior percebido como ameaçador, cuja origem era o clima familiar de violência em que sempre havia vivido. Pedir seguidamente perdão, surgia de seus fortes sentimentos de culpa e, clamar por que o mataram era uma forma de mostrar seu desespero absoluto ficando, por sua vez, a queixa genuína lamentavelmente presa nessa forma histérica não autêntica em que ficava enredado. Também as expressões de que não via seu rosto, e que os olhos se reviravam, eram diferentes tentativas de fazer-nos sentir seu vazio existencial, sua falta de identidade própria, reclamando-nos indiretamente ajuda.

Assim é que para atender adequadamente a esses pacientes, necessitamos adiantarmos às suas necessidades para evitar que comecem a reclamar ajuda psicopática, histérica ou psicoticamente, quando eles já estão fechando e nos estão fechando a possibilidade de ajudá-los. Igualmente, além do trabalho interpretativo psicanalítico propriamente dito, necessário para desenvolver a capacidade de pensar do paciente, é necessário destacar a importância de encontrar a maneira idônea de colocar limites que contenham a agressividade, a violência e a arrogância e/ou onipotência das expressões atuadas que nesse caso, como exemplo, foram experiências inéditas na vida de Carlos, fundantes de novos funcionamentos mentais e novos recursos egóicos próprios desse ser humano. Pode parecer paradoxal, mas é importante recordar que a velha camisa de força pode ter uma indicação útil.

Assim é que, depois, Carlos pôde começar a pensar e, assim, ir abandonando sua linguagem anterior que era de ação, como a das crianças, em paralelo a uma identificação patológica com os mecanismos violentos de seu pai que o enlouqueciam. Em conseqüência, quando se retirava com violência de alguma atividade terapêutica, já não o íamos buscar como antes. Ele já estava em condições de relembrar, de pensar por si mesmo e voltar ao grupo ou reelaborar sua atuação na terapia individual. Agora o maltrato para com os demais era mais psicopático do que psicótico, portanto mais consciente de sua "maldade". Toda a Comunidade lhe colocava limites considerando que ele agora tinha recursos para se encarregar de seus impulsos. Seu terapeuta comunicou-lhe que seria difícil trabalhar com ele se ele persistisse em situações de maltrato. Na terapia de família, conseguíamos colocar-lhe limites através do terapeuta de família que atuava como modelo de pai. Dessa maneira, tanto o paciente como seu pai tranqüilizavam-se, esse último identificado com este novo modelo mais estruturante que, ao mesmo tempo, lhe permitia utilizá-lo na relação com seu filho e servia-lhe também a si mesmo para modificar seus aspectos superegóicos sádicos em relação com seus aspectos mais indefesos. Pôde chorar diante de sua família e manifestar sua desolação com respeito a seu sofrimento psíquico dutante sua infância. Vemos assim, como foi se incrementando uma maior participação emocional e a possibilidade de compartilhar situações, o que é difícil em famílias com graves dificuldades como essas. Carlos via cada vez mais e com maior clareza a fachada que seu pai empregava para esconder sua vulnerabilidade - o que lhe permitia compreender de onde havia tirado seu modelo -, a sua própria e de toda sua família. Foi assim como começaram a se conhecer e a se querer. Mais adiante, o paciente nos reclamou mais espaço para sua mãe que nunca expressava sua dor nem lutava por si mesma. Pudemos então ajudá-la a compreender como repetia com sua família atual e conosco o que havia se dado em sua família de origem, pois pelas dificuldades com seus irmãos ela ficava sempre para depois. Assim pôde pedir, chorar e brigar, pela primeira vez em sua vida, nesse clima de confiança psicológica. Pudemos compreender como Carlos ao adoecer reclamava ajuda não só para ele, mas também para toda sua família, e como através do processo terapêutico, vão produzindo-se transformações em todos os membros capacitando-se, cada um, para acompanhar melhor o paciente e acompanhar-se também, eles mesmos, através de novas experiências.

Carlos abandonou paulatinamente sua onipotência sem se sentir invadido pela angústia e pôde ir desenvolvendo sua personalidade distorcida e detida durante tanto tempo. Nesse momento do processo terapêutico, vão se sucedendo etapas que são as que vão levando à melhoria e à cura: o surgimento do ser genuíno; o abandono de identificações patogênicas com objetos enlouquecedores dos quais o paciente dependeu tanto tempo; o poder ser ele mesmo ao poder desprender-se dos diversos personagens utilizados inconscientemente, para mascarar a vulnerabilidade através da briga e do denegrimento (usadas tanto pelo filho como por seu pai para sentirem-se fortes). As reclamações de atenção já não estavam carregadas de tanta violência. Ter podido expressar todo seu narcisismo destrutivo no clima de segurança que pudemos oferecer-lhe fez com que emergisse todo o amor e agradecimento, ingredientes essenciais da saúde mental.

Carlos chegou a uma verdadeira autonomia através de seu processo terapêutico. Pensar por si mesmo, ver a seus pais tal como eram querendo-os, apesar de suas dificuldades, renunciando ao rancor pelos maus momentos vividos, escolher um trabalho satisfatório, ter amigos sem submetê-los ao maltrato e sem se sentir exigido e desfrutar da convivência, todos são exemplos de autonomia psicológica. Carlos sentia-se sereno, seu agradecimento para como todos o que o haviam ajudado era evidente. Suas sessões individuais se reduziram de diárias a duas vezes por semana, fato que mostra que uma dependência sã na relação terapêutica leva necessariamente à independência. Ao mesmo tempo invertendo os papéis, começou a ajudar toda sua família.

Madalena ou a outra dimensão

O crescimento tão significativo da drogadição obriga-nos a pensar no incremento da vulnerabilidade dos indivíduos que os faz mais indefesos frente à proposta aparentemente sedutora da droga, como instrumento supostamente valioso para enfrentar as dificuldades da vida cotidiana. Existe um fator comum a todas elas que é o déficit nos pacientes adictos de desenvolvimento de recursos egóicos próprios que permitam o equilíbrio emocional e a maturidade da personalidade necessários para poder dizer "não" à proposta da droga.

Madalena é uma paciente drogadita de 30 anos de idade, pertencente a uma família de classe alta, cujos pais divorciaram-se quando ela tinha 8 anos. Chegou à Comunidade conduzida por seu pai em virtude de um episódio de muita violência durante o qual destruiu parte dos móveis de seu apartamento. Parece que, de vez em quando, protagonizava episódios carregados de atuações psicopáticas violentas que haviam obrigado a outras internações prévias.

Há algum tempo vivia só, depois de uma desafortunada relação a dois de curta duração, que terminou em função de uma agressão importante por parte dela ao companheiro. Além dessa relação, sua dependência intensa e medo ao abandono levavam-na a ter condutas promíscuas com desconhecidos que encontrava pela rua. Pouco a pouco seu comportamento foi tornando-se cada vez mais bizarro, começou com atuações psicopáticas e apresentou episódios francamente delirantes nos quais, em várias oportunidades, a polícia interveio. Por exemplo, tinha o costume de despir-se e caminhar assim pela rua, ou às vezes pelo parapeito de suas janelas pondo em perigo sua vida. Outra vez tentou levitar do terraço de sua casa.

Há poucos dias na Clínica seu comportamento delirante cedeu rapidamente e assim foi como soubemos que a paciente era adicta da maconha e da cocaína, o que havia passado despercebido no meio familiar. Podemos descrever a paciente como uma pessoa inteligente, emocionalmente hipersensível e sedutora, com traços de personalidade que poderíamos enquadrar como histéricos e com condutas psicopáticas.

Através da terapia individual, familiar e de sua participação na Comunidade, pouco a pouco começamos a conhecer o conteúdo dos episódios delirantes, sempre produzidos a partir da ingestão solitária de drogas. Através do uso da cocaína tentava provocar em si algo como a passagem para outra dimensão mental na qual existia um personagem amado que era um antigo noivo que havia tido e a quem continuava idealizando. Quando a angústia se fazia intolerável, o efeito da cocaína permitia-lhe poder vê-lo alucinatoriamente e inventar uma relação delirante com ele. Às vezes, esse personagem era uma espécie de protetor para ela, ou bem se convertia em perseguidor que controlava suas atuações impedindo-a de consumar relações com outros homens. Em outras oportunidades, a erotização do vínculo imaginário era de tal intensidade que a levava compulsivamente a sair na rua em busca de um homem (um substituto) com quem ter relações sexuais. Essa espécie de ritual era a única forma de acalmar sua angústia e, nesse sentido, toda sua atuação delirante se comportava também como uma dição. A droga permitia-lhe atuar o comportamento aditivo.

Quando compreendemos o conteúdo dessas atuações delirantes, podemos vislumbrar as dificuldades que haviam surgido em sua relação de casal. Fez-se evidente a dependência patológica que estabeleceu com esta e o temor ao abandono que aparecia como uma aterradora sensação de abandono e morte. Essas vivências engatilhavam a necessidade compulsiva de agredir seu companheiro - uma vez chegou a feri-lo com uma faca - e de fugir de casa para deitar-se com qualquer homem. Ela dizia: "Assim sentia que era eu quem o deixava"; tal era seu medo da dependência e do abandono. Essa sensação persistiu durante muito tempo de seu tratamento porque devia ser ela quem deixava as sessões individuais dez minutos antes do horário: "Não posso tolerar quando me dizem que devemos terminar". Quando seu terapeuta pôde interpretar-lhe esse comportamento e relacioná-la com seu temor angustiante ao abandono antes assinalado, pôde aceitar esse assinalamento e recorrendo ao seu senso de humor, o pânico ao abandono começou a ceder em favor de poder ver a si mesma carinhosamente nessa situação.

Na terapia de família podemos ver no pai uma pessoa inteligente, habitualmente controlada em seu comportamento que, todavia, podia, às vezes, mostrar-se imprevisível. Adivinhava-se uma personalidade violenta. Por outro lado, a mãe apresentava um aspecto desalinhado, uma atitude depressiva e narcisista, pouco ligada na realidade e com dificuldades para perceber as verdadeiras necessidades de sua filha. Madalena não conservava recordações carinhosas da mãe de sua infância, já que não lembrava que a tivesse acariciado nem tido contatos corporais carinhosos com ela. Parecia não ter consciência da magnitude dos problemas de sua filha e esperava que todos os inconvenientes de sua vida se resolvessem recorrendo a comportamentos esotéricos. A paciente diz agora que se dá conta de que sua mãe, apesar de sua inteligência, havia sido sempre como uma morta em vida e que sempre lhe havia transmitido a morte; sentia-se aterrorizada quando pensava que havia sido criada por um cadáver. Dava-se conta agora de que sua mãe sempre a havia necessitado doente para que lhe desse vida através de suas loucuras.

Depois, na reconstrução de sua vida, nos encontramos com vivências relacionadas com situações traumáticas específicas. Episódios desconcertantes de sua infância relacionados com seu pai a quem ela vivia como perigoso e a quem acusava de ter querido seduzi-la. Se bem que nessas acusações podíamos ver a identificação projetiva no pai de aspectos incestuosos próprios, foi importante reconstruir a força patógena de um episódio vivido na infância, quando em uma situação de luto familiar procurou, muito comovida, a proteção e o consolo de seu pai. Este, alterado como sempre que tinha que enfrentar uma situação emocional importante, em lugar de dar-lhe o apoio que Madalena pedia, ignorou a angústia de sua filha e teve uma atuação violenta, acusando-a de o estar espionando enquanto se despia em seu quarto. A paciente recorda que a sensação de desamparo e solidão que experimentou pela acusação de seu pai foi tremenda.

Nesse clima familiar tão pouco propício, Madalena havia sido objeto de admiração por parte de sua avó paterna que desde pequena a havia convencido de que ela era como uma princesa. "Sois a mais linda, a mais brilhante, a mais ilustre, vós sois única", eram algumas de suas expressões. Reconstruindo sua história, pudemos ver a função que em sua infância havia tido para ela a atitude desta avó que sempre a fez sentir-se como eleita. Quando a paciente começou a adoecer de forma manifesta e a sentir-se invadida

Alguns casos clínicos 249

pela angústia psicótica, apelou a esta vivência de sentir-se forte. Nessas condições é que a vivência converte-se em uma convicção delirante. A ingestão de drogas trazia um elemento facilitador para transitar para outra dimensão onde ela se sentia "a eleita". Durante bastante tempo, na relação terapêutica percebemos que a paciente vivia alucinada como pertencendo a outros universos aos quais ninguém, nem seu terapeuta, podiam ter acesso. Ela atuava essa dimensão através dos vínculos que estabelecia com outros drogaditos ou com traficantes que, às vezes, a maltratavam brutalmente. Era também nessa outra dimensão que havia lugar para suas atuações promíscuas.

Mais para frente descobrimos o que poderíamos chamar suas atuações esotéricas. Pôde nos contar que, às vezes, ela tomava cocaína para sentir terror. Inalava a droga, apagava as luzes e com os olhos bem abertos esperava a chegada das imagens terroríficas. Paradoxalmente, esse ritual sinistro era a única forma em que Madalena conseguia sentir-se viva. Depois, descobrimos que tais atuações apareciam construídas desde identificações com aspectos esotéricos da mãe que havia recorrido à bruxaria para resolver seus problemas. Podemos dizer que, nesse processo terapêutico, a paciente funcionou mentalmente durante muito tempo através de atuações onde, identificando-se com essa mãe-bruxa, convertia-se na bruxa que agia sobre os demais. Em particular, pudemos entender a transferência psicótica como a tuação na transferência dessas identificações patogênicas introjetadas intrapsiquicamente nela.

Sua atuação era compulsiva. Não podia pensar nem escutar e não podíamos fazer outra coisa a não ser colcar-lhe limites. Foi a atitude terapêutica constante e persistente, acompanhando-a de forma permanente, no princípio somente protegendo-a de suas atuações e depois aprofundando passo a passo no processo de decifrar seus códigos, o que fez com que Madalena confiasse em nós, que, como em outros pacientes que arrastam profundas frustrações, é um dos maiores obstáculos do processo terapêutico. Passou muito tempo para que ela, desde suas diversas identificações, pudesse confiar no outro e nela mesma como um ser com recursos próprios para poder curar-se. Até então, identificada com a mãe-bruxa, havia confiado somente na magia dos procedimentos esotéricos - macumbas, grupos de bruxaria, etc. - como forma de aliviar sua angústia.

Lentamente a situação familiar foi modificando-se e ela pôde, por assim dizer, entregar-se. Menos defendida, assistia às sessões terapêuticas e pouco a pouco pôde começar a refletir de outra maneira sobre os penosos episódios de sua vida. O desprendimento da droga se deu simultaneamente com a etapa das desidentificações. À medida que pôde ir desprendendo-se dos diversos personagens patógenos, a mãe-bruxa, a neta idealizada, a prostituta seduzida pelo pai, pôde começar a ser mais ela mesma em um contexto de um vínculo terapêutico de confiança básica que lhe permitiu o desenvolvimento de seus recursos egóicos cada vez mais genuínos. Essa etapa de desidentificações implicou também uma dilaceradora despedida de seu amado personagem de outra dimensão, fabricado de forma delirante para poder sobreviver, mas que em última instância não lhe permitia ser ela mesma e contar-se com a realidade. Havia passado os últimos dez anos de sua vida sem amigos, sem se relacionar com o mundo que a rodeava, somente alucinando companhias delirantes no tenebroso ambiente dos drogaditos.

Há meses que Madalena não recorre às drogas. Trabalha, tem um par bastante estável com quem mantém uma boa relação: "A única normal que sinto ter tido em minha vida". Deixa-se cuidar por seu companheiro e reconhece seu interesse genuíno por ela. Perdeu sua necessidade compulsiva de agredir, identificação patógena com seu pai violento. Em uma sessão recente nos disse, muito emocionada, que se sentia tão mudada que nem sequer podia, ainda que fizesse esforço, recordar o que é a necessidade da droga.

Problemas Institucionais 9

Tradução: Giselle Groeninga de Almeida

A Comunidade Terapêutica é integrada por um conjunto de pessoas que convivem em um mesmo lugar e compartilham a partir de distintos ângulos uma tarefa comum. Essa tarefa é em princípio otimista, pois baseia-se na convicção de que é possível modificar a condição mental dos pacientes por meio da experiência nova que constitui o processo terapêutico. Por sua vez, esta atitude psicoterapêutica requer como condição aceitar nossas próprias limitações e as de nossos pacientes, sem que isto deva significar *a priori* um sentimento de frustração; requer somente admitir que nossa atitude deve ser plástica, que requer uma boa dose de paciência e tolerância, e que, muitas vezes, será necessário modificar a rigidez de nossos próprios esquemas. A plasticidade a que nos aludimos permitirá evitar "entrar no jogo" dos pacientes, ou seja, não responder de maneira inadequada às exigências de todo tipo a que podem nos submeter.

Já esclarecemos que na estrutura da Comunidade Terapêutica temos de considerar os diversos elementos que intervêm (médicos, psicólogos, assistentes sociais, enfermeiros, pacientes, familiares, etc.) e as relações interpessoais recíprocas e grupais que se estabelecem entre os diversos componentes. Além do que, podemos considerar dois tipos de organização que se dão simultaneamente: a organização formal e a organização informal. A primeira é constituída pelo conjunto de atividades e disposições que ordenam o funcionamento da Comunidade, a hierarquização do pessoal e o ordenamento das tarefas. É um marco referencial necessário e contribui para dar segurança ao doente desde o momento em que entra na Comunidade. A organização informal é o conjunto de situações e fenômenos individuais grupais que se dão à margem dos aspectos formais e que incluem basicamente as relações e os vínculos que se estabelecem entre os diferentes componentes da instituição. É neste campo onde podemos assinalar o maior número de dificuldades, mas ao mesmo tempo é que vamos encontrar também elementos valiosos da vida da Comunidade.

Os próprios problemas da convivência apresentam-se em qualquer grupo de pessoas reunidas e portanto em qualquer instituição. Na Comunidade Terapêutica há duas variáveis que incidem de forma determinante sobre os problemas da convivência: uma depende da maior ou menor coerência que exista na equipe terapêutica no que diz respeito à sua filosofia e metodologia de trabalho; outra variável é que o contato cotidiano com os doentes mentais desgasta e põe em movimento mecanismos transferenciais e contratransferenciais poderosos, que desafiam permanentemente a equipe para que possa cumprir com êxito sua missão fundamental, isto é, conservar a atitude psicoterapêutica em benefício dos pacientes.

Quanto mais coerente e compacta for a equipe terapêutica maior possibilidade de êxito ofereceremos aos pacientes. Eles detectam com facilidade e rapidez as fissuras e disparidades de enfoques que possam apresentar-se entre os membros do grupo; por isso colocaremos uma ênfase maior em clarificar este aspecto de nossa tarefa. A experiência de muitos anos nos permite agora falar de fenômenos que anos atrás eram difíceis de compreender e inclusive detectar. Também foram difíceis as tentativas de sistematização. Talvez o mais operativo neste momento seja descrever a dinâmica dos problemas que se apresentam em relação com o próprio processo terapêutico.

Assumindo que a organização formal funciona ajustadamente, acreditamos ser o elevado montante emocional com que se dão as relações interpessoais dentro da Comunidade, o elemento primordial a ser levado em conta. O entrecruzamento de expectativas e idealizações, reprovações e queixas, mal-entendidos muitas vezes sutis e outros evidentes, grandes ilusões que podem transformar-se em fortes decepções, intensas necessidades que mais de uma vez ficam frustradas, a maior parte das vezes por desconhecimento, tudo isso constitui uma intrincada trama da qual nós, os responsáveis da Instituição, devemos extrair o melhor possível, correndo sempre o perigo de que não ocorra nada ou que possa suceder o pior, por exemplo, o suicídio de um paciente.

Se bem que o compromisso emocional com que cada membro da Comunidade vive os acontecimentos não seja o mesmo, sabemos que consciente ou inconscientemente as emoções chegam a nós, nos penetram e atuam dentro de nós. Os mecanismos de defesa que todos nós utilizamos dependerão fundamentalmente dos recursos egóicos genuínos que cada um tenha podido desenvolver ao longo de sua vida. Mecanismos de defesa rígidos que aparentemente parecem proteger-nos, não servirão para o contato permanente com doentes mentais. Também não será construtivo e operante uma hipersensibilidade à flor da pele, que se bem que às vezes acompanha uma captação psicológica aguda para os problemas dos demais, pode também encobrir uma vulnerabilidade tal que pode condicionar a tendência a comprometer-se de forma exagerada. Isso também não ajudará aos pacientes que necessitam encontrar nos outros o equilíbrio emocional que eles mesmos não têm.

Será, então, necessário selecionar o pessoal em função, não somente de sua capacitação profissional acadêmica, mas também do nível de maturidade alcançado em seu desenvolvimento psicoemocional. Apesar da experiência acumulada ao longo dos anos, consideramos que uma das tarefas mais difíceis é precisamente a seleção de pessoal. Aqueles que podem produzir uma boa impressão nas primeiras entrevistas podem logo mostrar sérias dificuldades, tanto no contato com os pacientes e seus familiares como na relação com os outros membros da equipe. Por sua vez, pessoas que em um primeiro contato podem dar uma impressão duvidosa demonstram, uma vez na função, condições relevantes que não tinham sido facilmente detectadas. É claro que isto não quer dizer que a seleção de pessoal seja impossível. Queremos só assinalar que é uma tarefa na qual podemos nos enganar com facilidade.

Quaisquer que sejam as condições para o ingresso na Comunidade Terapêutica é necessário saber que uma das preocupações mais importantes a considerar em uma Instituição como a nossa é a formação e capacitação permanente do pessoal. Em primeiro lugar, porque tendo constatado mais de uma vez que é realmente difícil o tipo de trabalho que realizamos, compreendemos também que não há lugares onde as pessoas possam capacitar-se previamente para poder integrar-se melhor na mesma. Ao treinamento prévio, nos distintos níveis profissionais que compõem o elenco de uma equipe que funcione em uma comunidade terapêutica deste tipo, teremos que agregar uma formação apoiada e sustentada em uma prática concreta no próprio trabalho institucional. Capacitação, coerência, firme convicção na tarefa que se desenvolve e uma preocupação fundamental centrada na função terapêutica ,por parte dos membros da equipe, nos parecem pilares fundamentais para o êxito da Instituição.

Sobre a participação do pessoal

A experiência de muitos anos de trabalho tende a mostrar a utilidade de uma participação ampla dos diversos membros da equipe no processo terapêutico dos pacientes. Mas diversos fatores limitam este amplo objetivo. É claro que uma maior capacitação implica na possibilidade de uma maior participação, em qualquer nível que se considere: enfermeira, terapeuta ocupacional, psicólogo, psicanalista, etc.; mas os fatores pessoais influem decididamente neste sentido.

É comum observar que o pessoal limita sua participação porque teme perder autoridade e respeito diante dos pacientes, ainda que reiteradamente se demonstre que os pacientes apóiam-se e respeitam mais aqueles que se despojam de seus esquemas e movem-se com plasticidade diante dos doentes. Não se trata de dar uma imagem de força, mas sim de ser relativamente forte, cada um de acordo com suas possibilidades, no manejo das próprias dificuldades e na capacidade para metabolizá-las diante dos pacientes.

Outro aspecto que pode interferir na participação livre e espontânea do pessoal nas diversas atividades terapêuticas que são propostas é o temor de que, através de sua intervenção, manifestem-se aspectos deficitários de seu agir e se exponha a julgamentos sobre o mesmo. Vê-se claramente nisto uma instância superegóica mais severa do que poderia parecer, que exige rendimentos maiores do que os que podem considerar-se naturais. Compreende-se assim que a equipe não trabalha com suficiente naturalidade por inseguranças pessoais de cada um de seus membros.

Se bem que estes aspectos são constantemente abordados com a sugestão da necessidade de "analisar-se" se for necessário, pensamos que é muito mais útil e mobilizador de um "processo terapêutico conjunto" que os membros da equipe permitam-se levar às reuniões "alguns de seus problemas pessoais em relação com o dia-a-dia da Clínica". Trazer os problemas pessoais de fora da Clínica significaria uma perda de identidade e do papel dentro da Comunidade com uma confusão para os demais e para a própria pessoa. Mas pelo contrário, trazer os aspectos pessoais que surgem na tarefa dentro da Clínica pode ser enriquecedor para todos já que, de uma maneira ou de outra, traz elementos para uma melhor compreensão da experiência da relação ou dos vínculos que se estabelecem na convivência.

Dadas as características de nossa forma de trabalho, é necessário pôr muita libido na realização da tarefa. As resistências e as carências dos pacientes podem ser vencidas e superadas somente com uma atitude estável, permanente, persistente e perseverante, através da qual o paciente sinta-se cuidado, protegido, sustentado e seguro, e possa então ir descobrindo dentro de si suas próprias forças e possa ir despertando sua própria vontade de viver. Como mencionamos, neste sentido talvez a maior semelhança possa encontrar-se no processo educativo de um filho que sofreu dificuldades em criança com abandonos, falta de segurança adequada por conflitos entre os pais, etc. Esta situação pode criar no interior da pessoa uma grande dificuldade para ter interesses próprios, ocupar-se adequadamente de si mesmo e ter atitudes construtivas. Só uma ocupação e preocupação constante, de certa forma "incansável" durante o tempo necessário (variável) pode reparar o dano anterior. Durante o processo de crescimento a criança ou o adolescente porão à prova reiteradamente aos pais ou substitutos de uma maneira, na maioria das vezes, inconsciente. A Clínica, através de sua equipe, deve representar para o doente uma situação ou relação semelhante. A capacidade reparatória ou terapêutica dependerá então em grande medida da capacidade para colocar libido autêntica no trabalho. Mas não é fácil colocar libido segundo a vontade. Qual pode ser a fonte da mesma? Se bem que este trabalho requeira ter uma forte "vocação", como se diz habitualmente, também não é natural pedir à equipe uma atitude messiânica ou de sacrifício.

Entre as motivações é bastante comum verificar que o interesse no trabalho com doentes mentais seja uma maneira de buscar a própria cura. Consideramos que é muito melhor que cada um possa confessar-se amplamente esta intenção secreta de curar-se, através dos pacientes ou na relação com os mesmos. Tomar plena consciência desta situação leva a uma diminuição do sentimento de culpa ligado à fantasia de roubo de coisas valiosas dos pacientes. Por seu lado, estes também têm com freqüência fantasias de ser emroubados, que não diminuem pelo fato de este aspecto da relação permanecer secreto. Pelo contrário, o paciente sente-se também perigoso para o outro e capaz de lhe causar dano. Tomar consciência de que o contato que alguém tem com um doente não é necessariamente danoso, mas que pode ser enriquecedor, faz com que o doente possa revalorizar-se, pelo menos em parte, ainda que isto não seja fácil na prática.

Vê-se, todavia, que uma das maiores dificuldades neste sentido (ou seja, o sentimento que geralmente acompanha o doente mental de que seu mundo interno está cheio de coisas más que deve esconder e controlar) poderia mobilizar-se melhor na medida em que cada

Problemas Institucionais

paciente possa ter acesso à oportunidade de fazer experiências concretas no que diz respeito às trocas com os demais e aos efeitos que estes intercâmbios têm nos outros. Se a equipe silencia suas vivências e não se compromete mais participando amplamente na relação, perde-se um elemento valioso que a experiência na Comunidade Terapêutica pode dar.

Voltando ao tema da fonte de libido para a tarefa, pensamos que não se pode trabalhar com a sensação de que se tem que dar permanentemente sem receber nada. Do mesmo modo, se é certo que a equipe que trabalha neste campo deve ter uma remuneração econômica adequada e sobretudo segurança neste sentido, sempre surgiu com clareza a convicção de que não é um problema que se possa resolver neste nível. Trata-se mais de descobrir, reconhecer e cultivar os fatores que contribuem dentro da tarefa para a obtenção de maiores gratificações e satisfações emocionais.

Talvez pudéssemos, começar dizendo que se os resultados terapêuticos fossem nulos com estes pacientes, não haveria quem conseguisse tolerar por muito tempo esta frustração. Pode ser que a psiquiatria "clássica", essencialmente pessimista, esteja movida em grande parte por uma imensa frustração geradora de ressentimento, alimentando por sua vez uma falta de resposta terapêutica "verdadeira e agradecida" por parte do paciente. Creio que podemos dizer então que o resultado terapêutico é possivelmente a fonte de gratificação mais importante. É evidente que nos alegra e nos gratifica ver recuperadas pessoas que vimos mal e que pudemos ajudar com eficiência. Mas isto se obtém em geral depois de bastante tempo. Também é certo que este prêmio final tem um grande significado narcisista: "Eu curei tal paciente", e a Comunidade deve poder participar destas satisfações. Todo terapêuta reconhece que talvez jogue nele uma espécie de onipotência ou talvez melhor, uma grande necessidade de demonstrar a si mesmo que é capaz de curar a doença nos demais como uma grande necessidade de sentir-se potente em relação à loucura.

Mas além destas considerações e de outras possíveis, como é que se faz todos os dias, com relação à necessidade de gratificações adequadas para poder realimentar de modo são nossas próprias fontes de libido necessária para a tarefa? Penso que é aí que reside o problema mais importante. Talvez esta realimentação deva ser procurada no próprio intercâmbio com os pacientes e com os outros membros da equipe, como uma troca enriquecedora. Também na possibilidade de descarga adequada na própria tarefa, sob a forma da participação, no prazer de trabalhar moldando "como o artista" a relação terapêutica com os pacientes. Não o prazer estético-narcisista pelo trabalho realizado, mas sim pela harmonia inerente à forma de nossa realização como terapeutas, em qualquer nível que se considere. Cada membro da equipe pode viver no seu nível o mesmo tipo de satisfação e mais ainda se, tendo bem resolvidos os problemas de rivalidade, puder sentir-se parte e participar do conjunto do processo terapêutico: sentir que a verdadeira realização de sua tarefa está na participação e no poder extrair, de experiências terapêuticas compartilhadas, o próprio enriquecimento que significa essa aprendizagem. Por outro lado, esta também será uma experiência valiosa terapeuticamente. A maior gratificação neste sentido pode ser então um sentir-se melhor "como troco", por assim dizer, pois na medida em que alguém sente-se mais realizado, quanto mais plenamente alguém realiza a tarefa, vai ao mesmo tempo capacitando-se para levar sanidade a outros setores de sua vida.

Vicissitudes do pessoal na instituição

O pessoal da Instituição chega procurando trabalho: médicos, enfermeiras, atendentes, etc., para desempenhar um determinado papel. Se a instituição psiquiátrica é tradicional, o papel é fixo e estereotipado; se a instituição opera com uma eficácia terapêutica dinâmica (desenvolvimento da personalidade), o pessoal tem que viver este processo por si mesmo para poder acompanhá-lo. Neste sentido, cada pessoa, além do papel que lhe cabe desempenhar, está submetida a uma série de influências que reativam nela diversas ansiedades; por exemplo, um momento regressivo de um paciente psicótico, ou um delírio persecutório, fazem viver no pessoal, por identificação, ansiedades semelhantes que vão pôr à prova os recursos egóicos de cada um para enfrentar estas ansiedades.

Podemos dizer esquematicamente que cada pessoa, dentro da Instituição, se vê obrigada a percorrer um dos três caminhos possíveis: 1)Ao não poder tolerar a situação, tal como a está vivendo, tem que tomar distância, afastando-se dos pacientes e da participação. Se trata-se de um doente pode tomar distância tornando-se mais repressivo e pode desenvolver uma tendência a recolher-se no setor da enfermaria. A arrumadeira pode encontrar a maneira de "fechar-se em seu papel": limpa e evita outras trocas. O médico pode também colocar distância emocional, tornando-se mais "intelectual", recorrendo ao uso cada vez mais freqüente de defesas rígidas e desenvolvendo uma tendência a aumentar o uso da medicação psiquiátrica. 2)A segunda possibilidade é adoentar-se, contra-identificando-se com os pacientes e reclamando atenção igual. Apesar de formar parte do pessoal, toma o papel de doente fazendo uma regressão através da qual reclama cuidado similar, colocando muitas vezes a Instituição como responsável por tê-lo adoecido. Agora esta última terá que encarregar-se dele. 3)A terceira possibilidade é a de fazer um processo de crescimento e desenvolvimento que tem semelhança com o processo terapêutico dos pacientes.

Toda instituição está constituída por um grupo de pessoas que têm que se organizar em suas relações interpessoais para atingir determinados fins. Quando os fins são de certo modo externos às pessoas (por exemplo, uma fábrica que tem que produzir um produto), os aspectos mais pessoais interferem na resolução da tarefa. Ocupar-se destes aspectos é o trabalho do psicólogo institucional que trata de aumentar a eficácia, eliminando os conflitos interpessoais. Por outro lado, em uma instituição psicoterapêutica os conflitos interpessoais apresentam-se muitas vezes como a oportunidade de elaborar aspectos da personalidade dos participantes, no sentido de realizar um crescimento e desenvolvimento, um maior amadurecimento da personalidade. Se se trata de um paciente o chamaremos de processo terapêutico; se tratar-se de um membro do pessoal, denominaremos mudanças necessárias para capacitar-se profissionalmente e desenvolver cada vez mais recursos egóicos para poder enfrentar as ansiedades e a loucura dos pacientes, o que simultaneamente constitui um crescimento psicológico de seu próprio eu. Não poder realizar este processo pode levar a pensar que o doente é incurável. Aferrar-se à idéia de que a loucura não tem nada a ver consigo mesmo, põe uma maior distância entre a saúde e a enfermidade, torna-se paranóico com a instituição, pode-se aliar com outras pessoas que tendem a

Problemas Institucionais

fazer compartimentos estanques entrincheirando-se; isto pode acontecer em todos os níveis da equipe.

O que estamos descrevendo deve ser acrescido com a idéia de que esta maneira de viver a instituição psiquiátrica inclui necessariamente ter que conceitualizar o campo psicológico da mesma, o que há muitos anos denomina-se o ambiente terapêutico como um campo multifamiliar, onde cada um dos membros da instituição se chame paciente, médico, atendente, terapeuta, etc., além do papel manifesto de sua tarefa específica, integra e forma parte de uma rede de relações interpessoais latentes, que seria como "filho, pai, irmão, mãe", etc., onde se dão relações transferenciais, mas onde se veiculam os componentes emocionais mais autênticos da pessoa. Tanto o processo terapêutico como o desenvolvimento do pessoal como pessoas têm que incluir a elaboração destes aspectos "secretos" da personalidade. Poderíamos teorizar estes elementos dizendo que em uma instituição com objetivos psicoterapêuticos devemos considerar: 1) Que o objetivo principal é que cada paciente realize seu processo terapêutico como um redesenvolvimento de sua personalidade. 2) Que tal experiência desenvolva-se em um contexto em que a instituição é como um campo psicológico multifamiliar. Nesta estrutura, a família de cada paciente deve realizar também seu desenvolvimento terapêutico e a instituição continuará sendo o contexto desta experiência. 3) Que a instituição tem que instrumentar recursos para tornar possível este conjunto de experiências. 4) O trabalho terá que realizar-se necessariamente em equipe. Cada equipe configura-se como uma estrutura familiar móvel a serviço do processo terapêutico de um determinado paciente. E simultaneamente cada membro da equipe forma parte de uma estrutura mais estável que é a instituição como totalidade.

Dificuldades gerais dos terapeutas

Uma das grandes dificuldades que enfrentamos é a tendência de todo o pessoal da Instituição a não ver os pacientes além dos sintomas. Em termos de contratransferência, podemos dizer que no contato com os pacientes pode sentir-se invadido por seus sintomas, por seu sadismo, por seus conflitos e por suas carências. Preso nesta contra-identificação patológica pode perder-se esta possibilidade de resgatar os aspectos sãos não desenvolvidos dos doentes. Nestas condições não se sentiriam nem compreendidos nem ajudados e seus aspectos sádicos serão compulsivamente incrementados. A tarefa se converte em iatrogênica se tanto o paciente como o pessoal não podem ser resgatados destas situações. Este é um dos temas que deverá ser constantemente revisado no contexto da equipe terapêutica.

Existem terapeutas que têm potencialmente mais condições naturais para "encarregar-se" do doente, no sentido que já desenvolvemos. Ao captar mais profundamente sua verdadeira mensagem e tolerar melhor os momentos em que se desencadeiam os mecanismos destrutivos dentro da compulsividade do sintoma, percebem melhor a vulnerabilidade da criança temerosa que se esconde sob essa fachada de violência. Isso permite conseguir uma aproximação apropriada e uma presença mais útil. O contato afetivo surge mais espontaneamente e o paciente sente-se mais compreendido e portanto mais aliviado.

Isso pode despertar o ciúme e a rivalidade nos outros terapeutas com menor disponibilidade natural. Desencadeiam-se, então, entre os diversos membros do grupo, mecanismos primitivos de defesa que distorcem o próprio sentido da tarefa terapêutica. Dá-se assim a contradição de que os pacientes recebem respostas apropriadas por parte de alguns dos membros da equipe e por outro lado lhes são negadas, rejeitadas ou desqualificadas suas necessidades mais profundas, repetindo-se o velho sistema familiar que faz adoecer.

A desqualificação e às vezes o denegrimento inconsciente por parte de alguns membros da equipe são mecanismos típicos que podemos observar. Por exemplo, a desqualificação em relação às respostas afetivas de alguns médicos com o conseqüente privilégio das "interpretações brilhantes" que na maioria das vezes, sobretudo no começo do processo terapêutico, são úteis unicamente para cobrir a cota do próprio narcisismo. Quando se inicia o processo terapêutico, quando o doente ainda não alcançou um nível de simbolização e compreende, como uma criança pequena, mais a linguagem proverbial ou a forma em que se expressa o próprio conteúdo, é quando isto tem mais vigência. Ante as diversas emoções que lhe despertam as demandas do paciente, os terapeutas atuam inconscientemente igual aos pais que não podiam tolerar em seus filhos essas mesmas emoções e lhes negavam essa "assistência", gerando frustrações sistemáticas. Os pacientes captam as cisões, as discórdias e as indefinições dentro da equipe terapêutica e as atuam. Vimos identificações patológicas com aqueles que desqualificavam seus sentimentos mais genuínos, e vemos agora que identificam-se com esses médicos e desqualificam a ajuda mais espontânea. Outras vezes, pelo contrário, o paciente percebe a capacidade do terapeuta que realmente se encarrega dele e o chama mais do que aos outros. Novamente isto pode gerar rivalidades que poderão neutralizar-se com reuniões de equipe para evitar cisões e fragmentações. Às vezes, paradoxalmente, ocorre ser o médico que mais se ocupa do paciente o mais atacado pela equipe.

Não devemos esquecer que os pacientes necessitam que exista um clima de segurança e confiança para poder se manifestarem cada vez com maior naturalidade. Ajudá-los a se despojarem do medo de serem eles mesmos sem temor à crítica, a gozações ou a imposições arbitrárias provenientes das experiências no ambiente familiar que os levou a adoecer, é tarefa árdua. É necessário e indispensável que esse clima para o desenvolvimento do si mesmo verdadeiro possa ser criado na Comunidade entre os terapeutas, que são naturalmente as figuras de identificação que preenchem o papel estruturante.

Destas figuras, os que têm um contato maior com os pacientes são os médicos residentes que podem se sentir exigidos tanto pelo resto da equipe como pelos próprios doentes que, como radiografias, detectam seus aspectos mais vulneráveis, colocando-os à prova permanentemente. Diante destas exigências múltiplas, responderão diante dos pacientes angustiando-se ou agredindo-os ou, pelo contrário, tolerarão seus momentos de tristeza, acompanhando-os com afeto? Aquele que prescreve rapidamente a "pastilha" ou o "calmante" é vivido pelos pacientes como os pais que, ao negar seus próprios momentos de tristeza, os "tirarão" dela evitando um autêntico contato. Distraído de sua necessidade genuína em seu momento de crescimento, o paciente foi levado a atuar. O choro de uma criança que ficou engasgado — por exemplo, pelo imediato aparecimento de um caramelo — pode levá-la a dissociar suas emoções e, em última instância, pode ser o pré-requisito para uma futura drogadição (tristeza-choro-caramelo, tristeza-choro-droga ou qualquer outra drogadição). Tanto os médicos como outros membros do pessoal podem, dentro de sua própria história, ter tido dificuldades em compartilhar os momentos de dor com seus pais. Se continuam vivendo-os como perigosos, contra-atuam e agridem o paciente da mesma forma que eles foram agredidos. Esta cota de sadismo é um impedimento muito grande para o funcionamento da Instituição e, sobretudo, para o processo terapêutico dos pacientes que se sentem abandonados e que por fim reclamam, atuam e agridem mais. O médico residente tem, por sua vez, a vivência de ser abandonado pela Instituição, incrementam-se suas ansiedades persecutórias e se não compartilha os problemas que se lhe apresentam, reclama, atua e agride, não só aos pacientes, mas também à Comunidade inteira.

Mas, os terapeutas, como os pacientes, têm a tendência de isolar-se diante dos conflitos que se lhes apresentam diariamente dada a problemática que a própria tarefa encerra, ou utilizam mecanismos defensivos não operativos tomando formas de manejo egóico dos pais e identificando-se com eles. Sem dúvida há situações frustrantes que são difíceis de lidar. Tomemos um exemplo: um residente muito interessado em um paciente o acompanhou afetuosamente durante mais de uma hora ao fim da qual acreditava ter conseguido sua adesão. No diante seguinte, diante de uma atuação desse paciente afirmava: "Me enganou, até chorou comigo e essa mesma noite se drogou novamente, não se pode acreditar mais nele". Esta manifestação de agressão para com o paciente encobre sem dúvida uma vivência de tristeza e frustração diante do fracasso (que pode não ser isto na medida em que o paciente possa mostrar seu próprio eu neste momento e em seguida atua o "personagem" que o leva a situações autodestrutivas). É necessário levar em conta que as duas facetas de sua personalidade (Dr. Jekill e Mr. Hyde) vão se dando alternadamente até que se desgastam as atuações e o paciente pode curar-se.

É importante levar em conta estas situações para analisá-las de forma constante e evitar que se desvaneçam as melhores intenções. Impedir-se-á assim que os médicos com menos experiência sintam-se frustrados e se alheiem silenciosamente da Instituição, ou ainda que de alguma maneira inconsciente sabotem as diferentes atividades da Comunidade. Isto pode ocorrer de diferentes maneiras. Por exemplo, o terapeuta que privilegia o vínculo como a essência da função terapêutica muda inesperadamente e começa a levantar o baluarte de um novo psicofármaco e o privilegia como o único fator de cura. O uso racional dos psicotrópicos mais o apoio imprescindível da presença estruturante do terapeuta podem chegar a ser substituídos pela idéia de uma nova droga "mágica", sem avaliar adequadamente os efeitos do uso indiscriminado e abusivo da mesma. Esquece-se assim que os psicofármacos devem ser utilizados para serem, finalmente, abandonados no momento oportuno. Isto não é mais do que outra maneira de colocar em marcha mecanismos de dissociação e negação para calar as emoções vividas como perigosas. Em outras circunstâncias os terapeutas se convertem em "polícias" que perseguem os pacientes ao levar em conta só os sintomas, deixando de lado sua motivação e sua etiopatogenia.

Às vezes insensivelmente, a Instituição toda entra em cumplicidade ao não falar dos problemas para não mobilizar os conflitos não resolvidos em si mesma. Mencionam-se só as urgências e os acontecimentos cotidianos. Isso acaba se convertendo em uma das resistências mais graves. Assim, trabalha-se só com o material manifesto negando o que podemos obter da contratransferência para conhecer a patologia do paciente e para enriquecer a nós mesmos. Estar em contato permanente com doentes e com nossos companheiros de equipe nos permite ir captando este tipo de vivências e, por sua vez, resgatar a nós mesmos delas. A tendência natural é assustar-se, contra-atuar, isolar-se e o médico com pouca experiência vai se esterotipando em sua participação nos grupos, não colocando as dificuldades porque nem sequer as reconhece como tais. É assim que vai se perdendo nas formalidades da Instituição, desaparecendo nos momentos de maior compromisso emocional. As tarefas mais formais dão-lhe maior segurança porque são o contexto de maior enquadre onde sempre há alguém que fale com ele e inclusive que pense por ele. Além disso, às vezes, sob o aparente incremento do interesse em realizar uma aprendizagem teórica, pode-se ir desvirtuando e desvalorizando o mais importante de nosso trabalho terapêutico. Corre-se o risco de que a tarefa de maior peso se concentre em duas ou três pessoas que aparecem como indispensáveis, favorecendo as dissociações.

Em síntese, as atuações dos médicos promovem as atuações dos pacientes e do resto do pessoal. Por estes motivos, tratamos de estimular as reuniões de equipe onde se pode falar dos problemas que vão se apresentando e assim conseguir uma maior confiança evitando o êxodo e o isolamento dos terapeutas. Apelando para a confiança evitamos que os médicos com menos experiência se dissociem e procuramos que comeem a percorrer um caminho compartilhado. Desta maneira os temores vão se suavizando. A base da confiança em si mesmo tem origem na confiança com que se sente em relação com os pais. O mesmo se pode dizer em relação à Comunidade, entendida como uma estrutura multifamiliar. Se isto for atingido, o medo de cometer erros ou os temores relacionados com os pacientes ou com eles próprios desaparecem e se pode falar sem temor à crítica. O clima de confiabilidade incrementa a criatividade e o prazer no trabalho. Os pacientes detectam a espontaneidade e é extraordinário observar como desta maneira podem-se encurtar o tempo de internação e os tratamentos.

Insistimos em assinalar que assim como falamos do clima emocional para os pacientes, é indispensável um clima favorável entre os distintos grupos para o melhor funcionamento da Comunidade, um clima que permita que os terapeutas e outros membros do pessoal possam se expressar espontaneamente e cotejar entre eles as alternativas dos processos terapêuticos. Todavia, ainda que exista um leque de possibilidades que permita aos médicos recorrer a quem queiram quando o desejem, este tema continua sendo um dos mais resistidos, como se o próprio narcisismo ou as rivalidades pessoais impedissem juntas unir os esforços para benefício dos pacientes. Muitas vezes estes conseguem "enganchar" os médicos em relações sadomasoquistas de características perversas (entendendo aqui por perversão o sadismo incluído nas condutas atuadas). Somente compartilhando a tarefa podemos detectar estas situações com rapidez e implementar, por exemplo, a inclusão de um terceiro que resgate a ambos da situação, inclusão que sempre é favorável e como experiência é enriquecedora para ambas as partes, igual ao aparecimento de um terceiro-pai na relação edípica que resgata o filho da simbiose com a mãe. Ainda que os médicos conheçam em teoria estes mecanismos, na prática resistem a colocar este tipo de dificuldade, em grande parte pela ferida narcísica que lhes produz. Nossa função terapêutica consistirá em detectar estas situações e somente poderemos corrigi-las ou ainda impedi-las compartilhando as experiências de aprendizagem e as dificuldades inerentes ao trabalho terapêutico. O destino do paciente depende em grande medida de nossa convicção neste sentido.

O psicanalista no trabalho institucional

Um dos problemas talvez mais delicados da trama funcional de uma Comunidade Terapêutica Psicanalítica é a própria pessoa do terapeuta, seu modo de participação e integração dentro da Comunidade. É evidente que a formação tradicional obtida nos institutos psicanalíticos do mundo não provê a capacitação nem a orientação adequada para enfocar o trabalho institucional. Mas o que acaba sendo em certo sentido paradoxal é que toda a bagagem assimilada também não favorece sua integração no trabalho em equipe. Se nos ativermos à lógica, deveria estar capacitado para desenvolver sua tarefa em diferentes contextos. Todavia, isto não se dá desta forma na prática onde observamos psicanalistas que têm sérias dificuldades para compartilhar uma situação grupal, familiar ou comunitária, o que os invalida para poder empregar seus conhecimentos de forma realmente construtiva.

Amiúde as dificuldades são racionalizadas pelo psicanalista mais do que por outros membros da equipe e aparecem claramente como resistências. Tudo se dá como se a análise didática não tivesse conseguido elaborar suficientemente certos conflitos que ficaram dissociados e que agora, ao aparecer necessariamente em outro contexto, provocam um deslocamento nele. Desta maneira, a capacidade do terapeuta de interpretar os conflitos dos demais não se integrou com a maturidade suficiente para que elabore os próprios. Nestas condições o enquadre psicanalítico, em vez de ser somente o enquadre mais adequado (pela existência de poucas variáveis para a investigação psicológica), se converte em um "baluarte" para o psicanalista que pode assim manter seus próprios conflitos e dificuldades como que dissociados de sua relação terapêutica. Do momento em que isto pode ser conseguido só parcialmente, este fenômeno condiciona, na maior parte dos casos, um estancamento do processo terapêutico, na medida em que o paciente não encontra em seu psicanalista o interlocutor adequado para elaborar os aspectos patológicos dissociados que coincidem com as dissociações existentes nele.

Dissemos antes que a Comunidade Terapêutica Psicanalítica, precisamente pelo seu funcionamento grupal, comunitário e familiar, é o contexto mais adequado para lidar com as dissociações, sobretudo psicóticas. Mas é nesta mesma medida que também o psicanalista vai encontrar-se em um campo psicológico particular no qual ele mesmo será objeto de consideração pelos demais. Em algum sentido isto pode se converter em um primeiro momento em algo persecutório. Mas se o psicanalista se anima em enfrentar a nova aventura psicológica que consiste em integrar verdadeiramente uma Comunidade Terapêutica, então toda a experiência pode ser na realidade sumamente enriquecedora. Há diversas maneiras de integrar-se na Comunidade. Aqui seu papel é semelhante ao que desempenha em seu consultório. Mas o fato de que seu paciente se encontre em um campo psicológico complexo como é a Comunidade Terapêutica, faz com que o material que este leva para a sessão seja bastante distinto do que leva para o tratamento aquele que vai somente a sessões em um consultório. No caso de um paciente neurótico é possível que a "pureza" do *setting* seja um fator conveniente e que o fato de que os aspectos transferenciais se mantenham concentrados em seu analista individual favoreça o processo terapêutico. No caso de um paciente psicótico, com quem, como já assinalamos várias vezes, se dá necessariamente uma tendência a fazer transferências múltiplas (que por outro lado são necessárias para diluir a intensidade transferencial) a pretensão de manter a pureza do *setting* converte-se em uma impossibilidade que além do que não favorece o desenvolvimento do processo terapêutico. Nestas condições, o psicanalista individual de um paciente psicótico beneficia-se enormemente ao levar em conta o material que a Instituição pode trazer-lhe para elaborá-lo em suas sessões. E além do que o ambiente terapêutico no qual o paciente se encontra faz com que se possa trabalhar muito mais psicanaliticamente com ele do que se se pretendesse interpretar só o material que leva à consulta.

Outras formas de integração são a terapia comunitária, a terapia grupal, a terapia familiar e a terapia no grupo familiar múltiplo. Em todas estas situações, o psicanalista pode estar em co-terapia com outro ou participar junto com outros membros da equipe. Seu papel em todos estes casos é múltiplo e variado, mas há aspectos específicos de sua participação, que estão determinados pela sua maior capacidade de promover *insight* nos demais e fazer pensar psicanaliticamente.

Recordemos aqui o dito sobre o problema do que há de psicanalítico em uma Instituição como a nossa: o importante é o grau de verdadeira integração do "psicanalítico" no trabalho institucional. Em relação a isto diz Diatkine: (Racamier 331). "É certamente difícil ser tanto psiquiatra como psicanalista, numerosos obstáculos se opõem, tanto nas estruturas das instituições como no psiquismo dos indivíduos..." "As necessidades de uma formação rigorosa afastam muitos psicanalistas das carreiras psiquiátricas oficiais. Alguns de nossos colegas demonstram, todavia, que esta incompatibilidade não se dá sem exceções".

Além desta contingência, desvios indiscutivelmente ligados a uma profundidade insuficiente da teoria psicanalítica constituem uma verdadeira "doença infantil" da psiquiatria psicanalítica. Bequart [21] denunciou em seu momento os "abusos de linguagem" e as "transferências de conceitos" de certos neófitos, enquanto que Frecourt [113] mostrava de uma maneira muito convincente a que ambigüidades, a que contradições, a que abusos de poder podia conduzir o desejo mal controlado de "ser psicanalista" exercendo as funções de psiquiatra, se esta ambição de dar uma "orientação psicanalítica" à Instituição reduzia-se a "valorizar o puro ouro da palavra e o silêncio em relação ao prumo vil da ação". "Pois a doença mental e a assistência psiquiátrica, qualquer que seja a cara que tomem, desenvolvem-se uma e outra sob o signo da passagem ao ato" (Diatkine 88).

Nós já desenvolvemos em outros capítulos alguns aspectos relacionados com o tema. Em primeiro lugar, temos valorizado muito a importância do trabalho com a atuação psicótica para a elaboração psicanalítica dos conflitos. Temos também apresentado em que consiste para nós a orientação psicanalítica da Comunidade e até que ponto o psicanalista deve poder desprender-se do muito que aprendeu em sua formação tradicional para poder encontrar a verdadeira forma de trabalho neste novo contexto, sem perder no entanto a essência do psicanalítico.

A psicanálise na instituição

Nosso enfoque terapêutico que elimina as diferenças entre pacientes psicanalíticos e pacientes psiquiátricos (porque consideramos que todos os pacientes podem ser ajudados pela psicoterapia psicanalítica e que esta possibilidade depende mais das condições do contexto em que se realiza a experiência), nos conduz a diferenciar claramente a necessidade de manter uma nosologia para lidarmos com uma série de aspectos, mas de nenhuma maneira para discriminar as possibilidades terapêuticas dos pacientes em função da técnica. Encontramo-nos mais com o fato de que há pacientes mais fáceis e mais difíceis pela estrutura caracteriológica da defesa, pela intensidade do narcisismo patológico de sua personalidade, pelo grau de defeito egóico em jogo e/ou pela dificuldade de contar com um continente familiar adequado que colabore. O tratamento, ao constituir um processo de crescimento e redesenvolvimento, é essencialmente análogo para todos os doentes mentais e requer o concurso de uma série de recursos terapêuticos para tornar possível este processo. Neste sentido convém lembrar aqui o errôneo do critério kraepeliniano. Quando um esquizofrênico era mantido internado pela sua condição mental e o efeito deteriorante do hospitalismo psiquiátrico terminava por condicionar um estado demencial, o curso desfavorável da doença pela falta de tratamento adequado ratificava a suposta condição de incurabilidade da esquizofrenia.

No entanto, parece que até a atualidade a inclusão do psicanalista em uma instituição psiquiátrica continua colocando problemas. Se pretende aferrar-se a seu papel de psicanalista de divã, ou seja, se insiste em conservar ou preservar sua identidade de analista através desta disciplina como técnica, aparecerá primeiro trabalhando em condições muito mais favoráveis do que o resto da equipe e, logo, deslocado pelas dificuldades no tratamento dos doentes, aparecerá como personagem inútil. Privilegiado e sem resultados terapêuticos, podendo pegar só um número reduzido de casos, sua função ficará justificda só a título experimental. Por isso, depois de muitos anos deste enfoque, em alguns centros psiquiátricos chegou-se à conclusão de que o psicanalista não é indicado em casos de psicose. Se, apesar de tudo isso e por razões de prestígio institucional, há necessidade de admitir que em tal serviço há pacientes em tratamento psicanalítico, o pessoal jovem se verá carregado de casos graves, sem rendimento terapêutico e isolado como um corpo estranho dentro da instituição. Assim, tanto o doente como o psicanalista estarão abandonados terapeuticamente.

Lebovici (em Recamier 331) considera que o psicanalista, para trabalhar em uma instituição psiquiátrica, deve ser, em realidade, psiquiatra com formação psicanalítica. Com esse papel deve trabalhar em todos os níveis diagnósticos e terapêuticos sem criar cisões na equipe. Desta maneira, já desde a entrevista estabelecem-se os primeiros contatos terapêuticos, em vez de fazer um estudo psiquiátrico prévio só para fazer um diagnóstico. Não é que não se leve em conta este último, trata-se de trabalhar simultaneamente com um critério metapsicológico que possa integrar-se muito melhor com a atitude psicoterapêutica. Lebovici considera que, quando o psicanalista abandona a situação do divã, produz-se nele e em sua tarefa um *epanouissement* profissional, começa a compreender que a psicoterapia psicanalítica é mais difícil do que a psicanálise chamada ortodoxa e pode então aprofundar as perspectivas técnicas e teóricas de sua disciplina. Como se vê, nosso enfoque do problema tem muitas coincidências com os desenvolvimentos de outros autores e consideramos neste sentido que é necessário continuar trazendo contribuições originais, tanto teóricas como da experiência clínica nestes temas.

Em relação à equipe terapêutica, ou seja, todo o pessoal da Comunidade, há um aspecto básico que é a atitude psicoterapêutica de que falamos no começo deste capítulo. 138 Esta atitude deve ser compartilhada por toda a equipe, mas é algo que o psicanalista deve trazer para dentro da mesma uma vez que é ele que está capacitado para sustentá-la e desenvolvê-la nos demais. Esta atitude implica uma participação profunda das pessoas, mais do que só um vocabulário compartilhado. Muitos psiquiatras admitem a psicanálise na tentativa de se manterem atualizados, mas não acreditam realmente nela. Desta maneira levam de entrada à equipe um fator destrutivo. Em relação com o doente mental, acreditar no que se faz é fundamental para obter resultados terapêuticos. Mas, por outro lado, muitas vezes não acreditam porque não tiveram a oportunidade de compartilhar processos terapêuticos, que podem ter êxito se articulam uma série de recursos como temos demonstrado ao longo de todo este livro. É necessário ter tido a experiência. O psicanalista dentro da instituição tem uma grande responsabilidade e constitui um modelo de identificação, da mesma maneira que os pais. Na França em determinado momento se popularizou uma expressão de Nacht 229-301 que referindo-se ao analista dizia: "O que ele é conta mais do que o que ele diz". Na realidade isto também vale para o psiquiatra e para todas as figuras que têm importância e com as quais os doentes entram em relação de dependência sã. Esta frase de Nacht, em última instância, vale para os pais para quem também "o que são conta mais do que o que dizem". Lebovici 263 menciona a este respeito: "Mais que julgar o psicanalista, deve-se situar em um primeiro nível elementar e não deixar de ensinar o respeito à pessoa. Não somente em sua maneira de abordar os doentes como também na forma em que trabalha em equipe, sem aferrar-se ao prestígio de seu título ou de sua função, mas sim sabendo escutar e discutir para realizar um trabalho realmente interdisciplinar".

Acreditamos também ser necessário fazer uma análise mais ampla de duas dificuldades: o segredo absoluto do diálogo psicanalítico que torna difícil a comunicação necessária e às vezes indispensável para a avaliação científica do trabalho realizado; e a sobrevalorização do trabalho psicoterapêutico individual que os outros membros da equipe fazem, o que pode como conseqüência levar outros membros do pessoal a invejar e/ou querer converter-se em psicanalistas, desvalorizando sua atual função. Estes dois riscos se suavizam na estrutura funcional de nossa Comunidade. Com relação ao primeiro ponto, o diálogo psicanalítico pode conservar segredo absoluto. Mas o paciente vive na Comunidade e intervém em outros momentos terapêuticos de forma tal que a equipe o conhece. Quando há elementos importantes que consideramos que podem permanecer dissociados e que o psicanalista individual não pode conhecer, a equipe o coloca a par. Há um registro diário onde cada departamento da Instituição consigna o sucedido no dia que possa revestir-se de interesse. Quando dentro do processo terapêutico apresentam-se dificuldades, na reunião de equipe o psicanalista individual pode integrar-se. Quando está bem preparado não tem inconveniente em participar com a discrição necessária sem quebrar o sigilo, mas tampouco respeitando-o quando este é uma cumplicidade que está manifestamente mantendo a doença ou quando significa potencialmente um perigo para o paciente, por exemplo, casos de fantasias de suicídio. Uma coisa é o respeito à privacidade e outra a tentativa de estabelecer uma cumplicidade, que não deve ser respeitada porque paralisa o trabalho terapêutico.

Com relação ao segundo ponto assinalado, observamos a tendência nos outros membros do grupo a converterem-se em terapeutas, abandonando a preocupação por seus respectivos papéis. Vemos isto em particular quando a especificidade do trabalho não está suficientemente valorizada. A valorização do papel pode ser conseguida através da participação de cada um nos aspectos específicos do processo terapêutico, tema sobre o qual é útil deter-se nas reuniões conjuntas sobre cada paciente. A elaboração em equipe do programa terapêutico indicado e das etapas que presumivelmente cada paciente deve percorrer, permite que surjam as recomendações mais adequadas para cada um. Nestas reuniões também podem incorporar-se o paciente e a família, o que dá maior coerência ao trabalho realizado e faz tanto o doente como os familiares sentirem-se muito mais seguros no caminho a percorrer que constitui o tratamento.

Assim, todos os membros do grupo aprendem desta troca de idéias e realizam experiências compartilhadas. Se bem que é certo que uma atendente ou uma enfermeira pode ir descobrindo um autêntico desejo de estudar, capacitar-se e converter-se em terapeuta, há muitas situações nas quais a aprendizagem compartilhada leva mais a um desejo de aperfeiçoar o papel particular de cada um, em vez de mudá-lo para o do outro. Desta forma o pessoal auxiliar descobrirá que em seu papel pode participar muito ativamente e de uma forma muito direta e hierarquizada no processo terapêutico dos pacientes.

Na atualidade, se bem que, em sua maioria, as instituições psiquiátricas compreenderam a necessidade de introduzir a psicanálise dentro de suas técnicas operativas, ao fim de certo tempo o papel do profissional pode ficar anulado pela própria estrutura da instituição, pelo isolamento em que acaba ficando, limitando à sua hora de tratamento, pela impossibilidade de compartilhar outros momentos do devenir diário de seus pacientes e pela escassa oportunidade que tem de trocar idéias e condutas a seguir com os outros profissionais encarregados. A abertura custa por parte das instituições, mas também, como temos assinalado, por parte dos analistas.

Acreditamos em nosso caso ter conseguido que na dinâmica de nossa Comunidade Terapêutica Psicanalítica de Estrutura Multifamiliar todos os integrantes da equipe e todos aqueles outros que, sem pertencer ao grupo, nos confiam a internação de seus pacientes, possam conservar seu papel e exercer seu trabalho terapêutico, enriquecendo-nos com suas contribuições e, por sua vez, enriquecendo-se eles mesmos permanentemente ao compartilhar conosco a difícil empresa de devolver a possibilidade de vida satisfatória aos pacientes mentais. Depois de muitos anos, tentamos mostrar neste livro o que temos aprendido através de nossa forma de trabalho, os resultados que temos obtido — às vezes muito satisfatórios, outras vezes também fracassos — , e esperamos continuar aprendendo e superando dificuldades, através de nossa experiência ou das idéias que vão surgindo em outros, tarefa com a qual estamos firmemente comprometidos.

Bibliografía

[1]   ACKERMAN, N. W.:(1958). The Psychodynamics of Family Life, Basic Books, Nueva York.

[2]   ACKERMAN, N. W. y otros: (1969). Psicoterapia de la familia neurótica, Ed. Hormé, Buenos Aires.

[3]   AJURRIAGUERRA, J. de, DIATKINE, R. y GARCIA BADARACCO,J.: (1967). Psychanalyse et neurobiologie. La Psychanalyse d'aujourd'hui, Press. Univ. de France ,Páris, págs. 313-374.

[4]   ALEXANDER, F. y FRENCH, T.M.: (1946). Psychoanalytic Therapy, Ronald, Nueva York.

[5]   ALEXANDER, F. y SELESNICK,S.T.: (1970). Historia de la psiquiatría, Ed. Espaxs, Barcelona.

[6]   ANDOLFI, M. y ZWERLING, I.: (1980). Dimensions in Family Therapy, Guilford Press, Vol.IX, Nueva York.

[7]   ARIETI,S.: (1955). Interpretation of Schizophrenia, Brunner Public, Nueva York.

[8]   ASHBY, W.R.: (1954). Design for a Brain, Wiley, Nueva York.

[9]   AULAGNIER, P.: (1975). La violence de l'interpretation du pictogramme a l 'énoncé, Press. Univ., Paris.

[10] AYME, J.: (1959). 'La participation des infirmiers a la psychothérapie', Inf. Psychiat., 8:475-486.

[11] AYME, J., RAPPART, PH. y TORRUBA, H.: (1964) "Thérapeutique institutionnelle", Encycl.Med.Chir.Psychiatrie, 3:930, G 10.

[12] AZOULAY, J.: (1967). 'De la prise en charge institutionnelle auna dynamique psychothérapique", Perspectives Psychiatriques, 17: 31-48.

[13] BARANGER, M., BARANGER, W. y MOM, J.: (1978). 'Patología de la transferencia y contratransferencia en el psicoanálisis actual; el campo perverso', Rev. Psicoanál.,35: 1101-1106.

[14]   BARANGER, M., BARANGER, W. y MOM, J.: (1987). 'El trauma psíquico infantil. De nosotros a Freud. El trauma puro, retroactividad y reconstrucción', Rev. de Psicoanálisis, 44, 4: 745-772.

[15]   BARISON, F.: (1966). 'Problemi organizzativi et socioterapia in ospedale psichiatrico', Psychiatria, 2: 231-238.

[16]   BATESON, G., KACKSON, D.D.HALEY,J. y WEAKLAND,J.: (1956). "Toward a Theory of Schizophrenia", Behavioral Sc., 1: 251-264.

[17]   BATESON, G.: (1972). Steps to an Ecology of the Mind, Ballantine Books, Nueva York.

[18]   BEAVERS, W.R.: (1977). Psychotherapie and Growth: a Family Systems Perspective, Brunner Mazel, Nueva York.

[19]   BELL, J.E.: (1975). Family Therapy, Jason Aronson, Nueva York

[20]   BENEDEK, T.: (1952). "The psychosomatic implications of the primary unit mother-child", en Psychosomatic Functions in Women, Ronald Press, Nueva York.

[21]   BEQUART, P.: (1965). "La relation thérapeutique en practique hospitaliere", Inf. Psychiat., 2: 99-117.

[22]   BEQUART, P.: (1967). "Psychanalyse-psychiatric institution", Perspectives Psychiatriques, 16: 13-25.

[23]   BERGER, M.M.: (1978). (Ed.) Beyond the Double Bind, Brunner mazel, Nueva York.

[24]   BERGERET, J.: (1963). "Experience de psychothérapies du groupe a l'hopital psychiatrique", L'Information Psychiat., 39: 457-468.

[25]   BERGERET, J.: (1975). La dépression et les états limites, Payot, París.

[26]   BERGERET, J.: (1984). La violence fondamentale, Dunod, París.

[27]   BERNE, E.: (1964). Games People Play, Grove, Nueva York.

[28]   BERTALANFFY, von L.: (1968). General Systems Theory Braziller, Nueva York.

[29]   BETTELHEIM, B. y SILVESTER, E.: (1948). "A thérapeutic milieu", Am. J. Orthopsychiat., 18: 191-206.

[30]   BETTELHEIM, B.: (1950). Love is not Enough, Glencoe III, Free Press, EE.UU.

[31]   BETTELHEIM, B.: (1961). The informed Heart, Thames & Hudson, Londres.

[32]   BETTELHEIM, B.: (1967). The Empty Fortress Infantile Autism and the Birth of the Self, Free Press, Nueva York. Traducción española, La fortaleza vacía. El autismo infantil y el nascimiento del sí mismo, Ed. Laia, Barcelona, 1972.

[33]   BINSWANGER, L.: (1957). Le cas Suzanne Urban. Etude sur la schizophrénie, Desclée De Brouwer, París.

[34]   BION, W.R.: (1955). "Group dynamics a review", en New Directions in Psycho-Analysis, Londres.

[35]   BION, W.R.: (1961). Learning from Experience, Tavistock Publications Limited,

Londres. Traducción española, Aprendiendo de la experiencia, Ed. Paidós, Buenos Aires, 1975.

[36] BION,W.R.: (1961). Experiences in Groups,Tavistock Publications Limited, Londres. Tradución española, Experienciais en grupos, Ed. Paidós, Buenos Aires,1979.

[37] BLANC,Y. (un group d'infirmiers): (1968). "Le personnel infirmier, sa participation et son engagement dans la relation thérapeutique", L'Information Psychiatrique,44, I: 41-47.

[38] BLEANDONU, G.: (1970). Les comnumautés thérapeutiques, Ed. Scarabé, París.

[39] BLEJER, J.: (1963). Psicologia de la conducta, Ed. Eudeba, Buenos Aires.
[40] BLEJER, J.: (1967). Simbiosis y ambigüidad, Ed. Paidós, Buenos Aires.

[41] BONNAFÉ, L. y FOUQUET, P.: (1945). Note au sujet de la solidarité des problèmes doctrinaux et des problèmes d'assistance en psychiatrie, Annales Médico-Psychologiques.

[42] BONNAFÉ, L. y CHAURAND: (1945). La direction médicale, conditions indispensable de Punite de Passistance psychiatrique Annales Médico-Psychologiques.

[43] BONNAFÉ, L.: (1948). "Le personnage du psychiatre", Evolution Psychiatrique, fasc. III: 23:51'.

[44] BONNAFÉ, L.: (1958). "Intervention sur le thème de la participation des infirmiers a la psycothèrapie", Group de Sèvres,Inf. Psychiat, 5: 441-449.

[45] BONNAFÉ, L.: (1960)."La doctrine post-esquirolienne", Inf. Psychiat.,4 y 5: 423-444 y 559-570.

[46] BONNARFÉ, L.: (1961).Le personnage du psychiatre II. La raison. Ed. Sociales,págs. 39-64.

[47] BONNAFÉ, L.: (1967). "Le personnage du psychiatre III", Rv. Psychiatrique, 32: 1-36.

[48] BOSZORMENYI-NAGY, I.: (1962)."The concept of schizophrenia from the perspective of family treatment", enAckerman y col.,Family Process, 1:103-113.

[49] BOSZORMENYI-NAGY, I y FRAMO, J.L.: (1962) . "Family concept of hospital treatment of schizophrenia", en Masserman J. (dir), Current Psychiatric Therapies, Grune & Stratton, Nueva York,II : 159-166.

[50] BOSZORMENYI-NAGY,I. y FRAMO, J. L. (Eds): (1965).Itensive Family Therapy, Theoretical and Practical Aspects, Harper & Row, Nueva York. Traducción española, Terapia familiar intensiva, Ed. Trillas, México, 1976.

[51] BOSZORMENYI-NAGY y SPARK, G.M.: (1973). Invisibile Loyalties: Reciprocity in International Family Therapy, Harper & Row, Nueva York. Traducción española, Lealtades invisibles, Ed. Amorrortu, Buenos Aires, 1983.

[52] BOWEN, M.: (1959). "Family relationship in schizophrenia", en Auerbach A. (dir), Schizophrenia, Ronald, Nueva York, págs. 147-178.

[53]   BOWEN, M.: (1960). "A family concept of schizophrenia", en Jackson D.D. (dir), Etiology of Schizophrenia, Basic Books, Nueva York, págs. 346-372.

[54]   BOWEN, M.: Family Psychotherapy with Schizophrenia in the Hospital and in Private Practice, en Boszormenyi-Nagy I. y Framo, J. L. (eds).

[55]   BOWEN,M.: (1978) Family Therapy in Clinical Practice, Jason Aronson, NUeva York, pás. 306-307.

[56]   BOWLBY, J.: (1976). Attachment and Loss. I Attachment. II Separation, The Hogarth Press, Londres . Tradcción española , El vínculo afectivo y la separación afectiva, Ed. Paidós, Buenos Aires, 1974.

[57]   BRISSET, CH.,KOUPERNICK, C., GREEN ,A. y BLANC, CH.: (1966). "Reunion annnuelle sur le thème psychopharmacologie et psychothèrapie", C.R. en Evol. Psychiat, págs.637-740.

[58]   BRODEY,W.M.: (1959). "Some family operations and schizophrenia",A. M. A. Arch. Gen. Psychiat., 1: 379-402.

[59]   BROW,G., BONE, M., DALLISON, B. y WING, J..: (1966) Schizophrenia and Social Care , Man Mon., Oxford Univ. Press, Londres.

[60]   BURNHAM, D. L., GLADSTONE, A. I., & GIBSON, R. W. : (1969). Schizophrenia and the Need-Fear Dilemma, Dilemma, Ed. Univ.Press Inc., Nueva York.

[61]   BYCHOWSKI, G .: (1956). "Interaction between psychotc partners: II schizophreie patners"en Eisentein V. W. (dir.) , Neurotic Interaction in Marriage, Basic Books, Nueva York, págs. 135-147.

[62]   CABRAL, C.A.: (1976). "'Terapéutica de la psicosis en comunidad hopitalaria", Acta Psiquiát. Psicol. Amér. Lat., págs.22-71.

[63]   CAUDHILL,W.y al.: (1952)"Social struture and interaction processes on a psychiatric ward", Am. J. Orthopsychiat., 22:314-334

[64]   CAUDHILL, W.:(1966). El hospital psiquiatrico como comunidad teraupéutica, Ed. Escuela, Buenos Aires.

[65]   CASSIRER ,B.: (1929). Philosophie der Symbolischen Formen III: Phänomenologie der erkenntnis, Bruno Cassirer, Berlín.

[66]   CESIO,F.: (1960)"El letargo. Una contribución al estudio de la reacción terapéutica negativa", Rev. Psicoanálisis, 17:10-26. II: "Contribución al estudio de la reacción terapéutica negativa" Rev. Psicoanálisis, 17: 289-298.

[67]   CESIO,F.: (1962). "La disociación y el letargo en la reacción terapéutica negativa", Rev. Psicoanálisis, 19:20-25.

[68]   CESIO, F. .: (1962)"El letargo, la melancolía y el duelo en la reacción terapéutica negativa". Rev. de Psycoanálisis págs. 317-321.

[69]   "Colloque sur la participation des infirmiers a la psychothépie". C.R. d'une Journée du Group de Sèvres le 23 Mars, 1958. Informe en Infor. Psychiat., 1958: 493-552.

[70]   "Colloque sur L'application de la psychanalyse a la comprehension des troubles manteaux", 29. Congress des Psychanalystes de Langues Romaines, Lisboa,

1968. Rev. Franc. de Psychanalyse, 1969: 5 y 6.

[71] "Colloque du XIII amondissement", Traitement en Long, Coursdes Psych., París, 1972.

[72] COOPER, D.: (1967). Psychiatry and Anti-Psychiatry, Tavistock Public., Londres.

[73] COOPER,D.: (1972). La muerte de la familia, Ed. Paidós, Buenos Aires.

[74] CUMMING,J. y CUMMING, E.: (1962). Ego and Milieu: Theory and Practice of Environmental Therapy, Atherton, Nueva York .

[75] CHAIGNEAU,H. y KOECHLIN,PH.:"Le champ 'asilaire", Evol. Psychiat., 4: 735-748.

[76] CHAIGNEAU,H: (1968). "Prise en charge institutionnelle des sujets reputes schizophrènes", Confratations Psychiatriques, 2: 157-172.

[77] CHANDIT, P. : (1967) . "La notion d'équipe en psychiatrique", L'Evolution Psychiatrique", 32, I : 37-63

[78] CHILAUD,C. y BEQUART, P.: (1974). Traitements au long cours des états psychotiques, Privat. París.

[79] CHOMSKY,N .: (1977). El lenguage y el entendiemento , Ed. Seix Barral, Barcelona.

[80] DAUMEZON, G.: (1948) . "Les foundaments d'une psychothérapie colletive ", Evol. Psychiat. , 3: 57-85.

[81] DAUMEZON,G.: TOSQUELLES ,F. y PAUMELLE, PH.: (1955). "Organanisation thérapeutique de l'hôpital psychiatrique. Ergothérapie, sociothérapie. Le funcionament therapeutique"Enciclopédie Médico- Chir., Psychiatrie, I,III, 37930 A 10, 8p., 37930 A 20,8p.

[82] DAUMEZON, G.,LOUBTCHANSKI, AULAGNIER y RESNIK: (1958). "Experience d'introduction de psychothérapies dans un service fermé", L'Information Psychiatrique, 34,5p., 3461-383.

[83] DAUMEZON ,G., (1964) ."Essai de semiologie de l'observation en group", Evolution Psychiatrique, 29 n.4: 533-557.

[84] DÉJERINE y al .: (1911). "Les manifestations fonctionnelles des psychonérvroses et leur traitement psychothérapique", Mason, en Psicoanalista sin Diván, Payot, París 1970.

[85] DEVEREUX,G.: (1944). "The social structure of a schizophrenic ward and its therapeutic fitness", J. Clin. Psychopath., 6: 231-265.

[86] DEVEREUX , G.: (1949)."The social structure of the hospital as a factor in total therapy". Am. J. Orthopsychiat., 19: 492-500.

[87] DEUTSCH, H.: (1968) . "Algunas formas de transtorno emocional y su relación con la esquizofrenia ", Rev. Psiconál ., 35:413-431.

[88] DIATKINE,R.:(1958) . "Reflexions d'un psychanalyste sur la participation des infirmiers a la psychothérapie"(Colloque de Sèvres) Inf.Psychiatrique ,págs. 10-34.

[89] DUBOIS de BERNE.: (1904), "Les psychonévroses et leur traitement moral"en

Psicoanalista sin Diván, Payot, París, 1970.

[90] EDELSON MARSHALL.: (1964). Ego Psychology, Group Dynamics and the Therapeutic Community, Grune and Stratton, Nueva York.

[91] EISSLER, K.R.: (1953). "Note upon the emotionality of a schizophrenic and its relations to problem of technique", Psychan, St. Child, vol.VIII.

[92] ELLISON, E.A. y HAMILTON, D.M.: (1949). "Hospital treatment of dementia praecox", Amer.J.Psichiat., 106: 454-461.

[93] ERIKSON, E.H.: (1950).Childhood and Society, Norton, Nueva York.

[94] ESQUIROL, J. E.: (1837). Des maladies mentales, París. Traducción inglesa, Mental maladies, Hafner Press, Nueva York, 1965.

[95] ESQUIROL, J. E.: (1822). "Préambule aux memories statistiques et hygiéniques sur la folie", en Psicoanalista sin Diván, Payot, París, 1970.

[96] "Evolution psychiatrique"(Numero special sur la sociothérapie et la psychothérapie de groupe), Evol. Psychiat. 1952: 397-508.

[97] EY, H., IGERT, C. y RAPPARD, PH.: (1957). "Psychoses d'evolution psychophréniques dans un service", A. Med. Psychol. 2: 231-240.

[98] EY, H., BERNARD, P. y BRISSET, C.: (1967). Manuel de la psychiatrie, Masson.

[99] EZRIEL, H.: (1950). "A psycho-analytic approach to group treatment", British J. of Medical Psychology, 23: 59-74.

[100] FALRET, J. P. : (1864). Des maladies mentales , Bailiere, París .

[101] FAIRBAIRN, W.R.D.: (1944). "Endopsychic structure considered in terns of object relationships", Int. J. Psychoanal, págs.25-70.

[102] FAIRBAIRN,R. : (1954). Object Relations Theory of Personality, Basic Books, Nueva York.

[103] FAIRBAIRN,W. R.D. : (1952). Psychoanalitic Studies of the Personaly, Tavistock Publications. Tradución española, Estudio psicoanalítico de la personalidad , Ed. Hormé , 1962.

[104] FEDERN, P.: (1953). Ego Psychology and the Psychoses, Imago Publishing Comp., Londres, pág. 375.

[105] FENICHEL., O.: (1955) . The Collected Papers of Otto Fenichel VI y II, Routlede and Kean Paul, Londres.

[106] FENICHEL.,O.: (1945).The Psycho-analytic Theory of Neurosis, W.W.Norton , Nueva York. Traducción espñola , Teoría psicoanalítica de las neurosis, Ed. Paidós , Buenos Aires,1957.

[107] FERENCZI,S.: (1952) Some Clinical Observations on Paranoia and Paraphrenia. First Contributions to Psychoanalysis, Hogarth Press, Londres.

[108] FEREIRA, A. J. : (1971). Mitos familiares ", en Interacción familiar, Ed. Tiempo Contemporáneo, Buenos Aires, 111.

[109] FLECK, S.:(1963). Psychotherapy of families of hospitalized patients", (en Masserman, J. H., Ed.) Current Psychiatric Therapies, Grune and Stratto ,

Nueva York.

[110] FLUGEL., J.C.: (1921). Psychoanalytic Stud of the Family, Hogarth Press, Londres.

[111] FOLLIN,S.: (1958). "Intervention au group de Sèvres", Information Psychiatrique, 10: 837-841.

[112] FRAMO, J.L.: (1962). "Theory of the Technique of Family Treatment of Schizophernia", Family Process,1: 119-131.

[113] FRECOURT,J.: (1967). "La psychanalyse dans l'institution", Perspect. Psychiat., 17:9-14.

[114] FREEMAN,T.: (1952). Some Problems of In-Patient Psychotherapy. Social Psychiatry, Tavistock Publ., Londres.

[115] FREEMAN,T., CAMERON, L. y McGHIE, A.: (1958).Chronic Schizophrenia, Tavistock Publ., Londres.

[116] FREUD, S.: (1895). Proyecto de una psicología para neurólogos, en Obras Completas, tomo I, Ed. Biblioteca Nueva Madrid.

[117] FREUD, S.: (1897). Cartas a Flies, en O.c., Tomo IX, Ed. Biblioteca Nueva, Madrid.

[118] FREUD, S.: (1907). Tres ensayos para una teoria sexual, en O. C., tomo IV, Ed. Biblioteca Nueva Madrid.

[119] FREUD,S.: (1912). Tótem y tabú, en O.C., tomo V, Ed. Biblioteca Nueva, Madrid.

[120] FREUD, S.: (1917). Duelo y melancolia, en O.C., tomo VI, Ed. Biblioteca Nueva Madrid.

[121] FREUD, S.: (1921). Psicologia de las masas y análisis del yo,en O.C., tomo VII, Ed. Biblioteca Nueva, Madrid.

[122] FREUD, S.: (1921). Psicologia de las masas y análises del yo, en O.C., tomo VII, Ed. Biblioteca Nueva, Madrid.

[123] FREUD, S.: (1923). El yo el ello, en O.C., tomo VII. Ed. Biblioteca Nueva, Madrid.

[124] FREUD, S.: (1924). El final del complejo de Edipo, en O.C., tomo VII, Ed. Biblioteca Nueva Madrid.

[125] FREUD,S.: (1937). Construcciones en psicoanálisis, en O.C., tomo IX, Ed. Biblioteca Nueva, Madrid.

[126] FREUD, A. y BURLINGHAM, D.:(1943). War and Children, International United Press, Nueva York.

[127] FREUD, A.: (1965). Normaly and Pathology in Childhood. Assessments of Developments, International Univ.Press, Nueva York.

[128] FREUD, S.: (1938). Escisión del yo en el proceso de defensa, en O.C., tomo IX, Ed. Biblioteca Nueva, Madrid.

[129] FREUD,S.: (1974). Collected Papers, S.E, Hogart Press, Londres.
[130] FROMM-REICHMANN, F.: (1943). "Psychoanalytic psychotherapy with psychoties", Psychiatry, VI: 277-279.

[131] FROMM-REICHMANN,F.: (1947)."Therapeutic management in a psychoanalytic

hospital ", Psycho-Anal. Quart., 16: 325-356.

[132] FROMM-REICHMANN,F.:(1948). "Notes on the development of the treatment of scizophrenia by psychoanalytic psychotherapy", Psychiatry, 11: 267-277.

[133] FROMM-REICHMANN,F.: (1950). Principles of Intensive Psychotherapie, Chicago Univ.Press.

[134] FROMM-REICHMANN,F.:(1939-1954)."Psychotherapy Chicago Univ. Press, 1959.

[135] FROMM-REICHMANN,F.:(1959).Psychoanalysis and Psychotherapie: Selected Papers, Chicago Univ. Press., Illinois. Traducción española, Psicoterapia en las psicosis, Ed. Hormé, Buenos Aires, 1962.

[136] GALVIN,J.: (1956)."Mothers of schizophrenies", J. Nerv. Ment. Dis., 123:568-570.

[137] GARCÍA BADARACCO, J. y col.: (1960)."El concepto de unidad funcional para la asistencia psiquiátrica", Revista de Salud Mental del Hospital, Buenos Aires.

[138] GARCÍA BADARACCO,J. y BUNGE, B: (1962)."El problema de la actitud psicoterapéutica en la asistencia psiquiátrica", Acta Psiquiát. Psicol.Arg., 8:289

[139] GARCÍA BADARACCO,J.:(1964). El grupo familiar múltiple, Presentación al Congreso de Psicología, Mar de Plata.

[140] GARCÍA BADARACCO,J.: (1964). El pacientepsicótico como representante de los objetos internos de los padres (inédito).

[141] GARCÍA BADARACCO,J.:(1969). Relato oficial sobre Comunidad Terapéutica, IV Congreso Mundial de Psicodrama y 1er. Simposium Panamericano de Psicoterapia de Grupo,F. de Medicina, Univ. de BuenoasAires (no publicado).

[142] GARCÍA BADARACCO,J., PROVERBIO, N. y CANEVARO, A.:(1970) ."La terapia familiar en comunidad terapéutica psicoanálitica de pacientes psicóticos (grupo familiar múltiple y grupo familiar nuclear)", en Patologia y Terapéutica del Grupo Familiar, FundaciónActa, BuenosAires, págs.150-152.

[143] GARCÍA BADARACCO, J., CANEVARO, A. y CZERTORCK, O.: "Coterapia y grupo familiar", ibídem, 226-229.

[144] GARCÍA BADARACCO, J., y CANEVARO, A.: "La reacción terapéutica negativa y la influencia familiar", ibidem, 221-225.

[145] GARCÍA BADARACCO, J., y PROVERBIO, N.: "Las alianzas familiares en la terapia de familias de psicóticos", ibidem, 230-231.

[146] GARCÍA BADARACCO, J., PROVERBIO, N. y CANEVARO, A.: (1972). "Tratamiento de pacientes psicóticos", Acta Psiquiát. Psicol. A. Lat., 18: 232-243.

[147] GARCÍA BADARACCO, J. y ZEMBORAIN, E.J.: (1972). "La Regresión en la Comunidad Terapéutica Psicoanalitica", VII Congreso Latinoamericano de Psiquiatria, Punta del Este, Uruguai.

[148] GARCÍA BADARACCO, J. CANEVARO, A., CZERTOCK, O., SICARDI, A. y ZEMBORAIN, E. J.: "El grupo familiar múltiple para el tratamiento de pacientes psicóticos en Comunidad Terapéutica Psicoanalitica"ibídem.

[149] GARCÍA BADARACCO, J. y ZEMBORAÍN, E.J.: (1975). "El narcisismo en pacientes psicóticos. Analizabilidad de las 'neurosis narcisísticas'en funció del comportamiento del analista como objeto externo", Rev. Psicoanál.,

32:3.

[150] GARCÍA BADARACCO, J.: (1976) . "Psicoanálisis y recientes avances en neurosis y psicosis", Anales del XI Congreso Psicoánalítico Lat. Amer., Ed. A.P.A., Buenos Aires, págs. 131-136.

[151] GARCÍA BADARACCO, J.: (1978). "Le processus psychothérapeutique et sa relation avec le contexte réel de Pexperience Psichothérapeutique ", en Psychotherapy and Psychosomatics, Ed. S. Karger, Basilea, 29: 107-112.

[152] GARCÍA BADARACCO, J.: (1978). Carencia de desarollo de recursos yoicos en la condición psicótica, Presentado en la A.P.A. Buenos Aires (no publicado).

[153] GARCÍA BADARACCO, : (1978)."Integrción del psicoanálisis individual y la terapia familiar en proceso terapéutico del paciente psicótico", Rev. Psicoanálisis, 35: 529-578.

[154] GARCIA BADARACCO, J.: (1978)."Los recursos yoicos en la teoría psicoanálitica", Presentado en la A.P.A. , Buenos Aires (no publicado).

[155] GARCÍA BADARACCO, J., (1979)."Relexiones sobre sueño y psicosis", Rev. Psicoanálisis, 4: 693-709.

[156] GARCÍA BADARACCO, J., (1979). "Revisión del concepto de resistencia a la luz de la experiencia clínica", Rev. Psicoanálisis, 36:787-805.

[157] GARCÍA BADARACCO, J.: (1979). "Psicoterapia de la psicosis", Rev. de Psiquiat. y Psicol . Méd de Europa y Am. Lat., Barcelona, XIV, n.1.

[158] GARCÍA BADARACCO, J.: y ZEMBORAÍN, E.J.: (1979)."El complejo de Edipo a la luz de la experiencia clínica com pacientes psicóticos", Rev. Uruguaya de Psicoanál., Montevideo, 59: 59-90.

[159] GARCIA BADARACCO, J.:y col.: (1980). "Revisión de algunos conceptos sobre perversión desde la experiencia clínica", Rev. Psicoanál., 37: 1255-1264.

[160] GARCÍA BADARACCO., J., ZEMBORAÍN , EJ. y DOBNER, G.: (1981). "La comunidad térapéutica psicoanalítica como uno de los caminos de la terapia psicoanálitica", Anales del XI Congreso Interno y XXI Symposium de la A.P.A., Buenos Aires, págs. 181-192.

[161] GARCÍA BADARACCO, J.: (1982)."The family as the real context of all psychotherapeutic processes", en The International Book of Family Therapy, Brunner Mazel Inc.,, Nueva York, 17: 293

[162] GARCÍA BADARACCO, J.: (1982). Biografia de uma esquizofrenia , Ed. Fond de Cultura Económica, Buenos Aires.

[163] GARCIA BADARACCO, J.: (1986). "Identification and its vicissitudes in the psychoses. The importance of the concept of the 'maddening object'", Int. J. Psycho. Anal., 67: 133.

[164] GARMA, A.: (1971)."En los dominios del instinto de muerte", Rev. Psicoanál, 28: 249-310.

[165] GEAR y LIENDO : (1973). Psicoterapia estructural de la pareja y del grupo familiar, Nueva Visión, Buenos Aires.

[166] GENTIS, R.: (1967)."Psychothérapie individuelle dans un service hospitalier", Rev. Psychothér. Institutionnelle, 5: 141- 150.

[167] GENTIS, R. y TORRUBIA, H.:(1972). Folie pour folie, F. Maspero Ed. Traducción española, Locura por locura, Granica , Buenos Aires, 1973.

[168]   GEORGET: (1920)."considerations sur la folie"en Psicoanalista sin Diván, Payot, París, 1970.

[169]   GLOVER, E.: (1928) . The technique of psychoanalysis, Bailliere, Tindall and Cox Londres.

[170]   GOFFMAN, E. ; (1961). Asylums Essays on the Social Situations of Mental Patients and Other Innates, Doubleday, Nueva York.

[171]   GOLDSTEIN, K.: (1939). The Organism, Americam Book Co.
[172]   GRALNICK, A.: (1942)."Folie a deux. The psychosis of association", Psychiat. Quart., Part I, 16:230, Part I, 16: 491.

[173]   GRALNICK, A.: (1969). The mental HOspital as a Therapéutic Instituion, Ed. Brunner Mazel, Nueva York.

[174]   GREEN, A.: (1961). "Le role: contribution a l'étude des mecanismes d'indentifications", Evol. Psychiat., 1: 1-32.

[175]   GREEN, A.: (1967)."Le narcissisme primaire:structure ou étar ?",en L'Inconscient, n. 1: 127-156 y 3:89-116.

[176]   GREEN, A.: (1973). Le discours vivant, P.U.F., París.

[177]   GREENACRE, P. : (1952). Trauma, rowth and Personality, W. W. Norton, Nueva York.

[178]   GREENACRE, P.: (1958)."Toward the understanding of the physical nucleus of some defense reactions", Int. de Psychoanal., 39.

[179]   GREENSON, R. P.: (1967)."The technique and practice of psychoanalisis", Int. Univ. Press, Nueva York, 1.

[180]   GRESSOT, M.: (1955). Psychanalyse et connaissance, Press. Univ. de France, París.

[181]   GRINBERG, L., LANGER, M. y RODRIGUÉ, E.: (1957). psicoterapia del grupo, Ed. Paidós, Buenos Aires.
[182]   GUATTARI, F. :(1965)."La transversalité", Psycgiatrie Institutionnelle, 1: 91-108.

[183]   GUATTARI, F. : (1966)."Reflexions pour les philosophes a propos de la psychothérapie institutionelle", Cahiers de philosophie, 1: 23:34.

[184]   GUNTRIP, H.: (1960)."Ego-weakness and the hard core of the problem of psychotherapy", Brit. J. Med. Psycho., 33: 163-184.

[185]   GUNTRIP, H.: (1961). Personality Structure and Human Interaction, Hogarth Press Ltd., Londres; Int. Univ. Press, Nueva York.

[186]   GUNTRIP, H.: (1968). Schijoid Phenomena, Object-Relations and the Self, Horth Press Ltd., Londres.

[187]   HAFNER, H.: (1966). "Soziotherapie und Rehabilitation Schizophrener", Med. Klinik, 16: 649.

[188]   HADJU-GIMES, L.: (1940). "Contribution to the etiology of schizophrenia", Psychoanal. Rev. 27: 421-438.

[189]   HALEY, J.: (1959)."Family of the schizophrenie: a model sistem", J. Nerv. Ment. Dis. 129: 357-374.

[190]   HALEY, J.: Strategies of Psychotherapy, Grune & Stratton, Nueva York.

[191]   HALEY, J. y HOFFMAN, R.: (1963). Techniques of Family Therapy, Basic Books, Nueva York.

[192]   HALEY, J.: (1971) ."A review of the family therapy field"en J. Haley (Ed.) Changing Families, Grune & Stratton , Nueva York.

[193]   HALEY, J.: (1969). The Power Tacties of Jesus Christ and Other Essays, Grossaman Publisher, Nueva York. Traducción espñola, Tácticas de poder de Jesucristo y otros ensayos, Ed. Tiempo Contemporáneo, Buenos Aires, 1972.

[194]   HALEY, J.: (1974). Changing Families, Grune & Stratton, Nueva York.

[195]   HALEY, J.: (1976). Problem Solving Therapy, Jossey-Bass, San Francisco.

[196]   HARTMANN, H.: (1939). Ego Psychology and the Problem of Adaptation, Horgath Press, Londres; Int. Univ. Press, Nueva York, 1958.

[197]   HARTMANN, H.: (1958). Ego Psychology and the Problem of Adaptation, International University Press, Nueva York.

[198]   HARTMANN, H.; (1964). Essays on Ego Psychology, Int. Univ. Press. Nueva York.

[199]   HEIDEGGER, M.: Sein und Zeit, Jahrb. f. Philo, u. Phänomen forchung, VIII. Traducción española, El ser y el tiempo, Ed. Fondo de Cultura Económica, México, 1951.

[200]   HESNARD, A.: (1957). La psychanalyse du lien interhumain, Press Univ. de Franc., París.

[201]   HILL, R.: (1949). Families under Stress, Harper, Nueva York.

[202]   HILL, L.B.: (1956).Psychotherapeutic Intervention in Schizophrenia, University Chicago Press, Chicago.

[203]   HILL, D.: (1970)."On the contributions of psycho-analysis to psychiatry: mechanism and mecanin", British J. of Psychiatry, 117:609-615.

[204]   HOFFER, W.: (1952)."The mutual influences in the development of ego and id: carly stages", Psychoanal. Study Child, 7.

[205]   HORNEY,K.: (1939). New Ways in Psychoanalysis, Norton, Nueva York .

[206]   HORNEY,K.:(1942). Self-analysis, Norton, Nueva York.

[207]   HYDE, R. W. y SOLOMON, H.C.: (1950)."Patient government: a new form of group therapy", Digest Neurol, and Psychiat., VOL. XVIII, 207-218.

[208]   ISLAM, A. y TURNER, D.L.: (1982)."The therapeutic community: a crítucal reapraisal", Hosp. & Community Psychiatry, 33,8,651.

[209]   JACKSON, D.D.: (1957)."The question of family homeostasis", Psychiat. Quart. Supl., 31: 79-90.

[210]   JACKSON, D.D.: (1959)."Family interaction, family homeostasis and some implications for conjoint family psychotherapie ", en J.H.Masserman Ed., Science and Psychoanalysis: Individual and Familial Dynamies, Grune & Stratton, Nueva York. Traducción española, "Interacción familiar,

homeostasis familiar y psicoterapia familiar conjunta", en Interacción familiar, Ed. Tiempo Contemporáneo, Buenos Aires, 1971:164.

[211] JACKSON, D.D.:(1961). The Monad, the Dyad and the Family Therapy of Schizophrenics, Basic Books, Nueva York,págs. 318-328.

[212] JACKSON, D.D.& WEAKLAND,J.H.: (1961b)."Conjoint family therapy: some considerations on theory, technique and results", Psychiatry, 24: 30-45.

[213] JACOBSON, E.: (1967). Psychotic Conflict and Reality, Int.Univ. Press, Nueva York.

[214] JACQUES,E.: (1955). "Social system as a defense against persecutory and depressive anxiety", en New Directions in Psycho-Analysis, Londres.

[215] JAMES, H.M.:(1960)."Premature ego development", Int. J. Psycho-anal,41.

[216] JAMES, H.M.:(1962). "Infantile narcissistc trauma", Int. J. Psycho-anal,43.

[217] JANOV, A.: (1970).The Primal Scream, Delta, Nueva York.

[218] JANTSCH, E.:(1975). Design for Evolution: Self Organization and Planning in the Life of Human Systems, George Braziller, Nueva York,37.

[219] JASPER, K.: (1963). General Psychopathology, Univ. Chicago Press, Chicag.

[220] JONES, M.:(1953). The Therapeutic Community, Basic Books, Nueva York.

[221] JONES,M.: (1966). Psiquiatria social, Ed. Escuela, Buenos Aires.

[222] JONES, M.: (1968).Beyond the Therapeutic Community: Social Leraning and Social Psychiatry , Yale University Press, New Haven.

[223] JONES, M.: (1976).Maturation of the Therapeutic Community: ann Organic Approach to Health and Mental Healt, Human Sciences Press, Nueva York.

[224] JOSSELYN,I.M.:(1953)."The family as a psychological unit", Soc.Casework, 34: 336-343.

[225] KANNER, L.: (1949)."Probems of nosology and psychodynamics of early infantile ausyim", Amer. J. Orthopsychiat., 19:416-426.

[226] KAUFMANN, L.: (1967)."L'oedipe dans la famille des schizophrènes, colloque sur la Psychanalyse des Psychoses, Rev. Franc. de Psychanalyse, París, 21, 31:1145-1150.

[227] KERNBERG, O .: (1975). Bordeline Conditions and Pathological Narcissism, Aronson, Nueva York.

[228] KERNBERG, O.: (1975)."A system approach to priority setting of interventions in groups", International J. of Group Psychotherapy, 25:251-275.

[229] KERNBERG, O.: (1976). Object Relations Theory and Clinical Psycho-Analysis, Jason Aronson Inc., Nueva York.

[230] KESTENBERG, J.:(1958)."Intervention au colloque de Sèvres", Inf. Psychiat, 5:432-438.

[231] KESTENBERG, J. y DECOBERT, S.: (1964)."Approche psychanalytique pour la compréhension de la dinamique des groups thérapeutics", Rev. Franc. Psychanal., París, 28:293-418.

[232] KESTENBERG, J.:(1968)."Notes sur le traitement par le psychodrame analytique

des malades psychotiques hospitalisés", Rev. Fr. Psychan., 32.3: 555-568.

[233] KHAN, M.: (1974). The Privacy of the Self, Hogarth Press, Londres.

[234] KLEIN, M.: (1932). The Psychoanalysis of Children, The Hogarth Press Ltd., Londres. Traducción española, El psicoanálisis de niños, Ed. Paidós, vol. I, Buenos Aires, 1974.

[235] KLEIN, M.: (1946)."Notes on some schizoid mechanisms", en Envy and Gratitude and Other Works 1946-1963, The Hogarth Press Ltd., Londres. Traducción española, "Notas sobre algunos mecanismos esquizoides", en Melanie Klein. Obras Completas, Ed. Paidós, vol. III, Buenos Aires, 1974.

[236] KLEIN, M., HEIMANN, P., ISSACS, S. y RIVIÈRE, J.:(1952). Developments in Psycho-Analysis, the Hogarth Press Ltd., Londres. Tradución española, "Desarrollos en psicoanálisis", en Melanie Klein. O.C., Ed. Paidós, vol. III, Buenos Aires, 1974.

[237] KLEIN,M.:(1950). Contributions to Psycho-Analysis, The Hogarth Press Ltd., Londres.Traducción española,"Contributiones al psicoanálisis", en Melanie Klein. O.C., Ed. Paidós, vol. II, Buenos Aires, 1975.

[238] KLEIN, M.: (1957)." Envy and gratitude. A study of inconscious sources", en Envy and Gratitude and Other Works (1946-1963), The Hogarth Press Ltd., Londres. Traducción española, "Envidia y gratitud", en Melanie Klein. O.C., Ed. Paidós, vol. VI, Buenos Aires, 1976.

[239] KNOBLOCH, F.: (1959). The Diagnostic and Therapeutic Community as Part of a Psychotherapeutic System, Acta Psychotherapeutica, Psychosomatica et Orthpedagogica, suppl. ad. vol. VII, 195-204.

[240] KNOBLOCH, F., POSTOLKA, M. y SRNEC, J.:(1964)."Musical experience as interpersonal process", Psychiatry: Journal of Interpersonal Processes, 27: 255-265.

[241] KNOBLOCH, F.: (1965). Family Psychotherapy, Acta Psychotherapeutica, Psychosomatica et Orthopaedagogica, 13: 155-163, suppl.

[242] KNOBLOCH, F.: (1968a)."The system of group-centered psychotherapy for neurotics in Czecholosvakia", Am. J. of Psychiatry, 124: 1227-1231.

[243] KNOBLOCH, F.: (1968)."Toward a conceptual framework of a group-centered psychotherapy", en New Directions in Mental Health, Ed. B.F. Ries, Grune & Stratton, Nueva York, 118-132.

[244] KNOBLOCH, J. y KNOBOCH, F.: (1970)."Family therapy in Czechoslovakia: an aspect of group-centered psychotherapies", en Family Therapy in Transition, Ed. N.W. Ackerman, Boston, Litlle Brown, 55-80.

[245] KNOBLOCH, F. y KNOBLOCH, J.:(1971)."From family therapy to integrated psychotherapy", Proceedings of the World Congress of Psychiatry, Amsterdam, Excerpta Medica International congress Series, n.274.

[246] KNOBLOCH, F., REITH, G. y MILES, J. E.: (1973)."The therapeutic community as a treatment for neurosis", Presented as the Twenty-Third Annual Meeting of the Canadian Psychiatric Association, Vancouver.

[247] KNOBLOCH, F.: (1974)."Toward a thoretical integration of psychotherapies", en Contemporary Psychoanalisis, 10: 209-218.

[248] KNOBLOCH, F.: y al.: (1979). Integrated Psychotherapy, Ed Jason Aroson Inc., EE. UU.

[249] KOECHLIN, P.: (1965)."Création d'un cállecftf de soins et perspectives

psychothérapeutiques", Evolutions Psychiatrique,30, n. 3: 413-444.

[250] KOECHLIN, P.: (1968)."Psychothérapie institutionelle au regard du malade", L'Information Psychiatrique, 44,I, 15-20.

[251] KOHUT, H.: (1971). The analysis of the Self , Int. Univ. Press, Nueva York.

[252] KRIS, E.: (1951a). The Development of Ego Psychology, Samiska, 5.

[253] KRIS, E.: (1962)."Decline and recovery inthe life of a three years old", Psychoanal. Study Child, 17.

[254] LACAN, J.: (1967). Ecrits, Du Seuil, París.

[255] LACAN, J.: (1975). De la psychose paranoiaque dans ses rapports avec la personalité, Du Seuil, París. Traducción española, De la psicosis paranoica en sus relaciones con la personalidad, Ed. Siglo XXI, S.A., México, 1976.

[256] LAING, R. D.: (1960). The Divided Self : a Study of Sanity and Madness, Quadrangle Books, Chicago.

[257] LAING, R. D.: (1961). The Self and Others, Tavistock Publ., Londres.

[258] LAING, R. D. y COOPER, D. G.: (1964). Reason and Violence, Tavistock Publ., Londres.

[259] LAING, R. D. y ESTERSON , A.: (1964). Saniy, Madness and the Family, vol. I. Families of Schizophrenies, Tavistock Publ., Londres .

[260] LAPLANCHE J. y PONTALIS , J. B.: (1971). Diccionario de psicoanálisis, Ed. Labor, S.A., Buenos Aires .

[261] LE GUILLANT, L.: (1958)."Intervention sur le thème de la participation des infirmiers a la psychothérapie au group de Sèvres", Inf. Psychat, 5: 416-432.

[262] LEBOVICI, S., DIATKINE, R. y DANON-BOILEAU, H.:(1958)."Psychodrame et traitment des psychoiques", Evol. Psychiat., vol. II, 499-521.

[263] LEBOBICI, S.: (1959)."Le travail d'équite en psychiatrie ", L'Evolution Psychiatrique, 2: 253-268.

[264] LEVOBICI, S.: (1960)."Le contre transfert dans le traitment des psychoses par le psychodrame psychanalytique ", 2 Symposium sur la psychothérapie de la Schizophrénia, 47-65, (cf) Muller et Benedetti.

[265] LEVI-STRAUSS, C.: (1969). Las estructuras elementales del parentesco, Ed. Paidós, Buenos Aires.

[266] LEVY, D.: (1943). Maternal Overprotection, Columbia Univ Press, Nueva York.

[267] LEWIN, K.: (1935). A Dynamic Theory of Personality, Mc. Graw-Hill, Nueva York.

[268] LIBERMAN, D.: (1962). Teoría de la communicación en terapéutica psicoanálitica, Ed. Eudeba, Buenos Aires.

[269] LIDZ, T., CORNELISON, A., FLECK, S. y TERRY CARLSON, D.: (1957)." Intrafamilial environment of schizophrenie patients", I: "The father", Psychiatry, 20: 329-342. II: "Marital schism and marital skew", Amer. J. Psychiat., 114: 241-248.

[270]   LIDZ, R. W. y LIDZ, T.: (1952). Therapeutic Consideration Arising from the Intense Symbiotic Needs of Schizophrenic Patients. Int. Univ. Press, Nueva York.

[271]   LIDZ, R. W. y LIDZ, T.: (1959)."the family evironment of schizophrenic patients", Amer. J. Psychiat., 106: 332-345.

[272]   LIDZ, T. y fLECK, S.: (1960)."Schizophrenia, human integration and the role of the family", en Jackson, D.D. (dir.), Etiology of chizophrenia, Basic Books, Nueva York, 323-345.

[273]   LIDZ, T., CRNELISON, A., CARLSON, D.T. y FLECK, S.: (1971)." El medio intrafamiliar del paciente esquizofrénico. la transisión de la irracionalidad", en Interacción familar, tiempo Contemporáneo, Buenos Aires.

[274]   LIMENTANI, D.: (1956). "Symbiotic indentification in schizophrenia", Psychiatry, 19: 231-236.

[275]   LAURAS, A . y RACLOS, M.: (1968)."Schizophrénies et psychothérapie intensive", Confrontations Psychiatriques, 2: 139-156.

[276]   MAINE, T. F.: (1946). "The hospital as a therapeutic institution", Bul. Menninger Clinic, 10: 66-70.

[277]   MAHLER, M.S.: (1952)."On childhood psychosis and schizophrenia : autistic and symbiotic infantile psychosis", en R. S. Eissler, A. Freud y col. (dir.), The Psychoanalytic Study of the Child, vol. VII, Int. Univ. Press, Nueva York, 286-305.

[278]   MAHLER, M.: (1958)."Autism and symbiosis: two extreme disturbances of identity",, Int. J. of Psychoanalysis, 39: 77-83.

[279]   MAJASTRE, J. -O.: (1972). L'introduction du changement dans un hôpital psychiatric public, F. Maspero, París. Traducción española, La introducción del cambio en un hospital psiquiátrico, Granica Ed. Buenos Aires, 1973.

[280]   MANDELBAUM, E.: (1981)."Comentarios sobre terapia familiar y el equipo terapéutico desde la experiencia clínica", Rev. de Terapia Familiar, Ed. ACE, Buenos Aires, 7: 95.

[281]   MANDELBAUM, E.: (1983)."Terapia familiar y psicoanálisis individual. Integración de recursos terapéuticos", Rev. de Terapia Familiar , Ed. ACE, 12:99.

[282]   MANNONI, M.: (1967). L'enfant, sa "maladie" et les autres, Du Seuil, París, 252.

[283]   MASSERMAN, J. H. : (1946). Principles of Dynamic Psychiatry, W. B. Saunders Co., Filadelfia .

[284]   MASUD, R. & KHAN, M.:(1974). La intimidad del sí misno, Ed. Saltés, Madrid.

[285]   MASUD, R. & kHAN, M.: (1979). Alienation in Perversions, The Hograth Press Ltd., Londres. Traducción española , Alienación.

[286]   MENNINGER, W.: (1937),"Psychoanalytic interpretations of patient reactions in occupational therapy, recreational therapy and psysiotherapy", Bull. Menninger Clin., vol. I,148-157.

[287]   MENNINGER, W.:(1939)."Psychoanalytic principles in psychiatric hospital therapy", Southern Med. J., 32:348-354.

[288]   MERLEAU-PONTY, M.: (1942). La structure du comportement, Presses Univ.

[289] MERLEAU-PONTY, M.:(1945). Phenomenologie de la perception, Gallirmad, París.
de France, París.

[290] MIDELFORD, C.F.:(1957). The Family in Psycho-Therapy, Mc. Graw-Hill, Nueva York.

[291] MINKOWSKI, E.: (1953). La schizophrénie, Desclés de Brouwer, París..

[292] MINUCHIN, S., ROSMAN, B. L. y BAKER, L.: (1978).Psychosomatic Familiers: Anorexia Nervosa in Context, Havard Univ. Press, Boston.

[293] MORENO, J. L. y MORENO, Z. T.: (1959).Psychodrama, Beacon House, Nueva York.

[294] MORENO, Z.: (1959). "A survey of Psychodramatic techniques", Group Psychotherapy, 12: 5-14.

[295] MORENO, J. y col.: (1966). The International Hanal Book of Group Psychotherapy, Philosophical Library, Nueva York.

[296] NACHT, S. y RACAMIER, P.C.: (1958)."La théorie psychanalytique du délire", Revue Franc. Psychanalyse, 22: 4-5, 417-532.

[297] NACHT, S.: (1958)." La névrose de transfert et son maniement technique", Rev. Franc. de Psychanalyse, n.6.

[298] NACHT, S. y RACAMIER, P.C.:(1960)."Les états dépressifs: étude psychanalytique", Rev. Franc. Psychanal., 1959: 23.5, 567-606; Int. J. Psychoanal., 41: 4-5, 481-496.

[299] NACHT, S.:(1963). La présence du psychanalyste, Presses Universitaires de France, París, 204.

[300] NACHT, S.:"Le silence facteur d'intégration", Rev. Franc. de Psychoanalyse, 29, n.2 y 3.

[301] NACHT, S.:(1966). De la practique a la théorie psychanalytique, Presses Universitaires de France, París.

[302] NACHT, S.: (1956). La psychanalyse 'aujourd'hui, Press Univ., vol. 2, París; 2 edición abreviada. 1968:568.

[303] NACHT, S.: (19710. Guérir avec Freud, Ed. Payot. Traducción española, Curar con Freud , Ed. Fundamentos , Madrid, 1972.

[304] NAPOLITANI, D.: (1967). II socioterapista, Psicoterapia e Scienze Umane, Milán 2-3, 19-21.

[305] OURY J.: (1958)."La participation de l'infirmier a la psychothérapie", Inf. Psychiat., 34, 5: 405-415.

[306] OURY, J.: (1965)."Transfert et compréhension en psychotérapie Institutionnelle", Psychothérapie Institutionnelle, n. 1: 179-183.

[307] PAPIASVILI, A. y PAPIASVILI, C.D.: (1986)."Therapeutic communities for neurotic patients in Eastern Europe", Hosp & Community Psychiatry, 37,7:734.

[308] PANKOW, G.:(1969). L'homme et sa psyhose, Aubier-Montingne, París, 302.

[309] PARSONS, T.:(1951). The Social System. Gleucoe III, Free Press.
[310] PARSONS, T.:(1951)."Illness and the role of the physician. A sociological

perpective", Am. J. OrthoPsyhiat., 21: 452-460.

[311] PAULL, L.: (1964)."The extended analytic situation on a psychoanalytic milieu ward", J. Nerv. a Ment. Dis., 139: 376-380.

[312] PAULIN, P.: (1967)."Problèmes posés por la pratique quotidiene des réunions de malades dans un pavillon d'hôpital psychiatrique", These, París.

[313] PAUMELLE, PH.: (1967)."Questions sur realité, realité institutionnelle et psychothérapie de psychose", Perspectives Psychiatriques, n. 16.

[314] PENFIELD, W. y JASPER, H.: (1954). Epilepsy and the Functional Anatomy of the Human Brain, Boston, Little Brown.

[315] PEREYA, C.R.: (1973). Semioloia y psicopatoloía de los procesos de la esfera intelectual, Ed. Salermo, Buenos Aires.

[316] PIAGET, J.: (1926). La répresentation du monde chez l'enfante, Alcan, París.

[317] PIAGET, J.: (1935). La naissance de l'intellience chez l'enfante, Delachaux & Niestlé, S.A., Suiza.

[318] PIAGET, J.: (1945). La formation du symbole chez l'enfant, Delachaux & Niesté, S.A Suiza.

[319] PIAGET, J.: (1950). La construcion du réel chez l'enfant, Delachaux & Niestlé, S.A., Suiza.

[320] PICHON RIVIERE, E.: (1946). "Contribución a la teoría psicoanalitíca de la esquizofrenia, Rev. de Psicoanálisis, 4, n.1.

[321] PICHON RIVIERE, E.: (1970)."Tratamiento de grupos familiares", en Del psicoanálisis a la psicología social, Galerna, Buenos Aires.

[322] PICHON RIVIERE, E.: (1971). Del psicoanálisis a la psicología social, Galerna, Buenos Aires.

[323] PINEL, TH.: (1801).Traité médico-psychologique de l'aliénation mentale.

[324] RABINER, E.L., GOMEZ, E. y GRALNICK, A.: (1964)."The therapeutique community as an insight catalyst", Amer. J. Psychother., 2: 244-258.

[325] RACAMIER, P.C.: (1956)."Psychothérapie psychanalytique des psychoses", en S. Nacht, La Psychanalise d'Aujourd'hui, P.U.F., 1. edición: II : 575-519.

[326] RACAMIER, P.C.: (1957)."Introducion a une sociopathologie des schizophrènes hospitalises", L'Evolution Psychiatrique, 1:47-94.

[327] RACAMIER, P.C.: (1963)."Le moi, le soi, la personne et la psychose", L'Evolution Psychiatrique, 4: 525-550.

[328] RACAMIER. P.C. y CARRETIER, L.: (1965). "Rélation psychothérapique et rélation médicamenteuse dans l'institution psychiatrique", en Lambert P. A. Ed., op. cit., 58-82.

[329] RACAMIER, P.C., CARRETIER, L. y FERRARESITACCANI, S.: (1967)."Les familes de psychotiques dans l'expériemce institutionnelle psycho thérapique", Rapport Symposium du Group Milanais de Psychothérapie, Vietri Sul Mare, Nov.; L'Information Psychiatrique, 1968.

[330] RACAMIER, P.C.: (1967)."L'oedipe dans les psychoses", Colloque sur la Psychanalyse, Rev. Franc. de Psychanalise, 31: 1139-1144.

[331]   RACAMIER, P. C.: (1970). Le psychanalyse sans divan, Bibliotheque Scientifique, Payot, París.
[332]   RACKER, H.: (1969). Estudios sobre técna psicanalítica. Estudio VI. Los sinificados y usos de la contratransferencia, Ed. Paidós, Buenos Aires, 228-229.
[333]   RAPOPORT, R.:(1960). Community as Doctor, Tavistock Publ., Londres.
[334]   RAPPARD, PH.:(1955)."Psychopatholoie et clubs psychothérapiques", Evol. Psychiat., 1: 349-357.
[335]   REICH, W.: (1933). Charakteranalyse, Sexpol Velare, Viena.
[336]   REICHARD, S. y TILLMAN, C.: (1950)."Patterns of parentchild relationships in schizophrenia", Psychiatry, 13: 247-257.
[337]   RICHARDSON, H.B.:(1948). Patients Have Families, Commonwealth Fund., Nueva York.
[338]   RIOCH, DMcK. y STANTON, A.H.: (1953)."Milieu therapy", Psychiatry, 16,65.
[339]   RIVIERE, J.:(1936)."A contribution to the analysis of the negative therapeutic reaction", Int. J. of Psycho-Anal., 17: 304-320.Traducción española. "contribución al análisis de la reacción terapéutica negativa", Rev. de psicoanálisis, 1949: 7, 121-142.
[340]   RODRIGUÉ, (1965). Biografia de una cominidad terapéutica, Ed. Eudeba, Buenos Aires.
[341]   ROELENS, R.: (1960)."Le mouvement français de psychothérapie colletivee", La Penée, 90: 90-104.
[342]   ROSENFELD, H.:(1965). Psychotic States. A Psychoanalytic Approach, The Hoarth Press Ltd., Londres. Traducción española, Estados psicóticos, Ed. Paidós, Buenos Aires, 1974.
[343]   ROSENFELD, H.:(1987). Impasse and Interpretation, Tavistock Pub., Londres.
[344]   ROSENZWEIN, S. y BRAY, D.: (1943)."Siblings'death in the anamnesis of schizophrenia", A.M.A Arch. Neurol. Psychiat, 41: 71-92.
[345]   ROWLAND, H.: (1938)."Interaction processes in the State Mental Hospital", Psychiatry, EE.UU., 1: 323-337.
[346]   ROWLAND, H.:(1939)."Friendship patters in the State Mental Hospital ", ibíd., vol. II.
[347]   RUBISTEIN, D.: (1963)."Family therapy", en J. H. Masscrman (Ed.), Proress in Neuroloy and Psychiatry, Grune & Stratton, Nueva York, 18.
[348]   RUESCH, J. y BATESON, G, G.: (1951). Communication and the Social Matrix of Psychiatry, W. W. Norton, Nueva York.
[349]   SANDLER, J.: (1960)."The background of safety", Int. J.   Psychoanal., 41.
[350]   SANDLER, J., KENNEDY, H. y TYSON, R.: (1980). The Technique of child Psychoanalysis. Discussion with Anna Freud, Hogarth Press, Londres.
[351]   SARTRE, J. P.: (1943). L'Etre et le néant, París.
[352]   SARTRE, J. P.: (1960). Critique de la raison dialectique, Gallimard, París.
[353]   SATIR, V.: (1967). Conjoinment Family Therapy, Science and Behavior Books,

California.

[354]   SATIR, V., STACHOWIAK, J. y TASKMAN, H. (Eds.): (1975). Helping families to Change, Jason Aroson, Nueva York.

[355]   SHECHECHTER, D. E.: (1968)"The oedipus complex: considerations of ego development and parent interaction', Conteporary Psychoanalysis, 4: 111-137.

[356]   SCHILDER, P.: (1950). The Image and appearance of the Human Body, Wiley, Nueva York.

[357]   SCHUETZENBERER, A.A.: (1970)Précis de psychodrame, Editions Univ., París.

[358]   SCHULTZ, J.H.:(1966). Das Autogene Trainin 12 edición, G. Thieme, Leipzig.

[359]   SCHULTZ, C.G. y KILGALEN, R.K.:(1972).esquizofrenia: estudio de casos, Ed. Toray, Barcelona.

[360]   SCHWARTZ, M.S. y STANTON, A.H.: (1950)."Psychiatry II. a social Psychological study of incontinence", Psychiatry, EE.UU., XIII.

[361]   SCHWARTZ, C. G., SCHWRTZ, M.S. y STANTON, A.H.: (1951)."A study of need-fulfillment on a mental hospital ward", Psychiatry, XIV: 223-242.

[362]   SCWEICH, M.: (1958)."Psychothérapie des schizophrènes hospitalisés, La Psychanalyse, 4: 135-152.

[363]   SEARLES, H.F.: (1959)"Integration and diferentiation in schizophrenia. An overall view", Brit. J. Med. Psychol., 32: 261-281.

[364]   SEARLES, H. F.(1960). The Nonhuman Environment, Int. Universities Press Inc., Nueva York.

[365]   SEARLES, H.F.: (1965). collected Papers on Schizophrenia and Related Subjects, Int. Univ. Press, Nueva York

[366]   SECHEHAYE, M.A.: (1958). La realización simbóica. Diario de una esquizofrenia, Ed. Fondo de Cultura económica, México.

[367]   SELVINI PALAZZOLI, M., BOSCOLO, L., CECCHIN, . & PRATTA, G.:(1978). Paradox and Counter- Paradox. A New Model in the Therapy of the Family in Schizophrenic Transaction, Jason Aronson, Nueva York.

[368]   SIMMEL, E.: (1929)."Psychoanalitic treatment in a clinic", Int. J. Psychoanal, 10: 70-89.

[369]   SIMMEL , E.: (1937)."Maisons de santé psychanlytiques et mouvement psychanalytique", Bull. Menninger Clinic, 1: 133-143.

[370]   SIVADON, P.: (1952). Evolution Psychiatrique, III: 583-592.

[371]   SIVADON, P. y CHANOIT, P.: (1967)."L'Institution thérapeutique", L'Information Psychiatrique, n. 5: 627-638.

[372]   SPECK, R.V. & ATTNEAVE, C.N.: (1974). Family Networks, Vintage Books, Nueva York. Tradución española, Redes familiares, Ed. Amorrortu, Buenos Aires, 1974.

[373]   SPITZ, R.: (1965). The First Year of Life, Int. Univ. Press.

[374]   STANTON, A.H. & SCHWARTZ, M.S.: (1949)."The management of a type of institutional participation in mental illness",Psychiatry, vol. XII: 13-26.

[375]   STANTON, A.H. & SCHWARTZ, M.S.: (1949)."Observations on dissociation as social participation", ibíd, 339-354.

[376]   STANTON, A.H. y SCHWARTZ, M.S.:(1954). The Mental Hospital, Ed. Tavistock Publ. Ltd., Londres.

[377]   STIERLIN, H.: (1960). "Therapie der Schizophrenie in einen Psychotherapeutisch Orientierten Spital", 2 Symposium sur la Psychothérapie de la Schizoprénie, Multler et Benedetti, 90-105.

[378]   STIERLIN, H.: (1977). Psychoanalysis and Family Therapy, Jason aronson, Nueva York.

[379]   STOTLAND, E. y KROEBER, AL.: (1965). Life and Death of a Mental Hospital, Seatle Univ. of Washington Press, Washington.

[380]   STRACHEY, J.:(1934)."The nature of the therapeutic action of psychoanalysis", Internat J. Psychoanal, 15: 127-159.

[381]   SULLIVAN, H.S.: (1931)."Socio-Psychiatric research: its implications or the schizophrenia problem and for mental hygiene",Am. J. of Psychiatry, 10: 977.

[382]   SULLIVAN, H.S.: (1930-31)."The modified psychoanalitic treatment of schizophrenia", ibíd, 1930-10 y 1931:11, 519-540.

[383]   SULLIVAN, H.S.:(1947). Conceptions of Modern Psychiatry, William Alanson White Psych. Found., Washington D. C. Traducción española, Consceiones de la psiquiatría moderna, Ed. Psique, 1959.

[384]   SULLIVAN, H.S.: (1953)". The Interpersonal Theory of Psychiatry, Norton, Nueva York, 246.

[385]   SULLIVAN, H.S.: (1962). Schizophrenia as a Human Process, W.N. Norton & Company Inc., Nueva York. Traducción española. LA esquizofrenia como un proceso humano, Ed. Herrero Hnos, México, 1964.

[386]   "Symposium de Montreal sur la Problematique de la Psychose",1969, Montreal; Doucet y LAurin (ed.), Experta Médica, 1971.

[387]   "Symposium sur la Psychothérapie Colletive", 1952., Evol. Psychiat., 531-576.

[388]   SZASZ, T.S.: (1983). La schizophrénie, Ed. Payot, París.

[389]   SZUREK, S.A.: (1981)."The family and the staff in hospital psyquiatric therapy of children", Am. J. Ortopsychiat., 21: 597-611.

[390]   TIETZE, T.: (1949)."A study of mothers of schizophrenie patients", Psychiatry, 12: 55-65.

[391]   THUNER, F.K.: (1966)."Psychianalyse und Therapic eines Paranoids-Halluzinatorischen Zustandsbildes ", Z. Psychoter. Med. Psychol., 6: 152-159.

[392]   TINBEREN, N.: (1951). The Study of Instinct, Oxford Univ. Press, Londres.

[393]   TOSQUELLES, F.: (1965)."Introduction au pròbleme du transfe en psychothèrapie institutionelle", Psychothèr. Institutionelle, 1:9-19

[394]   TOSQUELLES, F.: (1966)."Histoire critique du mouvement de psychothérapie institutionelle dans les hôpitaux psychiatriques français", Psychothérapie Institutionelle, 2 y 3.

[395]   TOSQUELLES, F.:(1966)."Pedagogie et psychothérapie institutionelle",

Psychothérapie Institutionelle , 2 y 3.

[396] TOSQUELLES, F.: (1967) Structure et reéducation thérapeutique.Aspectes practiques, Ed. Univ., París, 126. Traducción española, Estructura y reducación terapéutica, ed. Fundamentos , Madrid.

[397] VERMOREL, H. y VERMOREL, M.: (1966)."Essai sur l'évolution de l'hôpital psychiatrique", Inf. Psychiat., 42,2: 117-142.

[398] WAHL, C. V.: (1954)."Some antecedent factors in family histories of 392 schizophrenies", Amer. J. Psychiat., 110: 668-676

[399] WAHL, C.V.: (1956)."Some antecedent factors in family histories of 568 male schizophrenies of rhe U.S", navy", Amer. J. Psychiat., 113: 201-210.

[400] WALLERTEIN, R.S.: (1968)."The challenge of the community mental health mouvement to psycho-analysis", Amer. J. Psychiat., 124, 8.

[401] WALLON, H.: (1947). Les origines de la pensée chez l'enfant, Presses Univ. de France, París.

[402] WATZLAWICK, P., BEAVIN, J.H. y JACKSON, D.D.: (1967). Pragmatics of Human Communication, Study of Interactional Patterns, Pathologies and Paradouxes, Norton & Co., Nueva York.

[403] WILMER, H.A.: (1958). Social Psychiatry in Action, C.C. Thomas, Springfield, III.

[404] WILMER, H.A.:(1981)."Defining and understanding the therapeutic community", Hosp. & Community Psychiatry, 32, 2,2   95.

[405] WINNICOT, D.W.:(1958). Collected Papers, Tavistock Public., Londres.

[406] WINNICOT, D.W.:(1958)."The capacity to be alone, Int. J. Psycho-Anal, vol. XXXIV.Traducción española, "La capacidad para estar solo", Rev. de Psicoanál., 1959.

[407] WINNICOT, D.W.:(1954)."Metapsichological and clinical aspects of regression within the psycho-analytical set-up", en Through Paediatrics to Psycho-Analysis. Traducción española, "Aspectos metapsicológicos y clínicos de la regresión dentro del marco psicoanalítico", en Escritos de pediatria y psicoanálisis, Ed. Laía, Bacelona, 1979.

[408] WINNICOT,D.W.: (1978)."La experiencia de mutualidad madre-hijo", Rev. de Psicoanálisis ,25, n. 2.

[409] WISDOM, J. O.:(1956)."Psychoanalitic technoloy", Brit. J. Phil.Sci., 7: 13-28.
[410] WISDOM, J. O.: (1962)."Comparison and development of the psychoanalytic theories of melancholia", Int. J. Psychoanal., 43: 113-132.

[411] WOLBERG, L.R.: (1967). The technique of Psychotherapy, Partes I & II, 2. ed., Grune and Stratton, Nueva York.

[412] WOLBERG, A.R.: (1982). Psychoanalytic Psychotherapy of the Bordeline Patient, Thieme Stratton Inc., Nueva York.

[413] WOLPE, J.: (1969). The Pratice of Behavior Therapy, Peramon, Nueva York.

[414] WOODBURY, M.: (1964)."Charting the ward's communication network", Mental Hospitals, 15: 502-506.

[415] WOODBURY, M.: (1964).The Healing Team, Chesnut Lodge Research Institute, Thomas, Springfield, III.

[416] WOODBURY, M.:(1966)."L'équipe thérapeutique: principe de traitament somato-

psychosocial des psychoses", L'Information Psychiatrique, n.10, 1035-1142.

[417] WOODBURY, M.A.: (1967). Object relations in the psychiatric hospital", Int, J. Psychoanal., 48: 83-87.

[418] WYNNE, L., RYCKOFF, I., DAY, J. & HIRSCH, S.H.: (1958)."Pseudomutuality in the family relationship of schizophrenies", Psychiatry, 21: 205-220. Traducción española, "Pseudomutualidad en las relaciones familiares de los esquizofrénicos ", en Interaccion Familiar, Ed. Tiempo Contemporáneo, Buenos Aires, 1971-111.

[419] WYNNE, L.C.: (1961)."The study of intrafamilial alignments and splits in exploratory family therapy", en N. W. Ackerman, F. Beatman y S. N. Sherman (dir), Exploring the Base for Family Therapy, Fam. Ser. Ass. of Amer., Nueva York, 95-115.

[420] WYNNE, L., CROMWELL, R. y MATTHYSSE, S.: (1978). The Nature of Schizophrenia: New Aproaches to Research and Treatment, John Wiley, Nueva York.

[421] WYNNE, L.: (1971)."Indicationes y contraindicaciones de la terapia familiar exploratoria", en Interacción Familiar, Tiempo Contemporáneo, Buenos Aires.

[422] ZUK, G.H.: (1971). Family Therapy: a Triadic-Basic Approach, Behavioral Publ., Nueva York.

[423] ZUK, G.H. y RUBISTEIN, S.: (1976)."A review of concepts in the study and treatment of families of schizophrenes", en Boszormenyi-Nagy I. y Framo J. L., (ed.), op. cit., Traducción española , Terapia familiar intensiva, Ed. Trilhas, México.